Heinrich Hubert Houben

Der Ruf des Nordens
Abenteuer und Heldentum der Nordpolfahrer

Houben, Heinrich Hubert: Der Ruf des Nordens. Abenteuer und Heldentum der Nordpolfahrer
Hamburg, SEVERUS Verlag 2012
Nachdruck der Originalausgabe von 1927

ISBN: 978-3-86347-362-4
Druck: SEVERUS Verlag, Hamburg, 2012

Der SEVERUS Verlag ist ein Imprint der Diplomica Verlag GmbH.

Bibliografische Information der Deutschen Nationalbibliothek:
Die Deutsche Nationalbibliothek verzeichnet diese Publikation in der Deutschen Nationalbibliografie; detaillierte bibliografische Daten sind im Internet über http://dnb.d-nb.de abrufbar.

© **SEVERUS Verlag**
http://www.severus-verlag.de, Hamburg 2012
Printed in Germany
Alle Rechte vorbehalten.
Der SEVERUS Verlag übernimmt keine juristische Verantwortung oder irgendeine Haftung für evtl. fehlerhafte Angaben und deren Folgen.

seVerus

DER RUF DES NORDENS

ABENTEUER UND HELDENTUM
DER NORDPOLFAHRER

VON

H. H. HOUBEN

*

MIT 11 ABBILDUNGEN UND 6 KARTEN

*

1 9 2 7

Nordpoldämmerung

Reisen — Entdecken — was ist es weiter als die große Sehnsucht des Menschen, hinter das Wesen aller Dinge zu schauen! Wir wissen nicht, woher wir kommen, wir wissen nicht, wohin wir gehen. Um so stärker der Drang, das zu kennen, was um uns ist und unsern wachsenden Kräften erreichbar scheint. Wir wollen das Endliche begreifen, um davon auf das Unendliche, das Unerforschliche, das ewige Geheimnis zu schließen.

Je höher die Intelligenz, die Kultur eines Volkes, desto unwiderstehlicher wird ihr die Anziehungskraft nie betretener Räume unseres Planeten. Ein weißer, unentdeckter Fleck auf der Landkarte verfolgt den Forscher in seine Träume und läßt ihm keine Ruhe, bis er eine Lösung des Rätsels versucht hat. Aber welche Schwierigkeiten stemmen sich der Verwirklichung solcher Pläne entgegen, besonders für uns Deutsche! Im Kessel Mitteleuropas eingepfercht, ringsum an allen Grenzen gebunden, ohne Freiheit nach den Weltmeeren, in jahrhundertelangen inneren Kämpfen erst zu einer Einheit zusammengeschweißt, mußten wir die Aufteilung der übrigen Welt andern Nationen überlassen, die schon durch ihre Lage am Rande des kleinsten aller fünf Erdteile den Blick von Kind auf in die Ferne richteten und die Küsten und Länder jenseits der großen Wasser als herrenloses Gut betrachteten, wo es nur galt, rechtzeitig seine Fahne aufzupflanzen. Wir kamen zu spät und sollten nur Gast sein auf der übrigen Erde — und nicht einmal gern gesehener. „Dem Tüchtigen freie Bahn!" bleibt immer nur der Wahlspruch des — Tüchtigen. Aber wie der Gefangene die kahlen Wände seiner Zelle mit Bildern von der Welt da draußen schmückt, so lebt auch in uns nur um so stärker die Neigung, unbekannten Fernen nachzusinnen in Buch und Bild.

Von jeher haben den Bewohner der gemäßigten Zone zwei Weltgegenden besonders angelockt: die heißen Länder um den Äquator und das Reich des ewigen Eises an beiden Polen. Die Pole, gedachte Punkte, die durch nautische Instrumente errechnet werden, die Endpunkte einer mathematischen Linie, der die sich drehende Erde durchbohrenden Achse, diese märchenhaften Regionen, wo das Jahr nur einen Tag von sechs Monaten und nur eine ebenso lange Nacht zählt, haben die Phantasie der Menschheit am meisten beschäftigt; man erhoffte von dort ungeahnte Aufschlüsse über die Natur unsers Erdballs, und nirgends in der Welt war der Zugang mit größeren Gefahren und Entbehrungen verknüpft. War? — Er ist es noch heute, und das Wort des alten Griechen Äschylos: „Nichts ist gewaltiger als der Mensch", wird da, wo die Natur gleichsam alle ihre Kräfte zusammenrafft, zuschanden. Nur ganz vereinzelten Sterblichen ist es bisher gelungen, durch die sich immer wandelnde, immer neu wachsende Barriere des ewigen Eises einen Durchschlupf zu finden und bis zu den Mittelpunkten der Polfestungen vorzudringen. Den Südpol erreichten Roald Amundsen und, einen Monat nach ihm, Robert Scott; der letztere mußte den schwer errungenen Sieg mit dem Leben bezahlen. In die unmittelbare Region des Nordpols gelangten bisher ebenfalls nur zwei wagemutige Männer: Robert Peary und Frederick Cook — zwei unter Tausenden, die im Lauf der Jahrhunderte den Kampf mit dem Nordpol aufnahmen, in diesem Kampfe blieben oder im glücklichen Fall als ruhmvoll Besiegte den Heimweg in die südliche Welt zurückfanden. Die ersten Pfade zu den Polen sind also gefunden, die undurchdringliche Finsternis weicht einer matten Dämmerung, aber die Rätsel des Pols sind damit nicht gelöst; die schmalen Nebelwege jener ersten Pioniere gaben kaum einen Ausblick auf diese geheimnisvolle Welt, die sich weit und breit in ungeheure Ferne dehnt.

Nicht immer war es am Nordpol so kalt und unwirtlich. Dieser Angelpunkt der Erde, der sich alle 24 Stunden einmal um sich selbst dreht, muß früher anderswo gelegen haben — vielleicht im östlichen Europa. Mit dieser vor Jahrmillionen erfolgten Umlagerung der Erde waren Wandlungen der Erdoberfläche, Katastrophen der Erdkruste verbunden, die aller menschlichen Vorstellungskraft spotten. Sie schufen die zerklüfteten Gebirge Europas und die norddeutsche Tiefebene mit ihrem Sandboden, der ehemals Meeresboden war. Die Spuren der Vergangenheit konnten sie dennoch nicht verwischen — sie setzten ihr vielmehr eine Art steinernen Denkmals. Die reichen Kohlenfelder auf Grönland und Spitzbergen, wo heute nur niedriges Krüppelholz und armselige Kriechweiden gedeihen, sind der unwiderlegliche Beweis dafür, daß auch der Nordpol seine „gute alte Zeit" hatte, in der eine reiche, südliche Vegetation ihn überwucherte. Gewaltige Baumriesen schlossen sich mit üppigem Rankenwerk zu Urwäldern zusammen und gaben ungeheuren pflanzenfressenden Säugetieren überreiche Nahrung. Daher der berühmte steinerne Wald auf Grönland in einer von Gletschern umgebenen Bergschlucht am Waigatsund; versteinerte Stämme und Äste liegen da in chaotischen Massen, und das rostbraune, eisenhaltige Gestein ist ganz mit ausgezackten Blättern, gleich denen unserer Eichen, durchsetzt. Auf Nowaja Semlja und an den Nordküsten Sibiriens, in grauenhaft öden Moorgegenden, wo heute kaum das Renntier seine karge Nahrung hat, fanden sich, tief im Moor versunken, riesige Skelette vorsintflutlicher Tiere, Mammute und Nashörner. Das sogenannte fossile Elfenbein — ihre langen Stoßzähne — ist in der baumlosen Wüstenei dieser „Tundren" derart häufig, daß es Hügel ausfüllt; das Suchen danach und der Handel damit ist das einträglichste Gewerbe der Samojeden und Tschuktschen. Solche riesigen, pflanzenfressenden Tiere, die zum Frühstück gewiß eine stattliche Baumkrone entlaubten, hätten nie in einer Eiswüste leben können; sie brauchten eine üppige Sumpfvegetation wie die der indischen Dschungeln. Auch muß die vernichtende Erdkatastrophe urplötzlich über die Bewohner dieses vorsintflutlichen Paradieses hereingebrochen sein; dafür sprechen jene Skelethügel, die Grabmäler ganzer Tierherden, die in Todesangst zusammenliefen und gemeinsam untergingen. Aus dem Sumpfeis der sibirischen Flußmündungen hat man sogar Tiere gegraben, die noch mit Haut und Haaren bedeckt waren. Auch das sogenannte „Noahholz", steinhartes Holz aus unvordenklicher Zeit, fischt man häufig an diesen Küsten. Vielleicht war die Sintflut, von der die Bibel berichtet, von der in verschiedenster Form die meisten Ursagen erzählen — auch die der Eskimos — der letzte Ausläufer jener elementaren Katastrophen unseres Erdballs.

Betrachten wir einmal den Globus, wie er heute aussieht, so finden wir um den gedachten Endpunkt der Erdachse ein Meer angedeutet, oder eigentlich nur einen leeren Fleck, aus dem rundum nach Süden hin gewaltige Inselmassen sich vorschieben. Diese zerfallen in vier Hauptgruppen: Grönland, die größte Insel der Welt — mindestens viermal so groß wie Deutschland! —, östlich davon die weitverstreuten Inselgruppen Spitzbergen und Franz-Joseph-Land; weiter östlich die russischen Inselgruppen Nowaja Semlja und Wrangel-Land, und schließlich, von letzteren weit entfernt und näher an Grönland, der nordamerikanische Inselarchipel. Aber noch sind längst nicht die letzten Inseln des Eismeeres entdeckt; noch harren viele der auf unserm Globus nur angedeuteten Grenzlinien zwischen Meer und Land ihrer Ergänzung und Berichtigung.

Bis in die neuere Zeit hinein nahm man an, um den Nordpol gruppiere sich ein Kontinent, eine Landmasse, und die Phantasie nicht zu ferner Jahrhunderte noch dachte sich dort ein Wunderland mit milderem Klima und märchenhafter, nirgend sonst auf Erden zu findender Pflanzenwelt; hinter undurchdringlichen Eismauern sollte eine selige Insel träumen mit seltsamen Gewächsen und fabelhaften Tieren. Wie nahe kamen sich auch hier Ahnung des Dichters und unvordenkliche Wirklichkeit! Heute weiß man, daß dort seit Jahrtausenden das Eis sich auftürmt in starrer Einsamkeit. Bläulich weiß und glitzernd dehnen sich unendliche Gefilde; nirgends organisches Leben, nur die Stürme heulen durch die dunkle, kalte Halbjahrsnacht. Dicke Nebel oder das Gewirr eisiger Schneeflocken erfüllen die Luft. Manchmal in klaren Nächten strahlt das überirdische Wunder des Nordlichts auf: weißgrünlich glitzernde Lichtschlangen zucken von Osten und Westen zum Zenit empor und verbinden sich zu einer hehren Lichtkrone, die lange Bänder phantastisch über das schwarze Himmelsgewölbe flattern läßt. Nur wenige Stunden dauert das Schauspiel; langsam verrinnen die Lichtquellen wieder und verlieren sich im dunkeln All. Dann wandeln wieder die Gestirne über der schwarzen Nacht; der Mond gleitet seine leuchtende Bahn von Osten nach Westen und wieder nach Osten, am Firmament kreisend, ohne unter dem Horizont zu verschwinden. Gespenstisch gießt er sein Silberlicht über Schneefelder und Eisberge. Ist aber der Himmel bedeckt, sind vom Nebel alle Gestirne ausgelöscht, dann begräbt grausige Finsternis, wie ein ungeheures Gewölbe, die erstarrte Welt. Dann heulen die rasenden Stürme — das berstende Eis donnert und kracht — und das gebrechliche Schifflein der Polfahrer knarrt und krümmt sich stöhnend zwischen den andrängenden Eisschollen. Wie sehnt man sich da nach der Sonne!

Und endlich wird es wieder Tag — je weiter vom Pol entfernt, desto früher im Jahr. Anfang Februar lugt auf Spitzbergen die Sonne um Mittag über den Rand des Horizonts. Bald steigt sie sieghaft empor, bis sie die Nacht völlig verdrängt, und auf ein halbes Jahr ist nun sie die unumschränkte Herrscherin. Sie glitzert und funkelt in Milliarden Eiskristallen. Um Mitternacht läuft ihre glühroto Kugel am Horizont entlang, ohne zu verschwinden. Der Glanz des Gestirns und die bläuliche Weiße der Eis- und Schneegefilde sind fast unerträglich für das Menschenauge, und es sehnt sich wieder nach der Nacht, wie ehemals nach dem fernen Tag.

Grüne Flächen, wo das Auge ausruhen könnte, gibt es nur wenige auf der arktischen Inselwelt. Meist starrt auch hier alles von Eis und Schnee; steile, wildgezackte Klüfte und Bergkegel erheben sich hier und da; nur selten ein geschütztes Tal, dessen Sohle sich mit grünem Moos und saftigem Gras bedeckt, in dem sogar eine bescheidene Blumenflora um ihr Eintagsdasein ringt.

Dennoch ist die Tierwelt der Arktis sehr mannigfaltig. Die größten Säugetiere der Erde scheinen sich aus vorsintflutlicher Zeit dort hinübergerettet zu haben. In den sich plötzlich bildenden Spalten des Meereises tummelt sich der riesige Wal; der kleinere Finnwal kommt bis an Norwegens Küsten herunter. Der Narwal mit seinem mächtigen Stoßzahn jagt in der Meerestiefe.

Das häßliche Walroß mit seinem bärtigen Gesicht, aus dem zwei gekrümmte, gelbliche Hauer nach unten ragen, sonnt sich auf dem Packeis und schnauft vor Behagen; es findet sich meist im Kreis einer großen Familie. Auf dem Neueis sammeln sich die Seehunde mit ihren Jungen, rekeln sich in der Sonne und kratzen sich mit der tölpischen Finne, der Vorderflosse, die Seiten. An ihre unbehilflichen Jungen pirscht sich der Eisbär heran, der König der Arktis. In ungeheuren Schwärmen ziehen Eidergänse, Möwen und Lummen zu den einsamsten Klippen der Inseln, um dort zu brüten, und der Polarfuchs holt sich die frischesten Eier aus den für kurze Pause verlassenen Nestern.

Diese eigenartige, grausame Schönheit der arktischen Natur hat ihre dämonische Anziehungskraft seit Jahrhunderten auf die Menschheit ausgeübt, und der trotzige Widerstand der Naturkraft hat den Ehrgeiz tollkühner Abenteurer und wissensdurstiger Forscher fast bis zur Leidenschaft erhitzt. Wieviel Menschenopfer wurden dem Moloch Nordpol gebracht! Wieviel Widerstandskraft und Geistesgegenwart, Mut und Entbehrungsfähigkeit steckte schon in den mittelalterlichen Draufgängern, die über den Nordpol hin den Weg zu den Goldländern China und Indien suchten. Und heute, im Zeitalter der Wissenschaft: welch eiserner Fleiß, wieviel Scharfsinn und Kenntnis, wieviel hartnäckige Selbsterziehung gehört dazu, um, nach dem großen Vorbild Fridtjof Nansens, das bloße Abenteuer oder die Sportleistung zu einer Kulturtat zu erheben, an deren Ergebnissen die Wissenschaft der ganzen Welt teilhat. Wahrlich, ein großer Teil menschlichen Heldentums hat die Polarregion zum Schauplatz, und von diesem Heldentum sollen die folgenden Blätter erzählen.

Das Ende der Welt

Wer war der erste Nordpolfahrer? Wer versuchte zum erstenmal, sich mit eigenen Augen vom „Ende der Welt", an das man ehemals glaubte, zu überzeugen? Beide Fragen hängen aufs engste zusammen.

Das Ende der Welt

Die Kulturvölker des Altertums sahen sich mit der gespannten Aufmerksamkeit erster Entdecker in der Welt um; sie studierten ihre Nachbarn, Land und Volk, sie fragten, was hinter diesen wohne, und dann wieder dahinter nach Mitternacht, nach Norden. Die Irrfahrten des Helden Odysseus im 12. Jahrhundert v. Chr., die nicht über das Mittelländische Meer hinausgingen, lebten in Homers unsterblichen Gesängen fort und machten Schule; bald gab es eine Menge abenteuerlustiger Gesellen, die weit umherkamen und noch viel zahlreicherer Menschen „Städte gesehen und Sitte gelernt" hatten; und wo ihre eigene Odyssee, ihr persönliches Erlebnis endete, wußten sie weitere Fragen vom Hörensagen zu beantworten und phantastisch auszuschmücken. Wahrheit und Dichtung verwuchs untrennbar ineinander. Griechenlands erster Geschichtschreiber, Herodot von Halikarnaß, erwähnt die Sage von den Hyperboräern, die über dem brausenden Boreas (dem Sturm) wohnen sollten; aber obwohl auch Homer davon erzählt, erscheint dem Historiker diese schon alte Tradition sehr verdächtig; ebenso die Sage von den Einäugigen, als deren Heimat ebenfalls der Norden galt. „Gibt es Menschen über dem Nordwind, so gibt es auch welche über dem Südwind", erklärt Herodot; „es ist geradezu lächerlich," fügt er hinzu, „so oft man schon den Umkreis der Erde gezeichnet hat, noch keiner hat ihn mit rechtem Verstand dargestellt. Da malen sie den Ozean rings um die Erde fließend und die Erde kreisrund wie mit dem Zirkel gezogen." Mit der alten Vorstellung von der festen Erdscheibe, die auf dem Okeanos, dem Meere, schwimme, konnte also auch er sich nicht mehr befreunden. Die Sage von den Hyperboräern, den „übernordischen Leuten", erhielt sich aber trotz Herodot und lebte ein halbes Jahrtausend nach ihm bei den Römern wieder auf. Da oben im Norden sollte ein seliges Volk wohnen, dem die Sonne nur einmal auf- und untergehe und alle Früchte aufs schnellste reiften. In diesen alten Überlieferungen, deren Träger wir kaum ahnen können, steckt also immer ein Stück Wahrheit: man wußte damals schon von dem langen Tag und der ebenso langen Nacht im Norden.

Etwa 1000 Jahre v. Chr. kamen die Phönizier, das klassische

Nordpol. Übersichtskarte

Seefahrervolk des Altertums, schon hoch in den geheimnisvollen Norden hinauf; auf ihren ziemlich großen, kunstvoll gebauten und hochgeschnäbelten Ruderschiffen, die auch mit Mast und Segel versehen waren, gelangten sie bis zu den britischen Inseln. Dort erhandelten sie Zinn, und die hochentwickelte Kultur der Phönizier ist gewiß nicht ohne Einfluß auf die nordischen Barbaren, die keltischen Ureinwohner, geblieben. Auf den breiten Straßen der Flüsse drangen sie auch weit ins Innere Englands hinein.

Der erste indes, der eine regelrechte Entdeckungsfahrt nach dem Norden unternahm, war Pytheas aus Marsilia, dem heu-

tigen Marseille. Er lebte zur Zeit Alexanders des Großen
(4. Jahrhundert v. Chr.) und war, ebenso wie sein Zeitgenosse
Aristoteles und andere, schon von der Kugelgestalt der Erde
überzeugt. Wenn man Spitzen von Bergen, Türmen usw. aus
der Ferne zuerst erblickte, mußte deren Grundlinie tiefer liegen
als der Standpunkt des Beschauers. Diese Biegung der Erdoberfläche wollte er mit eigenen Augen beobachten und die „Steigung des Pols" untersuchen. Pytheas war es, der zum erstenmal
die „Sonnenhöhe" eines Ortes feststellte, er ist jedenfalls auch
der Erfinder der dazu nötigen nautischen Instrumente, ohne
die — natürlich in ihrer unendlich vervollkommneten Gestalt
— heute kein Schiff auch nur die kürzeste Seefahrt unternimmt.
Seine Reise ins Blaue oder richtiger ins Dunkle hinein beschrieb
er in einem Werk „Vom Ozean", das nur in Bruchstücken erhalten ist; aber sie zeigen doch, mit welch geschultem, klarem
Blick der alte Grieche die ihm so völlig neue Welt des Nordens
mit ihrem Nebel, Schnee und Eis erfaßt hat. Ihm verdanken
wir auch die erste geschichtliche Erwähnung der Germanen,
von denen er Bernstein einhandelte.

Pytheas umschiffte zunächst das heutige Frankreich und kam
zu den britischen Zinninseln. Er fand das Land feucht und eiskalt, doch schon ziemlich bevölkert. Darauf segelte er nach
Island und Norwegen, berührte „wüste, dunkle Eilande", die
Orkney-Inseln, und kam nach den Shetlandinseln Foula und
Unst, die er als das Land „Thule" ausführlich beschreibt. Hier
aber, angesichts der mit Eisschollen bedeckten dunklen Wasserwüste, glaubte er das Ende der Welt, das Ende alles festen Landes erreicht zu haben. Die keltischen Ureinwohner, die er da
oben fand und mit denen er sich durch Dolmetscher zu verständigen wußte, versicherten ihm zwar, erst eine Tagereise
jenseits Thules beginne das tote Meer, Marimarusa; damit
meinten sie jedenfalls das ewige Eis. Für den Südländer, der
kein Eis kannte, war aber schon das, was er hier sah, ein unheimlich seltsames Phänomen. Wo das Meer „dick geworden,
geronnen" sei, erklärte er, könne es kein Land mehr geben,
auch kein Meer und keine Luft, sondern nur ein Gemisch von
all diesem, so daß dort alles schwebe und niemand gehen oder

fahren könne. Jedenfalls war er in dichten Nebel, Sturm und heftiges Schneegestöber geraten; dieses Toben der Elemente schien ihm alles Feste aufzulösen. Hier war daher für ihn das Ende der Welt, und weiter getraute er sich nicht. Auf der Rückfahrt kam er in die Nordsee, wahrscheinlich bis zur Elbmündung, und hier war es, wo er ein neues Volk kennenlernte, die Teutonen, unsere Vorfahren. Kehrte Pytheas auch auf halbem Wege um, so ist doch seine Entdeckungsreise die größte und bewundernswerteste des Altertums; kein Grieche oder Römer hat sich je so weit in den Norden vorgewagt.

Erst lange nach Christi Geburt kamen Nordpolfahrten aufs neue wieder auf. Die Irländer, die Bewohner der britischen Inseln, waren schon im 3. Jahrhundert Christen geworden, wenn auch der heilige Patrick, ein vom römischen Bischof ausgesandter Gallier, erst um 490 das dortige Bekehrungswerk vollendete. Die Kultur des Landes hatte sich dadurch früh gehoben. Die Klöster waren auch hier der Sitz der Gelehrsamkeit, und die irischen Mönche studierten mit Eifer die Schriften der Alten; einer dieser Mönche namens Dicuil sprach um 825 von der Kugelgestalt der Erde als einer feststehenden Tatsache. Er berichtet auch von den nördlichen Inseln, die man bei günstigem Wind in zwei Tagen und Nächten erreichen könne; seit lange schon wohnten dort fromme Eremiten, die von Schafzucht und Fischfang lebten, aber von den kriegerischen Normannen viel zu leiden hätten. Dicuil meint damit wohl die Inselgruppe der Faröer (Far = Schaf, Oe = Insel). Durch alte Ortsnamen wie „Papas" oder „Papil" ist die Anwesenheit solcher frommen Väter auf diesen Inseln sprachlich beglaubigt; auch auf Island lassen sich Spuren alter Eremitenbesiedelung nachweisen.

In der Erzählung Dicuils begegnen uns zum erstenmal die Normannen, die verwegenen Seefahrer des Nordens Ihre hochgebordeten Schiffe durchkreuzten auf Kriegs- und Beutefahrten furchtlos die Meere; Kompaß und dergleichen kannten sie nicht, aber sie beobachteten Wetter und Gestirne und gewannen dadurch so viel meteorologische Erfahrung, daß sie es wagen konnten, allen Launen der offenen See Trotz zu bieten. Suchten sie Land, dann ließen sie einen Raben in die Luft steigen, einen von Odins heiligen Vögeln, die sie an Bord hielten, und warteten, wohin er fliegen würde: dort war sicher Land — oft genug neues, ganz unbekanntes Land, wo reiche Beute winkte. Im 9. Jahrhundert waren die Wikingerzüge besonders häufig und für die ganze Umwelt eine gefährliche Plage. Zur Winterszeit saßen diese Räuberhorden auf der nordischen Halbinsel, in Schweden und Norwegen, als freie Männer in der Mitte ihres Weidelandes, jeder für sich ein König. Mit dem Christentum durfte man ihnen nicht kommen; schon daß sich in ihrer Gemeinschaft selbst aus den Geschlechtsältesten, die im Thing Recht sprachen, eine Art Königtum entwickelte, wurde der jüngeren Generation in ihrem unbändigen Freiheitsdrang unerträglich. Sie begann auszuwandern und in einer unbekannten Welt ihr Heil zu suchen. So kamen Normannenheere nach der Normandie, die noch heute ihren Namen trägt, dann zur spanischen und italienischen Halbinsel. Andere Scharen, die im Norden blieben, verjagten die heiligen Väter von den dortigen Inseln und setzten sich hier fest. Der Normanne Ottar segelte bis ins Weiße Meer und brachte die erste Kunde von den Lappländern heim. Der Seeräuber Floki geriet nach Island, dem Eisland. Andere, die sich dem heimatlichen Regiment nicht beugen wollten, wurden auf ihren Schiffen nach den nordamerikanischen Inseln und nach Labrador verschlagen und entdeckten Amerika ein paar Jahrhunderte vor Kolumbus. Die nordischen Sagas und die Edda sind voll von diesen Heldentaten der Wikinger, die nichts weiter als verwegene Banditen waren, aber immerhin das „Ende der Welt" schon um ein gut Stück weiter steckten als der alte Grieche Pytheas.

Die erste deutsche Polfahrt

Mittelalterliche Reisebeschreibungen erzählen von den Ländern und Meeren des Nordens märchenhafte Geschichten. Die Inseln da oben seien von Waldmenschen bewohnt und bärtigen Weibern; in Sibirien, in der Gegend des Weißen Meeres, hausten Drachen, denen Menschenopfer gebracht würden. Uralte Saga berichtet von Amazonen, deren

Töchter weißen Antlitzes und von schöner Gestalt seien; die Knaben dagegen hätten Hundsköpfe, die säßen ihnen auf der Brust; sie bellten statt zu sprechen; auf den Märkten Rußlands seien diese Mißgeburten zu kaufen. Auch Menschenfresser, die „Wizzis", weißhaarige Wilde, lebten da irgendwo; ihre Hunde seien auf Menschenfang dressiert. In Fabeln von Riesen und von Zwergen, die wie Tiere behaart seien, kann sich die Phantasie des Mittelalters nicht genug tun.

Diese wilde Phantastik spukt auch noch in einer Erzählung, die auf den gelehrten Domscholastikus Adam von Bremen zurückgeht, der im übrigen mancherlei zutreffende Kunde aus dem Norden gehabt haben muß. Sie ist dadurch bemerkenswert, daß sie eine erste Polfahrt schildert, die von deutschen Seefahrern um das Jahr 1040 unternommen wurde, die erste deutsche Entdeckungsfahrt überhaupt, und sei, treuherzig wie der Chronist sie bietet, hier eingeschaltet:

„So erzählte mir auch der Erzbischof Adalbert seligen Andenkens, daß in den Tagen seines Vorgängers im Amte einige edle Männer aus Friesland nach Norden gesegelt seien, um das Meer zu erforschen, weil nach der Meinung ihrer Leute von der Mündung des Flusses Weser in direkter Linie nach Norden kein Land mehr zu finden sei, sondern nur das Meer, welches man die Liber-See nennt. Um über diesen interessanten Punkt die Wahrheit zu erforschen, setzten die verbündeten Genossen mit fröhlichem Jubelgeschrei vom friesischen Ufer aus. Indem sie auf der einen Seite Dänemark, auf der andern Britannien hinter sich ließen, gelangten sie zu den Orkadischen Inseln (wohl den Orkneyinseln). Diese ließen sie bei der Weiterfahrt zur Linken, während sie Norwegen zur Rechten hatten, und kamen so nach einer langen Überfahrt zu dem eisigen Island. Von hier durchschifften sie die Meere noch weiter bis zum äußersten Ende, indem sie dabei alle die obengenannten Inseln hinter sich ließen und ihr kühnes Wagstück und ihre Weiterreise dem allmächtigen Gott und dem heiligen Willebaldus empfahlen Sie gerieten dabei aber plötzlich in jenen finstern Nebel des erstarrten Ozeans, den sie kaum mit den Augen zu durchdringen vermochten. Und siehe, da zog die unstete Strömung des Meeres, die dort zu den geheimen Anfängen ihrer Quelle zurückläuft, die bedrängten und schon verzweifelnden Schiffer, welche nur noch an ihren Tod dachten, mit heftiger Gewalt in ein Chaos hinein. Dort, so meint man, sei der Wirbel des Abgrunds, jene unergründliche Tiefe, in welcher der Sage nach alle Meeresströmungen verschlungen und aus der sie wieder hervorgespien werden, was man Ebbe und Flut zu nennen pflegt. Nachdem sie darauf die Barmherzigkeit Gottes angefleht, daß er sich ihrer Seelen annehmen möchte, riß die Gewalt des zurücklaufenden Meeres einige Schiffe der Gefährten ganz mit sich fort, andere aber warf sie auf einem langen Umwege wieder zurück. Diese halfen sich mit angestrengtem Rudern und wurden aus der Gefahr, die sie vor Augen hatten, mit Gottes rechtzeitigem Beistande gerettet. Nachdem sie jedoch so den Nebeln und der kalten Eisregion glücklich entronnen waren, bekamen sie unverhofft eine gewisse Insel in Sicht, die von hohen Klippen wie eine Stadt von Mauern ringsumher umgeben war. Sie gingen daselbst, um die Ortsgelegenheit zu beschauen, ans Land und fanden Menschen, die um die Mittagszeit in unterirdischen Höhlen verborgen waren. Vor den Eingängen dieser Höhlen lagen zahllose Gefäße von Gold oder von solchen Metallen, welche von den Leuten für kostbar und selten gehalten werden. Nachdem sie von diesem Schatze, soviel als sie schleppen konnten, zu sich genommen, wollten die Ruderer froh zu ihren Schiffen eilen. Plötzlich aber sehen sie rückblickend Männer von wunderbarer Länge, welche man bei uns Zyklopen nennt, hinter sich herkommen, denen Hunde von außerordentlicher Größe voranliefen. Einer der Gefährten wurde alsbald von ihnen gepackt und sofort vor ihren Augen zerrissen. Die übrigen entkamen jedoch zu ihren Schiffen, indem die Riesen sie noch, als sie schon auf hoher See waren, mit Geschrei verfolgten. Nach solchen Abenteuern und Schicksalen gelangten diese Friesen nach Bremen, wo sie dem Erzbischof Alebrand alles der Ordnung gemäß erzählten und darauf Christo und seinem Bekenner Willebaldus für ihre Rückkehr und Rettung Dank- und Sühneopfer darbrachten."

Diese edlen Männer aus Friesland, die in fremdem Lande Kostbarkeiten, die unbeschützt am Wege lagen, einfach mitgehen hießen, waren offenbar an die Unrechten geraten! Wahrscheinlich waren sie an der Küste Grönlands zu einer Kolonie Normannen gekommen, deren hoher Wuchs, durch die Brille der Angst gesehen, Riesengestalt annahm. Tatsächlich hat man in den Überbleibseln solch alter Normannensiedelungen auf Grönland Bronzearbeiten gefunden.

Etwa 20 Jahre später sandte ein nordischer König Harald Hardrade (der Hartwaltende) eine Expedition zum Nordpol aus. Sie sollte, erzählt ebenfalls Adam von Bremen, das Meer jenseits Thules erforschen, aber auch sie kam, wie Pytheas, nicht weiter als bis zu dem mit finsterm Nebel bedeckten Ende der Welt und entging „nur mit genauer Not den entsetzlichen Abgründen".

Schlimmer erging es in den folgenden Jahrhunderten vereinzelten ähnlichen Unternehmungen, von denen keine weitere Überlieferung zu uns gedrungen ist. Man weiß von einer Reise eines Prinzen von Wales, von den Fahrten der Gebrüder Viviani aus Genua, von Raubzügen der Araber, der „umherirrenden Brüder", wie man sie nannte. Aber von all diesen Expeditionen meldet kein Lied, kein Heldenbuch; sie gingen sämtlich zugrunde. Erst gegen Ende des 14. Jahrhunderts setzen die Entdeckungsreisen nach dem Norden mit neuer und größerer Tatkraft ein.

Normannen auf Grönland

Der erste, der Grönland, den arktischen Kontinent, erblickte, war ein Normanne, den im Anfang des 10. Jahrhunderts ein Sturm dorthin verschlug. Sein Nachfolger war Erik Rauda, der Rote, von Island, der normannischen Kolonie; eines Mordes wegen wurde er des Landes verwiesen und mußte sich eine neue Heimat suchen. Aufs Geratewohl segelte er nach Norden und erreichte Anno 982 eine fremde Küste, hinter deren Inseln und Vorgebirgen grünes Land schimmerte. Drei Jahre blieb er hier, dann trieb ihn Heimweh oder Grauen vor der Einsamkeit nach Island zurück. Hier erzählte er seinen Stammesgenossen so viel von dem neuentdeckten grünen Land, daß sich die Auswanderungslust regte und im nächsten Jahr gleich 25 Schiffe unter seiner Führung dorthin in See stachen. Die Hälfte von ihnen aber kam in den Stürmen um; die übrigen mit Erik Rauda gelangten glücklich ans Ziel. Nun begann eine regelrechte Siedlungsarbeit; Steine und Treibholz gab es in Menge, und so wuchsen die „steinernen Häuser" aus der Erde, so daß die neue Kolonie bald ein stattliches Aussehen hatte. Eriks Sohn, Leif, machte eine Bildungsreise nach dem Stammland Norwegen und brachte das Christentum mit, das unterdessen dort Wurzel gefaßt hatte; er selbst taufte die grönländischen Ansiedler; nur sein Vater, Erik Rauda, wollte davon nichts wissen und blieb den alten Göttern Thor und Odin bis zum Tode treu.

Daß die Auswanderer von Island auf ihren leichtgebauten Schiffen überhaupt bis an die Küste Grönlands herankamen, ist nur so zu erklären, daß in jenen Jahren die Eisverhältnisse ungewöhnlich günstig waren; sonst wären die normannischen Segelschiffe gegen das Packeis völlig machtlos gewesen. Zwischen Island und Norwegen dagegen bestand damals schon eine Art regelmäßigen Schiffsverkehrs; fast alle Lebensmittel wurden aus dem Mutterland eingeführt, besonders auch Haustiere. Auf den Schiffen Erik Raudas kamen diese nun auch nach Grönland, und die dortigen Ansiedler lebten von Jagd und Viehzucht. Das Packeis schob den altgewohnten Wikingerfahrten einen Riegel vor, und bei den Ureinwohnern Grönlands, den Eskimos, war wenig zu holen. Diese Ureinwohner wurden von den großen, breitschultrigen Normannen Skrälingjar, d. i. Zwerge, genannt und wegen ihrer Kleinheit und ihres Schmutzes verachtet.

Es mag nicht eben die beste Auslese der Isländer gewesen sein, die dem Ruf Erik Raudas nach Grönland gefolgt war, und auch später noch erhielt die neue Ansiedlung durch solche Elemente, die Ursache haben mochten, sich dem heimatlichen Gesetz zu entziehen, manchen Zuzug. Aber die schwere Not des Lebens machte auch den Verbrecher zum Menschen, der sich in die Gemeinschaft zu schicken lernte. Eigentlich bewohnbar ist nur die Westküste Grönlands; in den kurzen Sommern überziehen sich die Täler dort schnell mit Gras, Kräutern, sogar mit zierlichen Blumen von prächtiger Farbe; aber der holde Zauber verschwindet ebenso schnell wieder, und eine Viehzucht in größerem Umfang kann bei der spärlichen Heuernte nicht gedeihen; der Winter dauert zehn Monate. Die weite Hochebene im Innern des Landes ist von Inlandeis bedeckt, das in riesigen Gletschern an der Ostküste zum Meere abstürzt und allem weiteren Vordringen unüberwindliche Hindernisse entgegenstellt. Trotz dieser unsäglich schweren Lebensbedingungen vergrößerte sich die Normannenkolonie sehr schnell. Als die Brüder Nikolo und Antonio Zeno aus Venedig im Jahre 1389 nach Grönland kamen, fanden sie dort in zwei Bezirken, dem Ostamt und dem Westamt, beide an der Westküste Grönlands, nicht weniger als 280 Höfe, 2 stadtartige Siedlungen mit einer Kathedrale und 15 Kirchen, dazu 3 Klöster. Ein Bischof, von Norwegen herübergesandt, residierte in Gardar; vom Jahre 900 bis zu seinem Verfall zählte das Bistum Grönland 16 Bischöfe. Die Gemeinde zahlte ihren Peterspfennig und sonstige Abgaben in Fellen, Tran und Lederriemen vom Walroß, ein Zeichen, daß die Jagd ihre Haupteinnahmequelle war. Vom Kloster zum heiligen Thomas berichteten die Venetianer, seine Zellen würden durch eine warme Quelle geheizt, an der die Mönche auch ihre Speisen kochten. Bei den Thermen von Unartok liegen noch heute die Ruinen dieses Klosters. Nordwärts sind die Normannen sehr weit an der Küste vorgedrungen; noch auf dem 72. Breitegrad fand man Runensteine, die auch lateinische Inschriften trugen. Im Süden sind die Ruinen jener alten Ansiedelungen sehr zahlreich; der Missionar Hans Egede fand dort sogar Reste einer bronzenen Kirchenglocke.

Die Pest, der Schwarze Tod, der im 14. Jahrhundert in ganz Europa wütete, wurde auch in diese nördlichen Regionen eingeschleppt; dadurch zerfielen die Kolonien in kurzer Zeit. Was noch am Leben blieb, rieb sich in den Kämpfen mit den feindlichen Ureinwohnern, den Skrälingern, auf und wurde schließlich von diesen ganz ausgerottet. Die alten Sagen der Eskimos singen noch heute von diesem Krieg gegen die „Kablunaken", die Weißen. Daneben hat sich eine andere Sage von weißen

Eskimos erhalten, die ganz im Norden wohnen und die letzten Nachkommen der alten Normannen sein sollen; bis heute aber hat sie noch kein Entdeckungsreisender zu Gesicht bekommen, und außer jenen Ruinen hat sich von alter normannischer Kultur auf Grönland und bei den Eskimos keine Spur mehr erhalten.

Im 14. Jahrhundert geriet dann Grönland zeitweilig ganz in Vergessenheit. Norwegen kam damals nach schweren Kämpfen unter dänische Herrschaft. Dänische Könige sandten auch Schiffe ab, um von der alten Kolonie in Grönland Kunde zu erhalten und sie tributpflichtig zu machen. So fuhr der „berühmte Seehahn" Magnus Heinsen im Auftrag König Friedrichs II. von Dänemark nach Grönland; die Küste bekam er, wie er wenigstens glaubte, zu Gesicht, aber nur aus weitester Ferne; das Packeis versperrte ihm den Weg. Er aber versicherte nach seiner Rückkehr, daß unterseeische Gewalten oder ein „Magnetberg" ihn festgehalten haben müsse. So sank das grüne Eiland wieder zurück in die Dämmerung mittelalterlicher Sage.

Am Nordpol vorbei nach Indien

Das Zeitalter der Kreuzzüge (1096—1291) setzte nicht nur die Christenheere des Abendlandes, sondern mit ihnen endlose Scharen unruhiger Geister und Abenteurer nach Osten in Bewegung. Märchenländer des Orients, Indien, China, Japan stiegen als eine wunderbare Fata Morgana am Horizont auf, und die drei Könige des Morgenlands, die dem Christuskinde in Bethlehem Gold und kostbare Gewürze dargebracht hatten, wiesen der Phantasie und der Habsucht des Abendlandes den Weg immer weiter nach Osten. Wenn aber die Erde eine Kugel war — von ihrer Größe ahnte man damals noch nichts —, mußte man das ersehnte Paradies, wo das Gold nur so auf der Straße lag, nicht auch von Europas Westküste aus jenseits des großen Wassers erreichen? Und gewiß viel leichter als auf dem unsäglich beschwerlichen Landwege, wo nur ein Heer wie das Alexanders des Großen sich hätte durchschlagen können. Erzählte die Sage nicht von Wikingerzügen, die der Sturm weit im Westen Grönlands an unbekannte Küsten verschlagen hatte? Das waren gewiß nur Inseln, die der andern Seite Asiens vorgelagert waren. Gelang es, in ihrem Schutz sich weiter durchzufinden, dann war das Rätsel des zaubervollen Ostens gelöst. Den Weg nach China durch die nördlichen Breiten suchte schon Giovanni Caboto, ein Italiener in englischen Diensten; 1497 betrat er, ein Jahr vor Kolumbus, das Festland Amerika, wahrscheinlich in Labrador. Sein Sohn Sebastian Cabot, der Begründer der englischen Flottenmacht, begleitete ihn auf dieser Fahrt. Um Indien zu finden, wagte es Kolumbus (1492), mit seinen drei Schiffen geradeaus über den Atlantischen Ozean zu segeln; erst 1504, zwei Jahre vor dem Tode des großen Entdeckers, kam ein Geograph Amerigo Vespucci in Florenz auf den Gedanken: das Festland, das Kolumbus auf seiner dritten Reise (1498) betreten habe, sei ein bisher unbekannter vierter Weltteil. Als dann Vasco de Gama 1497 den Seeweg nach Indien um die Südspitze Afrikas herum entdeckte und 1523 Magelhaes sogar einen Weg südlich um den amerikanischen Kontinent fand, im Süden also nach Osten und Westen hin die Fahrstraße frei lag, befestigte sich immer mehr die Überzeugung, daß solch eine Durchfahrt auch im Norden zu finden und dieser Weg nach Indien, am Nordpol vorbei, weit kürzer sein müsse. „Wenn die Natur eine gewisse Symmetrie beim Aufbau der Welt beobachtet habe," meinten die Gelehrten, „muß im Norden so gut eine Straße ins Stille Meer (den Großen Ozean) gehen wie im Süden, besonders wenn Gott in seinem Schöpfungsplan ein bißchen Rücksicht auf die Bedürfnisse des europäischen Handels genommen hat!"

Giovanni Cabot und sein Sohn Sebastian waren 1498 nicht weiter als bis zum 58. Breitengrad gekommen; hier zwang das Eis sie zur Umkehr, und die ersten Ansiedler, die sie in Neufundland, der „Kabeljauinsel", aussetzten, fielen alle dem harten Klima zum Opfer. Auch auf seinen späteren Fahrten, 1517 an der Spitze eines großen Geschwaders, kam Sebastian Cabot zwar bis an die später so benannte Hudson-Bai, fand aber den nordwestlichen Durchweg nach Indien nicht, dafür eine andere Goldquelle, indem er die englischen Seeleute mit dem Walfischfang vertraut machte. Der unerhörte Fischreichtum dieser Gewässer lockte auch die andern Nationen an, und dieser Wettstreit klärte alsbald die Karte Nordamerikas nach allen Richtungen hin auf. In der Hoffnung, die nordwestliche Durchfahrt zu gewinnen, entdeckte der Franzose Jacques Cartier 1535 den Lorenzstrom und drang bis zum heutigen Montreal vor.

Da Sebastian Cabot im Nordwesten nicht durchgekommen war, richtete er sein Auge auf den Nordosten. Eine „Gesellschaft der Abenteuerfahrer" wurde gegründet, und 1553 machten sich drei kleine Schiffe auf, um über Norwegen nach Osten China zu erreichen und dort und in Rußland neue Märkte für den englischen Handel zu gewinnen. Gelang es, vom Eismeer aus in die Mündung des Ob einzulaufen, dann konnte man, das lehrten die damals vorhandenen Karten, ganz Rußland durchsegeln und weiter auf dem Nebenfluß Irtysch bis an die Westgrenze Chinas kommen. Schon an der Küste Norwegens wurde das kleine Geschwader durch Sturm zerstreut, und von den drei Schiffen kehrte nur eines in die Heimat zurück. Die beiden andern froren in der Mündung des Warsinaflusses ein, und die gesamte Mannschaft kam in dem harten sibirischen Winter um. Nach Jahren fand man ihr Schiffstagebuch und ersah daraus, daß ihr Befehlshaber zum erstenmal die Küste Nowaja Semljas gesichtet hatte. Der erste, der diese Insel 1555 betrat, war der englische Generalpilot Bourrough; er entdeckte auch die Waigatsch-Insel; ins Karische Meer drang er aber nicht, „wegen der großen und furchtbaren Menge Eis, die wir vor unsern Augen sahen"; doch war für die Erschließung des Polargebiets die Feststellung einer so gewaltigen Insel wie Nowaja Semlja von größter Bedeutung. Spätere englische Versuche, die Nordostdurchfahrt zu erzwingen, waren ebenso erfolglos.

Ende des 16. Jahrhunderts nahmen die Holländer mit hartnäckiger Energie diese Versuche auf. Die ungeheure Hitze am Äquator, die furchtbaren Stürme im Indischen Meer und die lange Dauer der Reise von neun bis zehn Monaten schreckten sie, ebenso wie die Engländer, ab. Über den Norden hinweg hoffte man, das Ziel Indien schon in zwei Monaten erreichen zu können. Obendrein stieß der Handel der erst kürzlich vereinigten „Generalstaaten" auf rücksichtslose Gegnerschaft bei andern Nationen; Spanier und Portugiesen, damals auf der Höhe ihrer Macht, behandelten den neuen Konkurrenten wie einen Seeräuber, kaperten die holländischen Schiffe und überlieferten die Mannschaft dem Inquisitionsgericht. Da oben im Norden lief kein Schiff Gefahr, die willkommene Beute dieser übermächtigen Feinde zu werden, und wenn sich der nordöstliche Weg nach China fand, boten sich dem holländischen Handel ungeahnte Möglichkeiten. 1594, 1595 und 1596 folgten einander drei Expeditionen zur Erkundung einer nordöstlichen Durchfahrt; ihr Führer war ein Seefahrer Wilhelm Barents aus Amsterdam, dessen Name die Reihe der Helden der Polarforschung verdientermaßen eröffnet.

Wilhelm Barents

Am 6. Juni 1594 stach die erste der drei holländischen Polarexpeditionen in See. Befehlshaber der vier Schiffe war der Admiral Cornelis Naij, die eigentliche Seele des Unternehmens der Steuermann Barents. Der Kurs sollte nördlich um Nowaja Semlja herumgehen. Am 15. Juni kreuzte das Geschwader vor der russischen Küste Lapplands. Von hier ging Barents mit zwei Segelschiffen nordwärts und erreichte auf dem 73. Breitengrad Nowaja Semlja, das er fast bis zur Nordspitze erkundete. Die Namen, mit denen er seine Entdeckungen bezeichnete, die Oranieninseln, Kap Nassau usw., führt unsere Landkarte noch heute. Schon gleich als sie festes Land betraten, hatten sie eines jener Abenteuer, die nun in den Berichten über Polarforschung alltägliche Begebenheiten werden, ohne dadurch aber an Gefahr, Aufregung und Spannung zu verlieren. Ein riesiger Eisbär, der die nie gesehenen Ankömmlinge für eine Abart der Seehunde halten mochte, die seine tägliche Mahlzeit bildeten, empfing sie mit erhobenen Pranken. Die Holländer gaben Feuer, und als das angeschossene Tier sich ins Meer warf, folgten sie ihm, um es lebendig zu fangen und wenn möglich mit nach Holland zu nehmen. Vom Boot aus warfen sie ihm eine Schlinge um den Hals und ruderten nun mit der Beute ihrem Schiff zu. Die Bestie brüllte, stemmte sich mit allen Vieren gegen diesen ungewohnten Transport und wühlte das Wasser so gewaltig auf, „daß man es kaum schildern kann", wie ein Augenzeuge berichtet. „Wir müssen ihm mehr Leine lassen, damit er müde wird", meinte ein Matrose. Man ließ das Seil lockerer und ruderte weiter, das schnaubende Tier im Kielwasser; Barents stand am Steuer und wehrte es vom Bootsrand ab. Plötzlich erhob sich der Bär hoch aus dem Wasser und klammerte sich an das Boot an. „Laßt ihn, er will sich nur ausruhen", scherzte Barents — aber schon hatte sich der Bär mit einer gewaltigen Anstrengung emporgeschwungen, und die Männer wichen entsetzt in das andere Ende des Bootes zurück. Der Bär wollte ihnen folgen, aber die Schlinge saß glücklicherweise fest, und das Seil war stark und kurz. Ein beherzter Mann sprang hinzu und schlug ihn mit der Axt nieder. Auf die damaligen Feuerwaffen war noch wenig Verlaß; nicht einmal den Walrossen, die in riesigen Herden auf dem Packeis sich sonnten, konnte man damit beikommen.

Barents wäre gern noch weiter nach Norden vorgedrungen, aber das Eis war in drohender Bewegung, und seine Leute forderten murrend, zu den beiden andern Schiffen zurückzukehren. Bei der Insel Dalgey trafen sie auch glücklich die Kameraden, die unterdes eine nicht weniger abenteuerliche Fahrt gemacht hatten. Cornelis Naij war mit seinen beiden Schiffen an der Waigatsch-Insel gelandet und hatte hier Menschenspuren gefunden: Opferhügel, kunstvoll aus Bärenschädeln und Renntiergeweihen aufgetürmt, von Stangen überragt, deren Spitze ein roh geschnitztes Menschenangesicht zeigte, Augen und Mund mit Blut beschmiert, ein grausiges Wahrzeichen. Doch fanden sich in der Asche der Opferfeuer nur Renntier- und Bärenknochen. Bald stießen die Fremden auf Samojeden, die hier zu Hause waren und den Eindringlingen zuerst drohend mit Pfeil und Bogen entgegentraten. Es kam aber nicht zum Kampf, sondern man schloß Frieden und Freundschaft, die Samojeden besuchten die Holländer auf ihren Schiffen, und durch sie erfuhr Naij, daß die Karische oder Waigatsch-Straße fahrbar sei. Wirklich gelangte er in das Karische Meer, das er die neue Nordsee nannte, und wenn er auch bald vom Packeis aufgehalten wurde, gewann er doch die Überzeugung, daß zu guter Jahreszeit hier nach Osten durchzukommen, die Aufgabe der Expedition also gelöst sei. Im Karischen Meer entdeckte er eine kleine Insel, die er Staaten-Eiland nannte; sie war gebirgig und völlig unbewohnt, der Strand aber besät von einem gold- und silberglitzernden Gestein, das den Holländern als eine unschätzbare Kostbarkeit erschien und von dem sie Proben mitnahmen. Auf der Rückkehr trafen sie die beiden andern Schiffe, und alle vier kehrten nach Hause zurück, wo sie mit großem Jubel empfangen wurden.

Gleich im nächsten Jahr sandte die holländische Regierung eine zweite Expedition aus, um den Seeweg durch das Karische Meer nach Indien weiter zu verfolgen. Die geschäftstüchtigen Mijnheers beluden gleich 16 Schiffe mit kostbarem Tuch und Sammet, zum Austausch gegen die Schätze Indiens. Am 29. August landete diese Flotte in einer Bucht der Waigatsch-Insel. Die samojedischen Freunde belehrten sie über die diesjährigen Eisverhältnisse, und nun ging es weiter ins Karische Meer hinaus. Bei Staaten-Eiland warf man Anker, um zunächst eine tüchtige Ladung des kostbaren Gesteins, über dessen Art und Wert die heimatlichen Chemiker noch uneins waren, an Bord zu nehmen. Hier hatten Barents und seine Leute ein furchtbares Erlebnis, das ein alter Chronist nach den Berichten der Augenzeugen wirksam erzählt:

„Den 6. September 1595 kehrten einige Matrosen nach Staaten-Eiland zurück, um dort noch eine Tracht Kristallsteine zu holen, von denen sie bereits viel gesammelt hatten. Während die andern umhersuchten, legten sich zwei beisammen auf die Erde, um zu schlafen. Da schlich sich ein magerer Eisbär heran und packte den einen im Genick. Der Matrose, der sich nichts versah, schrie laut: ‚Wer faßt mich von hinten?' Sein Kamerad wandte sich um, erblickte das Tier, sprang auf und rief im Forteilen: ‚Ein Bär!' Die Bestie zermalmte ihrem Opfer den Kopf und leckte begierig sein Blut. Die übrigen Matrosen, etwa ihrer zwanzig, eilten mit Spießen und Flinten herbei. Als der Bär, der eifrig bei der Mahlzeit war, sie kommen sah, ging er mit unglaublicher Wut auf sie los, kriegte noch einen zu packen und zerriß ihn augenblicks in Stücke. Entsetzen faßte die übrigen, und sie rannten mit Angstgeschrei davon.

Als man an Bord das Schreien hörte, stießen sogleich Kähne ab, um die Flüchtigen aufzunehmen und ihnen zu Hilfe zu kommen. Die Matrosen vom Schiff, die nun ans Ufer kamen und das Unglück vernahmen, munterten die übrigen auf, nochmals mit vereinten Kräften auf das Untier loszugehen, aber die wenigsten wollten es wagen. ‚Unsere Kameraden', erklärten sie, ‚sind zerrissen; wir können sie nicht mehr retten.' Endlich wagten sich doch drei Mann vor. Der Bär verzehrte mit Ruhe seinen Raub und achtete gar nicht auf die drei Menschen, die nicht allzu fern von ihm standen. Zwei Matrosen schossen auf das Tier, verfehlten es aber; da ging der dritte, der Schiffsschreiber, vor und traf den Bären mit der Kugel in den Kopf oberhalb des Auges. Trotz dieser tödlichen Wunde ließ der Bär seinen Raub nicht fahren, faßte den Körper des Toten am Genick und hob ihn in die Höhe. Dann aber schwankte er; nun stürzten zwei Matrosen mit Säbeln auf ihn zu und hieben ihn in Stücke, ohne daß er auch jetzt seine Beute fallen ließ. Endlich erhielt er mit dem Flintenkolben einen Schlag auf die Schnauze, so daß er auf die Seite fiel, worauf der Schiffsschreiber ihm auf den Bauch trat und ihm die Gurgel abschnitt. Die beiden halb gefressenen Matrosen wurden auf der Insel begraben und die Bärenhaut später der Amsterdamer Handelskompagnie übergeben."

Dieser Vorfall hatte die Teilnehmer der Expedition sehr niedergeschlagen, und da sich schon die Anzeichen des Winters bemerkbar machten, das Eis sich im Osten haushoch übereinander schob, glaubte Barents, die kostbare Ladung der 16 Schiffe nicht aufs Spiel setzen zu dürfen. Auch hatte man so viel von dem goldglimmernden Gestein, dessen Suchen zwei Menschenopfer gekostet hatte, eingeladen, daß die Expedition nicht mit leeren Händen nach Hause kam. Sie kehrte also um. Die kostbaren Gold- und Silbersteine aber erwiesen sich später als wertloser Bergkristall.

Die holländische Regierung hatte nach diesem Mißerfolg das Zutrauen zu dem Unternehmen verloren; sie begnügte sich damit, einen hohen Preis auf die Entdeckung der nordöstlichen Durchfahrt auszusetzen und überließ die Ausrüstung einer dritten Expedition der Amsterdamer Kaufmannschaft. Diese setzte zwei Fahrzeuge zu einem neuen Versuch in Bereitschaft. Das eine befehligten Barents und Jakob van Heemskerk, das andere Jan Cornelis Rijp. Zur Besatzung wählte man nur junge, unverheiratete Leute, die die Sehnsucht nach Frau und Kind nicht vorzeitig in die Heimat trieb, und am 20. Mai 1596, diesmal früher im Jahr, brach die dritte Expedition auf.

Am 9. Juli ging sie oberhalb des Nordkaps bei einer kleinen Insel vor Anker. Am übernächsten Tag, berichtet der Chronist, „gingen einige Freiwillige dort an Land und fanden viele Möweneier. Dort erstiegen sie den Gipfel eines sehr steilen Berges, kamen aber nur mit äußerster Lebensgefahr wieder herunter, indem überall unter ihnen hoch emporstehende Felsspitzen ihnen beim kleinsten Fehltritt mit unvermeidlichem Tod drohten. Sie mußten sich daher auf den Bauch legen und so die steilsten Stellen herunter rutschen. Barents, der von seinem Schiff aus sie beobachtete und sie schon für verloren hielt, warf ihnen, als sie zurückkamen, ihre unzeitige Verwegenheit in den bittersten Ausdrücken vor. Hierauf erlegten sie nach zweistündigem Kampf einen weißen Bären, dessen abgezogene Haut 12 Fuß in der Länge hatte. Davon erhielt die Insel den Namen Bäreneiland". Diesen Namen hat die Insel behalten.

Von hier nahmen die beiden Schiffe ihren Kurs genau nach Norden; Rijp, der Befehlshaber des einen Schiffes, bestand hartnäckig darauf. Barents wollte sich nach Osten wenden, um Nowaja Semlja zu erreichen, wurde aber überstimmt. Vier Tage später entdeckten sie vor sich Land, eine völlig unbekannte Inselgruppe, die sie für den Ostzipfel Grönlands hielten. Von den Abhängen und Tälern der schroffen Uferfelsen und spitzen Berge lachte ihnen frisches Grün entgegen, Gras und saftige Kräuter, Sauerampfer und Löffelkraut, das ihnen als Medikament gegen den schon ausgebrochenen Skorbut hoch willkommen war. In den Felsritzen nisteten unzählige Vögel, die ein gewaltiges Getöse machten. Unter ihnen erkannten die Holländer die Rotgans, die auf ihrem Flug nach Süden auch in Holland einkehrt; sie hatten also hier deren Brutort festgestellt.

„Wir gaben dem Land den Namen Spitzbergen wegen der vielen und hohen darauf befindlichen Spitzen", gab Rijk nach seiner Heimkehr vor dem Delfter Magistrat zu Protokoll. Um Spitzbergen herumzukommen, erwies sich aber als unmöglich. Beide Schiffe kehrten nach der Bäreninsel zurück, und hier kam es zwischen den zwei Befehlshabern zum Bruch. Der eigensinnige Rijp wollte noch immer nordwärts. Sie trennten sich daher, und Barents fuhr gegen Osten davon, auf Nowaja Semlja zu. Von dieser Fahrt sollte er nicht mehr heimkehren; das Eis verlegte ihm den Rückweg, und er wurde der erste Polarfahrer, der eine Überwinterung in der Arktis durchmachte.

Die erste Überwinterung im Polareis

Die nordsibirischen Samojeden, das wußte schon jeder Walfischfänger, pflegten am Ende des kurzen Sommers in ihre weit südlicher gelegene Heimat zurückzukehren. Auch die Eingeborenen des Nordens flüchteten also vor dem Grauen des Polarwinters. Ob überhaupt ein Mensch imstande sei, die ungeheure Kälte dort oben, die Schöpferin von Rieseneisbergen, die auch im Sommer nicht wegtauten, zu ertragen, in dieser Temperatur auch nur zu atmen und die lange Winternacht zu überstehen, ohne von Sinnen zu kommen, das hatte noch kein Europäer ausprobiert. Barents und seine Gefährten waren die ersten, die diese Probe bestanden.

Ende August 1596 waren sie um die Nordspitze Nowaja Semljas herumgekommen. Der Sommer war jedoch schon zu weit vorgeschritten, der Eiswall im Osten veränderte sich von Tag zu Tag, blieb aber undurchdringlich, die Aufgabe der Expedition erwies sich auch diesmal als undurchführbar. Zurück? Auch dazu war es nun zu spät. Die Eisschollen schraubten das Schiff hoch empor, das Steuer zerbrach, und die 16 Köpfe zählende Bemannung konnte noch von Glück sagen, daß sie in einer geschützten Bucht an der Ostküste (auf dem 76. Breitengrad) eine Zuflucht fand. Auf dem Schiff zu bleiben war unmöglich, es barst an mehreren Stellen, jede neue Bewegung des Eises konnte es in Stücke brechen. Man mußte also auf festem Land eine Unterkunft suchen, sich zunächst einmal ein Dach über dem Kopfe schaffen. Wo aber Brenn- und Bauholz hernehmen an dieser völlig baumlosen Küste? Auf diese angstvolle Frage fand sich eine überraschende Antwort. Die Meeresströmung hatte massenhaft Treibholz, ja ganze Baumstämme auf den Strand geworfen. Renntierspuren zeigten sich, landeinwärts entdeckte man sogar einen Fluß mit süßem Wasser. Das nackte Leben schien fürs erste gerettet. Alle Hände griffen zu, um schleunigst eine Winterhütte zu errichten, denn die Tage wurden schon unheimlich kurz und die Kälte so heftig, daß, wenn die Arbeiter einen Nagel in den Mund nahmen, die Haut der Lippen daran hängen blieb. Am 2. Oktober war die erste Winterhütte im Polareis unter Dach: 10 Meter lang, 6 Meter breit; drei Türen, keine Fenster, in der Mitte des stallartigen Raumes die Feuerstelle, im Dach darüber ein breiter Kamin zum Abzug des Rauches. An der einen Längswand wurden die Schlafkojen angebracht; eine große Weintonne mußte sich in ein Dampfbad verwandeln lassen und wurde nach Vorschrift des Schiffsarztes allwöchentlich benutzt. Einrichtungsgegenstände wurden auf schnell gebauten Schlitten vom Schiff herübergeholt, die Wände der Kajüte abgerissen und zum Ausbau der Hütte verwandt. Mit am Strand gesammeltem Seegras dichtete man die Ritzen. Brennholz wurde in nächster Reichweite aufgestapelt, die Lebensmittel barg man in Holzschuppen. Die Schaluppe zog man auf den Strand; wenn das Schiff, wie zu befürchten stand, verlorenging, war sie ja im nächsten Sommer das letzte Rettungsmittel. Als Merkzeichen errichtete man bei der Hütte einen Baum aus Schnee, damit sich niemand auf dem Weg zum Schiff oder zum Fluß verirrte. Oft brach der Schneesturm so schnell herein, daß die Matrosen auf dem Eis draußen alles stehen und liegen lassen mußten, um sich in Sicherheit zu bringen. Der Boden um die Hütte herum war so durchfroren, daß kein Feuer ihn erweichte; und doch war ein Erdwall ringsum unentbehrlich, vor allem als Schutz-

Die erste Überwinterung im Polareis 31

wehr gegen die immer zudringlicher werdenden Bären, die fast täglich Schiff und Hütte in Belagerungszustand versetzten. Anfangs hatte lautes Geschrei sie verscheucht; aber bald ließen sie sich dadurch nicht mehr beirren. Wenn die Mannschaft bei Einholung der Schiffsvorräte alle Hände voll zu tun hatte und die brennende Lunte für die noch höchst unvollkommenen Flinten nicht zur Hand war, mußte man sich mit Spießen und Äxten der hungrigen Raubtiere erwehren. Einmal hing das Leben von Barents selbst an einem Haar. Alle Mann waren beim Schiff beschäftigt, als plötzlich drei Bären herankamen. Die Leute retteten sich Hals über Kopf auf das Schiff; zwei Spieße waren ihre einzige Waffe. Barents nahm den einen, le Veer den andern. Einer der Matrosen war bei der Flucht in eine Eisspalte geraten; aber die Tiere liefen an ihm vorüber und begannen das Schiff zu erklettern. Was an Gegenständen zu greifen war, warfen die geängstigten Leute den Bestien an den Schädel; diese fielen über jedes Scheit Holz mit Wut her, ließen sich aber nicht abschrecken. Barents befahl, eine Handvoll Pulver anzuzünden, aber in der Verwirrung kam man damit nicht zustande. Da warf er seinen Spieß, die einzige Waffe, auf das größte der andringenden Untiere und — traf es so glücklich in die empfindliche Schnauzenspitze, daß es laut aufheulte und alle drei Reißaus nahmen. Daß alle diese Begegnungen mit Bären glücklich abliefen, ist erstaunlich genug. Das Fett erlegter Bären diente als Öl für die Hüttenlampe; gegen das Fleisch der Tiere aber hatten alle eine unüberwindliche Abneigung.

Am 20. Oktober hatte sich die ganze Mannschaft in der Hütte häuslich eingerichtet. Am 3. November blickte die Sonne zum letztenmal über den Horizont; dann blieb sie verschwunden, und am klaren Himmel stand Wochen hindurch ohne unterzugehen der Mond. Bei schlechtem Wetter war es so finster, daß Tag und Nacht nicht zu unterscheiden waren.

Ein Gutes aber hatte auch die Finsternis: die Bären waren verschwunden. Dafür zeigte sich eine Menge Füchse; man fing sie in Fallen und gewann damit eine unschätzbare Bereicherung der Speisekammer. Die vorhandenen Vorräte reichten für den ganzen Winter unmöglich aus; Dörrfisch und -fleisch, Speck und Grütze waren noch einigermaßen da; die bisherige Tagesration Schiffszwieback aber mußte schon eine Woche vorhalten. Als Getränk diente geschmolzenes Schneewasser, das mancherlei Krankheiten verursachte. Bis zu dem Süßwasserfluß konnte man sich in der Dunkelheit nicht mehr zurechtfinden. Kleidungsstücke waren reichlich da, aber Hemden und Bettlaken mußten schließlich auch einmal gewaschen werden. Sobald aber die Wäsche aus dem heißen Wasser kam, fror sie im Nu hart wie ein Brett und ließ sich nur mit äußerster Sorgfalt unmittelbar am Feuer wieder auftauen und trocknen. Ins Freie konnte man tagelang nicht, denn ungeheure Schneemassen bedeckten lawinenartig die Hütte; der Kamin verstopfte sich immer aufs neue; von den Türen aus mußte man Stollen durch den Schnee graben. Am 6. Dezember fror es so ungeheuer, daß die Mehrzahl der Matrosen die Hoffnung aufgab, jemals lebendig aus dieser Eisgrube herauszukommen. Am nächsten Tag holten sie vom Schiff einen Vorrat Steinkohle, die kräftiger einheizte als Holz; in der Nacht aber wäre beinah die ganze Mannschaft im Kohlendunst erstickt; die meisten lagen schon in schwerer Betäubung, nur einige hatten noch die Kraft, zur Tür zu taumeln, und retteten sich und ihre Kameraden. Das Leder der Schuhe fror steinhart an den Füßen und war nicht mehr zu brauchen; die Leute machten sich aus mitgebrachten Hammelfellen und den frisch erbeuteten Fuchsbälgen so etwas wie Wasserstiefel und zogen noch drei, vier Paar Strümpfe darüber. Das Feuer schien alle Wärme verloren zu haben. Wasserwrasen und Ausdünstung bedeckten als Reif die Wände und bildeten Eiszapfen an den Dachbalken. Auch die Kleider waren wie mit Glatteis überzogen; wer einige Zeit im Freien verweilte, bekam an Gesicht, Lippen und Ohren Eiterbeulen, die sofort gefroren. Aber Barents verstand es, trotz aller dieser Leiden keinerlei Verzagtheit oder gar Verzweiflung aufkommen zu lassen. War die Arbeit getan, machte Schnee und Sturm jeden Aufenthalt draußen unmöglich, dann vertrieb man sich die langen Stunden mit Unterhaltung und Spiel. Das Dreikönigsfest zu Anfang des neuen Jahres wurde sogar mit einer solennen Feier begangen. Man war so vergnügt, daß man dem Eisstaat Nowajá

Barents-Hütte

Die erste Überwinterung im Polareis 33

Semlja eine königliche Verfassung gab; das Los wurde gezogen, wer Fürst dieser Einöde sein sollte, und der Feuerwerker als glücklicher Gewinner zum König von Nowaja Semlja gekrönt. Der 13. Januar war ein besonders denkwürdiger Tag. Das Wetter war ruhig und klar, der Neumond aber noch nicht sichtbar, und einige Leute trieben sich im Freien herum. Da erscholl plötzlich lauter Jubel: wenn man eine Kugel über die eisharte Erde warf, sah man sie rollen! Das war ein Anblick, den man seit zweieinhalb Monaten nicht mehr gehabt hatte! Ein erster Schimmer von Tageslicht machte sich also bemerkbar.

Als am 24. zwei Mann am Strand entlang wanderten, erblickten sie ganz unvermutet am Horizont auf einen Augenblick einen schmalen Randstrich der Sonnenscheibe. Barents zwar lachte sie aus, denn nach seinen Berechnungen war die Sonne erst in zwei Wochen zu erwarten. Darüber gab es einen erregten Wortwechsel; Wetten wurden geschlossen, und Barents verlor sie! Denn als sich nach zwei düstern Nebeltagen das Wetter aufklärte, stand die Sonne in ihrer ganzen Größe am Himmel. Durch das Stillstehen der Uhr infolge der Kälte und durch die unaufhörliche Nacht war die Zeitrechnung so durcheinander gekommen, daß zwei Wochen unterderhand verschwunden waren. Die Gefangenschaft der Holländer schien dadurch wundervoll abgekürzt, und mit der Wiederkehr der Sonne glaubte jeder, das Schlimmste überstanden zu haben.

Immer dröhender aber wurde jetzt die Lebensmittelfrage. Die Zeit der frischen Fuchsbraten war mit Wiederkehr der Sonne vorbei, dafür zeigten sich wieder die Bären. Am 13. Februar wurden Barents und seine Leute unangenehm genug an sie erinnert. Die Matrosen waren eben mit Reinigung der Fuchsfallen beschäftigt, als ein ungeheurer Bär erschien und geradewegs auf die Hütte losging, als wenn er dort zu Hause wäre. Ein glücklicher Schuß streckte ihn nieder. Das Tier lieferte über 100 Pfund Fett; nach langer Pause brannte endlich wieder die Tranlampe im gemeinsamen Wohn- und Schlafzimmer.

Mitte April ließ die Kälte nach. Der erste Ausgang galt dem Schiff. Mit welcher Spannung kletterten die Leute über das Meereis, das sich wie eine Stadt mit Häusern und Zinnen, Türmen und Wällen vor ihnen erhob! War ihr Schiff von der Eispressung zertrümmert und überhaupt noch eine Spur davon zu entdecken? — Es lag wirklich noch da, wie ein Pfand sicherer Rettung, anscheinend in dem alten Zustand, nur völlig vereist außen und innen und eingefroren in unergründlich tiefe Eismassen. Andern Tags zeigte sich in der Ferne schon blinkendes, offenes Wasser. Die Leute waren nicht sonderlich mehr bei Kräften, die Tagesrationen waren immer schmäler geworden, aber bei diesem wunderbaren Ausblick waren etliche nicht mehr zu halten, sie wagten ihr Leben, um über das gefährliche Eisbollwerk bis zum offenen Wasser vorzudringen — die rauschende Welle war Erlösung, Freiheit, neues Leben! Am folgenden Tag trieb ein heftiger Südwest gewaltige Eismassen vor sich her. Wenn er nur immerzu blasen und bald auch das Schiff aus seinem Eispanzer befreien möchte!

Diese kostbarste Beute schien aber das Eis nicht wieder herausgeben zu wollen. Die Massen waren in gewaltiger Bewegung, nur noch 70 Schritt vom Schiff bis zum offenen Wasser! Über Nacht aber setzte sich das Treibeis wieder fest, nun waren es wieder 500 Schritt! Neue Schneefälle hielten tagelang die Besatzung in der Hütte eingeschlossen, der Sturm brauste — vielleicht trieb er die ganze Eisdecke mit Schiff und allem ins Meer hinaus! Das Schiff aber lag unbeweglich, wie für die Ewigkeit verankert — überall brach die Eisdecke, setzten sich die Berge und Bänke in Bewegung —, nur die Masse um das Schiff schien bis auf den Grund hinunter ein einziger, unauflösbarer Kristall geworden zu sein. Und wer konnte wissen, ob das Fahrzeug, vom Eise befreit, nicht im ersten offenen Wasser sank? Noch einmal die kurze Sommerzeit versäumen? Das war das sichere Todesurteil für alle.

Der Mannschaft bemächtigte sich quälende Unruhe. Fort von hier, sobald wie möglich, auf irgendeine Weise! Wenn nicht mit dem Schiff, dann in der offenen Schaluppe! Es kostete Barents schwere Mühe, die Ungeduld der Leute zu zügeln, um diesmal nicht durch ein „Zu früh!" neue Gefahr heraufzubeschwören. Um Zeit zu gewinnen, verlangte er, daß neben der Schaluppe auch ein Boot segelfertig gemacht werden müsse;

Die erste Überwinterung im Polareis

es lag unter vereisten Schneewehen, und seine Freilegung war für die schlaffgewordenen Muskeln der ausgehungerten Mannschaft ein schweres Stück Arbeit. Die Leute murrten — lieber heute als morgen mit der Schaluppe los! „Wollt Ihr nicht," rief ihnen Hemskerk zu, „dann bleibt nur freie Bürger von Nowaja Semlja, seht aber ja zu, daß Ihr wenigstens rechtzeitig Euer Grab fertig macht. Mit der Schaluppe allein ist's nicht zu wagen, wir brauchen das Boot, wenn es uns überhaupt gelingen soll, wieder nach Hause zu kommen." Die Leute sahen das ein und griffen zu Äxten und Spaten. Mitten in der Arbeit erschien plötzlich ein Bär. Alles stürzte zur Hütte, die besten Schützen verteilten sich an den drei Eingängen, ein vierter postierte sich aufs Dach. Das Tier war aber so schnell hinter ihnen her, daß dem Schützen, auf den es zunächst losging, kaum noch Zeit und Raum blieb, die Flinte zu erheben. Versagte der Schuß, dann war der Mann verloren, der Bär drang in die Hütte, und es blieb nicht bei dem einen Opfer. Aber der Schuß saß, die Bestie prallte zurück und brach zusammen. Wenige Tage später wurde ein zweiter Bär zur Strecke gebracht, und diesmal überwand der Hunger das bisherige Vorurteil gegen Bärenfleisch; man briet die Leber des Tieres und ließ sie sich schmecken. Unglücklicherweise war man dies eine Mal an ein offenbar krankes Tier geraten, die Mahlzeit bekam den Leuten so schlecht, daß sie sich für vergiftet hielten; doch erholten sich alle wieder; nur schälte sich ihre Haut ab vom Kopf bis zu den Füßen.

Am 7. Juni waren beide Fahrzeuge segelfertig. Ein heftiger Südweststurm mit Schnee und Hagel verzögerte noch die Abreise. Zur Ausbesserung der Schaluppe hatte man die Wandverschalung der Hütte abgenommen und konnte sich nun kaum mehr vor der eindringenden Nässe schützen. Am 12. konnte man sich endlich wieder hinauswagen. Zwei schwere Arbeitstage kostete es, bis die beiden offenen Boote mit Proviant, Tauwerk usw. beladen waren; dabei durfte zu Schaufel und Spitzhacke die Waffe nicht fehlen, denn die Bären schienen es sich in den Kopf gesetzt zu haben, die Flüchtlinge keinesfalls ohne blutigen Tribut davonkommen zu lassen.

Barents, der seit einiger Zeit kränkelte, benutzte die letzten

Tage dazu, einen ausführlichen Bericht über seine Reise und
über den auf Nowaja Semlja verbrachten Winter niederzuschreiben. Das Papier wurde in ein Pulverhorn verschlossen und am
Kamin aufgehängt, damit Polarfahrer, die ein Zufall vielleicht
nach Jahrzehnten oder Jahrhunderten hierhin verschlug, erführen, was in dieser trostlosen Einöde die Ruinen eines Hauses
bedeuteten. Zwei ähnliche Berichte verfaßte auch Hemskerk,
ließ sie von allen Matrosen unterschreiben und in die beiden
Fahrzeuge niederlegen, damit, wenn sie getrennt würden und
vielleicht nur eines die bevorstehende Fahrt überstände, wenigstens die Überlebenden eine beglaubigte Urkunde über ihre
abenteuerlichen Erlebnisse vorzuweisen hätten und nicht als
Märchenerzähler dastünden.

Am 14. Juni begann nun die Fahrt auf Leben und Tod. Für
Barents brachte sie den Tod. Im Süden war kein Ausweg, also
mußte wieder der Kurs um die Nordspitze von Nowaja Semlja
herum genommen werden. Was die Holländer den Winter über
ausgehalten hatten, erwies sich als ein Kinderspiel gegenüber
dem, was nun jeder Tag und jede Nacht ihren schwachen Kräften zumuteten. Immer wieder schloß sich das Treibeis und
drohte, die beiden lächerlich gebrechlichen Fahrzeuge zu zerquetschen; die Bemannung rettete sich mit den Booten auf Eisschollen, die Schollen brachen, Gepäck- und Proviantballen
schwammen auf dem Wasser; man fischte sie mit Todesverachtung wieder auf und fand Zuflucht an der nahen Küste, ohne
Trinkwasser und Feuer, von Bären verfolgt und verzweifelnd
über dem Gedanken, hier aufs neue für Wochen festgehalten zu
werden. Dann war plötzlich die See wieder eine Strecke eisfrei.
Bei Nacht und Nebel und Sturm verlor man einander aus dem
Gesicht und fand sich wieder nach unsäglichen Leiden. An
einem der schlimmsten Tage, als sie alle ihren Tod vor Augen
sahen, starb Barents plötzlich, zugleich mit ihm ein Matrose;
14 Tage später folgte ein zweiter. Die übrigen zwölf Mann aber
hielten die übermenschlichen Strapazen dieser Todesfahrt aus
und schlugen sich durch bis zur Küste Rußlands, wo Samojeden
und Walfischfänger ihnen die erste Hilfe brachten. Endlich
waren sie bei der Halbinsel Kola in Sicherheit, und hier wartete

ihrer eine einzigartige Überraschung: sie trafen plötzlich den Kapitän Cornelius Rijp, der sich im vorigen Jahr von ihnen getrennt und nach Holland zurückgekehrt war; jetzt war er auf neuer Fahrt, um vielleicht Kunde über die verschollenen Kameraden mit heimzubringen. Die man längst in Nacht und Eis umgekommen glaubte, standen nun, wenigstens zwölf der tapfern Schar, leibhaftig vor ihm, und diese zwölf führte er im Triumph in die Heimat zurück, wo sie wie Meerwunder angestaunt und mit Recht als Helden gefeiert wurden. Die Nachricht von ihrer glücklichen Heimkehr nach der ersten Überwinterung in der Polaris und von ihrer fabelhaften Reise in zwei Nußschalen über das offene Eismeer vom 77. bis zum 68. Breitengrad ging wie ein Lauffeuer durch die ganze Welt, in Prosa und Versen wurde sie verewigt, zum schnurrenden Spinnrad sangen die Mädchen von den Abenteuern des Helden Barents und seiner Gefährten, und auf den Jahrmärkten pries sie der Bänkelsänger mitten unter den frischesten Moritaten.

Fast 300 Jahre später, 1871, kam ein norwegischer Kapitän namens Elling Carlsen in jene Bucht von Nowaja Semlja und fand das Barentshaus zwar völlig vereist, aber unter der Eislava wunderbar erhalten; er brachte eine Menge Geräte von dort mit, Krüge, Leuchter, Näpfe usw. von künstlerischem Wert, auch das Pulverhorn mit dem Reisebericht von Barents. Jetzt sind sie im Amsterdamer Reichsmuseum zu sehen, und wenn die Hütte kein Wirbelsturm zerstört hat, steht sie noch heute.

Das Goldland im Norden

„Es haben sich vil hohe vnd berümbte personen für der Zeit vnterstanden / Lender vnnd theil der Welt / welche vnsern Vorfaren vnbekandt vnd verborgen / zusuchen vnnd zuerfinden / haben auch dadurch große ehr vnnd einen ewigen namen bekommen / vnter welche billich der Haubtman Martin Forbisher gerechnet wirdt / denn er nicht weniger lob / als die andern / erlangt hat. Dieser Haubtman / seiner geburt ein Engellender / von hohen subtilen sinnen / keck vnnd vnverzagt / begirig seinem Vatterland zu dienen /

vnd dadurch einen namen zubekommen / hatt bey jm im jar 1577 beschlossen / so weit er möcht gegen Mitternacht zu schiffen / vnd in solche Lender / darein vor jm niemand kommen were . . .

Als er nun bey sich beschlossen / sein heil . . . zuversuchen vnd was er jm einmal fürgesetzet / zu einem ende zu bringen / hat er diss sein fürhaben für die Königin gebracht / vnnd daneben angezeigt / mit was großer gelegenheit jrer May. Vnterthanen / in dise weitentlegene Lender handthieren / auch durch was mittel vnd weg solches geschehen / vnd was großer nutz darauss folgen vnd entspringen könne. Solches desto gewisser zu erfaren / hat jre May. befolhen / man solte disem vnserm Haubtmann ein Schiff von 150. Tonnen / vnd zwo Barken vntergeben / auch solche mit Munition vnnd Prouiant auff ein halb Jar wol versehen / hat jm auch von Adel / Kriegs vnnd Schiffleuten 140 Personen zugeordnet / vnd jm darneben befelch gethan / er solte seinen vorigen weg wider fürnemen / vnd weiter als zuuor sich wagen. Disem befelch nach sein wir zu Blakewal / so bey zweyen meyl von London gelegen / den 26. Maij des 1577. Jars zu Schiff gangen. / "

Dies ist der Anfang einer alten Historia von dem edlen Herrn Frobisher — so ist der richtige Name — in England, einem Schiffsleutnant und abenteuerlustigen Gesellen, der die Schriften und Karten der beiden Cabots fleißig studiert hatte und ihren Spuren zu folgen beschloß. Im Sommer 1576 war er zum erstenmal mit zwei kleinen Barken „Michael" und „Gabriel" und einer Pinasse auf dem Weg nach Nordwesten, um dort sein Glück zu versuchen. Am 11. Juli erreichte er schneebedecktes Land, die Südspitze Grönlands. Hier ging die Pinasse bei einem schweren Sturm mit Mann und Maus unter. Darüber war die Mannschaft des „Michael" so entsetzt, daß sie schleunigst nach England zurückkehrte.

Frobisher aber ließ sich nicht zurückschrecken, sondern segelte auf seinem vom Sturm arg mitgenommenen „Gabriel" weiter nach Nordwesten und drang bis zum 63. Breitengrad vor, höher hinauf, als die Cabots gekommen waren. Im Westen entdeckte er eine felsige Küste, in die ein Meeresarm einschnitt.

Das Goldland im Norden

Eskimos. Holzschnitt aus der Beschreibung des Hauptmanns Frobisher

Anfangs war er von Eis verstopft, später trieben die Schollen auseinander, und Frobisher konnte mehrere Tage westwärts segeln. Die Strömung schien aus Westen zu kommen, geradeswegs vom Stillen Ozean, wie er glaubte; die Nordwestdurchfahrt nach China und Indien war also gefunden. Mit dieser vorschnellen Feststellung begnügte er sich und kehrte um. Das Schiff in die Nähe der Küste zu bringen war infolge der Eisbarriere unmöglich; er sandte daher ein Boot mit etlichen Leuten aus, um dieses Neuland für England in Besitz zu nehmen und des zum Zeichen etwas Lebendiges oder Totes von dort mitzubringen. Die Matrosen fanden an der felsigen, völlig öden Küste nichts als winzige Blumen und Kräuter und einige gelbgeäderte Steine. Als aber Frobisher, um eine Karte aufzunehmen, am Eisrand entlang ruderte, kamen „lebende Wesen" ans Ufer; erst hielt der Engländer sie für Seehunde, bis ihm klar wurde, daß er Menschen in Fellkleidern vor sich habe. Frobisher sah also zum erstenmal die nordischen „Wilden", Eskimos, denn die Skrälinger der Normannen waren im Lauf der Jahrhunderte völlig in Vergessenheit geraten. Auch Renntiere lernten die Europäer hier zuerst kennen. Mit Hilfe der Zeichensprache kam eine Art Tauschhandel zustande, daraus ergab sich ein Streit, und die englischen „Seehähne" werden nicht eben viel Federlesens mit den Eingeborenen gemacht haben. Eines Tages verschwand das Boot mit fünf Mann Besatzung spurlos. Frobisher sah darin eine Rache der „Wilden" und raubte seinerseits einen Eskimo, den er mit nach England nahm.

Mit günstigem Wind kehrte der „Gabriel" nach London zurück, wo man ihn längst verlorengegeben hatte. Um so größeres Aufsehen machte nun Frobishers Bericht von der Meeresstraße nach China und den neuentdeckten Ländern; der Wilde aus dem Norden wurde angestaunt, am meisten Eindruck aber machte der gelbgeäderte Stein. Die Alchimisten, die am Hof der Königin Elisabeth ebenso ihr Wesen trieben wie im übrigen damaligen Europa, flüsterten geheimnisvoll und wollten eine schwere Menge Gold in den Kieseln entdeckt haben. Zweifler wurden zur Ruhe verwiesen, denn was der Golddurst wünscht, glaubt er gern. Elisabeth und ihr Hof träumten nur noch von dem Goldlande hoch oben im eisigen Norden; um es mit einem Schleier des Geheimnisses zu umgeben, benannte man es Meta incognita, unbekanntes Grenzland. Die Königin ernannte Frobisher zum Oberadmiral aller Meere und Länder, die er noch entdecken werde, und versprach ihm, seinen Kindern und Kindeskindern ein Prozent von allen dort gefundenen Reichtümern. Unter ihrem mächtigen Protektorat konnte Frobisher im nächsten Jahr zum zweitenmal mit seinen beiden Brigantinen und einem größern Schiff, der „Ayde", in See stechen. Diesmal zählte seine Mannschaft 140 Köpfe; Bergleute und Münzsachverständige waren gleich mit darunter.

Treuherzig erzählt der Chronist, wie überrascht die Leute waren, im Heu- und Brachmonat statt Blumenduft und Vogelgesang nichts als Eis und Schnee zu finden. „Dreyer gantzer Tage drehete der Haubtmann mit seinem Schifflein", denn

Meta incognita war von einer gewaltigen Eismauer umgeben. Mit den zwei kleinen Brigantinen brach sich Frobisher endlich Bahn, während die „Ayde" auf dem offenen Meer mit heftigen Stürmen zu kämpfen hatte. Die nackten Berge waren mit tiefem Schnee bedeckt, die Felsen an ihren Abhängen und an der Küste schienen wie von einem Erdbeben wild aufgetürmt, und die „Eisschrollen" rings im Meer machten den Steuermännern viel zu schaffen. Schließlich bekamen die Engländer auch etliche Eskimos zu Gesicht, „so da mit wunderlichen springen vnnd tantzen / auch geschrey / sich gegen uns erzeigeten / vber welchen wir vns alle hefftig verwundert haben / Unser Oberster hat sich / so vil jm müglich / beflissen / solche zu sich zu locken/ hat sich auch auff das freundlichste gegen ihnen gestellet / als er nur erdencken hat mögen / hat jnen auch etliche Messer vnd ander Kinderwerck verehret. Aber sie sind so mißtrawig / verschmitzt vnnd listig / daß sie nichts von vns haben wöllen annemen / sonder durch zeichen haben sie zuuerstehen geben / wir solten / was wir jnen geben wollten / auff das Land legen / welches von vns geschehen / vnd haben sie es bald abgeholet / vnnd andere ding von jren wahren dargegen hingelegt / auff andere weg haben sie vns nicht trawen wollen. Letzlich sein jrer zwen auss jnen / als sie jre Waffen von sich geleget / zu vnserm Obersten genahet / welcher desgleichen getan / vnd ausstrücklich befolhen / es solte sonst keiner sich regen. Darauff ist er stracks zu jnen gangen / sich gar freundlich gegen jnen erzeiget / der hoffnung er wolte also einen ergreiffen / aber sie haben nicht harren wollen / sondern sein zuruck geloffen / vnnd also dauon kommen / haben auch jre Bogen wider zu henden genommen / solche gespannet / auff vnsern Obersten geschossen / sich auch für den vnsern so nahe dabey jnen zu begegnen hielten / gar nichts entsetzet / aber gleichwol haben sie nicht so wol auff jre schantz sehen mögen / daß wir nicht zwen auss jnen ergriffen haben / derer einer vns wider entworden / der ander ist unser Gefangner bliben / vnd sein jrer vil verwundt worden."

Mit der „Freundlichkeit" der fremden Eroberer war es also nicht eben weit her, und die Eingeborenen wußten wohl, warum sie sich nicht herantrauten.

Am 20. Juli endlich gelang es, auch das große Schiff, nachdem es ein Stück die Frobisher-Straße hinaufgefahren war, nahe am Ufer festzumachen. Die Bemannung schleppte von dem Goldgestein soviel zusammen, wie die Schiffe nur fassen konnten. Frobisher lag sehr daran, über den Verbleib der im Vorjahr verschollenen fünf Matrosen etwas zu erfahren; aber die Eskimos rissen aus, sobald sie nur die Engländer von weitem sahen. Das ärgerte Frobisher, er sah darin böswillige Verstocktheit der Wilden gegen die Bringer der europäischen Kultur, vielleicht auch einen Beweis bösen Gewissens wegen der fünf verschollenen Matrosen. Deshalb versuchte er sein Ziel mit Gewalt zu erreichen, wie der Chronist berichtet:

„Disen tag / als wir vns miteinander berathschlaget / haben wir geschlossen auff allerley weg zuuersuchen / ob wir diss wilde Volck mit guten worten bereden / oder ja etliche fangen möchten / von jnen etwas von den vnsern / die wir das vorige Jar verloren / zu erfaren. Wie wir nun derhalben wider an das ort gekommen / da wir zuuor die Hütten gefunden / werden wir als bald gewar / das solche hinweg / vnnd an ein anders ort auff eine spitze am Gestatte / so zimlich weit inn das Meer sich erstreckete / auffgeschlagen sein / der vrsach / so man jnen zuwolte / das sie auff jren Schifflein geschwind sich köndten dauon machen. Wie wir solches gesehen / haben wir vnsere Leut inn zwen hauffen getheilet / vnd als wir den Berg / darauff sie sich gelagert / vmbgeben hatten / ware vnsere meinung / sie vnuersehens zuüberfallen. Aber so bald sie vnser gewar wurden / sein sie geschwind jren Schifflein zugeeylet / auch in der eyl jre Ruder fast alle dahinden gelassen / vnnd sein also an diser seitte hergeschiffet / da sie vnsere Brigantin angetroffen / vnnd zu Land getriben haben / welches / so sie jre Ruder alle gehabt / nit geschehen were / vnd hette man nur die zeit jnen nachzufolgen verloren / so geschwind sein sie. Nachdem sie nun zu Land getriben / haben sie inn die vnsern / mit jren Bogen / mit gewalt gesetzet / aber wir haben jrer vil mit unserm geschoss verwundt. Als sie nun gesehen / das sie also empfangen vnd verwundt wurden / haben sie sich von der höhe inn das Meer gestürtzet vnd erseufft... Die andern / als sie jre gesellen inn solcher angst sahen / sein auff das Gebirg dauon geflohen / bey jnen waren zwey Weiber / welche so geschwind / wie die andern / nicht lauffen kondten / solche haben bezalen müssen / die eine war gar ein altes Weib / die andere trug ein Kind / darumb sie den iren nicht hatte folgen mögen. Dise alte war so hesslich vnd vngestalt / das wir für jr erschracken / vnd hielten es die vnsern dafür / es were ein alte Zauberin / derhalben liessen wir sie wider lauffen / vnnd behielten die junge / sampt jrem Kind / dises ort nenneten wir Blondiponit / das ist / die Blutige spitze."

Nach diesem Raubzug war natürlich die Freundschaft mit den Eskimos vollends verscherzt.

Von den 140 Mann Besatzung sollten sich, das war der Wunsch der Königin Elisabeth, einige in dem neueroberten Goldland ansiedeln, und von Frobisher erwartete sie, daß er nun stracks nach China fahren werde. Nachdem aber der Oberadmiral von Meta incognita 200 Tonnen Erz in seinen Schiffen verstaut hatte, dazu eine ganze Eskimofamilie mit Hab und Gut, sagte er sich, daß damit des Guten für diesmal genug sei, und fuhr nach Hause. Er wurde auch mit großem Jubel empfangen; die Königin selbst begrüßte die schwerbeladenen Schiffe, und die gefangenen Eskimos machten „vil kurtzweill vnnd gelechter", besonders ihre Fellbekleidung, die hinten in einem breiten Schwanz endete, bei Männern wie bei Frauen. Spätere Schilderungen wissen von dieser Tracht nichts mehr, die Mode scheint also auch im Norden sich gewandelt zu haben. Die Zelte aber, die Waffen und vor allem die kleinen schmalen Fellboote, die Kajaks, erregten bei den englischen Sportsleuten große Bewunderung. Im übrigen hielt man die Eskimos für Menschenfresser, weil sie rohes Fleisch aßen und das Blut getöteter Tiere tranken. Die Gefangenen starben schon nach kurzer Zeit; das milde Klima tötete sie.

Der Goldschatz wurde in die königliche Münze geschafft, aber man verlangte nur immer nach mehr. Also wurde Frobisher im nächsten Jahr zu einem dritten Beutezug ausgeschickt. Diesmal ging eine Armada von 17 Schiffen nach Meta incognita ab, auf der Rückkehr aber wurde sie mit ihrer kostbaren Last durch einen furchtbaren Sturm völlig zerstreut; nach langen

Irrfahrten landeten die Schiffe, das eine hier, das andere dort, in einem englischen Hafen. Auf diese Weise bekamen auch andere Leute als die königliche Schatzkommission die geheimnisvollen Golderze zu Gesicht, und plötzlich wußte jedermann, daß keine Spur von Gold darin zu finden war. Die ganzen Schiffsladungen erwiesen sich als wertloses Felsgestein, das man mit großen Opfern und unter nicht geringern Gefahren nach England geschleppt hatte. Einige Jahre später fielen, wie schon erzählt, die Holländer unter Barents derselben Täuschung zum Opfer. Frobishers Reisen nach dem Norden waren damit zu Ende.

Hudson und Baffin

Obgleich Frobishers Fahrten nach Meta incognita, dem südlichen Zipfel des heutigen Baffin-Landes, durch seine vergebliche Goldhamsterei einen tragikomischen Ausgang nahmen, waren sie doch entdeckungsgeschichtlich von großer Bedeutung. Frobisher war der erste Engländer, der den Südzipfel Grönlands betrat, und seine Entdeckungen zeigten einer ganzen Reihe kühner Seefahrer aufs neue den Weg nach dem Nordwesten. Seine ersten beiden Reisen führten in den nach ihm benannten Frobisher-Sund; auf der dritten wurde er zunächst etwas nach Süden hin verschlagen und fuhr eine Strecke den breiten Wasserarm nach Westen hinauf, in den schon Sebastian Cabot — wie weit, ist unbekannt — eingedrungen war, der aber weder nach ihm noch nach Frobisher seinen Namen führt, sondern nach dem englischen Kapitän Henry Hudson. Diesem selben Manne zu Ehren heißt das nordamerikanische Binnenmeer die Hudson-Bai, und noch eine dritte Stelle der Landkarte verewigt seinen Namen: der Hudson-River, der „amerikanische Rheinstrom", dessen Mündung Hudson im Dienst der Holländisch-Ostindischen Kompagnie im Jahre 1609 erforschte. Gleich darauf kauften die klugen Mijnheers die in der Strommündung liegende Insel Manhattan den Indianern für 90 Goldmark und eine Flasche Branntwein ab und gründeten hier eine Stadt, die heute den Namen New York trägt.

Ein amerikanisches Märchen erzählt von dem gutmütigen

Faulpelz Rip van Winkle, dem Nachkommen eines jener unternehmenden Holländer, der im Jahre 1770 auf einer Streife durch die Catskillberge am Hudson in einer ihm ganz fremden Schlucht eine Gesellschaft alter Herren trifft, die nach Ansehen und Tracht wie aus uralten holländischen Bildern herausgeschnitten erscheinen und sich stumm und mit seltsam starren Gesichtern am Kegelspiel ergötzen. Überwältigt vom kräftigen Wacholderschnaps, den er hier zu kosten bekommt, schläft Rip van Winkle ein, und als er wieder erwacht und seine Hütte, sein Weib und seine Kinder aufsucht, findet er die Welt völlig verändert: er hatte 20 Jahre verschlafen, weltgeschichtliche Jahre, in denen die 13 Kolonien Englands in Amerika sich nach zehnjährigem blutigen Krieg vom Mutterland unabhängig machten und George Washington zum ersten Präsidenten ihrer Vereinigten Staaten ernannten. Den aus zwanzigjähriger Verschollenheit wieder auftauchenden Rip halten die jetzigen Bewohner seines Heimatortes für einen Schwindler oder Narren, bis sich schließlich ein alter Kumpan findet, der ihn wiedererkennt und seine Erzählung bestätigen kann; denn sein Großvater habe oft versichert, daß es in den Catskillbergen nicht geheuer sei, und daß der große Hendrik Hudson — durch diese Namensänderung machten ihn die Holländer zu ihrem Landsmann — von Zeit zu Zeit mit seiner holländischen Schiffsmannschaft in einer der Schluchten Kegel schiebe; auch sein Vater habe ihn gesehen, und an stillen Sommertagen könne man das Rollen der schweren Kugeln bis hierher hören.

So lebt Hudson in der Sage fort, und wie eine Sagengestalt mutet die ganze Erscheinung dieses Mannes an. Geheimnisvoll ist sein Aufgang, grauenhaft wie ein Spuk und erschütternd sein Untergang. Sein Geburtsjahr ist unbekannt, kein Ort in England kann sich seine Vaterstadt nennen, kein Bild von ihm ist erhalten. Wir wissen nichts über seinen Bildungsgang, wir kennen überhaupt nur die vier letzten Jahre seines Lebens. Er ist plötzlich da und verschwindet nach kurzer Frist wie ein Meteor. Aber diese vier Jahre sind reicher als ein anderes ganzes Menschenleben. Sie bieten gewissermaßen eine Gesamtrechenschaft über die damalige Polarforschung. Alle tastenden Versuche seiner Vorgänger nach Osten und Westen, durch mehr als ein Jahrhundert hindurch, wiederholt — man möchte fast sagen: kontrolliert er in vier kurzen Jahren. Seine Logbücher, die Schiffstagebücher von seinen Reisen, sind erhalten und die einzige Kunde über ihn. Sie zeigen, daß er eine Natur war wie Kolumbus oder Nansen, ein Kopf, der das gesamte geographische Wissen seiner Zeit über die Polarwelt vollkommen beherrschte und sich aus dem Studium fremder Reiseberichte, so widerspruchsvoll, dilettantisch und märchenhaft sie auch auftraten, ein festes Weltbild geschaffen hatte. Über die Richtigkeit dieses seines Weltbildes wollte er Gewißheit haben und geben.

Im Frühjahr 1607 tritt er plötzlich in der Entdeckungsgeschichte auf als „Master" oder Kapitän im Dienst der englischen Moskowitischen Handelsgesellschaft. In einer Nußschale von 80 Tonnen mit 12 Mann Besatzung verläßt er am 27 April London. Sein Ziel ist: geradeaus nach Norden über den Pol nach Japan und Indien. Am 13. Juni erreicht er die Ostküste Grönlands und segelt 9 Tage an ihr hinauf bis zum 73. Breitengrad. Dann biegt er, der Eisgrenze folgend, nach Nordosten ab, betritt als erster die Nordwestküste Spitzbergens und dringt weiter nordwärts bis zum 82. Grad vor, den kein Polarfahrer vor ihm je erreicht hat. Hier verrammelt ihm das Eis den Weg, eine Durchfahrt nach Norden findet sich nicht, und auch den Plan, um die Nordküste Grönlands herumzufahren und längs seiner Westküste wieder südlich zu gehen, muß er aufgeben. Nach fünf Monaten ist er wieder in London. Er bringt die erste genauere Kunde von Ostgrönland und Spitzbergen und entdeckt auf der Rückfahrt eine Insel, die später Jan Mayen genannt wurde.

Im nächsten Jahr versucht er im Nordosten durchzustoßen. Wieder mit einem kleinen Schiff und 14 Mann Besatzung — darunter sein Sohn John — bricht er am 22. April von London auf, umfährt am 3. Juni das Nordkap und kreuzt unter heftigem Kampf mit Treibeis und Sturm hinauf bis über den 73. Grad. Weiter kommt er nicht und geht etwas südlicher beim Gänse-Land in Nowaja Semlja vor Anker. Er findet hier die Berge schneebedeckt, aber die Abhänge sind grün, von Renntierherden bevölkert; Wale, Walrosse und Robben beleben die

Küste. Ein großer Fluß kommt von Nordosten. Ein Teil der Mannschaft fährt auf einem Boot stromaufwärts, um festzustellen, ob diese Wasserstraße weiter nach Osten führt. Eine Durchfahrt ins Karische Meer aber findet sich nicht, auch weiter südlich durch die Waigatsch-Straße läßt die Eismauer keine Straße ins Karische Meer und nach der Obmündung frei. Hudson macht auf dieser Fahrt die ersten Beobachtungen über die Inklination der Magnetnadel. Geschäftlich aber ist seine Reise ein noch schlimmerer Mißerfolg als die erste, und die Londoner Kaufleute verzichten auf weitere Experimente.

Hudson geht nach Holland, und am 25. März 1609 ist er schon wieder auf Fahrt, diesmal im Dienst der Holländischen Kompagnie. Noch einmal steuert er nach Osten, um irgendwo bei Nowaja Semlja durchzubrechen. Aber seine Mannschaft besteht aus lauter Neulingen, die nur in der Südsee kreuzten, Kälte und Eis nicht gewohnt sind. Sie meutern, und am 19. Mai muß Hudson umkehren. Er nimmt nun den Kurs nach Westen. Läßt sich die nordöstliche Durchfahrt nicht ertrotzen — vielleicht gelingt die nordwestliche. Aber die Mannschaft zwingt ihn, südlich zu halten; er muß bis zum 44. Breitengrad hinab, kreuzt an der Küste Amerikas und befährt hier zum erstenmal den Strom, dem er seinen Namen gibt und an dessen Mündung 1613 Neu-Amsterdam, das heutige New York gegründet wird. Von den Eingeborenen handelt er Felle ein, aber der Proviant geht zu Ende; die Mannschaft will nach Hause. „Der Halbmond", so heißt das Schiff, kommt noch hinauf bis Meta incognita, dann zwingen die Leute ihren Anführer zur Heimkehr. Am 7. Dezember landet er im Hafen von Dartmouth.

Auch dieser Fehlschlag entmutigt Hudson nicht. Er findet drei englische Kaufleute, die ihm zur Erkundung einer nordwestlichen Durchfahrt ein Schiff anvertrauen, aber nur unter einer Bedingung: ein anderer erfahrener Seemann namens Coleburne soll ihn begleiten. Einen Aufpasser aber kann Hudson nicht brauchen. Am 17. April geht er unter Segel; noch in der Themse schickt er Coleburne mit einem Brief an seine Auftraggeber nach London zurück und fährt davon. Die Mannschaft murrt, läßt sich aber beruhigen. Von Island geht's zur

Südspitze Grönlands und dann auf den Spuren Frobishers nach Meta incognita, in dessen Süden eine breite Wasserstraße nach Westen sich eröffnet. Hudson hält sich an ihrem Südgestade und folgt ihm nach Nordwesten. Am 28. Juli erreicht er die Charles-Insel; am 3. August sieht er eine offene Wasserfläche vor sich, die sich unbegrenzt nach Süden und Südwesten erstreckt. Sein Ziel scheint erreicht, seine Ausdauer belohnt: er hat Amerika umfahren, das Meer vor ihm ist die Südsee, die westliche Durchfahrt nach Asien ist gefunden!

Mit diesem 3. August, der Entdeckung der Hudson-Bai, endet das Tagebuch des Kapitäns. Was sich weiter begab, wissen wir nur aus den gerichtlichen Aussagen der Matrosen. Hudson war ein Mann von eisernem Willen und rücksichtsloser Strenge. Die Leidenschaft des Entdeckers beseelte ihn ganz, er achtete sein eigenes Leben nicht, auch nicht das seiner Leute. Kehrte er jetzt nicht um, dann war von Heimkehr in diesem Jahr nicht mehr die Rede; die Hudson-Straße ist nur kurze Zeit eisfrei und passierbar. Zu einer Überwinterung reichten die Lebensmittel nicht. Hudson steuerte längs der Ostküste der Bai südwärts, erreichte im September die James-Bai und wurde Anfang November in einem Inselhafen vom Eise eingeschlossen. Das Schiff ließ er auf den Strand ziehen und das Winterlager herrüsten. Schon im September hatte er einen widerspenstigen Offizier absetzen müssen; die Mannschaft gehorchte nur noch widerwillig seinem Befehl. Der Zimmermann weigerte sich, die Winterhütte zu bauen, er sei Schiffszimmermann, nicht Landzimmermann. Noch ließ sich der Aufruhr bändigen, und der Winter wurde trotz der knappen Lebensmittel ohne sonderliche Entbehrung überstanden; die Jagd auf Zugvögel erwies sich als einfach und sehr ergiebig. Im Frühjahr aber wurde diese Beute rar, die Rationen mußten auf ein Minimum herabgesetzt werden, und der Kapitän überwachte mit unnachgiebiger Strenge die Verteilung der Lebensmittel. Der Groll wuchs und kam schließlich zu einem furchtbaren Ausbruch. Anführer der Meuterer war ein Maat namens Green, den Hudson als verlassene Waise aus dem Elend gezogen, in sein Haus aufgenommen und als seinen Liebling verhätschelt hatte. Als Ende Juni die Bai eisfrei wurde und das Schiff zur Abfahrt unter Segel ging, traten die Meuterer, Green an der Spitze, ihrem Kapitän mit der Waffe in der Hand entgegen. Nur wenige Getreue scharten sich um ihn, sechs Matrosen und der Schiffsmathematiker Woodhouse, Hudson nebst seinem Sohn, der noch Kind war, wurde mit jenen sieben in einem Boot, fast ohne Nahrungsmittel, nur mit einer Flinte als Waffe, ausgesetzt und seinem Schicksal überlassen, während das Schiff nach Norden davonfuhr. Nie hat sich eine Spur von ihm mehr gefunden, völliges Dunkel schwebt über dem gräßlichen Ende Hudsons, seines Sohnes und seiner sieben Gefährten. Das Schiff fand den Rückweg nach England, aber ein Teil der Leute kam auf der fürchterlichen Fahrt ums Leben; die einen, darunter der Rädelsführer Green, fielen im Kampf mit räuberischen Eskimos oder Indianern, die andern verhungerten; der Rest fristete sein Leben durch Fische, Seevögel und Seetang, schließlich durch Knochen, die sie in Weinessig aufweichten. Sie wurden vor Gericht gestellt und schwer bestraft. Eine Rettungsexpedition unter Sir Thomas Button kehrte ergebnislos zurück; sie fand weder die neun Verschollenen noch einen westlichen Ausgang aus der Hudson-Bai, die sich als ein Binnenmeer erwies, allerdings mit einer kanalartigen Verzweigung nach Norden, den Fox-Kanal, wie er nach seinem späteren Erforscher Kapitän Luke Fox (1631) genannt wurde. Alle Versuche aber, sich durch das Inselgewirr, in das sich der Norden Amerikas auflöst, durchzukämpfen, erwiesen sich als vergeblich, und die Hoffnung, hier eine Durchfahrt nach Nordwesten zu finden, mußte aufgegeben werden.

Einer der Männer, die zunächst den Spuren Hudsons folgten, war William Baffin. Seine Expedition zur Hudson-Bai im Jahre 1615 ließ ihn die Unmöglichkeit weiteren Vordringens erkennen. Wenn es überhaupt eine nordwestliche Durchfahrt gebe, erklärte er, könne sie nur an der Westküste Grönlands hinauf gefunden werden. Hier hatte unterdes John Davis auf drei Fahrten (1685—1687) die 340 Kilometer breite Meeresstraße zwischen Grönland und den amerikanischen Polarinseln bis zum 73. Grad hinauf gründlich durchforscht und damit die Kenntnis der Polarwelt um ein gewaltiges Stück erweitert. Diese Aufklärungsarbeit setzte keiner erfolgreicher fort als Baffin, der im Jahre 1616 durch die Davis-Straße hinauf die gewaltige Bai durchquerte, die den Namen ihres Entdeckers erhielt, ebenso wie das Land im Westen. Baffin erreichte als erster die Melville-Bai, den Smith-Sund und den Lancaster-Sund, Namen, die in der spätern Polarforschung große Berühmtheit gewannen, und war auf dem richtigen Wege. Dennoch verzweifelte er, eine Durchfahrt nach Nordwesten zu finden, da die Fluthöhe, je weiter er kam, immer mehr abnahm, also durch den Atlantischen Ozean bestimmt wurde. Außerdem litten seine Leute an Skorbut, und die Küsten waren durch die vorgelagerten Eisbänke unzugänglich. Er kehrte daher zurück und machte aus seiner Überzeugung kein Hehl, daß der Glaube an einen nordwestlichen Seeweg endgültig aufzugeben sei. Damit scheidet dies Problem auf zwei Jahrhunderte aus der Entdeckungsgeschichte aus. Baffin hat durch diese Erklärung seinen eigenen Ruhm aufs empfindlichste geschädigt, und die Gegner seiner Theorie gingen schließlich so weit, alle seine Berichte als unglaubwürdig zu verdächtigen. Das geschah am nachdrücklichsten durch einen Engländer namens Barrow, den Sekretär der englischen Admiralität, — aber unglücklicherweise im selben Jahr 1818, als die englische Expedition von James Ross alle Entdeckungen Baffins aufs glänzendste bestätigte und den Ruhm des großen Forschers wiederherstellte.

Der Apostel Grönlands

Der große arktische Kontinent Grönland war den Walfischfängern im 16. und 17. Jahrhundert wohlbekannt; wenn das Eis es erlaubte, legten sie oft an seinen Küsten an, tauschten auch bei den Eskimos Seehundsfelle gegen Nadeln und Töpfe ein. Die Seefahrer, die den nordwestlichen Durchgang nach Indien suchten, Frobisher, Davis, Baffin und Hudson, kannten Grönlands Südspitze, auch Teile der Westküste. Politisch aber war es Niemandsland, als Handelsstation vergessen, und selbst die Kirche hatte ihr nördlichstes Bistum aufgegeben. Die alten Sagen aber lebten fort: von der grünen Insel, die ein Eiswall umgab, von den Normannen, die ehemals von dort auf ihren Wikingerschiffen die Meere durcheilt und Christen geworden waren, über die ein Bischof herrschte. Von wilden Bewohnern, die in Fellbooten zwischen den Eisschollen umherflitzten, wußten die Walfischjäger genug zu erzählen; Christen aber waren sie da oben nie begegnet. War der Normannenstamm Eriks des Roten völlig ausgestorben und ausgerottet? Oder waren seine Nachkommen in Barbarei und Heidentum zurückgesunken und mit den Ureinwohnern verwildert? War es nicht Christenpflicht, ihre Spur zu suchen, ihnen aufs neue das Evangelium zu verkünden und sie in die Gemeinschaft der europäischen Kultur zurückzuführen?

Ein frommer lutherischer Pfarrer namens Hans Egede hing diesen Fragen nach und wurde darüber zum Missionar. In Norwegen 1686 geboren, studierte Egede in Kopenhagen Theologie; schon mit 21 Jahren war er Prediger auf den Lofoten, nördlichen Inseln seiner Heimat; er war Gatte einer tüchtigen Frau und Vater von vier Kindern. Dieses Stilleben befriedigte ihn nicht, er fühlte sich zu einer größeren Aufgabe berufen und verlangte, als Missionar nach Grönland zu gehen. Der Bischof zuckte die Achseln — Missionen kosten Geld. Damals lag König Friedrich II. mit Karl XII. von Schweden im Kampf — für Kulturaufgaben blieb da nichts übrig Egede ließ sich nicht abschrecken; er gab 1718 seine Pfarre auf und suchte unternehmende Kaufleute, die sich an einer Expedition nach Grönland beteiligten. Als der Friede geschlossen war, gelang ihm in Bergen die Gründung einer „Gesellschaft für den grönländischen Handel". Mit Unterstützung des Dänenkönigs, dem jetzt Norwegen wieder gehörte, wurde ein Segelschiff, die „Hoffnung", ausgerüstet, und nach stürmischer Überfahrt betrat Egede mit seiner Familie und etlichen Landsleuten, die sich ihm angeschlossen hatten, die Westküste Grönlands. Seinen Landungsplatz nannte er „Godthaab" (Gute Hoffnung); so heißt der Ort noch heute.

Leicht war aber an die „Wilden" nicht heranzukommen. Zum Eintausch von Eisenwaren usw. waren ihnen die Grönlandfahrer oft willkommen gewesen; aber daß sich diese „Kablunaken" (Hundesöhne) hier, wo sie nichts zu suchen hatten, niederließen, ein Haus bauten und sich auf eine Überwinterung einrichteten, machte die Eskimos doppelt mißtrauisch. Durch reiche Geschenke überwand Egede ihre anfängliche Furcht; neugierig und gutmütig, wie sie waren, halfen sie nun selbst beim Hausbau und freuten sich an den fremden Kindern; so kleine „Kablunaken" hatten sie noch nie gesehen, denn die Walfischfänger waren durchweg vierschrötige, mürrische, oft hinterlistige, immer auf ihren Vorteil erpichte Kerle. Aber plötzlich war der ganze Eskimostamm verschwunden, seine Steinhütten bei Godthaab standen leer; auf Kajaks und Umiaks (Weiberbooten) war er mit Sack und Pack nordwärts gezogen, ohne Abschied zu nehmen, und die des Landesbrauchs unkundigen Kolonisten saßen gottverlassen da und gerieten in Not. Mehl und Grütze hatten sie aus der Heimat reichlich mitgebracht, für Fleisch aber sollte die Jagd sorgen, und nun waren die Eskimos allein in ihre ergiebigen Jagdgründe abgerückt, ohne sie den Norwegern zu verraten oder die Fremden zur Teilnahme einzuladen. Um seinen Leuten wenigstens einen Weihnachtsbraten zu verschaffen, sandte Egede einige Mann auf gut Glück nordwärts ins Innere des Landes. Ein Schneesturm überfiel sie, und sie hätten sich schwerlich zurückgefunden, hätten sie nicht zufällig ihre Eskimos wiedergetroffen. Obdach wurde nur widerwillig im Iglu, dem Schneehaus, gewährt, denn auf Gäste, die sich nicht zu helfen wissen, ist der Eskimo nicht eingerichtet; wer nicht für sich selbst sorgen kann, gefährdet in diesem schweren Kampf ums Dasein den andern, der sich seiner annimmt. Drei Tage dauerte der Schneesturm, und als er vorüber war, schieden die Fremden als gute Freunde von ihren Wirten; einer der Grönländer hieß Aroch, einer der Norweger Aron — der Zufall dieser Namensähnlichkeit hatte das Eis zwischen ihnen gebrochen. Verstehen konnte man einander nicht, aber man lachte über dieselben Dinge und kam sich so menschlich näher. Bald ließen sich die Grönländer wieder beim Stationshaus sehen, und Egede besuchte sie in ihrer Niederlassung, die 30 Hütten mit 150 Bewohnern umfaßte. „Infolge der stets brennenden Lampen", berichtet er in seinem Tagebuch vom

Der Apostel Grönlands

21. Januar 1722, „war es in den Häusern zwar sehr warm, aber dafür herrschte ein für mich unerträglicher Gestank. Männer und Weiber waren fast nackend; sie trugen nur kleine Hosen, mit denen sie ihre Blöße notdürftig bedeckten. Sie lebten aber sehr friedlich und einträchtig miteinander und aßen alle gemeinsam. Der Umgang der Männer und Weiber miteinander war bei jung und alt züchtig und höflich. Beschwerlich wurden sie uns infolge ihrer Unreinlichkeit und des Gestankes, die von dem herumliegenden Speck und andern Dingen herrührten."
Egede erzählt dann von einem „Affenspiel", das er an diesem ersten Tag bei den Grönländern erlebte. „Als ich abends eben eingeschlafen war, wurde ich durch ein sonderbares Singen und Schreien wieder geweckt. Alle Lampen waren gelöscht, so daß es ganz dunkel war. Es war nun schauerlich zuzuhören, wie einer ihrer ‚Angekoke' oder Hexenmeister, der auf der Erde saß und auf einer Trommel spielte, mit einer abscheulichen Stimme bald leise, bald laut schrie, pfiff und plapperte. Hierauf zitterte er wie einer, der furchtsam oder erfroren ist und kaum reden kann. Als er aufhörte, sprachen alle Weibsleute in einem sachten, furchtsamen Tonfall, dann fingen sie wieder an zu singen ... Erst viel später, als ich mit ihnen gut bekannt war und ihre Sprache verstand, erfuhr ich, was dieses Affenspiel zu bedeuten hatte. Die Grönländer konnten es nämlich nicht verstehen, warum wir in ihr Land gekommen seien, und fürchteten sich vor uns. Deshalb mußten ihre Angekoke, ihre Weisen und Propheten, ihren ‚Torngarsuk', das ist der ‚Spiritus familiaris', fragen, was wir im Sinne hätten. Ob wir unsere Leute rächen wollten, die früher im Land gewohnt hätten und von ihren Vorfahren ermordet worden wären? Ihr Torngarsuk sollte uns an diesem Vorhaben hindern und bewirken, daß wir auf die eine oder andere Art verunglückten. Als ihre Angekoke merkten, daß wir ihnen nichts Böses taten, sagten sie von mir: ‚Der Priester ist selber ein Angekok', denn sie sahen, daß ich meinen Leuten predigte und ihnen zu befehlen hatte."

Damit hatte Egedes friedliche und uneigennützige Eroberung Grönlands begonnen. Die Eskimos verkauften ihm Fische und lehrten seine Leute die Kunst des Fischfangs mit langen

Schnüren aus Walroßhaut. Der freundschaftliche Verkehr blieb auch bestehen, als sie im Frühjahr auf die Seehundsjagd davonzogen; er dehnte sich, dank dem Wohlwollen der „Angekoke", auf alle die Nomadenstämme aus, die, je nach der Jahreszeit, sich in der Nähe des Stationshauses niederließen oder umherschweiften, um dem Walroß, den Robben oder dem Walfisch nachzustellen.

Das wichtigste Verständigungsmittel aber fehlte noch: die Kenntnis der Eskimosprache, und wie sollte Egede ohne sie diesen Heiden das Evangelium predigen? Er begann also ein systematisches Studium ihrer schweren Sprache; er legte sich ein Vokabularium an, und um schneller damit vorwärtszukommen, nahm er kleine Eskimos als Gespielen seiner Kinder ins Haus, sandte auch seine beiden Söhne von zehn und zwölf Jahren auf Wochen zu den neugewonnenen Freunden. Die Kinder verständigten sich am leichtesten; Vaters Vokabelschatz vermehrte sich so schnell, daß er schon im nächsten Jahr versuchen konnte, den zutraulichen Nachbarn, die sich um das Pfarrhaus angesiedelt hatten, einen Begriff vom Christentum beizubringen. Von Nachkommen der Normannen entdeckte aber Egede nichts; die noch lebendige Überlieferung, daß die Vorfahren seiner neuen Gemeinde vor Jahrhunderten die Reste der „Kablunaken" in ihren Steinhäusern überfallen und niedergemacht hätten, mußte also wohl auf Wahrheit beruhen.

Die „Gesellschaft für den grönländischen Handel" aber gedieh schlecht; sie löste sich 1726 auf. Die Eingeborenen litten selbst oft Hunger, wenn der Winter gar zu lang und die Jagd wenig ertragreich war; von ihnen war überhaupt wenig zu erhandeln, und in der Missionsstation ging es daher meist sehr knapp her; mit dem Zuschuß des Königs, 2000 Mark, war nicht viel auszurichten. Alljährlich brachte ein Regierungsschiff nur das Notwendigste, und zu Jagd und Fischerei wollten sich Egedes Leute nicht recht bequemen; sie waren faul und widersetzlich. Sträflinge und Soldaten, die der dänische König zur Ansiedlung herüberschickte, waren auch nicht die rechten Kulturpioniere. An einigen Stellen der Westküste, wo die Jagd ergiebig war, legte Egede Niederlassungen an, so auf der Insel

Der Apostel Grönlands

Disko, wo der Trantierfang gute Ausbeute versprach. Er versuchte es sogar mit der Landwirtschaft; an dem Meerbusen Ameralik bei Godthaab säte er im Mai Korn und Rüben; aber die Ähren setzten keine Frucht an, und die Rüben wurden nicht größer als Radieschen. Das Innere Grönlands erwies sich als unzugängliches Eisgebiet, und an der Küste brachte der Sommer nur dürftige Weide für die Ziegen hervor. 1723 reiste Egede in zwei kleinen Schaluppen nach der Südspitze Grönlands und fand hier als Überreste der Normannenzeit Ruinen von Häusern und Kirchen, aber keine Menschen von europäischem Typus. Die dort wohnenden Eskimos kamen ihm erst feindlich entgegen; als sie aber von seinen Begleitern, ihren Landsleuten, hörten, wer er sei, waren sie bald gute Freunde, und sein Ansehen stieg zu dem eines Wundermanns, als er einen Augenkranken durch glückliche Behandlung vor Blindheit rettete. Als er abreiste, begleiteten ihn 40 Boote der Eingeborenen, und die Weiber sangen ihm zu Ehren. Gar zu gern wäre Egede auch nach der Ostküste vorgedrungen; aber der Sommer war zu kurz, und dorthin wollte ihn niemand begleiten, denn da wohnten Menschenfresser, versicherten die Eskimos.

Die Christengemeinde Egedes vergrößerte sich schnell. Die einfachen Naturkinder hörten es gar zu gern, wenn Egede ihnen von Christus erzählte, und wenn auch die heidnischen und christlichen Vorstellungen noch bunt durcheinander liefen, versicherten sie treuherzig, sie verständen ihn sehr gut, und er möge nur ja immer bei ihnen bleiben. Nicht selten brachten ihre kindlich naiven Fragen den Lehrer in nicht geringe Verlegenheit. Warum nur Gott einen Teufel geschaffen habe? meinten sie, der sei doch recht überflüssig; und wenn sie, denen Streit und Haß völlig unbekannt waren, die Unverträglichkeit der Kolonisten untereinander sahen, schüttelten sie den Kopf; diese Leute, erklärten sie, hätten offenbar vergessen, daß sie Menschen seien und nicht Hunde. Mit seinen Untergebenen hatte Egede dauernd seine liebe Not; 1729 kam es gar zu einer Meuterei, und das Pfarrhaus wurde zur Festung gegen seine eigenen Landsleute. Der Skorbut raffte viele der Ansiedler hin; nur wer sich zu den Eskimos in Pflege gab, wurde bei deren derber Fleischkost gesund. Als 1730 Christian VI. den dänischen Thron bestieg, hörte der Zuschuß aus der königlichen Schatulle zunächst auf; Egedes Kolonie war sich selbst überlassen. 1732 schleppte das Proviantschiff die schwarzen Pocken ein, und die Seuche hauste furchtbar unter den Eingeborenen. Gegen 2000 starben, obgleich Egede selbst, seine tapfere Frau und seine Töchter als Krankenpfleger Tag und Nacht furchtlos ihr Leben aufs Spiel setzten. Die schreckliche Heimsuchung weckte in den eben getauften Wilden rohe Instinkte des Aberglaubens: ein Vater, dem zwei Kinder gestorben waren, tötete seine Schwägerin, weil sie die Kleinen verhext habe. Ein Mord war unter den Eskimos etwas Unerhörtes und seit Menschengedenken nicht vorgekommen. Egedes ganzes Lebenswerk schien bedroht.

Da war es Graf Zinzendorf, der Begründer der Herrnhuter, der den König von Dänemark bestimmte, sich der Kolonie in Grönland aufs neue anzunehmen. Missionare der Herrnhuter wurden nach Godthaab gesandt; im nächsten Jahr kam Egedes Sohn Paul ebenfalls herüber als Gehilfe und baldiger Nachfolger seines Vaters. Im selben Jahr starb dessen treue Gefährtin, seine Frau Gertrud; die letzten schweren Jahre der Prüfung hatten ihn müde gemacht, auch die Zusammenarbeit mit den Herrnhutern ging nicht reibungslos vor sich. 1736 verließ Egede Godthaab und ging nach Kopenhagen, um von dort aus sein Werk fortzusetzen. Er begründete ein Seminar für Grönlandmissionare, an das ihm 1740 auch sein Sohn Paul folgte.

Egedes Name ist für alle Zeit mit dem Grönlands verknüpft als der eines Apostels, eines ehrlichen und selbstlosen Seelensuchers, dem die Religion nicht, wie leider so oft, nur Mittel zu recht irdischen Zwecken bedeutete. Er hat Grönland zum zweitenmal entdeckt und durch die Schilderung seiner Erlebnisse die erste genauere Kunde von der größten Insel der Erde und ihren Bewohnern gegeben. Sein Vokabularium vermittelte die erste Kenntnis der Eskimosprache. Egedes Sohn Paul schuf daraus 1760 eine grönländische Grammatik und vollendete auch die von seinem Vater begonnene Übersetzung des Neuen Testaments ins Grönländische. Die von Egede begründeten und benannten Ansiedelungen blühten auf und sind jetzt wertvoller dänischer Kolonialbesitz. Für die weitere Entdeckung der Arktis bildeten sie wichtige Stützpunkte, und von den erfolgreichsten Polarforschern haben die meisten ihr Gesellenstück durch eine Grönlandfahrt geleistet.

Wie Mister Phipps zum Nordpol fuhr

In der zweiten Hälfte des 18. Jahrhunderts machte die Frage nach dem kürzesten Seeweg nach Japan, China und Indien der Londoner Admiralität aufs neue gewaltiges Kopfzerbrechen. England war unterdes eine bedeutende Seemacht geworden, wenn auch noch keineswegs Alleinherrscherin auf allen Meeren; aber es faßte damals gerade in Indien festen Fuß, und eine schnellere Verbindung der neuen Kolonien mit dem Mutterland war deshalb ein außerordentlich wichtiges Problem. Eine Fahrt nach Bengalen um Südamerika herum durch den Stillen Ozean dauerte rund ein Jahr und war immer eine teure Sache, denn sie kostete gewöhnlich die Hälfte der Mannschaft, die, angewiesen auf Pökelfleisch und Schiffszwieback, dem Skorbut zum Opfer fiel. Die Auffindung einer Nordwest- oder Nordostdurchfahrt war daher ein Ziel aufs innigste zu wünschen, und selbst der Weg direkt über den Pol hinweg war auf alle Fälle gesunder und erschien weniger gefährlich als ein Sturm in der Südsee oder eine ebenso mörderische Windstille in der Gluthitze des Äquators.

Wie es am Pol aussehe, darüber wurde von Gelehrten und Ungelehrten andauernd mit Eifer disputiert. Die einen glaubten an ein Festland hoch oben im Norden; andere fabelten von einem Magnetberg mitten in eisfreiem Wasser, das aber von einer gewaltigen Eismauer umgeben sei; es gelte nur, den günstigen Zeitpunkt abzupassen, um diese Mauer zu durchdringen, wenn die Springfluten des Vollmonds das Eis in Bewegung setzten. Noch andere behaupteten, daß aus unergründlichen Tiefen gewaltige Strudel vom Nordpol herabkämen und die Gezeiten verursachten, diese gewaltige, geheimnisvolle Bewegung der Meere.

Ein biederer Landvogt in der Schweiz namens Engel hatte seine eigene Theorie. Er war zwar nie da oben gewesen, hatte sich aber sein Leben lang mit dem Rätsel des Nordpols abgequält und glaubte ihm auf die Spur gekommen zu sein. Eine undurchdringliche Eisbarriere um den Nordpol, so erklärte er mit aller Bestimmtheit der aufhorchenden englischen Admiralität, gebe es überhaupt nicht; im Gegenteil: Meerwasser gefriere überhaupt nicht; alles Eis komme lediglich aus dem Innern der arktischen Länder, aus ihren Flüssen und Gletschern, die sich nach dem Nordpol zu entleerten. Eben deshalb sei es auch in jenen Breiten so kalt. Der Schlaukopf verwechselte die Ursache mit der Wirkung. Seine verblüffende Theorie aber gab den Admiralen in London immerhin zu denken, und die Darlegungen des englischen Naturforschers Barrington, der immer wieder auf die Ergebnisse früherer Polarreisen hinwies, machten Eindruck. Wenn man den Versicherungen der Walfischfahrer glaubte, die seit anderthalb Jahrhunderten die Küsten Grönlands und Spitzbergens allmählich aufgeklärt hatten, schien ein Durchbruchsversuch in dieser Gegend kein Ding der Unmöglichkeit zu sein. Der eine wollte ganz behaglich bis zum 82. Grad hinaufgeschwommen sein, der andere sogar auf der Suche nach den unbekannten Meeren, wohin im Sommer die Wale verschwinden, um sich zu paaren, mit seinem Segler den 88 Grad erreicht haben. Die Chronik der Grönlandfahrer wußte allerdings auch von hohen Schiffsverlusten zu erzählen; mit abschreckender Regelmäßigkeit verschwanden alljährlich zehn bis zwanzig Fahrzeuge spurlos im ewigen Eis; hatte die Mannschaft Glück, dann wurde sie nach abenteuerlicher Schollenfahrt und furchtbaren Strapazen von einem andern Schiff aufgenommen und nach Hause gebracht. Der Opfer an Menschenleben waren auch im hohen Norden unzählige. Aber daß Spitzbergen, im Westen vom Golfstrom bespült, zeitweise ein ganz erträgliches Klima besaß, im Gegensatz zu Ostgrönland, hatte schon Hudson beobachtet, und daß große Meeresstrecken da herum schiffbar seien, war nach den übereinstimmenden Zeugnissen zahlreicher Seefahrer nicht zu bestreiten. Es mußte nur der rechte Mann kommen, um dieses Ei des Ko-

Wie Mister Phipps zum Nordpol fuhr 59

lumbus auf seine Spitze zu stellen, und das konnte nach menschlichem Ermessen nur ein Engländer sein. Im Jahre 1773 beschloß die englische Admiralität, die Sache nun einmal energisch in die Hand zu nehmen, und sandte den Kommandeur Mister C. J. Phipps mit zwei Seglern aus, mit dem Befehl, die Eisverhältnisse da oben genauestens in Augenschein zu nehmen und möglichst auch den Weg nach China über den Nordpol hin ausfindig zu machen. Die beiden Dreimaster „Racehorse" und „Carcasse" waren die stattlichsten Schiffe der englischen Flotte und wurden aufs sorgfältigste ausgerüstet, auch, wie sich das für ein englisches Kriegsschiff geziemt, ordentlich mit Kanonen bestückt. Kapitän Lutwidge allerdings, der Führer der „Carcasse", sah nicht recht ein, was ihm die Geschütze im Kampf mit dem Eis helfen sollten, und ließ von seinen acht gleich sechs wieder ausladen und statt dieses unnützen Ballastes Winterausrüstung für seine Mannschaft an Bord nehmen. Die Besatzung bestand aus 90 Mann, die besonders angemustert wurden, lauter Vollmatrosen, keine Schiffsjungen, und mehr Offiziere als sonst, wie Mister Phipps ausdrücklich in seinem Tagebuch bemerkt.

In diesem übrigens maßlos trocknen Tagebuch liest man, wenigstens im Anfang, deutlich zwischen den Zeilen, daß es für zwei Segelschiffe der königlichen englischen Marine eine Kleinigkeit sein müsse, mit einem schnellen Handstreich den Nordpol zu nehmen, und zuerst ließ sich die Reise auch ganz gut an. Vor Spitzbergen fanden sie das Meer eisfrei; an der Magdalenenbucht vorbei ging es in flotter Fahrt zur Küste Vogelsang und zum Cloven-Cliff, einer merkwürdigen schwarzen Klippe, die, an Gestalt einem riesigen Ochsenzahn ähnlich, aus dem offenen Meer emporzuragen scheint und nur durch eine ganz schmale, kaum sichtbare Landzunge mit der Küste in Verbindung steht. Aber schon Anfang Juli waren beide Schiffe ringsum vom Eis umgeben, und nun begann ein ermüdender Kleinkrieg mit Schollen und Packeis. Die beiden Engländer hatten unverdientes Pech: wenn das Eis auseinanderging und die schönsten Wasserstraßen nach Norden blinkten, war gewöhnlich völlige Windstille, so daß sie die beste Gelegenheit versäumten, und wenn der Wind sich endlich aufmachte, kam er vom Nordpol her, und sie mußten sich im Schutz des Landes halten, um nicht zurückzutreiben. Die Nachrichten, die heimkehrende Grönlandfahrer brachten, klangen auch wenig verheißend: drei Schiffe waren neuerdings vom Eis zerquetscht worden. An der Kreuzbucht, der heutigen Kingsbai, vorbei kam die englische Flottille noch glücklich um die gefährlichen Felsen der Moffeninsel herum, aber sobald sie zwischen den sieben Inseln den 80. Breitengrad erreichte, erwies sich die Eisbarriere als völlig unzugänglich. Die Mannschaft trieb auf dem blanken Eise Sport, die Offiziere loteten fleißig, fanden das Packeis an acht Meter dick, machten Ausflüge aufs Land, nahmen Winkelmessungen vor und leisteten wertvolle wissenschaftliche Arbeit. Die Aussicht nach Norden hin erwies sich aber als hoffnungslos: nirgends war eine Öffnung in der kompakten Eismasse zu entdecken, und die Eispressungen setzten den beiden Schiffen so gewaltig zu, daß die tapferen Engländer nervös wurden und ihre stolzen Segler samt den Kanonen im Stich zu lassen beschlossen. Die Boote wurden herabgefiert, jeder bekam ein Säckchen mit 20 Pfund Brot, nur das Allernotwendigste wurde eingeladen, alles übrige der Mannschaft freigegeben. Die Leute suchten sich aus den reichen Kleiderschätzen der Offiziere das Lockendste aus und liefen nun in phantastischen Uniformen umher. Die Boote wurden auf Kufen gestellt und mit furchtbarer Mühe südwärts über das Eis gezogen. Das ging verzweifelt langsam, so daß die Mannschaft zum Essen und Schlafen immer noch leicht zu den Schiffen zurückkehren konnte, an deren Rettung man noch nicht ganz verzweifelte. Und diesmal hatten die Engländer mehr Glück. Nach drei Tagen schob ein günstiger Wind das Eis auseinander und legte sich so nachdrücklich in die Segel, daß die ausgesetzten Boote nur mit knapper Not noch rechtzeitig wieder hereingeholt werden konnten. Am 12. August schon lag jede Eisgefahr hinter ihnen. Mister Phipps ließ noch bei Kap Hacklyt, auf der Amsterdaminsel und im alten Smeerenberg anlegen und besichtigte dort die Ruinen ehemaliger holländischer Trankochereien. Dann kehrte er wohlbehalten in die Heimat zurück, ohne eine Kanone verloren, ohne allerdings auch den Weg zum

Nordpol gefunden oder den Ruhm geerntet zu haben, höher hinauf gekommen zu sein als der gewöhnlichste Walfischfahrer. Ist diese Expedition des Mister Phipps, späteren Lords Mulgrave, nicht ohne einen Anflug von Komik, so darf doch nicht verschwiegen werden, daß ihre wissenschaftlichen Ergebnisse von großer Bedeutung waren, daß sie sogar die erste wissenschaftliche Polarexpedition genannt werden muß. An geographischen, meteorologischen, geologischen Feststellungen, an Beobachtungen der Tier- und Pflanzenwelt ist das Tagebuch des Lords ungewöhnlich reich; er versuchte die Tiefe des Eismeeres und seine Temperatur zu ergründen, was damals nur erst wenigen einfiel, und schließlich ist die Expedition Phipps noch dadurch bemerkenswert, daß der große englische Seeheld, Admiral Nelson, als fünfzehnjähriger Freiwilliger an ihr teilnahm.

Das neue Bild der Welt

Es gibt eine Karte Nordamerikas aus dem Jahre 1742, auf der die Westküste nach dem Stillen Ozean hin dicht hinter der Hudson-Bai hinläuft. Ein Jahr später setzte England einen Preis von 20000 Pfund für die Auffindung eines Verbindungsweges aus, die jener Karte zufolge nicht übermäßig schwer erschien. Von der ungeheuren Landfläche Amerikanisch-Sibiriens, das in die Halbinsel Alaska ausläuft, hatte man damals noch keine Vorstellung, obgleich die äußersten Vorgebirge Alaskas bereits von der Alten Welt aus gesichtet worden waren. Die nordischen Expeditionen der Russen, mit bewundernswerter Ausdauer, Sachkenntnis und überlegenen Mitteln ausgeführt, hatten fast die ganze Nordküste Sibiriens klargelegt; 1742 erreichte und umfuhr der Steuermann Tscheljuskin Sibiriens nördlichste Spitze, die nach ihm benannt wurde, und schon 1728 war der Kommandeur-Kapitän Veit Bering, ein Däne in russischen Diensten, in die Straße eingelaufen, die seinen Namen führt, ohne daß er jedoch ihre Bedeutung erkannt hätte. Dieses Verdienst gebührt vielmehr einem Kosaken namens Gwosdew, der 1730 vom Lande der Tschuktschen aus zum erstenmal die Bering-Straße überquerte, an der gegenüberliegenden Küste Alaskas landete und dort Eingeborene traf, deren Sprache er nicht verstand. Die Alte und die Neue Welt rückten damit in überraschende Nähe. Aber es dauerte noch ein Menschenalter, ehe das Bild Nordamerikas klarer aus dem Dunkel hervortrat. Ein nochmaliger Versuch Englands, die Nordwestdurchfahrt zu erzwingen, aber diesmal von der andern Seite, von der Südsee aus, führte zu diesem hochbedeutsamen Ergebnis. Führer der Expedition war der berühmte Weltumsegler James Cook, der 1778 von den Sandwich-Inseln herauf in die Grenze zweier Welten, die Bering-Straße, einfuhr; er kam nur bis zum 70. Breitengrad, bis zum Eiskap; hier verlegten ihm die Eismassen den Weg. Aber er kreuzte zwischen der asiatischen und amerikanischen Küste hin und her, und nun begann sich die Landkarte mit neuen Linien zu füllen. Auch andere Versuche, auf diesem Wege die Nordküste Amerikas zu umfahren, scheiterten. Bemerkenswert ist darunter die russische Expedition vom Jahre 1815, an der ein deutscher Dichter, Adelbert von Chamisso, als Naturforscher teilnahm; seine köstliche Schilderung dieser Reise findet sich in seinen Werken.

Als Cook seine Fahrt 1778 antrat, hatte England die vorhin erwähnte Prämie von 20000 Pfund jedem Entdecker verheißen, der irgendeine nördliche Verbindung zwischen den beiden Ozeanen finden werde. Aber je klarer nun bald das Weltbild wurde, je gewaltiger sich die ungeheuern Kontinente Asiens und Amerikas nach dem Norden vorschoben, um sich schließlich, bei der Bering-Straße, fast zu vereinigen zu einem einzigen Wall gegen den Stillen Ozean, um so mehr mußte man an der Lösung des Problems verzweifeln. Seine praktische Bedeutung verlor es gänzlich, als England aus den Kriegen der napoleonischen Zeit, dank den Siegen des Admirals Nelson über die Franzosen, Dänen und Spanier, als unumstrittene Seemacht hervorging. In den Gewässern Grönlands und Spitzbergens, der Heerstraße so vieler entschlossener, aber erfolgloser Nordpolfahrer, war nun wieder der Walfischjäger und Kaufmann Alleinherrscher.

Solch ein Walfischjäger war es, der 1817 das Signal zur Wiederaufnahme der Polarforschung geben sollte. Und damit

Das neue Bild der Welt 63

beginnt das Zeitalter der wissenschaftlichen Polarforschung, die, unbekümmert um unmittelbare praktische Ziele, nur von dem Streben beseelt ist, unsere Kenntnis der Erde zu erweitern, bisher unzugängliche Gebiete der Erdoberfläche zu erschließen, die Ergebnisse dieses Studiums in unsere bisherige fragmentarische Weltbetrachtung einzufügen und für die zahllosen, uns noch beunruhigenden Rätsel der Alten Welt die Lösung in neu entdeckten Zonen zu finden. Daß die englische Admiralität, der für die Handels- oder Kriegsflotte an der Auffindung einer nördlichen Durchfahrt, dem verblaßten Traum der letzten Jahrhunderte, nichts mehr gelegen war, dennoch für die wissenschaftliche Polarforschung die Initiative ergriff, ist ein Verdienst des englischen Geographen John Barrow, der es fertigbrachte, den Ehrgeiz Großbritanniens als Schrittmacher der Wissenschaft zu gewinnen.

Unter den englischen Walfischfängern erfreute sich damals William Scoresby eines ungewöhnlich hohen und wohlverdienten Ansehens. Seit 1806 war er in den Meeren Spitzbergens zu Hause wie keiner seiner Zunftgenossen, er war im Mai 1806 in tollkühner Fahrt bis über den 81. Grad nach Norden vorgedrungen und erwarb sich auf zehn Fischzügen von 1810 bis 1822 nicht nur Reichtümer, sondern auch Kenntnisse der Arktis, in denen ihm nur einer gleichkam, sein Sohn, der ihn auf den meisten Reisen begleitet hatte. Dieser jüngere Scoresby, der ebenso wie sein Vater in wissenschaftlicher Hinsicht Autodidakt war, hat 1819 ein Buch über den Walfischfang herausgegeben, das sich noch heute sehen lassen kann, und dieser selbe Scoresby war es, der im Jahre 1817 die Londoner Gelehrten darauf aufmerksam machte, daß infolge eines ungewöhnlich heißen Sommers das Eis in den nördlichen Meeren überall in starker Bewegung sei; eine solche Gelegenheit, in höhere Breitengrade, vielleicht gar bis zum Nordpol, hinaufzukommen, werde wohl so bald nicht wiederkehren. Die englische Admiralität ließ sich das gesagt sein und rüstete sofort zwei Expeditionen aus. Die eine davon sollte Scoresby selbst übernehmen, aber da er nur ein Handelskapitän war, wurde ihm ein Offizier der königlichen Marine vorgesetzt; er trat deshalb zurück. Kommandeure der beiden Expeditionen wurden nun die Kapitäne John Ross und David Buchan. Ross sollte mit zwei Schiffen, „Alexander" und „Isabella", die Baffin-Bai aufwärts fahren, die man seit 200 Jahren gemieden hatte, und Buchan, ebenfalls mit zwei Schiffen, zwischen Spitzbergen und Grönland geradeswegs zum Nordpol vordringen und weiter in den Stillen Ozean hinein. Vorbild des einen war also Baffin, Vorbild des andern Hudson, zwei Namen, die das Größte erwarten ließen, und um den Eifer der gesamten Schiffsmannschaft anzuspornen, wurde für Erreichung des 110. Längengrades innerhalb des Polarkreises, also etwa der jetzigen Melville-Insel, ein Preis von 5000 Pfund Sterling, für die Überquerung des Nordpols ein Preis von 20 000 Pfund ausgesetzt.

Kapitän Buchan stach mit seinen Schiffen „Dorothea" und „Trent" am 25. April 1818 in See, kam aber nicht weiter als bis zum 80. Grad und fuhr nach Grönland hinüber. Ein rasender Sturm drohte beide Schiffe zwischen den Eismassen zu zertrümmern. Ausweichen war nicht mehr möglich — also steuerte Buchan in die mächtigsten Eisberge hinein und begab sich gewissermaßen in ihren Schutz, den einen als Brustwehr gegen den andern benutzend. Dies kühne Manöver rettete ihn. Aber nach diesem Vabanquespiel war der Mut des Kapitäns und seiner Offiziere erschöpft, sie machten kehrt. Nur einer war mit diesem Rückzug nicht einverstanden, der Leutnant John Franklin, ein tollkühner Draufgänger, der mit seinen 32 Jahren sich bereits in der halben Welt umhergetrieben, sich als hervorragender Seemann und als tapferer Soldat in verschiedenen Schlachten bewährt hatte; dem wollte es schlecht gefallen, daß der Kurs schon wieder der Heimat zuging und die Reise zum Nordpol ein so vorschnelles und wenig rühmliches Ende fand. Er erbot sich, mit dem zweiten Schiff, das er kommandierte, allein einen neuen Versuch zu wagen. Aber da er der Jüngere war, mußte er dem Befehl zum Rückzug gehorchen, und Ende Oktober liefen die beiden von Sturm und Packeis ziemlich mitgenommenen Schiffe wieder in der Themse ein.

Mittlerweile war Kapitän Ross mit der „Isabella" und dem „Alexander" die Westküste Grönlands hinaufgefahren, hatte sich durch die gefährlichen Eismassen der Baffin-Bai mit wackerer Ausdauer durchgekämpft und war bis zum Eingang des Smith-Sundes vorgedrungen, nicht ganz so weit wie Baffin vor 200 Jahren. Da er aber den Smith-Sund für eine Sackgasse hielt, drehte er nach Westen bei, um dort eine Durchfahrt zu suchen. Der Jones-Sund erwies sich als unzugänglich; der südlichere Lancaster-Sund aber, den schon Baffin gesehen, doch nur für eine Bucht gehalten hatte, lag völlig eisfrei als prächtigste Fahrstraße da. Mit vollen Segeln und lautem Hurra liefen nun die Engländer in diesen nie befahrenen Meeresarm ein, dessen Strömung ihnen aus geheimnisvoller Ferne entgegenzukommen schien. Die Mannschaft jubelte, ihres Sieges und Preises gewiß, und die Spannung stieg mit jeder Stunde. Als aber das Flaggschiff „Isabella" auf 80,4 Grad westlicher Länge gekommen war, machte es kehrt, und der „Alexander", den der Leutnant William Edward Parry befehligte, mußte ihm folgen. Kapitän Ross hatte über der Nebelbank im Westen eine hohe Gebirgskette gesichtet, die den Lancaster-Sund abzuschließen schien, die von ihm benannten Crokerberge. Parrys schärfere Augen erkannten sogleich, daß Ross einer optischen Täuschung zum Opfer gefallen war, wie sie in jenen Zonen häufig ist; aber der Kommandant war davon nicht zu überzeugen, und Parry mußte sich fügen. So endete auch diese Expedition mit einer Enttäuschung für Führer und Mannschaft; doch erwarb sie sich dadurch ein Verdienst, daß sie den Ruhm ihres großen Vorläufers Baffin wiederherstellte, den damals gerade der vorhin erwähnte Geograph Barrow heftig angegriffen hatte; alle Angaben Baffins erwiesen sich als vollkommen zuverlässig und genau.

Im November 1818 trafen sich nun im Vorzimmer der Admiralität zu London zwei unzufriedene Wagehälse, die Unterbefehlshaber Franklin und Parry, die beide über die Unentschlossenheit und Zaghaftigkeit ihrer Vorgesetzten Klage führten. Ihr zuversichtliches Auftreten und ihre Beredsamkeit bestimmten die Admirale, gleich für das nächste Jahr zwei neue Expeditionen auszurüsten und Parry und Franklin das selbständige Kommando zu übertragen. Parry sollte nochmals den Lancaster-Sund aufsuchen und den Weg weiter verfolgen, auf

dem er als Untergebener des Kapitäns Ross hatte umkehren
müssen; Franklin dagegen von der Hudson-Bai aus zu Land die
Nordküste Amerikas zu erreichen suchen und sie dann nach
Osten verfolgen, um, wenn das Glück ihnen hold sein sollte,
dort irgendwo zusammenzutreffen. Damit treten zwei Männer auf den Plan, von denen die Geschichte der Polarforschung Großes zu berichten hat.

W. E. Parry

„Hecla" und „Griper" hießen die beiden Schiffe, mit denen Parry am 4. Mai 1819 in See stach. Den kleinen Segler „Griper" führte Kapitän Liddon; Parrys Begleiter auf dem „Hecla" waren der erfahrene Astronom Kapitän Ed. Sabine, der vordem Grönland erforscht hatte, und der später so berühmte James Ross, der Neffe des alten John, von dessen mißglückter Polarfahrt das vorige Kapitel berichtete. Mitte Juli kreuzten die beiden Schiffe in stetem Kampf mit ungeheuren Eisbergen vor dem Lancaster-Sund, und bald stand Parry vor der Flaggenstange, die John Ross im vorigen Jahr, ehe er wieder südwärts steuerte, auf der höchsten Spitze der Possessionsbaiküste errichtet hatte. Daneben war ein Steinmal, in dem Ross eine Urkunde über die Besitzergreifung des von ihm zuerst betretenen Landes durch England niedergelegt hatte. Seitdem pflegte jeder Polarfahrer an bemerkenswerten Punkten seines Weges solch einen arktischen Briefkasten zu bauen, um den Beweis seiner Anwesenheit zu geben, sich das Prioritätsrecht seiner Entdeckungen zu sichern, neu entdeckte Küsten für sein Vaterland in Besitz zu nehmen und den nächsten Forscher, der in diese Eiswüste vordrang, darüber aufzuklären, wo er sich befinde. An möglichst in die Augen fallenden und geographisch wichtigen Punkten errichtet, bildeten diese Briefkästen nach und nach ein Netz von Landmarken und Wegweisern, das auf den Spezialkarten, dem Handwerkszeug jedes Forschers, genau verzeichnet ist.

Parry war genau an demselben Punkte der Küste gelandet wie vordem Ross; in dem vom Sturm kahlgefegten Sand fand er,

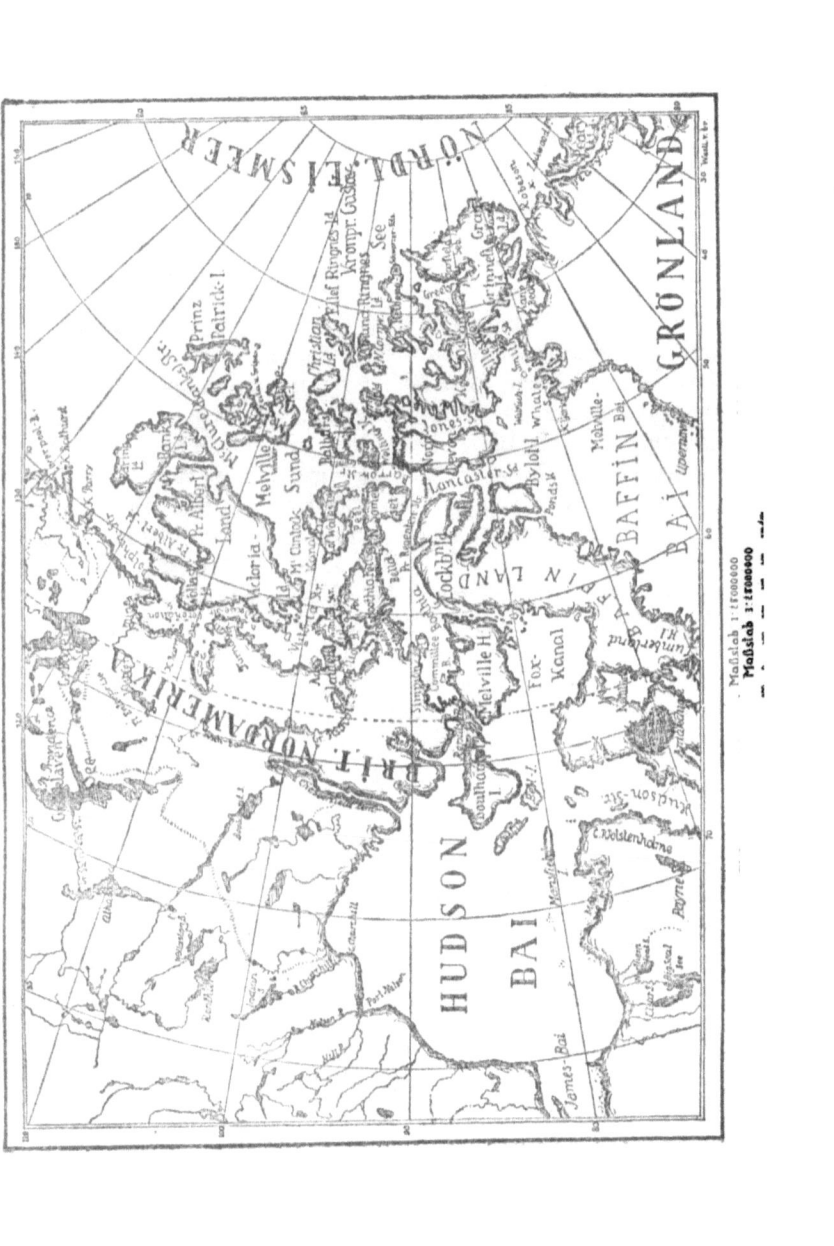

nach elf Monaten, noch die Fußspuren seiner Vorgänger! An der Mündung eines Flusses, der aus dem unbekannten Landinnern zum Meere strömte, zeigten sich einige spärliche Frühlingsboten: frisches Moos, Kräuter und winzige Blumen. Hier errichtete Parry ein eigenes Steinmal und barg darin einen Bericht über seine bisherige Fahrt. Die nächsten Wochen aber stellten seine Ausdauer auf eine harte Probe. Die Launen des Windes und die eigensinnigen Wirbel des Packeises hielten die Schiffe fest. Erst Anfang August gelang es, in den Lancaster-Sund einzudringen und sich langsam, langsam nach Westen vorwärts zu arbeiten, trotz Nebel, Schneesturm und Windstille. Oft vertäuten sich die beiden Schiffe an Eisbergen, die das andringende Packeis beiseite schoben; dann wieder, wenn das Segeltuch schlaff hing, mußten sie vorwärts „gewarpt" werden: ein Anker wurde möglichst weit voraus am Eisrand einer Küste festgemacht, seine Kette aufgewunden und so das Schiff weitergezogen. Aber Parrys und seiner tapfern Mannschaft eiserne Ausdauer fand überreichen Lohn. Die „Krokerberge" erwiesen sich tatsächlich als eine Luftspiegelung, keine Landmasse versperrte den Weg, die Straße nach Westen vom Lancaster-Sund aus war die richtige. Und so war es Parry beschieden, an Land und Meer eine völlig neue Welt, weit größer als sein Vaterland, dem Urnebel der Schöpfung zu entreißen und ihr die Namen zu geben, die sie heute noch trägt: die Admiralitäts-Einfahrt, die Leopolds-Inseln und die Prinzregenten-Einfahrt, die Barrow-Straße, Kap Riley an der Südwestecke der großen Insel Nord-Devon, die Beechey-Insel, die 30 Jahre später hohe Bedeutung gewann, den Wellington-Kanal, der geradeaus zum Pol zu führen schien, die Cornwallis- und die Griffith-Inseln, den Melville-Sund, die Bathurst-Insel im Norden und schließlich die Melville-Insel, wo sich ein Hafen fand, der zur Überwinterung wie geschaffen schien. Der 110. Grad westlicher Länge war hier erreicht, der Preis von 5000 Pfund Sterling gewonnen, das Problem der nordwestlichen Durchfahrt so gut wie gelöst. Nur noch ein paar Tage günstiger Wind — dann mußte das Eismeer nördlich von Alaska und der Bering-Straße am Horizont erscheinen. Also weiter nach Westen! Im Süden wurde bereits wieder eine neue Küste gesichtet, Banks-Land, die letzte gewaltige Insel des nordamerikanischen Archipels — dann aber zwangen Windstillen und Schneestürme Parry zur Umkehr, und er durfte von Glück sagen, daß er am 26. September 1819, noch eben rechtzeitig vor den nächsten Vollmondspringfluten, den Winterhafen an der Melville-Insel erreichte. Der Hafen war schon vereist, und von der Fahrstraße aus mußte ein Kanal von $3^{1}/_{2}$ Kilometer Länge durch das Eis gebrochen werden, um die Schiffe an Land in Sicherheit zu bringen. „Winterhafen" heißt der Ort noch heute.

Seit der Holländer Wilhelm Barents im Jahre 1596 als erster den Beweis erbrachte, daß der Mensch bei angemessener Lebensweise fähig war, die Schrecken der arktischen Winternacht zu überstehen, waren solche Überwinterungen nichts Unerhörtes mehr. So mancher Walfischfahrer und Matrose war, von plötzlichem Wetterumschlag gezwungen, in Nebel und Schneesturm verirrt, von seinem Schiff im Stich gelassen, nach ein- oder mehrjährigem Robinsonleben in Nacht und Eis glücklich wieder nach Hause gekommen. Aber aufgesucht wurde dies Abenteuer eben nicht, und die englischen Expeditionen waren bisher noch stets rechtzeitig im Herbst wieder heimgekehrt. Parry hatte das nächste Ziel, den 110. Längengrad, erreicht, aber sein Ehrgeiz war damit nicht gestillt; die letzten 1700 Kilometer bis zur Bering-Straße hoffte er im nächsten Frühjahr zurückzulegen, und da er auf weit mehr Hindernisse gefaßt gewesen war, hatte er seine Schiffe auf zwei Jahre verproviantiert und alles so sorgfältig und scharfsinnig überlegt, daß die von ihm geleitete erste Überwinterung einer so zahlreichen Schiffsmannschaft vorbildlich für alle späteren Polarexpeditionen geworden ist. Was, nach dem Stand der damaligen Arzneiwissenschaft, an Mitteln gegen den Hauptfeind, den Skorbut, bekannt war, getrocknetes Gemüse, Sauerkraut, Essig, Mixed Pickles, vor allem Zitronensaft mit Zucker, war reichlich an Bord; täglich mußten die Leute unter Aufsicht eines Offiziers das vorgeschriebene Quantum Zitronensaft mit Zucker trinken. Statt fertigen Brotes war ein großer Vorrat sorgfältigst getrockneten Mehles mitgenommen worden, so daß an Bord selbst frisches

Brot gebacken werden konnte. Kresse- und Senfsamen wurde
in Holzkästen gezogen; die jungen Pflänzchen ergaben einen
heilkräftigen Salat für jeden, der bei der täglichen Körpermusterung durch den Arzt verdächtig erschien. Die Jagd auf
Renntiere und Bisamochsen brachte wenigstens einigen Vorrat
an frischem Fleisch, war dazu eine gesunde Körperbewegung
neben dem Sport, dem täglich mehrere Stunden im Freien gewidmet wurden. Bei schlechtem Wetter wurde das Deck des
Schiffes zur Turnhalle. Beide Schiffe waren regelrecht „eingehaust", ihr Deck mit einem hohen Zelt aus Öltuch überspannt. Das Tauwerk war herabgenommen und lag, zu Eisklumpen geballt, im Freien; in den feuchten Kajütenräumen
wäre es verfault. Die Feuchtigkeit unter Deck machte den Aufenthalt in den Kabinen zur Qual; die Ausdünstungen der Menschen und der Wrasen der Küche gefroren an Wänden und
Decken zu Eisflächen und -zapfen, die täglich beseitigt werden
mußten; als diese Arbeit einmal mehrere Wochen versäumt
worden war, hatten sich 60 Zentner Eis in den Kajüten angesammelt! Die Fußböden wurden mit Steinen und heißem Sand
abgerieben; Wasser hätte sich sofort in Eis verwandelt. Die
Betten waren teils gefroren, teils durch und durch naß, obgleich
beide Schiffe von außen dick mit Schnee verpackt waren, um
die Wärme im Innern möglichst festzuhalten. Das Thermometer
fiel bis auf 47° C. Und trotzdem in der langen Winternacht von
84 Tagen die 94 Mann fast nur auf die unwirtlichen, engen
Schiffsräume angewiesen waren, zählte dank der musterhaften
und strengen Sorgfalt des Schiffsarztes Dr. Edwards das Krankenjournal, von einem Ausnahmefall abgesehen, immer nur
einen, höchstens zwei Namen auf. Einige leichte Anfälle von
Skorbut wurden mit Zitronensaft geheilt, und nur ein einziger
Todesfall ereignete sich infolge einer Lungenkrankheit. Trotz
der barbarischen Kälte mußten nur einem Matrosen einige Finger
amputiert werden; bei einem Brand im Observatorium war eine
Panik entstanden, und eine Anzahl der Leute hatte die nötigen
Vorsichtsmaßregeln außer acht gelassen. An diesem Tage verzeichnet die Krankenliste 16 Namen. Im ganzen aber war diese
Überwinterung der Parryschen Expedition eine Meisterleistung.

Auch auf Unterhaltung und geistige Anregung seiner Leute war Parry bedacht. Allwöchentlich erschien eine Schiffszeitung, die erste aller Polarzeitungen, deren humoristischer Teil besonders geschätzt wurde. Sogar ein Theater wurde eingerichtet und alle vierzehn Tage ein neues Stück einstudiert — das erste Polartheater, dessen Premieren auch dann nicht abgesagt wurden, wenn die Bühnentemperatur bis zu 19 Grad Kälte betrug.

Unweit des Winterhafens trägt eine Landspitze noch heute den Namen „Kap Providence", zur Erinnerung an ein Ereignis, das drei Tage lang Parry und seine Leute in ungeheure Aufregung versetzte. Sieben Mann des „Griper" waren auf Jagd ausgezogen; es ward Abend: man wartete vergeblich auf ihre Rückkehr. Am andern Morgen geht eine Suchabteilung von drei Mann ihren Spuren nach. Ein Schneesturm überrascht sie, sie finden selbst nicht mehr zum Schiff. Parry läßt Kanonen lösen, Raketen steigen. Endlich, abends um 10 Uhr, kehrt die Hilfsmannschaft völlig erschöpft zurück. Von den Verschollenen hat sie nichts gesehen und gehört. Am nächsten Tag läßt Parry auf dem höchsten Berge der Umgegend eine Stange mit einer riesigen Flagge aufrichten und Lebensmittel dort niederlegen, denn die Jäger sind leichtsinnigerweise nur mit einer Tagesration Proviant ausgerückt. Auch dieser Tag vergeht unter vergeblichem Suchen. Am dritten Morgen ziehen nach allen Seiten Suchabteilungen aus; sie stecken von Zeit zu Zeit Stangen in den Schnee mit daranhängenden Flaschen, als Wegweiser für sich selbst und um die Verirrten zu dem hier und da niedergelegten Proviant zu führen. Endlich kehrt eine Abteilung heim und bringt von den Verschollenen vier Mann, die sich kaum noch auf den Beinen halten können. Gehungert haben sie nicht, sie haben Schneehühner geschossen und roh verzehrt; aber sie sind drei volle Tage und Nächte umhergeirrt — Ausruhen wäre bei der Kälte sicherer Tod gewesen. Die sieben hatten die gestern errichtete Flagge tatsächlich gesehen; aber drei von ihnen behaupteten, das sei eine schon vor einiger Zeit weiter östlich gehißte Flagge, und waren nach der entgegengesetzten Seite gegangen. Nun wußte man wenigstens, wo sie zu suchen waren, und am selben Tag noch wurden auch die drei andern glücklich geborgen. Sie waren 91 Stunden unterwegs gewesen, die stete Bewegung hatte sie vor Frostschäden geschützt; sie brachten sogar Forellen mit, die sie in einem Süßwassersee gefunden hatten. Ihre Rettung durfte als ein Wunder erscheinen. „Im Gefühl demütiger Dankbarkeit gegen Gott für diese auffallende Gnade gaben wir der Landspitze westlich von den Schiffen (wo die große Flagge gehißt worden war) den Namen Kap Providence (Kap der Vorsehung)", schrieb Parry in sein Tagebuch, und seine nächste Sorge war, weithin am Lande Wegweiser anbringen zu lassen.

Ende April, als die Sonne wieder Tag und Nacht am Himmel stand, unternahm Parry mit seinem wissenschaftlichen Stab eine Forschungsreise von vier Wochen durch die bis dahin völlig unbekannte Melville-Insel. Zelte, Proviant und Brennholz wurden auf einem niedrigen Wagen von den Matrosen mit unsäglichen Mühen über Schneefelder und Felsen, durch Flußbetten und Wasserfälle gezogen. Es war die erste Forschungsreise von einem überwinternden Schiff aus, und ihre Erfahrungen kamen allen späteren ähnlichen Expeditionen zugute. Die gesamten wissenschaftlichen Ergebnisse der Parryschen Expedition, seine Feststellungen über die Schwankungen der Magnetnadel, über Temperaturen, Eisdicke, Nordlicht usw. sind ebenfalls grundlegend für die spätere Polarforschung gewesen.

Während Parrys Abwesenheit machte die zurückgebliebene Mannschaft die Schiffe wieder segelfertig. Aber erst Anfang August lockerte sich der Eisgürtel so weit, daß ein Kanal bis zur längst offenen Fahrstraße gesprengt werden konnte. Nochmals steuerte nun Parry nach Westen; die Durchfahrt nach der Bering-Straße sollte den Abschluß seines Eroberungszuges bilden. Aber diesmal war ihm das Glück nicht hold. Er kam nur eben über den 113. Längengrad hinaus, sichtete noch einmal im Süden das unbekannte Banks-Land, mußte dann aber umkehren. Das Eis erwies sich in diesem Jahr als undurchdringlich, und mit seinen zusammengeschmolzenen Vorräten einem zweiten Winter zu trotzen, erlaubte seine Gewissenhaftigkeit nicht. Auf der Rückfahrt entdeckte er noch im Süden der Barrow-Straße Nord-Somerset-Land, das er nach seiner Heimat

Somerset benannte, und, von günstigem Wind beflügelt, war er schon nach sechs Tagen am Ausgang des Lancaster-Sundes. Von da ging es an der Westküste der Baffin-Bai südwärts, und Ende Oktober 1820 trafen die beiden glückhaften Schiffe wieder in England ein Parry galt, und mit Recht, seitdem als unumstrittene Autorität in allen Polarfragen, und sein Ruhm wurde auch dadurch nicht gemindert, daß er in den folgenden Jahren noch drei Fahrten unternahm, die an Erfolg weit hinter der ersten zurückstanden.

Als Parry 1820 unter dem Jubel seiner Landsleute heimkehrte, fand er von seinem Freunde Franklin keinerlei Nachricht vor. Noch anderthalb Jahre dauerte es, bis die Frage nach seinem Schicksal von dem verschollen Geglaubten selbst beantwortet wurde.

John Franklin unter den nördlichsten Indianern

Gleichzeitig mit Parry hatte Franklin England verlassen; er fuhr durch die Hudson-Straße in die Hudson-Bai und gelangte an deren Westufer zur Yorkfaktorei, dem Hauptsitz der Hudson-Bai-Handelsgesellschaft, die in heftigem Wettkampf mit der Nordwestkompanie an allen geeigneten Punkten des verwickelten Fluß- und Seensystems Forts und Warenniederlagen gegründet hatte. Von diesen Niederlassungen aus durchstreiften abenteuernde Händler das Land, um bei den armen Indianern kostbare Felle aufzukaufen. Zahlungsmittel war hauptsächlich minderwertiger Branntwein, und diese Segnung europäischer Kultur wütete furchtbar unter den hemmungslosen Naturvölkern; der Reiz des „Feuerwassers" brachte sie gänzlich in die Gewalt ihrer gewissenlosen Ausbeuter. Schnaps war Bargeld, wurde auch vorschußweise, auf Abzahlung geliefert. Kein Wunder, daß die englischen Niederlagen mit ihren begehrten Schnapsschätzen alle räuberischen Instinkte wachriefen und wie Festungen ausgebaut werden mußten.

Von der Yorkfaktorei nordwärts führte damals eine einzige Straße, die Wasserstraße durch vier Flüsse und acht Seen. Die

Flüsse schossen in Katarakten zu Tal oder sammelten sich tosend in engen Felsschluchten; hier mußten Kähne und Gepäck über Land vorwärts geschafft werden. Von einem Flußgebiet ins andere führte der Weg oft durch tückische Sümpfe. So war die Reise, die Franklin mit seinen Begleitern am 19. September 1819 antrat, vom ersten Tage an eine überaus mühsame. Die Expedition bestand aus fünf Weißen — Franklin, dem Arzt Dr. Richardson, den Leutnants Back und Hood, dem englischen Matrosen John Hepburn — und aus 16 kanadischen Schiffern und Handelsdienern, französischen Mestizen. Bedeutende Nahrungsmittelvorräte mitzuschleppen, verbot die Schwierigkeit des Geländes. Die Expedition mußte von der Jagd leben, war aber dabei, mangels eigener Erfahrung, durchaus auf die Unterstützung der Indianer angewiesen, brauchte also vor allem Munition und, als Tauschware, Tabak und Branntwein. Aber auch davon nahm sie nur geringe Vorräte mit, da sich Franklin bei der Versicherung der Kaufleute beruhigt hatte: davon sei in den nördlicheren Niederlassungen mehr als genug zu finden. Das erwies sich nur zu bald als ein furchtbarer, nicht wieder gut zu machender Irrtum — ja als eine bewußte Irreführung, deren Triebfeder in der rücksichtslosen Konkurrenz der beiden Handelsgesellschaften zu suchen war, denen es zur Erreichung ihrer eigennützigen Zwecke auf ein Dutzend Menschenleben nicht ankam. Allerdings hätte auch Franklin das Schicksal seiner Expedition nicht von dem Wohlwollen der durch Trunk demoralisierten Indianer abhängig machen dürfen. Aber er war kein Mann sorgfältiger Überlegung, sondern ein tollkühner Draufgänger; hätte er Parrys Expedition befehligt, so wäre wohl von dessen beiden Schiffen kein Mann nach Hause gekommen.

Bis zum Moosetierinsel-Fort am Großen Sklavensee zeigte sich das Land nur dünn besiedelt von Cric- und Chippeway-Indianern. Hin und wieder traf man an den Trageplätzen, wo Boot und Gepäck über Land geschafft werden mußten, auf ihre Zelte. Franklin und seine Offiziere legten dann ihre prächtigste Uniform und ihre blitzenden Orden an; ein Kanadier mit einem Fäßchen Branntwein machte den Herold, dann ging im

John Franklin unter den nördlichsten Indianern 75

Zelt des Häuptlings die Friedenspfeife feierlich von Mund zu Mund. Dabei erkundigte sich Seine Hoheit so nebenher, ohne Neugier zu verraten, auch nach dem Zweck der Reise und sprach seine Billigung oder Mißbilligung aus. Schließlich ging es an Kauf und Tausch. Franklin war vor allem darauf bedacht, große Mengen Pemmikan zu sammeln. Büffelfleisch wird in Streifen geschnitten, an der Sonne gedörrt, zu Pulver zermahlen und mit Fett vermischt. Dieses Fleischmehl ist eine Erfindung der Indianer; es wiegt leicht, verdirbt nicht und begleitet sie, in Säckchen verpackt, auf ihren weiten Jagdzügen. Seit Franklins Bekanntschaft mit diesem indianischen Artikel ist Pemmikan der unentbehrlichste Proviant auf allen Polarexpeditionen.

Ende Juli 1820 erreichte die Expedition Fort Providence am Großen Sklavensee, eine Niederlassung der Nordwestkompanie, deren Kommis Friedrich Wentzel es übernommen hatte, für Franklins Verproviantierung zu sorgen und seine Verbindung mit dem Indianerstamm herzustellen, der ihn auf seinem weitern Weg nach Norden bis zur Grenze der Eskimos begleiten und ihm Hilfskräfte, vor allem Jäger, stellen sollte. Gut getroffen hatte es Franklin gerade nicht. Unter den Eingeborenen herrschten schon seit Monaten Masern und Keuchhusten, viele Kinder waren der Seuche zum Opfer gefallen, und da die Indianer, ebenso wie die Eskimos, mit abgöttischer Liebe an ihren Kindern hängen, nahm das Klagen und Jammern kein Ende und drohte, sich zu einer wirtschaftlichen Katastrophe auszuwachsen: in ihrer Verzweiflung verbrannten die Hausväter ihr kärgliches Besitztum, sogar ihre Waffen, um die bösen Geister zu versöhnen; die Jagd wurde vernachlässigt, kaum der Hunger konnte sie ihrer untätigen Lethargie entreißen. Die Verwalter der Handelsstationen selbst sahen daher dem Winter mit großer Sorge entgegen, ihre eigenen Vorräte gingen zur Neige, und wenn die richtige Zeit der Jagd versäumt wurde, waren die Folgen nicht abzusehen.

Fort Providence lag im Bereich der Kupferindianer, eines stolzen und kriegerischen Stammes, der mit seinen Nachbarn, den Stein- und Hundsrippenindianern, und mit den Eskimos im Norden in dauernder Fehde lag und auch von den englischen Kaufleuten mit Vorsicht behandelt sein wollte. Der Kommis der Nordwestkompanie, Wentzel, kannte sie seit 20 Jahren, beherrschte ihre Sprache und war mit ihren Gewohnheiten vertraut Der mächtigste Häuptling der Kupferindianer, Akaitcho (Großfuß), war durch ihn schon auf das Erscheinen der Franklinschen Expedition vorbereitet; er hatte sich seit kurzem am Großen Sklavensee in der Nähe des Forts Providence mit seinem Stamm niedergelassen, um zu fischen, und die Ankunft der Weißen wurde ihm gleich am ersten Abend durch ein Feuer auf dem Gipfel des nächsten Berges gemeldet; alsbald kam ein Bote mit der Nachricht, der Häuptling werde am nächsten Morgen zum Besuch der weißen Gäste auf dem Fort eintreffen. Die üblichen Geschenke an Tabak, Branntwein usw. nahm der Bote gleich mit.

Am Morgen wurden im Fort die Fahnen gehißt, die Offiziere erschienen in Paradeuniform, und alles sah mit großer Spannung dem Eintreffen des Indianerhäuptlings entgegen, ohne dessen Zustimmung und tatkräftige Hilfe der beabsichtigte Vorstoß vom Großen Sklavensee nach Norden bis zur Küste des Polarmeers ganz ausgeschlossen war „Am 30. Juli 1820", so berichtet Franklin selbst, „sahen wir bald nach Mittag mehrere Kanus der Indianer in gerader Linie auf uns zusteuern; im vordersten, das von zwei Männern gerudert wurde, saß der Häuptling. Als er beim Fort landete, setzte er eine höchst wichtige Miene auf und ging mit abgemessenen und würdevollen Schritten auf Herrn Wentzel zu. Er sah weder rechts noch links auf die Personen, die zu seiner Begrüßung ans Ufer gekommen waren, und behielt dieses stolze Wesen bei, bis er die Empfangshalle betrat und den Offizieren vorgestellt wurde. Die Friedenspfeife wurde angezündet, Branntwein und Wasser kredenzt, und Akaitcho reichte das Glas jedem seiner Begleiter, die sich auf dem Fußboden niedergelassen hatten. Dann begann er zu sprechen. Er entwickelte die Gründe, die ihn zu dem Entschluß bewogen hätten, die Expedition zu begleiten: er freue sich, so große Häuptlinge in seinem Lande zu sehen; sein Volk sei arm, aber ein Freund der weißen Männer, die ihm soviel Wohltaten erwiesen, und er hoffe, daß unser Besuch ihm viel des Guten

John Franklin unter den nördlichsten Indianern 77

bringen werde. Ein Gerücht, das uns vorausgeeilt, habe ihm zwar viel Kummer gemacht: es habe geheißen, ein großer Medizinmann begleite uns, der Tote aufwecken könne; er habe sich daher schon im voraus darauf gefreut, seine verstorbenen Verwandten wiederzusehen; seit seiner ersten Unterhaltung mit Herrn Wentzel sei diese Hoffnung allerdings geschwunden, und nun sei ihm zumute, als wären ihm seine Freunde zum zweitenmal entrissen worden. Nun wünsche er nur, genau zu erfahren, was es eigentlich mit unserer Expedition für eine Bewandtnis habe. Ich richtete meine Antwort so ein, daß seine Bereitwilligkeit, uns zu helfen, möglichst gesteigert wurde. Ich sagte ihm also, wir seien Sendboten des größten Häuptlings der Welt, der auch über die Handelsgesellschaften hier im Lande zu gebieten habe. Unser Häuptling habe erfahren, daß seine Kinder im Norden großen Mangel an Kaufmannsgütern litten, und uns abgesendet, um einen kürzern und weniger schwierigen Transportweg zu Wasser ausfindig zu machen; glücke das, dann könne man beliebig große Warenmengen in Schiffen heranbringen. Wir selbst hätten nicht die Absicht, Handel zu treiben, sondern nur Entdeckungen zu machen, zum Besten der Indianer und aller übrigen Völker. Zugleich wollten wir die hiesigen Landesprodukte kennenlernen und uns mit den Einwohnern vertraut machen. Schließlich wünsche unser großer Häuptling, den Feindseligkeiten hierzulande, besonders zwischen den Indianern und den Eskimos, ein Ende zu machen, denn die Eskimos seien ebenso seine Kinder wie die andern Eingeborenen. Wenn sich Akaitcho von der Expedition Vorteile verspreche, so werde er all dieser Vorteile verlustig gehen, wenn zwischen seinen Leuten und den Eskimos die geringsten Feindseligkeiten vorfielen. Einstweilen werde er nur einen Teil der ihm zugedachten Geschenke erhalten, da wir nicht einmal soviel Gepäck mitführten, als wir selbst brauchten. Bei unserer Rückkehr aber würden er und seine Leute Tuch, Munition, Tabak und Eisengerät erhalten; auch würden ihre Schulden bei der Nordwestkompanie getilgt werden.

Akaitcho erneuerte darauf seine Versicherung, daß er uns mit seinen Leuten bis ans Ende der Reise begleiten und alles aufbieten werde, uns mit Lebensmitteln zu versorgen. Seine Nation stehe allerdings mit den Eskimos in Fehde, sei aber jetzt durchaus friedfertig, und keiner unserer Reisebegleiter dürfe sich irgendwelche Feindseligkeiten gegen die Eskimos zuschulden kommen lassen. Er müsse aber vor der Falschheit dieses Volkes warnen. Was dann er und seine Leute über den Weg nach dem Kupferminenfluß und dessen Lauf bis zum Polarmeer berichteten, stimmte im wesentlichen mit den Mitteilungen früherer Reisenden überein. Aber keiner der Indianer war östlich von der Mündung des Flusses weiter als drei Tagereisen längs der Küste gewesen. Mit Holzkohle zeichneten sie auf den Fußboden eine Karte, die eine nach Norden sich hinziehende Kette von 25 kleinen Seen aufwies; etwa die Hälfte davon war verbunden durch einen Fluß, der bei Fort Providence in den Großen Sklavensee strömt. Etwa drei Tagereisen südlich von dem Flusse zeichneten sie einen andern See, dessen Ufer der beste Standort des nächsten Winterquartiers sei, weil die Renntiere im Herbst und Frühling dort vorbeiwechselten. Er sei fischreich, und Bau- und Brennholz finde sich dort genug. Die Reise bis dahin dauere etwa 20 Tage, falls die Fahrt in unsern großen Kanus glatt vonstatten gehe.

Zum Dank für die empfangene Auskunft hing ich dem Häuptling eine Medaille um, die ich am Morgen angelegt hatte, und meine Offiziere überreichten die ihrigen dem Bruder Akaitchos und den beiden Führern seiner Leute. Diese Auszeichnung in Gegenwart der übrigen Begleiter entzückte sie sehr, doch vermieden sie ängstlich, ihre Freude an den Tag zu legen, denn solche Offenheit in einer Versammlung gilt bei den Indianern als unfair.

Während der Unterredung zeigte der Häuptling soviel Klugheit und Scharfsinn, daß wir keine geringe Meinung von seinem Verstande bekamen. Von Parrys Polarreise hatte er gehört und erkundigte sich danach: warum die Durchfahrt, wenn sie existiere, nicht schon lange entdeckt sei?

Wir schenkten dem Häuptling, den beiden Führern und den sieben Jägern, die sich zu unserer Begleitung verpflichtet hatten, etwas Tuch, Leinwand, Tabak, Messer, Dolche und andere Eisenartikel; außerdem erhielt jeder eine Flinte."

John Franklin unter den nördlichsten Indianern 79

Zwei Tage später fuhren die Indianer ab, um an der Mündung des Gelben Messerflusses die Expedition zu erwarten. Am 2. August machte sich Franklin mit vier Kanus auf den Weg. Die Gesellschaft zählte jetzt 28 Köpfe: außer dem Kommis Wentzel waren zwei Dolmetscher hinzugekommen und noch ein Diener; drei Männer führten ihre Frauen mit, die im Winterquartier für Kleider und Schuhe sorgen sollten.

An der verabredeten Stelle fanden sie am folgenden Tag Akaitcho mit seinen Indianern, und 17 seiner Kanus begleiteten die Expedition auf der Fahrt nach Norden durch das Gewirr von Seen und Flußwindungen. Anfangs spielte Akaitcho den Vornehmen: er ließ sein Kanu von einem Sklaven rudern, einem jungen Hundsrippenindianer, den er auf einem Kriegszuge geraubt hatte. Sobald er sich aber unbeobachtet glaubte, legte er sich selbst ins Ruder, und nach ein paar Tagen schämte er sich nicht mehr, diese Arbeit im Beisein der Fremden zu verrichten; er schleppte sogar selbst sein Kanu über die Tragplätze. Einige Kanus wurden von Weibern gerudert, deren Gesellschaft sehr lästig war; denn sie lagen sich oft in den Haaren, dann gab es endloses Jammergeschrei, das auch dann nicht verstummte, wenn der Herr Gemahl mit dem Ruder dazwischenschlug.

Schon am 20. August erreichte die Expedition den kleinen See, an dem nach dem Vorschlag des Häuptlings das Winterquartier aufgeschlagen werden sollte, und Franklin fand alles so, wie es die Indianer geschildert hatten. Nur die versprochenen Lebensmittel waren nicht zur Stelle, und jetzt begann Akaitcho Ausflüchte zu machen: die Weiterreise sei unmöglich, das kalte Wetter, das fallende Laub, das Vorüberstreichen der Gänse deute auf baldigen Winter; elf Tagereisen weit finde sich kein Brennholz mehr; im Kupferminenfluß würden die Kanus bald einfrieren, Lebensmittel seien da oben im Norden nicht zu beschaffen, da die Renntiere den Fluß schon verlassen hätten. Es kam zu heftigen Auseinandersetzungen, die mit Akaitchos Erklärung schlossen: „Gut, ich habe alle Gründe aufgeboten, Euch von dieser Reise abzuhalten; aber Ihr scheint entschlossen, Euer und der Indianer Leben aufzuopfern. Wollt Ihr durchaus gehen, so sollen einige meiner jungen Leute Euch begleiten;

aber von dem Augenblick an, in dem sie ihr Kanu besteigen, werden ich und meine Verwandten sie als Verstorbene betrauern." Da ein weiteres Zugeständnis nicht zu erreichen war, Akaitcho vielmehr mit seiner sofortigen Abreise drohte, mußte Franklin seine Hoffnung, noch in diesem Jahr den Kupferminenfluß hinabzufahren oder gar das Meer zu erreichen, aufgeben. Die Hauptsorge war jetzt, Blockhäuser zu bauen und Vorräte zu beschaffen. Das Winterquartier konnte schon Anfang Oktober bezogen werden, es erhielt den Namen Fort Entreprise, und die Jagd auf Renntiere brachte reiche Beute, denn um diese Zeit hat sich das Wild von der Meeresküste zurückgezogen und weidet auf den kahleren Landstrichen, ehe es für den Winter in den südlicheren Wäldern Schutz sucht. Das Renntier ist wenig intelligent und leicht zu beschleichen; die Indianer verkleiden sich durch ein übergeworfenes Fell als Renntier, und erst wenn der Schuß fällt, merkt die Herde, wer mitten unter ihnen ist; dabei sind die Tiere neugierig und rennen dem Jäger, der sie durch etwas Weißes oder durch täuschende Bewegungen anzulocken weiß, oft geradezu in die Arme. Bei dieser Jagd beteiligten sich die Indianer eifrig, und das gute Einvernehmen mit Akaitcho schien wiederhergestellt. Er kam ab und zu und sandte Fleischvorräte, verfehlte aber auch nicht, sich auf Wochen mit seinem ganzen Stamm in Fort Entreprise einzuquartieren und es sich bei vollen Fleischtöpfen wohl sein zu lassen. Der Indianer arbeitet nur, wenn er muß; statt, wie sonst um diese Zeit, auf Fischfang und Schlingenjagd auszugehen, lagen Akaitcho und seine Bande bei den gastfreien Weißen auf der faulen Haut, und wenn Franklin, der es mit dem Häuptling nicht ganz verderben durfte, eine zarte Andeutung dieser Art machte, erhielt er die höhnische Antwort: man wolle ja gern auf Jagd gehen, Franklin solle ihnen nur gleich die nötige Munition liefern. Sie wußten ganz genau, daß hier der wunde Punkt des ganzen Unternehmens lag: schon im Oktober hatte Franklin fast seine ganze Munition verausgabt! Die Zukunft der Expedition, ja das Leben aller Teilnehmer hing also von dem rechtzeitigen Eintreffen des Nachschubs ab, der ihnen von Fort Providence und der Yorkfaktorei versprochen war.

Im Kanu durch das Polarmeer

Franklin und seine Leute hatten den Winter in Fort Entreprise ohne Unfall überstanden. Franklin selbst hatte noch im September eine kurze Erkundungsreise bis zum Ufer des Kupferminenflusses gemacht, da wo er sich zum Spitzensee erweitert, und zu seiner Beruhigung feststellen können, daß vereinzeltes Kiefernholz dort noch zu finden war. An Brennholz war demnach bis hier oben kein Mangel. Auch sonst waren alle Vorbereitungen für die Sommerreise getroffen. Zwei Dolmetscher für den Verkehr mit den Eskimos waren angelangt. Die von den Indianern versprochenen Vorräte an getrocknetem Fleisch und Pemmikan aber waren noch immer sehr kümmerlich, und die Zufuhr an Lebensmitteln und vor allem an Munition aus Fort Providence blieb auch hinter den bescheidensten Erwartungen zurück. Dem schlauen Akaitcho blieb das nicht verborgen, und er benutzte die furchtbare Verlegenheit Franklins nur dazu, seine Forderungen ins Ungemessene zu steigern. Er hatte die Weißen in der Hand, sie waren von ihresgleichen im Stich gelassen worden; von der Yorkfaktorei waren Redensarten zu ihm gedrungen, als seien Franklin und seine Leute arme Landstreicher, für deren Schulden niemand aufkomme, am wenigsten der europäische Häuptling, als dessen Sendlinge sie sich ausgäben. Keine Handreichung also, ohne vorher bezahlt zu werden! Und Franklin konnte ihm, wenn er sich auf den Standpunkt des Händlers stellte, nicht einmal unrecht geben. Eine seiner Zahlungsanweisungen für Akaitcho war in der Yorkfaktorei zurückgewiesen worden, und der verschlagene Häuptling, der die immer wieder aufgenommenen Unterhandlungen über seine weitere Beteiligung an der Expedition mit der überlegenen List eines geborenen Diplomaten zu führen wußte, durchschaute die Situation vielleicht klarer als Franklin selbst, wenn er dem Engländer erklärte: „Da so unbedeutende Rechnungen zurückgewiesen werden, während Ihr noch so nahe bei Fort Providence seid, ja mit dessen Leuten noch in Verbindung steht, ist es mehr als unwahrscheinlich, daß die große Belohnung, die Ihr mir und meinen Jägern versprochen habt, jemals eintrifft, wenn Ihr fern und auf der Rückreise nach Euerm Vaterland seid. Eure beiden Handelsgesellschaften scheinen Euch für eine unbequeme dritte Konkurrenz zu halten, und keine wird bezahlen wollen, was Ihr uns später schuldig seid."

An diese und ähnliche Erklärungen, die nicht zu widerlegen waren, schlossen sich dann endlose Klagen über respektlose Behandlung, über den geringen Alkoholgehalt des ihm überschickten Rums, über Mangel an Kleidung usw., und es wäre zum völligen Bruch gekommen, wenn nicht Akaitchos Bruder sein eigenes Interesse verfolgt und sich nachgiebiger gezeigt hätte. Das machte schließlich auch den hartnäckigen Häuptling gefügig, und als er gar hörte, daß der „Medizinmann" Dr. Richardson die erste Abteilung zum Kupferminenfluß führen sollte, ließ er sich nicht länger mehr zum Aufbruch nötigen, denn bei Richardson und seiner Apotheke waren Akaitcho und seine Leute die besten Kunden gewesen. An steten neuen Erpressungsversuchen ließ er es aber auch jetzt nicht fehlen, die ihm übergebene Munition behielt er für sich und kam mit leeren Händen von der Jagd, so daß Franklin nun endlich weitere Munition nur noch gegen entsprechende Fleischlieferung verabfolgen ließ, was er von vornherein hätte tun sollen.

Am 14. Juni 1821 war endlich auch die letzte Abteilung der Expedition auf dem Marsch zum Spitzensee. Die beiden Kanus, die für die Flußfahrt und die geplante Küstenreise genügen sollten, wurden auf Schlitten über das Eis der Seen gezogen, und am 2. Juli schwamm die Expedition zum erstenmal auf den Wellen des Kupferminenflusses, zwischen Treibeis und über Stromschnellen hinweg, dem Sommer und dem Meer entgegen. Am 14. schon sichtete Dr. Richardson von einem Berge aus das Meer. Das Ziel schien also trotz aller Hindernisse erreicht. An Jagdbeute war bisher nicht gerade Mangel gewesen, Renntiere, Bisamochsen, Gänse waren erlegt worden; sogar Bären wurden in gefährlichem Nahkampf zur Strecke gebracht, und wären Akaitchos Jäger nicht so faul und fahrlässig gewesen, dann hätte sich noch Proviant erübrigen lassen.

Am 18. Juli entließ Franklin seine indianischen Begleiter; sie hatten ihre Pflicht nur schlecht erfüllt, der Zwistigkeiten mit ihnen, der Erpressungsversuche Akaitchos, war kein Ende gewesen; sie waren widerspenstig und fehlten, wenn man sie dringend brauchte, fielen aber lästig, wenn ihre Anwesenheit unerwünscht war. Als Franklin von Stunde zu Stunde damit rechnen durfte, Eskimos zu treffen, wollten sie, angeblich aus Furcht, nicht zurückbleiben, obwohl ihr Anblick die Eskimos sofort verscheucht und jedes Zutrauen zu den Weißen von vornherein untergraben hätte. Wahrscheinlich war diese Aufdringlichkeit der Indianer der Grund, daß man bis auf ein paar alte Leute, die sich nicht vom Fleck bewegen konnten, überhaupt keine Eskimos zu Gesicht bekam, obgleich allenthalben Spuren ihren Aufenthalt hier verrieten. Das bedeutete für Franklin eine neue bittere Enttäuschung, denn, ebenso wie bisher auf die Hilfe der Indianer, hatte er weiterhin auf die der Eskimos gerechnet. Aber Tag für Tag schaute man nach ihnen aus, und um sie nur ja nicht zu verscheuchen, setzte der Arzt der Expedition einmal sein Leben aufs Spiel. Als Dr. Richardson eines Abends die Wache hatte und von einem Felsvorsprung aus die in Dämmerung versinkende Landschaft unter sich beobachtete, hörte er plötzlich hinter sich ein verworrenes Geräusch. Er dreht sich um und sieht sich von neun weißen Wölfen eingekreist, die langsam auf ihn zukommen. Sie hatten vielleicht nie einen Menschen gesehen und glaubten ein Renntier zu hetzen, wie sie das gewohnt waren; stürzte es sich in der Angst vom Felsen hinunter und blieb verletzt unten liegen, dann wurde es eine leichte Beute der Verfolger. Zu schießen wagt Richardson nicht, denn er vermutet Eskimos in nächster Nähe. Er geht also auf die Bestien zu, diese bleiben stehen, glotzen ihn verdutzt an und lassen ihn ungehindert passieren, ohne ihm auch nur zu den Zelten zu folgen.

Am 19. kehrte auch der Vertreter der Nordwestkompanie nebst vier kanadischen Dienern zurück. Ihm und den Indianern war auf die Seele gebunden worden, an bestimmten Stellen Proviant niederzulegen und besonders Fort Entreprise mit Vorräten zu versehen, denn das sah Franklin voraus: gelang es der Expedition überhaupt, das Fort wieder zu erreichen, dann kamen sie mindestens halbverhungert dort an. Versprochen hatten Wentzel und die Indianer alles — wenn Akaitcho wenigstens dies Versprechen hielt, mochten ihm alle andern Sünden vergeben sein.

Am 21. Juli begann nun Franklin seine Entdeckungsreise längs der Küste des Polarmeers in zwei gebrechlichen Kanus aus Baumrinde — eine beispiellos kühne Fahrt ins Unbekannte. Die Expedition zählte jetzt nur noch 20 Köpfe. An Munition hatten sie 1000 Kugeln und nicht viel mehr Pulverladungen. Die Kanadier waren ungeschickte Jäger, selbst die beiden Eskimodolmetscher kehrten oft ohne jede Beute von der Jagd auf den Inseln und an der Küste zurück, und als das Festland sich abflachte, wurde das Beschleichen des Wildes von Tag zu Tag schwieriger und ergebnisloser. Meist war es mageres Jungvieh, was den Jägern in die Hände fiel; ab und zu auch ein Bär, den die Kanadier aber nicht essen wollten, wenn er mager war; sie hielten ihn dann für krank. Seehunde fehlten ganz, nur ein einziger wurde erbeutet, und der war blind. Am 29. Juli stellte Franklin fest, daß nur noch für acht Tage Lebensmittel vorhanden waren; am 9. August zählte er noch zwei Säcke Pemmikan und eine Mahlzeit trocknes Fleisch; von diesen Vorräten war durch die Feuchtigkeit vieles verdorben, weil das Fleisch nicht an der Sonne, sondern am Feuer getrocknet worden war. Am 15. August war nur noch für drei Tage Pemmikan da, und jeder Mann erhielt täglich nur eine Handvoll. Spuren der Eskimos waren überall zu finden: Feuerstellen, Winterschlitten, Niederlagen von gegerbten Fellen, Fuchsfallen, steinerne Küchengeräte, sogar aus Knochen zierlich gearbeitetes Spielzeug; Franklin legte dann Kupferkessel, Pfriemen, Glasperlen und andere Lockartikel dazu. Aber kein einziger Eingeborener kam ihm zu Gesicht, der ihm die so notwendige Auskunft über den Wildbestand und über die Küstenformation hätte geben können. Die beiden Kanus arbeiteten sich mit Ruder und Segel zwischen Festland und den vorgelagerten zahlreichen Inseln langsam nach Osten vorwärts, täglich der Gefahr ausgesetzt, von dem Treibeis zermalmt zu werden; waren Wind und Eis ungünstig, dann blieb nichts übrig, als im Zelt am Strande zu liegen, die Leute mit Ausbessern der Kanus zu beschäftigen oder sie, meist vergeblich, auf Jagd zu schicken. Daß die Rindenboote überhaupt den Kampf mit den Meereswellen und dem Treibeis aushielten, war wohl nur der Mattheit der Strömung zu verdanken; Franklin beobachtete hin und wieder eine von Osten kommende Strömung, und die Wirkung von Ebbe und Flut machte sich, wenn auch unregelmäßig, doch vielfach bemerkbar. Das bestärkte ihn in seiner Annahme, daß es eine Meeresstraße geben müsse, die nach Osten durch die Repulse-Bai, den nördlichsten Ausläufer der Hudson-Bai, führe und schiffbar sei, also die langgesuchte Durchfahrt zum Polarmeer von der Hudson-Bai aus darstelle. Die Entfernung bis dahin betrug etwa 900 Kilometer, und solch eine gewaltige Strecke legte auch Franklin mit seinen beiden Nußschalen tatsächlich zurück. Aber da das Land nach Osten hin so flach wurde, daß es vom Kanu aus gar nicht zu übersehen war, mußte er jeder Einbuchtung der Küste folgen, da jede die gesuchte Wasserstraße sein konnte. So geriet er hinter Kap Barrow in ein Meeresbecken, das sich weit nach Südosten hinzog, aber sich als eine Sackgasse erwies, aus der er in ebenso langer mühseliger Fahrt wieder herauszukommen suchen mußte, um wieder das offene Meer zu erreichen, das für die Kanadier ein völlig neuer Anblick war. So erforschte er zwar diese Küste der Coronation-Bucht, wie er sie benannte, sehr genau, und das ist sein bleibendes Verdienst, aber das Ergebnis dieses tollkühnen Unternehmens und einer übermenschlichen Anstrengung war doch nur gering: er war nur $6^{1}/_{2}$ Grad nach Osten vorgedrungen. Von Parrys Schiffen hatte er natürlich nichts gesehen, denn dieser war ja schon im Oktober vorigen Jahres heimgekehrt. Nachdem sich Franklin auf einer kurzen Fußreise noch vergewissert hatte, daß die Meeresküste sich weiter östlich hinzog, beschloß er zurückzukehren. Der Zustand der Kanus, der Mangel an Lebensmitteln und Brennholz und die Unzufriedenheit seiner Leute machten die Weiterfahrt unmöglich. Kap Turnagain (Umkehrkap) war die Endstation.

Aber wie nun zurück? Noch einmal denselben Weg? Wenn es auch gelang, die Mündung des Kupferminenflusses wieder zu erreichen — der Marsch flußaufwärts mit den Kanus, ohne fremde Hilfe, ohne Lebensmittel in einer keineswegs wildreichen Gegend war der sichere Tod für alle. In die Coronation-Bucht aber mündete ein anderer Fluß, dem Franklin den Namen des Leutnants Hood beigelegt hatte; der Hood-Fluß kam aus dem Rumsee, nicht weit mehr vom Spitzensee. Dieser Weg mußte der weitaus kürzere sein, die dritte Seite des von der Expedition gezogenen Dreiecks. Wenn es überhaupt eine Möglichkeit der Rückkehr gab, dann mußte sie auf dieser kurzen Strecke versucht werden.

Am 23. August segelten also die schon bedenklich lecken Kanus quer über die Bucht nach Südwesten. Die Wellen gingen so hoch, daß man von dem einen Boot nicht die Mastspitze des andern sah. Aber der Wind war ihr Bundesgenosse, und am 26. August erreichten sie glücklich die Mündung des Hood-Flusses. Hier wurden die Kanus ans Land gezogen und daraus zwei kleinere gebaut, die leichter fortzuschaffen, aber doch unentbehrlich waren zum Übersetzen über Flußarme, die den Weg nach dem Spitzensee kreuzten. Am 31. August war alles fertig zum Aufbruch. Die Kanadier, die vordem nie ein Meer befahren und sich, das mußte Franklin anerkennen, trotzdem wacker gehalten hatten, waren fast in übermütiger Stimmung und überboten einander in drastischer Schilderung der überstandenen Abenteuer. Als sie wieder festen Boden unter den Füßen hatten, glaubten sie sich geborgen. Daß der gefährlichste Teil der Reise noch vor ihnen lag, das kam ihnen gar nicht in den Sinn.

Die Schrecken eines Rückmarsches

Der Rückmarsch Franklins und seiner Gefährten ist eine der schrecklichsten Episoden in der Geschichte der Polarforschung.

Die kärglichen Mahlzeiten der letzten Wochen hatten die Kräfte der Mannschaft aufgerieben. Unter der schweren Last des Gepäcks brachen sie bald völlig zusammen. Jeder hatte an 100 Pfund zu schleppen; zwei trugen die beiden Kanus, die

Die Schrecken eines Rückmarsches

Offiziere ihr Gepäck selbst. Als hätte sich alles gegen sie verschworen, setzte nun der Winter ein mit Regen, Schnee und Kälte. Brennholz wurde immer spärlicher; oft mußten unter dem Schnee Weidenzweige ausgegraben werden, um nur ein kümmerliches Feuer zu entfachen. Der Weg führte durch öde Steppe, dann wurde die Gegend bergig; Flußarme und Sümpfe verursachten Aufenthalt; die Überfahrt mit den kleinen Kanus, die nur je drei Mann faßten, dauerte endlos lange; wagte man sich über das junge Eis, so brachen die Leute ein. In Nebel, Sturm und Schneewehen glitten sie auf den vereisten Pfaden aus. Das größere Kanu ließ der Träger mit Absicht zerbrechen; seine Trümmer waren willkommenes Brennholz. Die Nässe und Kälte bei leerem Magen war nicht mehr auszuhalten. In wenig Tagen war die ganze Expedition wie in Auflösung begriffen, und hätten die Kanadier nur einigermaßen den Weg gekannt, sie würden sofort die Engländer verlassen und ihr Heil allein gesucht haben. Den Weg nach Fort Enterprise aber kannte Franklin selbst nicht, und keiner hatte geahnt, wie ungeheuer mühsam er sein würde. Schon am 6. September war die letzte Ration Pemmikan verteilt worden. Die Erträgnisse der Jagd wurden von Tag zu Tag kümmerlicher; die Leute konnten dem Wild nicht mehr folgen, kaum die Flinte noch heben. Tagelang gab es nichts als „Tripe de roche", eine Flechte, die sich glücklicherweise in Mengen unter dem Schnee fand; aber manche vertrugen diese Speise nicht. Die rasende Hungerqual überwand jeden Widerwillen: ein Aas, das sich in einer Felsspalte fand, mußte als Mahlzeit dienen, Tierskelette, die man unter dem Schnee herauswühlte, wurden zerschlagen und das verfaulte Mark aus dem Rückgrat gesogen, obgleich diese ekle Flüssigkeit Lippen und Gaumen zerfraß; Knochenhaufen, die Reste von Wolfsmahlzeiten, wurden verbrannt und zu Suppenmehl zerrieben, dazu geröstetes Leder von den Schuhen; lieber barfuß laufen, solange man überhaupt noch einen Fuß vor den andern setzen konnte! Das Gepäck blieb am Wege liegen; sogar das Fischnetz hatten die Träger fortgeworfen, die Schwimmhölzer verbrannt; kamen sie jetzt an ein Wasser, das von Fischen wimmelte, dann weinten sie vor Hunger angesichts des Überflusses. Am 22. September weigerten sich die Leute, das letzte Kanu weiter mitzuschleppen; nun mußten sie bis an die Hüften im eiskalten Wasser durch Fluß und Sumpf waten, Schlafsäcke, Zelt, Kochgerät auf Schultern und Kopf balancierend; dazu keine Möglichkeit, am hellen Feuer die steifgefrorenen Kleider zu trocknen und die erstarrten Glieder zu wärmen. Einer nach dem andern brach zusammen.

Am 4. Oktober sandte Franklin den Leutnant Back mit drei Kanadiern nach Fort Enterprise voraus, um die Nahrungsmittel zu holen, die Akaitcho und Wentzel zu beschaffen versprochen hatten, oder mit einem Indianertrupp zu Hilfe zu kommen. Tags darauf konnte Leutnant Hood nicht weiter; er flehte Franklin an, ihn zurückzulassen, nur sich und die andern zu retten. Dr. Richardson und sein Diener Hepburn blieben bei ihm; die übrigen taumelten weiter. Am nächsten Tag brachen wieder zwei zusammen; sie wollten sich zu Hoods Lager zurückschleppen; dort in der Nähe war ein Fichtenwäldchen, man konnte also wenigstens ein Feuer unterhalten, und Tripe de roche gab es dort genug. Ein dritter Kanadier, der Irokese Michel, folgte ihnen; er war bisher der widerstandsfähigste gewesen, Träger der Munition und tüchtiger Jäger. Franklin war über Michels Rückkehr froh; so erhielten Hood und Richardson einen immerhin noch leistungsfähigen Gehilfen.

Der Rest von fünf Mann schleppte sich weiter, durch die Steppe, über Berge, durch Fluß und Moor, am Rumsee vorüber — der Spitzensee konnte nicht mehr fern sein — in ein paar regelrechten Tagesmärschen wären sie am Ziel gewesen. Keine Hilfe kam ihnen entgegen. Hatte die Vorhut das Fort nicht erreicht? Oder lag sie dort ebenso hilflos, verhungernd und verzweifelnd wie die Nachzügler? Oder hatte sie nur den Weg verfehlt? Der Spitzensee war rechts liegengeblieben — über den Mardersee führte eine glatte Eisfläche geradenwegs auf das Fort zu. Der Mut der Leute hob sich bedeutend, als sie in schon bekannte Gegenden kamen. Endlich waren die Blockhäuser von Fort Enterprise in Sicht!

Aber alles blieb totenstill. Die Räume waren eiskalt und leer — nur eine Meldung von Leutnant Back lag da: „Keine Le-

bensmittel hier! Ich eile nach Fort Providence und suche die Indianer!" Weder Akaitcho noch Wentzel hatten ihre Versprechen gehalten. „Wir brachen sämtlich in Tränen aus," schreibt Franklin in seinem Tagebuch, „nicht sowohl über unser eignes Schicksal, als über das unserer zurückgebliebenen Gefährten, die nun eine sichere Beute des Todes waren, wenn wir ihnen keine Hilfe schicken konnten."
Als sich die Männer ein wenig von dem furchtbaren Schlag erholt hatten, regte sich wieder der Wille zum Leben. Flechtengemüse wurde gesammelt; man durchstöberte die Abfallhaufen vom vorigen Jahr; Knochen und Fellreste — alles was irgendwie noch einen Nährwert haben konnte, kam in den Kochtopf. Bäume zu fällen war keiner mehr imstande; die Bretterverschalung der Vorratsräume mußte als Brennholz dienen. Nach einigen Tage kam ein Bote des treuen Back: er hatte noch keine Spur von den Indianern gefunden! Der beste Schütze unter Franklins Schar versagte: die Renntiere grasten in der Nähe, er konnte das Gewehr nicht mehr in Schußlinie bringen. Franklin machte sich jetzt mit einem Diener auf, Akaitchos Lager zu suchen; einer seiner Schneeschuhe zerbrach, er mußte zum Fort zurück, um nicht in der Wildnis zu erfrieren. Weiter hungern — weiter warten — jede Stunde konnte die Erlösung bringen.

Am 26. Oktober klangen plötzlich Schritte vor der Türe. Wer da? Es waren Dr. Richardson und der Diener Hepburn. Und Hood und die drei andern? In der ersten Freude des Wiedersehens wagte Richardson gar nicht, auf diese Frage zu antworten. Nach und nach preßte er die grauenhafte Wahrheit hervor. Von den drei Mann, die zu Hoods Lager zurückgegangen, war nur einer angekommen, der Irokese Michel, rüstig und guter Dinge, einen Hasen und ein Rebhuhn im Rucksack, daher mit Jubel begrüßt. Er brachte ein Billett Franklins, das den dreien als Legitimation dienen sollte. Wo aber waren die zwei andern? Michel zuckte die Achseln. Wahrscheinlich verirrt und irgendwo liegengeblieben; er selbst sei fehlgegangen und habe die Nacht über im Freien kampieren müssen. Da er fror, gab ihm Richardson, zum Dank für sein rechtzeitiges Eintreffen, ein Hemd von seinem Leibe. Am nächsten Tag bat Michel um eine Axt und verschwand: er habe eine Flinte mit Munition zurückgelassen, die ihm einer der verschollenen Kameraden übergeben habe. Abends kehrte er zurück und brachte eine Tracht Fleisch: ein Viertel von einem Wolf, den Renntiere totgestoßen und den er gefunden habe. Niemand schöpfte Verdacht, Michel schien der Lebensretter aller.

Erst nach wenigen Tagen begann sein Benehmen aufzufallen. Er weigerte sich, Holz zu hacken; von der Jagd kam er frühzeitig und mit leeren Händen zurück, hielt sich abseits und gab freche Antworten. Er, der anstelligste und gehorsamste von allen Dienern, war plötzlich wie umgewandelt. Als Hood auf ihn einredete, geriet er in Wut und antwortete schließlich dem Leutnant: „Was soll das Jagen helfen, es gibt ja kein Wild. Ihr ständet Euch am besten, wenn Ihr mich umbrächtet und verzehrtet!"

„Anderntags", so berichtet nun Dr. Richardson selbst, „forderten wir Michel abermals auf, zur Jagd zu gehen. Er weigerte sich; unter dem Vorwand, er müsse sein Gewehr reinigen, schlenderte er um das Feuer herum. Nach der Morgenandacht ging ich Tripe de roche suchen. Hood saß vor dem Zelt am Feuer und machte Michel Vorstellungen. Hepburn war in der Nähe beschäftigt, einen Baum zu fällen. Ich war noch nicht weit entfernt, als ich einen Schuß fallen hörte, und etwa zehn Minuten später rief mir Hepburn mit aufgeregter Stimme zu, ich möge sogleich zurückkommen. Als ich anlangte, lag Hood leblos am Feuer, anscheinend mit einem Schuß in der Stirn, seine lange Flinte neben ihm. Sollte der Unglückliche aus Verzweiflung Selbstmord verübt haben? Der Gedanke durchzuckte mich wie ein Blitz. Aber Michels Benehmen brachte mich bald auf einen andern Verdacht: ich untersuchte den Toten — der Schuß war durch den Hinterkopf gedrungen, Mütze und Haar waren vom Feuer versengt, so dicht hatte die Gewehrmündung angelegen. Nur eine fremde Hand konnte den Schuß abgegeben haben. Als wir Michel über den Vorfall verhörten, erwiderte er, Hood habe ihn ins Zelt geschickt, eine kurze Flinte zu holen; unterdes sei die andere lange losgegangen; ob durch Zufall oder

Die Schrecken eines Rückmarsches

nicht — wie könne er das wissen! Während er mit mir sprach, hatte er das kurze Gewehr in der Hand. Hepburn sagte aus: ehe der Schuß fiel, hätten Hood und Michel zornig miteinander gesprochen; er selbst habe durch die davorstehenden Weiden Hood nicht beobachten können, aber nach dem Schuß Michel hinter Hoods Sitz aufspringen und ins Zelt gehen sehen. Er habe ohne Arg angenommen, die Flinte sei der Reinigung wegen abgeschossen worden; erst nach einer Weile habe ihm Michel zugerufen, Hood sei tot.

Obgleich ich mich hütete, gegen Michel einen Verdacht zu äußern, beteuerte dieser in einem fort seine Unschuld; die Angst aber stand ihm auf dem Gesicht geschrieben, und er wollte mich mit Hepburn durchaus nicht allein lassen; sagte Hepburn etwas, so fragte er gleich, ob der ihn etwa des Mordes beschuldige. So viel Englisch verstand er, daß wir in seiner Gegenwart nicht offen sprechen konnten. Wir brachten Hoods Leichnam in ein Weidengebüsch hinter dem Zelt, lasen zur Abendandacht einen Leichentext und brachten die Nacht im Zelt schlaflos zu — Michel sowohl wie wir — jeder auf seiner Hut.

Am nächsten Morgen wollten wir uns reisefertig machen. Von Hoods Büffelmantel sengten wir die Haare ab und bereiteten aus dem Leder eine Mahlzeit. Nachmittags schoß Michel mehrere Rebhühner und teilte sie mit uns. Düsteres Schneewetter und widriger Wind verzögerten unsern Marsch. Erst am 23. brachen wir auf und nahmen den Rest von Hoods Mantel geröstet mit.

Hepburn und Michel hatten jeder eine Flinte, ich eine kleine Pistole. Michels Benehmen auf dem Marsch wurde immer beunruhigender; er murmelte vor sich hin, zum Fort gehe er keinesfalls; wenn wir ihm in die Wälder folgten, werde er uns den ganzen Winter ernähren können. Der Ausdruck seines Gesichts war dabei so unheimlich, daß ich in ihn drang, er solle uns verlassen und allein gehen, wohin er wolle. Das machte ihn noch bösartiger. Am nächsten Tag, deutete er an, werde er sich von allem Zwang befreien; Hepburn habe ihn verleumdet, er werde sich rächen; und sein anmaßendes Benehmen gegen mich verriet nur zu deutlich: er glaubte uns ganz in seiner Gewalt zu haben. Er hasse alle Weißen, erklärte er gerade heraus; die Weißen — oder wie er sich ausdrückte, die Franzosen — hätten seinen Onkel und zwei seiner Verwandten getötet und verzehrt! Damit war klar: bei der ersten Gelegenheit, vielleicht schon in der nächsten Stunde, mußten wir die Opfer dieses Wilden werden! Er wollte nur erst den Weg zum Fort ermitteln, uns aber keinesfalls mit ihm zusammen dorthin kommen lassen. Uns gegen ihn zu wehren bei einem offenen Angriff, dazu waren Hepburn und ich zu kraftlos; er hatte obendrein außer seiner Flinte noch zwei Pistolen, ein indianisches Bajonett und ein Messer. Zu entfliehen war ebenso unmöglich.

Nachmittags kamen wir an einen Felsen, wo Tripe de roche wuchs. Michel blieb stehen: er wolle etwas davon sammeln — wir sollten nur vorgehen und das Lager aufschlagen, er werde uns schon einholen. Jetzt waren Hepburn und ich zum erstenmal seit Hoods Tod miteinander allein. Was Hepburn mir jetzt in Hast von seinen Beobachtungen noch mitteilte, ließ mir keinen Zweifel mehr daran: entweder Michel oder wir beide waren des Todes. Hepburn wollte mir die gräßliche Aufgabe abnehmen, aber ich mochte diesem guten Menschen, der durch sein aufopferndes Benehmen mein ganzes Herz gewonnen hatte und für dessen Leben ich besorgter war als für mein eigenes, keine so schwere Verantwortung aufbürden.

Überraschend schnell kehrte Michel zurück. Er hatte keine Tripe de roche gesammelt, er hatte offenbar nur sein Gewehr schußfertig gemacht, um uns niederzustrecken, wenn er uns mit Aufschlagen des Zeltes beschäftigt fand. Ich zögerte daher keinen Augenblick mehr und machte seinem Leben durch einen Pistolenschuß ein Ende."

Das Schlimmste wagte Richardson selbst nicht deutlich niederzuschreiben: Michel war zum Kannibalen geworden, er hatte auch die beiden verschollenen Kameraden gemordet, er hatte die Axt gebraucht, um deren gefrorene Leichen zu zerteilen — daher das „Wolfsviertel", mit dem er vielleicht dem Leutnant Hood — für einige Tage — das Leben rettete.

Die Lage Franklins und seiner Leute wurde durch die Ankunft Richardsons und Hepburns keineswegs besser. Am 1. November starben zwei von ihnen ziemlich plötzlich: sie schienen noch ganz munter, klagten auf einmal über Schmerz in der Gurgel, ließen sich warm einpacken und schliefen ein — ein kurzes Röcheln weckte die Gefährten, und alles war vorüber. Die Leichen konnten nur in die Nebenkammer geschafft werden. Von den Überlebenden hielt sich keiner mehr auf den Beinen; auf den Knien rutschend suchten sie weiter Knochen und Abfälle, Holz und Flechten. Sie waren schon so abgestumpft, daß das Gefühl des Hungers schwand.

Am 7. November spalteten Richardson und Hepburn Holz im Walde, Franklin leistete einem kranken Gefährten Gesellschaft — da fiel plötzlich ein Schuß. Die beiden in der Blockhütte glaubten, ein Teil des Hauses stürze ein — an Rettung wagte niemand mehr zu denken. Aber sie war da: drei Indianer kamen an, mit Vorräten bepackt, und als sich erst der Magen unter großen Schmerzen wieder an Speise gewöhnt hatte, strafften sich die Glieder; am 1. Dezember hatten sich Franklin und seine drei Kameraden so weit erholt, daß sie den Marsch nach Fort Providence antreten konnten. Der tapferste von allen, Leutnant Back, hatte wirklich Akaitcho so lange gesucht, bis er ihn gefunden und es fertig gebracht, den zähen Geizhals zu sofortiger Hilfeleistung zu überreden. Von den 20 Mann, der Bemannung der beiden Kanus, kamen aber nur noch sieben in ihre Heimat zurück.

John Ross bei den amerikanischen Eskimos

Seitdem sich Sir John Ross 1818 durch eine Luftspiegelung hatte irreführen lassen, klopfte der Ehrgeiz in ihm wie ein hohler Zahn. Diese Blamage mußte er durch eine fulminante Entdeckung wettmachen. Aber die Lords der Admiralität schüttelten den Kopf und lächelten; „die Krokerberge!" flüsterte der eine dem andern zu. Von ihnen war weder Schiff noch Mannschaft oder Geldunterstützung zu erwarten. Aber wozu hatte Ross seinen Freund, den Branntweinbrenner Felix Booth! Die Zunft der „Seebären" war von jeher die beste Abnehmerin seines Fabrikats gewesen — der reiche Kaufmann konnte auch einmal etwas für die Wissenschaft tun! Booth ließ sich breitschlagen und zählte 340 000 Mark auf den Tisch. Dafür kaufte sich Ross ein Schiff und rüstete es zu einer neuen Polarfahrt aus, die seinen etwas verblaßten Entdeckerruhm zu neuem Glanze bringen sollte. Dies Schiff, die „Victory", war in der Polarforschung ohnegleichen: es hatte als erstes eine Dampfmaschine an Bord, die schon seit 1807 in der englisch-amerikanischen Schiffahrt langsam das Segeltuch zu verdrängen begann. Die alten Matrosen sahen scheel auf diese vertrackte Neuerung und spien aus, wenn sie an dem rauchenden Kohlenkasten vorüberstrichen. Und diese erste Dampfmaschine, die das neue Polarschiff von Wind und Wetter unabhängig machen sollte, hatte in der Tat ihre eigensinnigen Mucken. Hing das Segel schlapp und rührte sich kein Lüftchen, dann erklärten die Schaufelräder Generalstreik, oder der Kessel war leck und löschte das Feuer; dafür riß sie aber dem Maschinenmeister, noch ehe die Shetlandsinseln erreicht waren, einen Arm ab. Aber das Eisjahr 1829 war gut. Am 7. August segelte die „Victory" glatt in den Lancaster-Sund hinein und dann durch die Prinzregenten-Einfahrt auf Parrys Spuren nach Süden. Hier hatte Parry auf seiner letzten mißglückten Reise 1824/25 sein Schiff „Fury" verloren, aber dessen gesamte Vorräte am Strand in Sicherheit gebracht; die sollte die „Victory" einheimsen. Vom Wrack der „Fury" fand sich keine Spur, aber Ross und sein Neffe James, der wiederum dabei war, suchten so lange zu Fuß die Küste ab, bis sie endlich die Vorratskammer, das Offizierszelt Parrys, entdeckten. Zwar hatten die Bären übel darin gehaust und sogar ein von Parry vergessenes Notizbuch halb aufgefressen; aber die Konservenbüchsen mit Fleisch und Gemüse standen noch sauber aufgestapelt da wie im Kaufmannsladen, selbst Brot, Mehl, Zucker und Spiritus hatten sich in diesem Eiskeller vier Winter hindurch tadellos erhalten. Das meiste wanderte in die Speisekammer der „Victory", und nun dampfte und segelte das Schiff weiter südwärts, an völlig unbekannten Küsten vorüber, um das amerikanische Festland zu erreichen. Daß dieses Festland schon zu ihrer Rechten lag, erkannten sie erst später;

seinem freigebigen Freunde zu Ehren nannte Ross diese Landmasse Boothia-Felix-Land; es war die äußerste Nordspitze Nordamerikas, eine große Halbinsel, die durch einen niedrigen Isthmus, den Boothia-Isthmus, mit dem eigentlichen Kontinent zusammenhängt. Auch dem Golf, der diesen nördlichen Ausläufer Amerikas vom Cockburn-Land im Westen trennt und, tief nach Süden einschneidend, die Melville-Halbinsel im Osten bildet, gab Ross den Namen des Londoner Branntweinbrenners, dessen Geldbeutel er zwar nicht die Entdeckung der von ihm gesuchten Nordwestdurchfahrt, wohl aber die der polaren Spitze Amerikas zu danken hatte. Und das war allerdings eine Entdeckung von außerordentlicher Bedeutung, die das Malheur mit den Krokerbergen schnell in Vergessenheit brachte.

Ende September fror die „Victory" im Felix-Hafen am Boothia-Felix-Isthmus ein. Das Schiff wurde nach allen Regeln der Kunst, die man von Parry gelernt hatte, eingehaust. Um die unerträgliche Feuchtigkeit aus den Kajüten zu beseitigen, hatte Ross neuerfundene Kondensierapparate mitgenommen, die gute Dienste taten. Um Raum zu schaffen, wurde zuerst die Dampfmaschine abmontiert und auf den Strand gesetzt; da mochte sie bleiben — die Matrosen hatten genug von dieser lächerlichen Erfindung.

Es waren im ganzen 23 Mann, die hier den ersten, zehn Monate langen Winter an der Küste von Boothia-Felix-Land verbrachten. Ross führte streng militärische Disziplin; Offiziere und Mannschaft — das waren zwei verschiedene Welten; aber er sorgte gut für seine Leute, und obgleich wider aller Erwarten vier schwere Winter in Nacht und Eis die Leistungsfähigkeit und Nervenkraft jedes einzelnen auf die äußerste Probe stellten, blieb das Verhältnis zwischen Mannschaft und Befehlshaber ungetrübt. Sie murrten nicht einmal, als Ross ihnen jeden Gebrauch von Alkohol untersagte — beinahe eine Treulosigkeit gegen seinen Freund Booth; aber er hatte auf seinen zahlreichen Seefahrten die Wirkungen des Alkoholmißbrauchs zu oft erfahren, und der gute Gesundheitszustand der „Victory"-Besatzung war zweifellos der ihr aufgezwungenen Enthaltsamkeit zuzuschreiben.

In diesem Winter 1829/30 war es Ross beschieden, die erste Bekanntschaft mit den nordamerikanischen Eskimos zu machen. Eines Tages wurde ihm gemeldet, daß hinter einem kleinen Eisberg wunderlich fremde Wesen zu sehen seien. Ross suchte sie sofort auf: sie ergriffen die Flucht, aber plötzlich kam aus dem Hinterhalt eine Schar von etwa 30 in Pelz vermummten Männern auf ihn zu, mit drohend erhobenen Speeren und Messern. Vor sich her schoben sie einen Schlitten mit einem alten Mann, der sich angstvoll gebärdete; er sollte anscheinend als Prellbock gegen den Feind dienen.

Dies Zusammentreffen mit Eingeborenen war für die Expedition in jeder Hinsicht von größter Bedeutung, wenn man sie zu Freunden gewann. Ross befahl daher seinen Leuten, zurückzubleiben, legte seine Waffen mit deutlicher Gebärde nieder und ging den Eskimos mit erhobenen Händen entgegen, indem er sie mit dem Wort aus Hans Egedes Fibel „Tima" (Heil!) begrüßte. Dann erst ließ er die Mannschaft herankommen, befahl auch ihnen, die Flinten niederzulegen und „Aja Tima!" zu rufen. Die Eskimos folgten diesem Beispiel, warfen ihre Waffen fort, antworteten „Aja!", rührten sich aber noch nicht vom Fleck. Nun ging Ross dicht an sie heran und umarmte einen nach dem andern. Damit war das Eis gebrochen; eine allgemeine Umarmung folgte und ein Jubel, als feierten die engsten Freunde nach langjähriger Trennung ihr Wiedersehen. Die „Innuits", die Eingeborenen, betrachteten die Fremden, die „Kablunaken", mit kindlicher Neugier, befühlten ihre Kleider und Waffen, und als Ross für jeden einen Eisenring als Geschenk herbeiholen ließ, folgten sie ohne Furcht den Engländern zu ihrem Schiff. Das unter Schneemauern fast vergrabene Bauwerk aus Holz und Eisen wollte ihnen anfangs nicht sonderlich imponieren, aber als sie in die Kajüten geführt wurden, Möbel, Bilder, Eß- und Küchengeschirr, vor allem Spiegel zu sehen bekamen, da kannte ihr Staunen keine Grenzen. Einer der Eskimos humpelte mühsam auf einem Bein herum, das andere hatte ihm ein Bär abgerissen; Ross ließ ihm durch den Zimmermann sofort ein Holzbein herstellen, dessen großen Wert für den Krüppel sie sogleich begriffen, und dieses Holz-

Polarlandschaft

John Ross bei den amerikanischen Eskimos

bein wurde zum Symbol der Freundschaft zwischen den Wilden und den Engländern. Von da an waren sie täglich Gäste auf dem Schiff, brachten Fische und Felle und erhielten dafür Messer, Feilen, Blechbüchsen, Kessel und Spiegel. Egedes vor 100 Jahren verfaßtes Vokabelbuch diente als Dolmetscher.

Die Eskimos von Boothia-Felix waren intelligent und gutmütig, immer freundlich, zutraulich, hilfsbereit, gefällig und dankbar für jedes kleinste Geschenk. Als einer der Engländer über Zahnschmerzen klagte, brachten sie sogar ihren „Angekok", ihren Medizinmann, herbei; der blies den Patienten an, und als zufällig die Schmerzen nachließen, waren sie vor Freude außer sich. Einem der Eskimos, der an Halsschmerzen litt, gab der Schiffsarzt eine Medizin zum Einnehmen; der Kranke aber band sich das Fläschchen um den Hals — und es wirkte auch so. Von Gott und Obrigkeit hatten diese Wilden keine Ahnung. Robben, Fische, Renntiere und Moschusochsen genügten zu ihrer Glückseligkeit; wenn in ihren Schneehütten, die sie kunstfertig in einer halben Stunde bauten, die Tranlampe brannte und das Wasser im Kessel brodelte, fühlten sie sich auf ihren Fellen liegend wie Prinzen im Märchenland. Und einen Appetit zeigten sie, über den die Engländer nicht genug staunen konnten. Gegen 15 Pfund Lachs pro Mann war eine normale Mahlzeit; der Engländer brachte kaum anderthalb Pfund hinunter. Das Eßgerät bestand aus einem krummen Messer von geschliffenem Renntiergeweih; der Eskimo rollte einen Streifen Robbenspeck nudelförmig zusammen, stopfte soviel wie irgend möglich davon in den Mund, schnitt den gewaltigen Bissen dicht vor der Nase mit dem Messer ab und reichte den Speck dem Nachbar weiter. Ländlich, sittlich. Ihr ungeheurer Appetit richtete unter dem Wild geradezu Verheerungen an; es suchte andere Weideplätze, und so kamen auch die Eskimos nie zur Ruhe, sie mußten ihm folgen. Anfangs zeigten einige die Neigung, an Bord zu stehlen, denn sie kannten kein Eigentum und huldigten dem primitivsten Kommunismus, sogar in der Ehe. Als sie aber auf die Frage: „Was die Flinte spreche, wenn sie knalle" die Antwort hörten: „Sie meldet, wer etwas weggenommen hat", brachten sie treuherzig alles zurück, was sie stibitzt hatten. Mord und Betrug sind selten unter ihnen; sie strafen nicht einmal den Mörder, aber er wird von allen Stammesgenossen für immer gemieden, was die schwerste Strafe für ihn ist. Als Ross ihnen das Bibelwort erläuterte: „Wer Blut vergießt, dessen Blut soll wieder vergossen werden", meinten sie: dann mache sich der andere ja ebenfalls des Mordes schuldig.

Den beiden Forschern John und James Ross lag natürlich am meisten daran, von den Eingeborenen Auskunft über die Geographie ihres Landes zu erhalten. Dabei zeigten sie sich ebenso willig wie anstellig; sie zeichneten mit Geschick Landkarten der nächsten Umgebung, ihrer ertragreichsten Jagdgebiete, der fischreichsten Seen und Flüsse, und ihre Entfernungsangaben stellten sich als durchaus zuverlässig heraus. Sie wußten sogar zu berichten, daß es hier unten keine Durchfahrt nach dem Westen gebe; die sei weiter oben im Norden, wo die „Victory" hergekommen sei. Von diesen tüchtigen Eskimogeographen begleitet, unternahm James Ross im Frühjahr eine erfolgreiche Durchforschung von Boothia-Felix-Land und drang bis zur nördlichsten Spitze Amerikas vor, im Westen bis Kap Franklin, noch 220 Meilen von Franklins Kap Turnagain entfernt. Das Land im Süden nannte er King-Williams-Land. Mangel an Lebensmitteln zwang ihn zur Rückkehr.

Das gute Einvernehmen mit den Eskimos schien nur einmal plötzlich gestört. Sie hielten eine Jagdverabredung nicht ein, und als Ross sie holen ließ, wurden seine Leute mit unerklärlichen Drohungen empfangen. James Ross ließ sich, nach dem Vorbild seines Onkels, glücklicherweise nicht aus der Ruhe bringen, ging unbewaffnet zu ihnen, und nach längerem Verhandeln entdeckte ihm endlich eine Frau den Grund der plötzlichen Feindseligkeit: ein zwölfjähriger Knabe war von einem herabfallenden Felsstück erschlagen worden, diesen Unfall schrieben die Eskimos der Wirkung der übernatürlichen englischen Donnerbüchsen zu, und da sie ihre Kinder fast überzärtlich lieben — schon aus dem rein materiellen Grunde, weil sie im Alter ohne deren Unterstützung verhungern würden —, waren sie aufs äußerste ergrimmt und wollten sich rächen. Dieses Mißverständnis war bald aufgeklärt und damit das Vertrauen wiederhergestellt. Der Vater des verunglückten Knaben übernahm sogar selbst die Führung bei dem geplanten Jagdausflug.

Der Entdecker des magnetischen Nordpols

Die Entdeckung und Erforschung der Nordspitze Amerikas war eine wissenschaftliche Tat, auf die Ross und sein Neffe mit Recht stolz sein durften. Ihnen — oder richtiger: dem jungen James Ross — glückte aber auf dieser Reise noch eine zweite Entdeckung, die in geographischer, noch mehr in physikalischer Beziehung von grundlegender Bedeutung war: die Feststellung des magnetischen Nordpols. Daß auf die Magnetnadel kein unbedingter Verlaß sei, hatte seit Erfindung des Kompasses, die ins 10. Jahrhundert zurückgeht, schon mancher Seefahrer beobachtet; wenn Nebel und Gewölk die Gestirne verdeckten, die leuchtenden Wegweiser am Himmelszelt, war der Kurs der Schiffe nicht mit Sicherheit einzuhalten. Auffallendere Mißweisungen des Kompasses hatte vor allem Parry, der zum erstenmal so tief in die amerikanische Arktis vordrang, mit besonderer Sorgfalt registriert; der englische Geograph Barrow hatte daraufhin die Lage eines magnetischen Nordpols, der sich mit dem geographischen nicht decke, zu errechnen versucht. Als nun James Ross die Küsten von Boothia-Felix-Land erforschte, zum Kap Felix hinauf bis südwärts zum Kap Franklin, verriet ihm die Bewegung der Magnetnadel, daß er offenbar diesen geheimnisvollen Punkt umkreiste, wo der Erdmagnetismus einen Pol bildet — seinen Südpol, wie es eigentlich heißen müßte; doch hat sich, zur leichteren Verständlichkeit, die Bezeichnung „magnetischer Nordpol" eingebürgert.

Die „Victory" war im September 1830 nur für wenige Tage vom Eise frei geworden; einige Meilen nordwärts mußte sie wieder vor Anker gehen und — diesmal im Sheriffhafen — zum zweitenmal überwintern. So unerfreulich diese Verlängerung der Gefangenschaft war — sie allein ermöglichte es James Ross, die Lösung jenes physikalischen Problems zu finden. Am 27. Mai 1831 machte er sich mit einem kleinen Trupp Eskimos, die der „Victory" auch in ihrem neuen Standort treu geblieben waren, auf den Weg, und nach fünftägiger Wanderung gelang es ihm, den gesuchten Punkt, das nördliche Zentrum des Erdmagnetismus, wo die Magnetnadel stillsteht, auf 70° 5′ 17″ nördlicher Breite und 96° 46′ 45″ westlicher Länge bei Kap Adelaide, nahe der Westküste von Boothia-Felix-Land, zu bestimmen. Kein Magnetberg, von dem die Alten fabelten, reckte hier seine Schroffen zum Himmel und riß jeden Eisensplitter mit elementarer Wucht an sich. Nicht einmal die geringste irgendwie auffällige Landmarke war zu sehen, durch deren Beschreibung der Ort gewissermaßen dingfest zu machen war. Ein mathematischer Punkt war es auf einer kahlen, völlig charakterlosen Küste. Ross hätte ihn am liebsten durch eine Pyramide so hoch wie die des Cheops bezeichnet; er mußte sich damit begnügen, von seinen Eskimos eine kleine Steinpyramide errichten zu lassen und darin eine Zinnbüchse mit einer Urkunde über seine Entdeckung niederzulegen. Ob seitdem ein zweiter Forscher dieses Weges kam, das Wahrzeichen erkannte, die Zinnbüchse noch vorfand und seine Visitenkarte hinzufügte, ist unbekannt.

Nach einem längeren, durch Lebensmittelmangel aufgezwungenen Umweg zu mehreren großen Seen im Norden langte James Ross Ende Juni wieder bei der „Victory" an. Ihre zweite Überwinterung an der Küste von Boothia-Felix-Land war schon nicht so vergnüglich gewesen wie die erste. Die Eingeborenen selbst litten Mangel; Renntier und Moschusochse waren vergrämt und hatten sich auf ferne Weideplätze zurückgezogen, die erst aufgespürt werden mußten. Für diesen Ausfall an Wild bot allerdings der Fischfang reichen Ersatz; aus dem Meere stiegen Lachse und Kabeljaue Ströme und Bäche aufwärts, um zu laichen, und in einer so märchenhaften Menge, daß ihre Heereszüge an Flußengen fast eine schlüpfrige Brücke bildeten. Bei einem einzigen Fang zählten die Engländer einmal 3378 erbeutete Fische; die tägliche Speisekarte bot daher eine erfreuliche Abwechslung, die auf die Gesundheit der Seeleute von günstigstem Einfluß war, und bedeutende Vorräte —

Der Entdecker des magnetischen Nordpols

Nordamerikanisches Polargebiet (Alaska)

geräuchert und eingelegt — wurden für die Heimreise aufgespart, die nun jeden Tag beginnen mußte. Aber Wetter und Eis spielten mit der „Victory" auch diesmal wie die Katze mit der Maus: nach wochenlangen vergeblichen Vorstößen ward das Schiff am 29. August 1831 endlich eisfrei, die Anker wurden gelichtet, die Segel blähten sich im Winde, unter dem Jubelruf der Matrosen ging es nach Norden. Wenige Tage später zwang ein furchtbarer Sturm den Kapitän abermals, in der nächsten besten Bucht Zuflucht zu suchen, die Eisbarriere schob sich

aufs neue zusammen, aus diesem „Victory-Hafen" kam das
Schiff nicht mehr los — ein dritter arktischer Winter zog herauf.
Jetzt wurde die Lage der Expedition ernst. Die Eskimos waren
weit fortgezogen, sie konnten keine Hilfe mehr bringen; das
Land war völlig ausgestorben und wildleer, keine Jagd, kein
Fischfang, keine Unterhaltung, kein Spiel und Lachen mit den
immer vergnügten Wilden — nichts, was die stramme militärische Disziplin des Schiffsdienstes, das öde Einerlei des Tages,
der endlosen Winternacht wohltuend unterbrach. Die sonntägliche Andacht war das einzige Zeitmaß — wieder eine Woche
vorüber! Der Tod eines gefangenen Fuchses — ein aufgespürter
halberfrorener Hase — das waren Ereignisse. Die Lebensmittel
nahmen reißend ab, der Skorbut griff um sich; des Kapitäns
alte Kriegsnarben, die er sich in mancher Seeschlacht geholt,
brachen blutend auf; ein Todesfall unter der Mannschaft —
dann wieder einer. Wenn die Erlösung nicht bald kam, waren
Schiff und Mannschaft verloren.

Der Sommer 1832 begann. Das Eis zeigte keine Bewegung.
Der Kapitän versammelte seine Offiziere. Immer noch warten?
Worauf? Ein vierter Winter im Victory-Hafen war sicherer Tod,
der Sommer kurz — es blieb nur ein verzweifelter Entschluß:
das Schiff zu verlassen, die lichten Sommermonate zu benutzen,
um nordwärts über Land und Eis zu wandern, in der Hoffnung,
irgendwo einen Walfischfänger zu treffen. Noch nie hatte John
Ross eines seiner 36 Schiffe, auf denen er Dienst getan seit
42 Jahren, im Stich gelassen — der Entschluß dazu erschien
ihm wie eine Fahnenflucht. Aber das Leben aller stand auf dem
Spiel. Die Offiziere stimmten zu. Lebensmitteldepots hatten sie
schon vorher auf dem voraussichtlichen Weg nach Norden angelegt. In wenigen Stunden war alles marschfertig. Boote und
Gepäck wurden auf Schlitten verstaut. Der Kapitän gab den
Befehl zum Abmarsch.

Auf dem unbeweglichen Eisrand des Boothia-Golfs zog das
Häuflein von 21 Mann langsam nordwärts. Bis zum Furystrand
ging alles gut. Hier lagen noch allerhand nutzbare Dinge, die
aufgepackt wurden, und aus den leeren Vorratskisten ließ Ross
ein Haus zusammenzimmern, eine Unterkunft für die nächsten

Der Entdecker des magnetischen Nordpols

Wochen des Wartens, zugleich eine Zuflucht für den Fall, daß der Durchbruch nach Norden mißlingen sollte. Endlich schien wenigstens hier oben das Eis der Prinzregenten-Einfahrt in Bewegung zu kommen. Am 1. August machten die drei Boote klar. Am 29. warf ein furchtbarer Schneesturm sie wieder auf den Strand. Ein Weiterkommen war ausgeschlossen, der Sommer schon zu weit vorgerückt, um noch ungefährdet durch den Lancaster-Sund zu kommen. Also zurück zum Furystrand! Die Boote ließ man, wo sie waren. Nach einem furchtbaren Marsch längs der Felsenküste, wo donnernde Schneelawinen vom Frost abgesprengte Steinmassen zu Tale führten, erreichte Ross mit seinen Leuten das elende Bretterhaus am Furystrand, das nun ihr Asyl während des vierten Winters werden sollte.

Am 15. November verschwand die Sonne für 74 endlose Kalendertage, und die Nacht legte sich wie ein ungeheurer Sargdeckel auf Haus und Umgebung. Heute — morgen — alles verschwand in dieser grauenhaften Finsternis. Kein Schiffsdienst mehr — Kochen, Essen, Hausreinigung, etwas Bewegung, dann Schlafen, Schlafen, so lange wie möglich. Es ruft zur Andacht — also ist Sonntag heute! Und wieder Schlafen und Grübeln in der quälenden Finsternis. Ein neuer Todesfall, der Zimmermann stirbt — wer mochte wohl der letzte sein, der hier verhungerte oder erfror!

Die Sonne kehrte zurück und leuchtete in ihre leere Vorratskammer. Zwölf Bären wurden geschossen, aber die Mannschaft weigerte sich, Bärenfleisch zu essen; lieber Hunger und Skorbut! „Ein müßiger Mann ist ein Kopfkissen für den Teufel." Von meuterndem Schiffsvolk ist die Chronik der englischen Marine voll. Glücklicherweise brachten die helleren Tage Arbeit in Fülle. Wer sich noch fest auf den Beinen fühlte, eilte zu den zurückgelassenen Booten an der Bathy-Bai, um sie aus dem Schnee auszugraben. In Eilmärschen wurde alles Gepäck dorthin geschleppt, zuletzt drei Schwerkranke, für die sich endlich ein Labsal fand: Seetauben, die zu Hunderten geschossen wurden. Am 15. August schaukelte die kleine Flottille auf den Wellen der Prinzregenten-Einfahrt. Die Seeleute waren wieder in ihrem Element, die Stimmung hob sich — jetzt mußte es gelingen! Hoffnung und Spannung weckten alle noch schlummernden Lebensgeister, selbst die Kranken wurden von Tag zu Tag gesunder. Der Lancaster-Sund wurde erreicht. Segelnd und rudernd Tag und Nacht ging es durch die freie Wasserbahn nach Osten; bei völliger Windstille lagen die Boote am Strand, schlief die Mannschaft unter den Segeln; sonst arbeiteten die Matrosenfäuste, solange sie die Ruder noch halten konnten.

Am 26. August lag die Baffin-Bai vor ihnen. Eisberge weit und breit, und hierhinein mit den drei gebrechlichen Booten, die schon manches notdürftig verstopfte Leck aufwiesen? Wahnsinn! Und doch mußten sie vorwärts — der Sommer ging zu Ende — wenn überhaupt, dann war nur hier ein letzter Walfischfänger zu treffen, der sie aufnehmen konnte.

Eine helle Nacht am Strand — die Leute schlafen unter den Segeln — da plötzlich Lärm und Rufen der Wache: „Ein Schiff! Ein Schiff!" Unsinn, Kamerad! Es wird ein phantastischer Eisberg sein! Gleichviel! Die Boote ins Wasser und gerudert, daß die Hände bluten! Es ist ein Schiff! Die Fahne hoch! Die Gewehre zur Hand, Schuß auf Schuß! Rudert, rudert — die Hand verdorre, die müßig ist! Zum Teufel! Wir kommen nicht vorwärts! Das Schiff wendet — es hört uns nicht — es sieht uns nicht — es fährt davon! Gott helfe uns — wir sind des Todes!

Um 10 Uhr vormittags desselben Tages: wieder ein Schiff. Jetzt oder nie! Rudert, schreit, schießt! Sie müssen uns hören — es ist gewiß der letzte Waler auf der Heimfahrt! Hat er uns bemerkt? Er scheint stillzustehen! Nein, er hat die Segel voll Wind und fährt, fährt, uns unerreichbar! „Ruhe, Kerls!" donnert Kapitän Ross dazwischen, „legt euch in die Ruder, ein Schuft, wer jetzt nicht um sein Leben kämpft. Der Wind flaut ab — wir holen sie noch ein! Ich steuere quer in den Kurs des Walers! Vorwärts — vorwärts! Hurra — ich sehe es genau, sie lassen ein Boot nieder! Ein Boot! Es kommt auf uns zu! Ihr seid gerettet!"

Die Matrosen des Walfischfängers haben die drei Boote erreicht und ziehen die Ruder ein. „Schiff verloren?" fragt der Steuermann.

„Ja!" antwortet Kapitän Ross. „Wie heißt euer Schiff?"
„‚Isabella' von Hull, früher unter Kapitän Ross."
„Kapitän Ross — das bin ich selbst; wir sind von der ‚Victory'."
„‚Victory' — die sind doch längst verschollen und tot!" Aber der Steuermann reißt die Augen auf: diese abgezehrten, verlumpten Gesellen mit den grimmig durchfurchten Gesichtern — die mochten wohl allerlei hinter sich haben — wie Schwindler sahen sie nicht aus — und Kapitän Ross, den berühmten Kapitän Ross, den kannte man doch auf der „Isabella"! Eine Stunde später waren alle an Bord, der Jubel wollte kein Ende nehmen. „Hurra! Kapitän Ross, und nochmals hurra!" Das waren die Planken der alten „Isabella", hier die Kajüte des Kapitäns, seine ehemalige Kajüte, alle Not zu Ende, seine 20 Leute gerettet, die Nordspitze Amerikas unter englischer Flagge, der magnetische Nordpol, Boothia-Felix-Land — Freund Booth und England werden Augen machen! Und England und die Welt machten Augen, als am 18. Oktober 1833 — die „Isabella" hatte erst 27 Wale erbeutet und blieb noch einige Wochen in der Baffin-Bai, bis sie volle Ladung hatte — die Verschollenen von der „Victory" in Hull landeten und die Ergebnisse ihrer Expedition bekannt wurden. Die Krokerberge waren vergessen, Kapitän Ross war der Held des Tages; die Admiralität schenkte ihm 5000 Pfund, und die Städte wetteiferten, ihn zum Ehrenbürger zu ernennen; sein Neffe avancierte vom Commodore zum Kapitän und erhielt den Adel. Zwei Sterne namens Ross strahlten nun am Himmel der Polarforschung.

Der Franklin-Tragödie erster Teil

Der alte Barrow war immer noch Sekretär der englischen Admiralität und erinnerte von Zeit zu Zeit an sein Lieblingsproblem, dessen Lösung er noch zu erleben hoffte: die Nordwestdurchfahrt nach China und Indien, deren Auffindung in das Gewirr der arktischen Inselwelt Licht bringen und damit auch den Weg zum Nordpol bahnen mußte. Noch hatte niemand den seit 1818 ausgesetzten Preis von 20000 Pfund

Sterling errungen. Im Süden war die Forschung glücklicher. Auf drei Reisen entdeckte James Ross, der geniale Neffe des alten Kapitäns, mit seinen beiden Schiffen „Erebus" und „Terror" 1841—1843 das Südpolarland, den sechsten Erdteil. Und das Nordproblem? fragte Barrow. Ober- und Unterhaus erklärten zustimmend, daß man dafür nun etwas Durchgreifendes tun müsse. Wer soll die neue Expedition führen? Sofort meldete sich John Franklin, der vier Jahre nach seinem furchtbaren Rückmarsch von der Coronation-Bai eine höchst erfolgreiche Reise durch Nordwestamerika, den Mackenzie-Fluß hinunter, an der Küste weiter fast bis zum Kap Barrow im Westen und bis Kap Parry im Osten ausgeführt hatte und als erfahrener Polarforscher und unerschrockener Held auf der Höhe seines Ruhmes stand. „Wollen Sie sich nicht lieber schonen bei Ihren 60 Jahren?" fragten die Admirale. — „Aber ich bin ja noch gar nicht sechzig — erst neunundfünfzig!" antwortete er empört. — „Laßt ihn nur reisen, sonst ist es sein Tod!" rieten die Freunde, und die Admiralität war einverstanden.

So sorgfältig und reich wie diese war noch nie eine Expedition ausgerüstet worden. Zwei Schiffe mit eingebauten Dampfmaschinen, mit den neuesten Instrumenten, mit allen nur denkbaren Verbesserungen für den Kampf mit dem Eis, mit Proviant für drei Jahre und einer auserwählten Mannschaft von 114 erprobten Seeleuten — darunter einer namens Blanky, der mit Ross auf der „Victory" gewesen —, 17 Offizieren, 2 Ärzten, und Held Franklin an der Spitze — das mußte einen Erfolg verbürgen. Die Schiffe waren dieselben, die James Ross an die Küste des Südpolarlandes getragen hatten und die nun wie zwei edle Rennpferde zum Siegeslauf im Norden gepflegt und frisch aufgezäumt wurden. Sie hießen „Erebus" und „Terror", Unterwelt und Schrecken!

Barrow hatte für eine ausführliche Instruktion gesorgt: Hauptaufgabe war die Forcierung der Nordwestdurchfahrt durch den Lancaster-Sund auf Parrys Spur, das große Ziel, das man seit 350 Jahren vergeblich suchte; möglichst kein Schritt von diesem Wege, ohne natürlich der besseren Einsicht des Kommandanten an Ort und Stelle vorgreifen zu wollen.

Am 19. Mai 1845 grüßten im Hafen Greenwich festliche Salutschüsse die beiden ausfahrenden Schiffe, das Flaggschiff „Erebus" und seinen Begleiter „Terror". Ein Transportschiff folgte ihnen bis zu den Walfischinseln bei Westgrönland, übergab dort seine Ladung und nahm die letzte Post der Besatzung mit heimwärts. „Ängstigt Euch nur nicht," so lauteten Franklins und seiner Leute Abschiedsgrüße an die Ihrigen, „wenn es auch länger dauern sollte als vorgesehen — nächste Poststation China, Hongkong." Daß eine so trefflich ausgestattete Schar beherzter Männer jedes Ziel erreichen müsse, daran zweifelte keiner. Einige Tage später traf ein Walfischfänger die Schiffe in der Melville-Bai (Westgrönland); die Mannschaft war eifrig beschäftigt, frisch erlegtes Geflügel einzusalzen. „Fünf Jahre können wir's schon aushalten", versicherte Franklin dem Kapitän. Am 26. Juli sichtete ein zweiter Waler die beiden Segler, als sie durch das gefürchtete Eis der Baffin-Bai glücklich dem Lancaster-Sund zusteuerten. Diese Nachrichten beschäftigten etliche Tage die Zeitungsleser Europas. Dann mußte ein langes Stillschweigen folgen. Der elektrische Telegraph war noch nicht erfunden — jede Nachricht von Franklin mußte erst um die halbe Erde gehen, ehe sie seine Heimat erreichte.

Zwei Jahre vergingen. Keinerlei Kunde traf ein, und doch hatte Franklin zahlreiche Messingzylinder an Bord, die er mit Nachrichten füllen und den Meeresströmungen anvertrauen konnte. Irgendwo würde einer davon doch an Land gespült werden oder sich in einem Fischnetz verfangen. Aber nichts Derartiges fand sich. Allmählich wurde dies völlige Schweigen beunruhigend. Der Veteran John Ross sprach schon Ende 1846 von der Notwendigkeit eines Entsatzes. Im Frühjahr und im Herbst 1847 wiederholte er seine Mahnung: er habe dem Freunde Hilfe versprochen, der verabredete Termin sei schon vorüber. Als das Jahr 1847 lautlos zu Ende ging, raffte sich endlich auch die Admiralität auf: es mußte etwas geschehen!

Aber wo die Vermißten suchen? An der Nordküste Amerikas? Die kannte keiner so gut wie Franklin; dort war auch keiner unter den Eskimos und Indianern so bekannt wie er; durch die Agenten der Handelsgesellschaften hätte man sicher von ihm gehört. Wahrscheinlich waren die Schiffe in einer der Wasserstraßen zwischen den von Parry entdeckten Inseln eingefroren. Franklins Freunde trauten ihm wohl zu, daß er seine eigenen Wege gegangen, etwa durch den Jones- oder den Smith-Sund eine neue Durchfahrt gesucht und dort steckengeblieben sei. Vielleicht auch hatte er Parrys Endpunkt längst hinter sich gelassen und steckte irgendwo nördlich der Bering-Straße in völlig unbekannten Regionen, wo 1762 einmal ein Russe Andrejew das fabelhafte Land „Titigen" gesehen haben wollte; ein unbekannter Volksstamm sollte dort wohnen; die sibirischen Tschuktschen erzählten von diesen „Kraihai", wie sie jene Wilden nannten. Alles nur Vermutungen, freies Spiel der Phantasie.

Die Lords der Admiralität berieten hin und her. Endlich kamen drei Hilfsexpeditionen zustande. Franklins Expeditionsarzt Sir John Richardson drang mit 42 Mann und 5 Booten von der Hudson-Bai, wie ehemals mit dem verschollenen Freunde, nach Norden vor, mit Proviant und Kleidern reich versehen. Seine 40 Transportpferde raffte eine Seuche fort; die Beförderung des Gepäcks auf den Schultern der Träger bis zum schiffbaren Athabaskafluß machte unmenschliche Mühe. Am Großen Bärensee ließ Richardson eine Winterstation errichten; er selbst fuhr mit dem Handelsaufseher von der Hudson-Kompanie, John Rae, den Mackenzie hinunter und erreichte am 3. August 1848 das Eismeer, bald darauf Kap Bathurst. Jeder Eingeborene, der ihnen begegnete, wurde verhört: niemand wußte das geringste von Franklin und seinen Leuten. Richardson arbeitete sich mit seinen Booten die Küste entlang bis Kap Parry vorwärts. Weiter nach Osten drohte ein solches Chaos von mahlenden und pressenden Eisbergen, daß jeder Versuch aussichtslos war und Richardson sich sagen mußte: wenn Franklin in diese Hölle hineingeraten war, dann gab es keine Hoffnung auf Rettung; auch wenn er sich und die Seinen an die Küste gerettet hatte — hier war meilen- und meilenweit eine so völlige öde Eiswildnis, daß der Hungertod unvermeidlich sein mußte. Selbst die Eskimos mieden diese gottverlassene Gegend. Dennoch führte der tapfere Richardson seine Leute über Land noch bis Kap Krusenstern; hier ließ er ein Boot mit seiner ganzen

Der Franklin-Tragödie erster Teil

Ladung, vergrub noch einen zweiten Posten Lebensmittel, Kleider, Zelte und Munition, brachte überall auffallende Wegweiser an, farbige Zeichen an den Kalksteinfelsen, damit Franklin, wenn er sich hierhin verirrte, die Depots finden könne, und kehrte in Eilmärschen zum Großen Bärensee zurück. Hoffnungslos langte Richardson im nächsten Jahr in England an, zur selben Zeit, als sich John Rae noch einmal selbständig auf die Suche im Norden begab. Er war Ende Juli 1849 an der Mündung des Kupferminenflusses und wartete drei Wochen vergeblich auf das Aufbrechen des furchtbaren Packeises, das jedes weitere Vordringen nach Osten unmöglich machte. Die Depots vom vorigen Jahr fand er noch unberührt; nur das Boot hatten die Eskimos aller Eisenteile beraubt und zerstört. Wäre es Rae gelungen, sich weiter ostwärts durchzuarbeiten — er hätte gewiß des Rätsels Lösung gefunden. Ein ungeheurer Aufwand von Menschenleben und Sachwerten wäre erspart worden; allerdings hätte die Welt auch nicht die grandiose Opferbereitschaft gesehen, an der sich zur Aufklärung der Franklin-Trägödie alle Kulturvölker beteiligten.

Die zweite Suchexpedition war noch stattlicher ausgerüstet als die Franklins selbst. Zwei treffliche Schiffe, „Enterprise" und „Investigator" unter den Kapitänen James Ross und Bird und den tüchtigen Offizieren MacClintock und MacClure fuhren im Juni 1848 die Baffin-Bai hinauf. Das Jahr war ungewöhnlich schlecht, das Packeis hatte sich zu einer ungeheuern Festung mit phantastischen Bastionen und Türmen zusammengepreßt. Ein gewaltiger Nordsturm brach erst am 20. August eine Fahrstraße von Westgrönland hinüber zur Ponds-Bai. Die Küste von Cockburn-Land wurde vergebens abgesucht, überall eine trostlose Einöde, nicht einmal von Eskimos eine Spur. Jede Landmarke wurde genau untersucht, ob sie ein Zeichen berge; man fand ein Steinmal mit einer nicht mehr lesbaren Meldung Parrys von 1819, sonst nichts. Mit günstigem Wind fuhren die Schiffe endlich in den Lancaster-Sund ein und bis zur Leopolds-Insel in der Barrow-Straße. Hier wurde ein Proviantdepot errichtet für den Winter und dann die ganze erreichbare Umgegend systematisch durchforscht: Flaschenposten wurden in

Mengen ausgeworfen, an den Küsten Signale errichtet, Stangen und Steinmale, Inschriften an weit sichtbaren Felswänden angebracht — wenn die Vermißten hier des Weges kamen, mußten sie sich zum Winterquartier zurechtfinden. Vom Packeis bedrängt, kehrten die Schiffe im Herbst zur Leopolds-Insel zurück. Der Winter wurde schwer. Viele von der Mannschaft waren noch Neulinge, die leblose Eiswüste, die unmenschliche Kälte, der ewig heulende Sturm, der undurchdringliche Nebel und schließlich die monatelange Nacht erfüllten sie mit Grauen. Die Kapitäne mußten alles aufbieten, die dumpfe Stimmung der Leute zu erheitern, sie nicht ihrer Verzweiflung zu überlassen. Der Fuchsfang wurde im großen organisiert; man fing die Polarfüchse lebend, legte ihnen ein Halsband um mit Nachrichten für Franklin und ließ sie wieder laufen — vielleicht daß doch einer den Verschollenen in die Hände fiel und ihnen die Kunde brachte, wo Rettung zu finden sei. Der Winterhafen an der Leopolds-Insel hielt beide Schiffe bis in den August 1849 hinein fest; dann begaben sie sich nach Westen hin auf neue Suche. Vier Tage später aber nahm das Packeis sie in seine Klauen; es schob sie unwiderstehlich nach Osten und brachte sie zwangsweise auf den Weg zur Heimat. Als das Eis sie endlich in der Davis-Straße losließ, blieb ihnen nichts übrig, als nach England zurückzukehren. Die englische Admiralität hatte ihnen bereits Entsatz nachgesandt, mit dem Befehl, ein weiteres Jahr auszuharren; aber das Entsatzschiff „Nordstern" hatte sie verfehlt und irrte nun allein irgendwo in dem Eislabyrinth umher.

Die dritte Hilfsexpedition zur Rettung Franklins schließlich war im ersten Jahr zu völliger Untätigkeit verurteilt. Sie sollte von der Bering-Straße aus in das Eismeer vorgehen. Das eine Schiff, der Segler „Plover", fror schon an der Küste Asiens ein, das andere, „Herald", kehrte um. Erst im nächsten Jahr trafen beide an der Chamisso-Insel wieder zusammen. Mit vier Booten suchte Leutnant Pullen nun die Küste des Eismeeres ab. Unterdes entdeckten die Schiffe die unwirtliche Heralds-Insel, sichteten auch das unbekannte Wrangel-Land auf dem 71. Breitengrad — wahrscheinlich die sagenhafte Insel „Titigen" —; aber weder sie noch Leutnant Pullen und seine Bootsmannschaft entdeckten die geringste Spur von Franklin und seinen Gefährten.

Auf der Spur der Verschollenen

Bestand noch Hoffnung, Franklin zu retten? Fünf Jahre war er jetzt verschollen. So lange, hatte er selbst siegesgewiß erklärt, könne er mit seinen Vorräten wohl durchhalten. Er war ja kein Laie in diesen Dingen, er hatte lange genug in der Arktis gelebt, um ihre furchtbaren Gefahren, aber auch ihre unerschöpflichen Hilfsquellen kennen zu müssen. Der Eskimo verhungert dort oben nicht, trotz seines fabelhaften Appetits. Franklins Schiffe waren mit allen damaligen technischen Hilfsmitteln versehen. War sein Verschwinden, sein ganz rätselhaftes Schweigen nur das atembeklemmende Vorspiel eines beispiellosen Triumphes? Seine Unternehmungslust kannte keine Grenzen. War er am Ende geradeswegs über den Nordpol gesegelt? Noch lebte die Vorstellung von einem schiffbaren, an fabelhaftem Getier reichen Polarmeer jenseits der Mauern des ewigen Eises, die zu durchdringen nur einem Glückskind beschieden sei; hatte er das zur Rückfahrt unentbehrliche Zauberwort „Sesam, öffne dich!" vergessen? Aber Phantasten und Rationalisten waren darin einig, daß das Äußerste aufgeboten werden müsse; waren die Vermißten auch nicht mehr zu retten, Klarheit über ihr Schicksal wollte man wenigstens haben.

Im März 1849 gab die englische Admiralität bekannt: wer die Mitglieder der Franklin-Expedition rettet, gleichviel welchem Land und Volk er angehört, erhält den Preis von 20000 Pfund, der bisher für die Auffindung der Nordwestdurchfahrt ausgesetzt war. Franklins Gattin erhöhte den Preis noch um 3000 Pfund.

Der erste, der in Aktion trat, war Leutnant Pullen. Von seiner erfolglosen Bootfahrt an der Alaskaküste war er zum Großen Sklavensee gereist und im Sommer 1850 gerade im Begriff, nach Hause zurückzukehren, da traf ihn der Befehl der englischen

Admiralität: er möge einen zweiten Versuch machen. Commodore Pullen, wie er sich jetzt nennen durfte, machte sofort kehrt und drang vom Mackenzie-Delta aus an der Küste bis Kap Bathurst vor. Aber die Eskimos erzählten ihm über das Eislabyrinth weiter im Osten solche Schauermärchen, daß er sich abschrecken ließ und am 27. August nach dem Mackenzie zurückkehrte. Zur selben Zeit aber segelte Mac Clure durch das Polarmeer und hatte offenes Wasser bis zum September. Der leichtgläubige Commodore hatte sich von den gern fabulierenden und übertreibenden Naturkindern einen Bären aufbinden lassen. Von Franklin allein wußten sie gar nichts zu erzählen.

Unterdes hatte man auch in England nicht gefackelt. Anfang Mai 1850 lief das englische Nordpolgeschwader unter Kapitän Austin nach Norden aus, zwei geräumige Segler („Resolute" und „Assistance") und zwei Schraubendampfer („Pioneer" und „Interpid") mit 180 Mann Besatzung. Sein Ziel war das sogenannte arktische Mittelmeer, Barrow-Straße und Melville-Sund. Lady Franklin hatte, von dunkler Ahnung beherrscht, immer wieder auf die Prinzregenten-Einfahrt mit dem Boothia-Golf und auf den Peel-Sund westlich von Nord-Somerset-Land hingewiesen, und mehrere Sachverständige erklärten ebenfalls, daß nur hier, an einer zu Land wie zu Wasser gleich schwer zugänglichen Stelle, des Rätsels Lösung zu finden sei. Um auch dies nicht unversucht zu lassen, kaufte Franklins Gattin den Schoner „Prinz Albert" und sandte ihn mit Kapitän Forsith dorthin. Der Walfischfänger Penny war schon im April mit zwei Schiffen, „Lady Franklin" und „Sophia" (benannt nach Franklins einziger Tochter), nach der Baffin-Bai unterwegs. Auch der 74jährige John Ross wollte mit dabei sein; die Hudson-Bai-Gesellschaft und andere Gönner rüsteten ihm zwei Entsatzschiffe aus, „Felix" und „Mary". Der „Nordstern" unter Kapitän Saunders saß noch am Wolstenholme-Kap fest und kam erst August 1850 los. Die erschütternden Briefe der Lady Franklin an den Präsidenten Taylor, ihre Aufrufe an das Volk Amerikas hatten auch dort gezündet; der New Yorker Nabob John Grinell schenkte zwei Schiffe, „Advance" und „Rescue", die Admiralität bemannte sie, Leutnant de Haven,

Auf der Spur der Verschollenen 113

ein echter, waghalsiger Amerikaner, übernahm ihr Kommando. Schließlich hatte England noch die schon erprobten Segler „Enterprise" und „Investigator" zum zweitenmal ausgesandt, mit Proviant für drei Jahre, um von Amerika aus dem Austinschen Geschwader entgegenzugehen; Kapitän Collinson und sein Commodore MacClure mußten ihre Schiffe erst um ganz Amerika herumführen und zweimal den Äquator kreuzen, ehe sie auf dem Schauplatz des grandiosen Manövers eintreffen konnten. So waren im Sommer 1850 nicht weniger als 14 Schiffe auf der Suche nach Franklin, eine nie dagewesene hochherzige Aktion, an der sich die ganze Kulturwelt durch Geldsammlungen, Spenden an Ausrüstung und Instrumenten und durch Stellung Freiwilliger beteiligte.

Der Draufgänger Penny war zuerst in der Baffin-Bai. An der Disko-Bucht fror er vier Wochen ein; unterdes erschienen auch Austin und Ross mit ihrem Geschwader. Im August waren alle in der Melville-Bai und warteten auf eine Überfahrtsgelegenheit zum Lancaster-Sund. Am 10. öffnete sich das Eis. Aber Ross erklärte plötzlich, alle Bemühungen seien vergeblich; er hatte sich von einem Eskimo sagen lassen: „Zwei Schiffe, vom Eis erdrückt — untergegangen — Männer an Küste gerettet — tot." Penny war nicht so leichtgläubig und ließ durch einen Grönländer, den er bei sich hatte, die ganze Umgegend der Melville-Bai auskundschaften, alle verlassenen Behausungen öffnen, sogar die Leichen darin untersuchen. Keine Spur von Franklin. Am 15. August endlich entschloß man sich zur Fahrt nach dem Lancaster-Sund, und an der Leopolds-Insel, die als Operationsbasis ausersehen war, trafen alle 12 Schiffe zusammen. Das von James Ross 1848 angelegte Depot war völlig unberührt; nur Kapitän Saunders hatte kürzlich mit dem „Nordstern" hier angelegt. Die Schiffe verteilten sich nun nach allen Richtungen und suchten die Küsten ab. Man ließ Papierballons steigen, die in der Luft zerplatzten und Wolken bunter Zettel mit Nachrichten für Franklin ausstreuten. Kein Lebenszeichen kam.

Da fand sich zufällig bei einer Landung eine winzige Spur: Tauenden mit dem eingewebten roten Faden der englischen

Marine, Läppchen Segeltuch, Holzstücke und Knocnenreste von Hammeln und Schweinen. Mit dieser Beute kehrte „Prinz Albert", den das Eis gar nicht in die Prinzregenten-Einfahrt hineingelassen hatte, sofort nach England zurück. Alles, was er mitbrachte, erwies sich in der Tat als von englischer Herkunft. Aber dafür die Fahrt von den Leopolds-Inseln bis nach London? Kapitän Forsith, meinten die Admirale, hätte besser im Norden bleiben, weiter suchen und dann Genaueres melden sollen über einen andern Fund, von dem er anscheinend schon eine erste Nachricht nach England brachte und der sich sogleich als außerordentlich bedeutend erwies.

Penny, der Walfischfänger, war von der Barrow-Straße in den Wellington-Kanal eingebogen, der sich im Norden mit dem Jones-Sund verbindet und Nord-Devon im Westen begrenzt. Schon bei Kap Spencer, 18 Kilometer von Kap Riley um das die englischen Admiralitätsschiffe kreuzten, fielen ihm Schlittenspuren auf; sie führten zu einer vom Schnee verwehten Steinhütte. Man grub nach — eine Feuerstelle zeigte sich, ein Napf, ein Trinkbecher — Zinngefäße aus Franklins Besitz! Wie ein Lauffeuer verbreitete sich die Kunde von Schiff zu Schiff, eins nach dem andern ankerte bei Kap Spencer. Während aber die etwas umständlichen Kapitäne den weiteren Operationsplan entwarfen und die Küstenstrecken unter sich aufteilten, war Pennys Mannschaft auf eigene Faust den Schlittenspuren gefolgt; sie führten zu den steilen Uferklippen der kleinen Beechey-Insel, die Parry entdeckt hatte. Die Leute kletterten kurz entschlossen die Felsen hoch und stießen alsbald auf kleine verschneite Hügel — offenbar von Menschenhand geschichtet — Gräber! Nicht weit davon die Reste zerfallender Gebäude. Da stand noch ein Amboß — in einem zusammengebrochenen Schuppen lagen Sägespäne und Holzstücke — Schlittenspuren und Fußwege kreuz und quer. Dort Zinngefäße, zu Hunderten sauber aufgereiht. Ein Fleck Erde zierlich mit Moosrand umgeben — jedenfalls ein Gärtchen, in dem Franklins Leute Kräuter gegen den Skorbut gezogen hatten; jetzt reckten kümmerliche Anemonen und Mohnblüten ihre farbigen Köpfchen über den Schnee. Dort war das Kohlenlager, hier Stapelplätze

Auf der Spur der Verschollenen 115

für Vorräte; eine Steineinfassung bezeichnete noch den Standpunkt der astronomischen Instrumente. Unten am Strand lagen durchgesägte Schiffstonnen, Waschgefäße nach Matrosenbrauch. Man stand in Franklins — wahrscheinlich erstem — Winterlager!

Die Kapitäne machten große Augen über Pennys Fund, und die Beechey-Insel wurde nun der Mittelpunkt der weiteren Nachforschung. Hier war Franklin unzweifelhaft gewesen, hier zeugte noch alles von frischer, hoffnungsfroher Tätigkeit. Aber das rätselhafte Schicksal seiner Expedition war damit nicht geklärt. Auf den Gräbern fanden sich Inschriften: drei Matrosen waren hier zur Ruhe bestattet. Diese drei Grabschriften waren die einzigen schriftlichen Zeugnisse, die man fand. Wie sorgfältig man auch alles umwühlte — nirgends ein Blättchen Papier von Franklins Hand, nirgends eine Messinghülse mit Nachrichten über seine Erlebnisse und seine weiteren Pläne. Ein fast eigensinniges, fahrlässiges Schweigen, im Widerspruch zu allem Entdeckerbrauch, im Widerspruch auch zu jeder besonnenen Überlegung! Ein Beweis zwar auch für seine stolze und sichere Zuversicht, mit der er aus diesem Winterlager aufbrach! Er brauchte nichts zu hinterlassen, damit man ihn aufspüren könne — er wollte selbst nach glücklicher Heimkehr von seinen Abenteuern berichten.

Wo sollte man nun weiter suchen? Vom Strand aus führten keine Spuren durch das Meer, und so weit man auch die Umgegend durchforschte, nirgends zeigte sich eine neue Landungsstelle, nirgends ein Hinweis, welchen Weg „Erebus" und „Terror" etwa genommen haben konnten.

Kapitän Penny ließ sich durch offenes Wasser im Norden verleiten, weiter den Wellington-Kanal hinaufzufahren, und wenn er auch bald umkehren mußte, glaubte er doch für die Theorie von dem offenen Polarmeer, der auch er huldigte, den Beweis erbracht zu haben. Die übrigen Schiffe froren mitten im Lancaster-Sund ein und kamen nicht vom Fleck; sie mußten sogar die Boote aussetzen, um die Mannschaft retten zu können, falls sie vom Eis zerdrückt wurden. Am 7. September sprengte ein gewaltiger Orkan die Eisfesseln. In der Nähe der Beechey-Insel fanden sich dann alle durch einen Zufall zusammen, um hier zu überwintern. Nur die beiden Amerikaner wollten durchaus heimwärts, sie waren auf einen Winter nicht eingerichtet. Das Schicksal dieser ersten amerikanischen Polarexpedition wurde abenteuerlich genug. Im Moment der Abfahrt riß ein Sturm die Brigg „Rescue" vom Anker und schleuderte sie in das mit gewaltigem Treibeis gefüllte Fahrwasser hinein. Ein dichter Nebel senkte sich plötzlich wie ein Leichentuch über Meer und Schiffe. Am nächsten Tag gelang es dem Schwesterschiff „Advance", den Ausreißer ins Schlepptau zu nehmen, und als für einen Augenblick die Nebeldecke riß, sahen die Engländer die beiden Amerikaner mit geblähten Segeln davonfahren. Sie hatten nicht einmal die Post der Engländer mitnehmen können, so überraschend war alles gekommen. Aber die Flucht aus dem Eisgefängnis mißlang. Wenige Tage später nahm ein Eisberg sie in seine Arme und führte sie, statt in die Baffin-Bai, durch die Wellington-Straße nach Norden. Sie erreichten hier eine Breite, der sich damals noch kein europäisches Schiff genähert hatte: 75° 25', sahen neues Land im Osten, das schon Penny gesichtet hatte, und nannten es nach ihrem Protektor Grinell-Land. Aber diese unfreiwillige Entdeckungsreise schien ein furchtbares Ende nehmen zu wollen. Der Eisberg ließ sie nicht los, sondern führte sie im November wieder nach Süden und dann durch die Barrow-Straße und den Lancaster-Sund nach Osten, 90 Winternächte lang. Im bleichen Mondschein zogen die kristallenen Eisberge schemenhaft vorüber; dann wieder taumelten die Schiffe durch undurchdringliche Nacht wie in einen grausigen Abgrund. Sturm und Nebel fielen wie Dämonen über sie her. Wochenlang kamen die Leute nicht aus den Kleidern, jeder stand mit seinem Kleiderbündel bereit für den nächsten Augenblick, wenn die Planken krachend zusammenbrachen. Hoch oben auf dem Eis schwebten die Fahrzeuge; die „Rescue" mußte eine Zeitlang verlassen werden, sie drohte umzukippen. Bei Sturm durfte kein Feuer brennen, sonst konnte alles in Flammen aufgehen. Dazu Kleider, die nicht für einen arktischen Winter berechnet waren, spärliche Nahrung, skorbutkrank einer nach dem andern, ohne Ausnahme. Nur der heldenhaften Aufopferung des Schiffsarztes Kane war die Rettung vor einer furchtbaren Katastrophe zu verdanken; das kleine schwächliche Männchen pflegte die Kranken, hielt ihren Mut aufrecht, und als die Sonne wiederkam, jagte Kane Robben und Bären für seine Patienten. Mit dem Eis trieben die Schiffe durch die Baffin-Bai nach Süden; am 5. Juni 1851 endlich kamen sie bei Kap Walsingham frei. Das Eis war ihr Tyrann, aber auch ihr Schutz gewesen. Ende September landeten sie wieder in New York.

Die englischen Schiffe überstanden den Winter gut und kehrten im selben Sommer zurück. Franklins Winterquartier auf der Beechey-Insel war gefunden; weitere Resultate aber hatten sie nicht zu melden. Nur Kapitän Collinson und MacClure waren jetzt noch unterwegs.

MacClure findet die Nordwestdurchfahrt

Seit Januar 1850 schon waren Kapitän Collinson und MacClure auf der Fahrt nach der Bering-Straße. Das Flaggschiff „Enterprise" war schneller als der „Investigator", sie verloren einander aus dem Gesicht; aber während Collinson sich von Honolulu aus in den Schutz der asiatischen Küste begab und viel Zeit verlor, segelte sein Commodore MacClure in gerader Linie nach Norden, und der „Investigator" schwamm schon 14 Tage im Polarmeer, als die „Enterprise" die Nordostspitze Kamtschatkas anlief und den Weg nach Osten durch Eismassen aussichtslos versperrt fand. Collinson überwinterte deshalb in Hongkong; um aber doch etwas zu tun, schickte er einen Leutnant und zwei Mann nach Alaska, um bei Indianern und Eskimos Nachrichten über gescheiterte Schiffe und gestrandete weiße Männer zu sammeln. Sie kehrten nicht zurück, sondern wurden von Indianern erschlagen.

Unterdes kreuzte der „Investigator" zwischen dem Eis des Polarmeers an der Nordküste Amerikas entlang mit gutem Wind nach Osten. Überall, wo sie Eskimos beobachteten, gingen sie an Land, um nach Franklin zu fragen, wurden aber von den

Eingeborenen anfangs immer auffallend feindlich empfangen. Nur der Ruhe und Geschicklichkeit des Dolmetschers war es zu danken, daß diese — übrigens resultatlosen — Begegnungen ohne kriegerische Zusammenstöße verliefen. Dieser Dolmetscher war ein deutscher Missionar namens Miertsching aus Herrenhut in Sachsen, der sich MacClure angeschlossen hatte; er lebte seit Jahren in Okak in Labrador unter den südlichsten Eskimos, kannte ihre Sprache und Gewohnheiten und erwies sich auf MacClures Entdeckungsreise als ein ebenso geschickter wie kühner Kamerad, der neben dem Gotteswort auch Ruder und Jagdflinte trefflich zu handhaben verstand.

Am 30.August 1850 hatte Miertsching zwei Eskimoweiber am Strande getroffen. Ihre Männer waren beim Walfischfang weiter östlich; das Schiff fuhr also in dieser Richtung weiter und ging am 31. an der von den Frauen bezeichneten Stelle vor Anker. „Wir hatten 10 englische Meilen zurückgelegt," berichtet nun Miertsching, „und noch keine Spur von den Eskimos gesehen, als ich im Nebel durch das Fernglas auf dem nahen, flachen Kap einige Erhöhungen sah, die sich, als der Nebel für einige Augenblicke sich verzog, als Eskimozelte auswiesen. Wir zählten gegen 30 Zelte und 9 Winterhäuser. Bald darauf sahen wir unten am Strande 3 Umiaks oder Frauenboote und eine Menge Kajaks liegen. Über eine schmale Landzuge hinweg konnten wir die See erblicken und waren nun gewiß, daß wir uns am Kap Bathurst befänden. Wir waren kaum ausgestiegen, als die Eskimos wie ein Schwarm mit Messern, Speeren und Bogen auf uns loskamen, entsetzlich schreiend und lärmend. Die Weiber folgten mit Reservewaffen. Um Unannehmlichkeiten zu vermeiden, fragte der Kapitän: ‚Was sollen wir tun?' Ich gab ihm meine Flinte, knöpfte meinen Eskimorock gut zu und lief nun, was ich laufen konnte, gerade auf die Leute zu. Sie ließen sich indes nicht einschüchtern; ich zog meine Pistolen aus der Tasche, feuerte sie vor ihren Augen in die Luft und sagte ihnen, sie sollten ihre Waffen niederlegen. Sie schrien aber nur um so lauter. Ich rief ihnen zu, wir seien Freunde, brächten Geschenke und hätten nichts Böses wider sie im Sinn. Darauf wurden sie etwas friedlicher und stiller. Der Kapitän kam nun auch zu mir, und nach vielen Worten und Versprechungen legten sie endlich ihre Waffen nieder, behielten aber ihre Messer zum Kampfe fertig. Ich machte zwischen ihnen und uns einen Strich in den Schnee als Grenze, über welche keiner schreiten sollte, was auch beachtet wurde. Die Leute wurden nun immer freundlicher und endlich ganz zutraulich. Sie brachten ihre Frauen und Kinder und legten uns die Säuglinge in die Arme. Nachdem der Kapitän sich durch mancherlei Fragen überzeugt hatte, daß diese Leute von Franklin und seinen Unglücksgefährten nichts wüßten, übergab er dem Eskimo Kenalualik Briefe an die Hudson-Bai-Station nebst vielen Geschenken für ihn selber."

Auf Miertschings Missionsversuche gingen sie mit Wißbegier ein, seine Erzählungen von Gott und der Erschaffung der Welt gefielen ihnen so gut, daß sie nicht genug davon hören konnten; er möge doch bei ihnen bleiben, meinten sie, ein Zelt, ein Boot solle er haben, auch eine Frau, und zwar die Tochter des Häuptlings. Schließlich begleiteten sie ihn und den Kapitän zum Boot, jubelten über die erhaltenen Geschenke, was sie nicht hinderte, den blanken Bootskompaß zu stibitzen, andern Tags kamen sie sogar aufs Schiff. Von allen Leckerbissen, die man ihnen vorsetzte, Wein, Tee, Kaffee, schmeckte ihnen nichts, nur fettes Schweinefleisch fand ihren Beifall Einer dieser Eskimos erzählte, „vorgestern" seien Fremde („Kablunaken") mit zwei Booten hier gewesen, hätten am Lande gewohnt, auch einen Eisbären geschossen. Der Kapitän horchte hoch auf. Sie beschrieben genau Boote, Kleider und die Männer selbst; der dicke Kapitän sei am Strande immer auf und ab gegangen, jedesmal hätte er zwanzigmal getreten, dann sei er wieder umgekehrt. Aus der Beschreibung ergab sich, daß sie Dr. Richardson meinten; „vorgestern" bedeutete „vor zwei Jahren", als Richardson vom Mackenzie aus mit seinen Booten die Küste bis zum Kupferminenfluß nach Franklin abgesucht hatte. Von Franklin wußten die Eskimos nichts.

Nach Nordosten zeigte sich jetzt offenes Wasser, und der „Investigator" erreichte am 7. September „Nelsons Kopf", das südliche Vorgebirge von Banksland, dessen Nordküste Parry seiner Zeit gesichtet hatte. Nach Westen war nicht durchzukommen, daher fuhr MacClure an der Ostküste weiter, in die Prinz-Wales-Straße hinein. Nun wurde das Vorwärtskommen von Tag zu Tag schwieriger. Am 11. September begannen furchtbare Eispressungen, denen das Schiff wie durch ein Wunder standhielt; erst am 10.Oktober beruhigten sie sich. In der Nähe der Prinzessinnen-Inseln in der Prinz-Wales-Straße, zwischen Banks- und Prinz-Albert-Land, fror der „Investigator" ein, und MacClure beschloß, nicht am Lande Schutz zu suchen, sondern hier mitten im Eis zu überwintern, was nach damaliger Ansicht der Polarfahrer sicheren Tod bedeutete. Wie nahe in diesen Tagen MacClure und seinen Leuten der Tod war, zeigt folgendes Blatt aus den Aufzeichnungen des tapferen Missionars:

„26. September 1850. — Wir haben auf der See Stürme erlebt, wo beinahe alle oberen Masten herunterbrachen, dennoch behaupten alle, daß zehn Seestürme nicht das Schreckliche und Entsetzliche in sich fassen, was uns die vorige Nacht gebracht hat. Siebzehn Stunden standen wir auf dem Verdeck, jeden Augenblick als den letzten unseres Lebens betrachtend. Eismassen, deren jede drei- bis viermal größer als das Schiff war, wurden zusammengeschoben, übereinander getürmt, und stürzten dann mit donnerähnlichem Gekrach zusammen. Mitten in diesem Toben ward das Schiff, jetzt auf die eine, dann auf die andere Seite geschleudert, hoch aus dem Wasser emporgehoben und, sobald das sich aufstauende Eis, sich selbst zermalmend, zusammenstürzte, wieder hinabgeschleudert in das tobende Meer. Die Fugen des Schiffes gingen auseinander, und das geteerte Werg fiel heraus; ja, die Fässer im Schiff fingen an zerdrückt zu werden. Hätten wir nur irgendeine Möglichkeit gesehen, über das auf- und abgeworfene Eis an Land zu flüchten, es wäre wohl keiner auf dem Schiff geblieben; aber das war weder zu Boot noch zu Fuß möglich, deshalb mußten wir aushalten. Einige Matrosen, an der Rettung verzweifelnd, hatten bereits die Spirituskammer aufgebrochen und sich völlig berauscht, um so der Todesangst zu entfliehen. Als nun Not und Gefahr den höchsten Punkt erreicht hatten, als das Schiff auf die Seite

MacClure findet die Nordwestdurchfahrt

geworfen, von einer hochgetürmten Eismasse eben bedeckt werden sollte, die mit einemmal 76 Menschen begraben mußte, da sagte der Barmherzige: Bis hierher und nicht weiter! Das Eis stand still, ohne sich im geringsten zu bewegen. Man sah sich erstaunt und verwundert an über diese plötzliche Veränderung, man wagte es kaum zu glauben. Das Schiff lag immer noch auf der Seite, und wir erwarteten einen neuen Aufruhr, aber es blieb alles still! Der Herr hatte den Wellen und dem Meere geboten Eine starke Wache blieb auf Deck; die anderen gingen matt, erschöpft und durchnäßt, um etwas Ruhe zu genießen."

An die Aufsuchung Franklins war nun bis zum nächsten Frühjahr nicht mehr zu denken. Nur über eines wollte sich MacClure noch vergewissern: hier diese neuentdeckte Wasserstraße, in der sein Schiff eingefroren war, hatte jedenfalls einen Ausweg nach dem arktischen Mittelmeer, zum Melville-Sund und zur Barrow-Straße. Gelang es, das festzustellen, dann war die so hart umkämpfte Nordwestdurchfahrt endlich gefunden.

Am 21.Oktober 1850 brach er, nur von wenigen Leuten begleitet, nach Norden auf. Seine mit Spannung erwartete Rückkehr von dieser erfolgreichen Schlittentour sei mit den Worten des Augenzeugen Miertsching erzählt:

„31. Oktober 1850. — Heute morgen um $^1/_29$ traf der Kapitän MacClure ganz unerwartet und unbemerkt bei uns ein. Er hatte gestern vormittag 10 Uhr seine Leute und den Schlitten, 9 englische Meilen vom Schiff entfernt, verlassen und gedachte nachmittags 2 Uhr anzukommen. Aber vom Schneewetter überfallen, verirrte er sich und konnte das Schiff nicht finden. So wanderte er die ganze Nacht hindurch ohne Ruhe, Schlaf und Speise und war zweimal in Gefahr, von Eisbären angefallen zu werden. Sein Pulver hatte er verschossen, um sich der Schiffswache bemerkbar zu machen; aber das mochte so weit vom Schiff geschehen sein, daß der Schall nicht bis hierhin gelangte. Nach 20stündigem Umherirren sah er sich, als es Tag wurde, mitten zwischen hohem Eis, eine halbe Stunde vom Schiff entfernt. Als er endlich ankam, sah er mehr einer Leiche als einem Menschen ähnlich, die Glieder waren alle steif vor Kälte, sprechen konnte er nicht. Er wurde vom Deck in die Kajüte gebracht, wo ihn die beiden Ärzte in Empfang nahmen.

Am Mittag kamen die Begleiter des Kapitäns mit dem Schlitten an und wunderten sich nicht wenig, daß der Kapitän erst heute angelangt. Sie hatten, nachdem er sie verlassen, das Zelt aufgeschlagen, ihr Mittagessen bereitet und des Schneewetters wegen auf dem Eis übernachtet. Jetzt kamen sie wohlbehalten nach zehntägiger Abwesenheit und vergnügt über den guten Erfolg der Reise zurück. Am 26. Oktober nämlich hatten sie das Ende des Wassers erreicht, in dem unser Schiff eingefroren lag, und standen nun auf der Ostecke des Landes, das Parry vor 30 Jahren von der Melville-Insel aus gesehen und Banksland genannt hatte. Nach Norden sahen sie nur Eis, und nach Osten bog die Küste von Prinz-Albert-Land um. Somit hatten sie die seit mehr als 300 Jahren gesuchte nordwestliche Durchfahrt gefunden. Das Gewässer, in dem wir liegen, ist wirklich ein Kanal, hier nur 10 Meilen breit; aber da, wo er in die Barrow-Straße mündet, hat er eine Breite von 35 Meilen vom Ostende von Banksland (Point Russel) bis hinüber zur Westecke von Prinz-Albrecht-Land, die unser Kapitän Point Peel benannte. Auf Point Russel wurde ein Steinhaufen errichtet und eine Nachricht darin aufbewahrt."

Nun ließ MacClure alles für den Winter vorbereiten, und dank der trefflichen Ausrüstung des Schiffes, der guten Zucht der Mannschaft und der unermüdlichen Vorsorge des Kapitäns verstrich die erste Polarnacht ohne weitere Fährlichkeiten. Eine große geographische Entdeckung war wie durch einen günstigen Zufall gemacht — vielleicht gelang im nächsten Jahr auch die eigentliche Aufgabe der Expedition, die Auffindung der Spuren des verschollenen Franklin.

Verlassene Schiffe

Sobald die Sonne wieder am Himmel stand, hatte MacClure Schlittenexpeditionen vorbereiten lassen, und im April 1851 zogen sie nach allen Richtungen hinaus, um Franklin zu suchen. Nirgends fand sich die geringste Spur, und die Hoffnung, in dieser Gegend irgend etwas über das rätselhafte Schicksal der unglücklichen Expedition zu erfahren, mußte aufgegeben werden. Der „Investigator" geriet sogar nach wenigen Monaten selbst so in Bedrängnis, daß er demselben Schicksal unrettbar entgegenging, das „Erebus" und „Terror" überfallen haben mußte; die Elemente hielten auch ihre neue Beute fest, und der Franklin-Tragödie drohte sich eine zweite, nicht weniger furchtbare anzuschließen: MacClure mußte sein Schiff verlassen, und der Weg in die Eiswildnis hinaus erschien als der letzte, aber völlig aussichtslose Versuch, das nackte Leben zu retten.

Am 14. Juli 1851 brach das Eis in der Prinz-Wales-Straße los, und die Erinnerung an die furchtbaren Oktobertage des Vorjahres verblaßte vor den neuen Schrecken, denen sich die Besatzung des „Investigator" fast drei Monate lang macht- und hoffnungslos preisgegeben sah. Es war MacClure nicht beschieden, mit seinem Schiff die entdeckte Nordwestdurchfahrt in das nördliche Polarmittelmeer ganz zu passieren. Eine undurchdringliche Phalanx von Eisschollen und -bergen drückte den „Investigator" nach Süden; Sprengungen halfen nichts, an Stelle der zusammenbrechenden Eisblöcke drängten sich neue in die Lücken, alle Menschenkraft wurde hier zuschanden. Durch den Kampf der Eismassen wurde das Schiff wie ein Spielball hin und her geworfen, einmal an die Felswand der Küste, dann wieder hinaus in das Urweltchaos. Die Balken bogen sich, Bretterwände und Türen sprangen. Der Augenblick wiederholte sich, der alle Mann auf Deck rief und der letzte zu sein schien. „Das Schiff geht in Stücke — es sinkt in 5 Minuten" — so scholl der Ruf des Kapitäns durch den heulenden Sturm und wurde von Mund zu Mund weitergegeben. Jeder hatte ein kümmerliches Bündel mit dem notwendigsten Lebensbedarf zur Hand, blaß die Gesichter, verzerrt von Verzweiflung und Todesfurcht — kein Wort fiel mehr — im nächsten Augenblick war alles zu Ende. Aber jedesmal, wenn die Gefahr am höchsten war, stand das Eis plötzlich unbeweglich; die schauerliche Stille, die dann folgte und einen neuen Angriff vorzubereiten schien, war grauenhafter als die unmittelbare Gewißheit sofortigen

Untergangs. Hin und wieder ließ das Eis seine Beute auf einige Tage los, dann segelte sie auf gut Glück der Wasserbahn nach, die sich dahin oder dorthin geöffnet hatte, um Nelsons Kopf wieder herum, an der Westküste des Bankslandes hinauf, ohne Möglichkeit, sich irgendwo in eine Küstenbucht zu retten. Dann wieder hob das Eis die Nußschale auf seine Schultern, und mit geblähten Segeln wurde sie auf diesem unheimlichen Trajekt weiter getragen. Alle Elemente waren in solch verwirrendem Aufruhr, daß einmal die Flagge am Heck nach Nordost, der Wimpel an der Mastspitze nach Südwest wehte. Zweieinhalb Monate dauerte dieser erbitterte Kampf gegen die Umklammerung des Eises. Am 24. September endlich glückte es, sich in eine Bucht an der Nordküste von Banksland hineinzumanövrieren; zum Dank für die Hilfe der Vorsehung wurde sie Bay of Mercy (Gnadenbucht) genannt. An ein Entkommen in diesem Sommer aber war längst nicht mehr zu denken. MacClure blieb nichts übrig, als in dieser Bucht zu überwintern.

Auf einen zweiten Winter war er nicht vorbereitet, mangelte an Lebensmitteln und Kohlen. Die Heizung wurde auf ein Mindestmaß eingeschränkt, die Mahlzeiten wurden immer spärlicher. Die geregelte Tagesordnung des ersten Winters, die durch ihre Mannigfaltigkeit Wochen und Monate kürzte, löste sich auf. Wer nur einigermaßen fest auf den Beinen war, nahm die Flinte und ging auf Jagd. Renntiere waren glücklicherweise häufig; diese Jagdbeute mußte an die Schiffsküche abgeliefert werden; Füchse und Lemminge durfte jeder für sich behalten; diese Freiheit spornte den Eifer mächtig an. In dem verschneiten Gelände aber verliefen sich die Jäger oft, irrten tagelang umher und wurden völlig entkräftet, halb von Sinnen vor Kälte, von Suchabteilungen nach gefährlichen Streifen wieder aufgegriffen. Immerhin kam man so einigermaßen durch den Winter, wenn auch die Leute abmagerten. Für Studien in Miertschings Schule hatten sie aber nur wenig Sinn mehr; die Jagderlebnisse, bei einer Pfeife Tabak umständlich erörtert, blieben allmählich das einzige Tagesgespräch.

Am 11. April 1852 machte sich MacClure auf, um Parrys

Winterhafen an der Melville-Insel zu suchen. Vielleicht fand er dort eine Nachricht von Franklin oder doch eine von den verschiedenen Suchexpeditionen — oder gar ein Proviantdepot und ein heimatliches Schiff. Er erreichte den Winterhafen und stellte nun, was Parry nicht ganz geglückt war, fest, daß die Banksstraße, die er überquert hatte, nach Westen in das Polarmeer mündete, hier also eine zweite Nordwestdurchfahrt möglich sei. Im Winterhafen lag tatsächlich eine Mitteilung vom Austinschen Geschwader: es sei bei den Griffith-Inseln eingefroren; Leutnant MacClintock hatte sie auf einer 1400 Kilometer langen Schlittentour dort niedergelegt. Das war aber jetzt schon ein Jahr her; die Schiffe waren zweifellos längst wieder heimgekehrt. Lebensmittel hatten sie nicht hinterlassen. So sah sich MacClure nach wie vor sich selbst überlassen. Es galt nun, so bald wie möglich ebenfalls sein Heil in der Flucht zu suchen.

Aber die Gnadenbucht, der mit solcher Dankbarkeit begrüßte Zufluchtshafen, erwies sich jetzt als eine regelrechte Falle. Die Eisrevolutionen in der Banks-Straße ließen sie völlig unberührt. Der Sommer kam, der Schnee schmolz, hier und da bedeckte sich der Boden mit kümmerlichem Grün, Gras und Sauerampfer wuchsen und lieferten heilsamen Salat gegen Skorbut, sogar bunte Schmetterlinge flatterten umher — nur das Eis in der Bucht blieb unbeweglich, während von weitem das Tosen der Schollen dumpf herüberklang. Keine Möglichkeit, zu entfliehen! Die Wochen vergingen, die Tage wurden schon kürzer, die Schrecken eines neuen, dritten Winters zogen herauf. Die Tagesrationen wurden auf 20 Lot Brot, 8 Lot Fleisch und 6 Lot Gemüse, Zucker, Schokolade usw. herabgesetzt; die Leute zitterten vor Kälte und Hunger. Die Kleider fielen ihnen fast vom Leibe, so zerlumpt waren sie. Die Jagderträgnisse wurden immer geringer; die Hälfte der Mannschaft stand auf der Krankenliste, und neben dem Arzt hatte der Seelsorger alle Hände voll zu tun, wenn auch Missionar Miertsching als deutscher evangelischer Prediger bei den Mitgliedern der englischen Hochkirche nur schwer Vertrauen fand. Ein Offizier und zwei Matrosen wurden tobsüchtig — jeder sah sein eigenes baldiges Ende vor Augen. Wo es ihn ereilte — hier im Eiskeller des Schiffs oder auf der nächsten Schneewehe — gleichviel! Das Äußerste, Letzte mußte daher versucht werden. Sobald die Tage wieder leuchten, hatte der Kapitän bestimmt, macht sich die Mannschaft in zwei Abteilungen auf den Weg; die eine mit dem Missionar Miertsching sucht im Süden ihr Heil, die andere im Norden. MacClure selbst hatte beschlossen, auf seinem Schiff zu bleiben, mit ihm zugrunde zu gehen.

Am 5. April 1853 starb ein Matrose; es war, wunderbar genug, der erste Todesfall auf dem „Investigator", trotz aller Entbehrungen und Unglücksfälle. Die Schlitten standen schon gepackt, am nächsten Tag wollte der Kapitän den Befehl zum Abmarsch geben. Den weiteren Verlauf dieses Tages soll MacClure selbst erzählen:

„Ich ging mit dem ersten Leutnant neben dem Schiff spazieren, und wir überlegten, wie man dem gestern gestorbenen Mann in dem hartgefrorenen Boden ein Grab bereiten könne, da bemerkten wir eine Gestalt, die von den Eisschollen an der Mündung der Bucht rasch auf uns zukam. Es mußte einer der unsrigen sein, der, so schlossen wir aus Lauf und Gebärden, von einem Eisbär verfolgt wurde. Aber merkwürdig sah er aus, und wir rieten hin und her, wer es sein könne; vielleicht hatte einer von uns sein neues Reisekleid probiert, um sich auf den Marsch vorzubereiten. Da sonst niemand in der Nähe war, gingen wir ihm entgegen. In etwa 200 Meter Entfernung machte die seltsame Gestalt Zeichen mit den Armen nach Art der Eskimos und rief uns dabei Worte zu, die bei dem Wind und der offenbaren Erregung des Ankömmlings wie wildes Angstgeschrei klangen. Wir blieben stehen. Der Fremde näherte sich jetzt ganz ruhig. Aber unser Erstaunen wurde immer größer. Sein Gesicht war schwarz wie Ebenholz. War es ein Bewohner dieser oder jener Welt? Ein Endchen Schwanz oder etwas wie ein gespaltener Huf hätte uns wahrhaftig in die Flucht gejagt! So aber blieben wir auf unserem Posten. Aber wenn der Himmel eingestürzt wäre, es hätte uns weniger erschüttert als die Worte, die uns plötzlich entgegenschallten: ‚Ich bin Leutnant Pim von der ‚Resolute'. Kapitän Kellett befehligt sie bei Dealy Island!' Auf ihn zustürzen und seine Hand ergreifen, war eine unwillkürliche Bewegung."

Im Augenblick war das ganze Schiff in Aufruhr. „Die Kranken", versichert Miertsching, „sprangen, ihres Elends vergessend, von ihren Lagern empor, die Gesunden vergaßen Kummer und Verzweiflung, schneller, als man es erzählen kann, stand alles auf dem Verdeck. Wer diese Szene mit erlebt hat, wird sie niemals vergessen."

Rettung war da! Leutnant Pim — die schwarze Bemalung seines Gesichts war ein neugefundener Schutz gegen die Polarkälte — war der Vorbote einer Hilfsexpedition, die zum Entsatz des „Investigators" herannahte. Einen Tag später — und er hätte das Schiff von der Mannschaft verlassen gefunden, nur den Kapitän noch angetroffen! Und wem verdankte MacClure diese Rettung im letzten Augenblick? Seiner eigenen Besonnenheit! Er hatte nicht wie der unglückliche Franklin seine Spur mit Fleiß verwischt, sondern bei dem Besuch in Parrys Winterhafen 1852 eine schriftliche Mitteilung hinterlassen über seine bisherige Reise, die Entdeckung der Nordwestdurchfahrt, seine weiteren Unfälle und die jetzige Lage seines Schiffs. Allerdings, so hatte er hinzugefügt, ihn suchen zu wollen, sei aussichtslos; jede Rettungsexpedition nach der Mercy-Bai sei unfehlbar verloren — wie voraussichtlich er und die Seinen selbst. Der Polarbriefkasten bewährte sich in diesem Fall glänzend: einer von der Entsatzexpedition hatte das Dokument gefunden, Kapitän Kellett wagte die Rettungsaktion — und sie gelang. MacClures Mannschaft wurde truppweise zur Dealy-Insel geschafft, wo Baracken und ein großes Lebensmitteldepot der Erschöpften und Kranken warteten. Der „Investigator" allerdings mußte aufgegeben werden; dies Urteil fällten auch die Offiziere, die Kellett zur Untersuchung des Schiffes absandte. Dort in der Mercy-Bai lag das stolze Schiff vier Jahrzehnte lang! Eine kostbare Fundgrube an Holz und Eisen für die Eskimos, die, sobald sie erst Wind von dem Schatz bekommen hatten, jedes Frühjahr dort ihren Jahresbedarf deckten. Zum Gerippe ausgemergelt, brach es schließlich zusammen und fiel der nächsten Frühjahrsflut zum Opfer. Reste von ihm fand noch 1914 der Amerikaner

Stefansson, der erste, der seit MacClure die Nordküste von Banks-Land betrat.

Der arg geprüften Mannschaft des „Investigator" sollte aber so bald keine Ruhe beschieden sein. Die beiden Entsatzschiffe „Intrepid" und „Resolute" hatten dasselbe Schicksal: sie froren bei dem Versuch, nach Osten zu gehen, mitten im Meere ein und so hoffnungslos, daß die Kapitäne Kellett und Belcher sich gleichfalls entschließen mußten, ihre Schiffe im Stich zu lassen. Die drei Besatzungen wanderten 200 Meilen übers Eis zur Beechey-Insel und wurden auf dem dort liegenden „Nordstern" in drangvoll fürchterlicher Enge untergebracht. Bei diesen Opfern aber blieb es nicht. Als die durch Krankheit und Tod stark dezimierte Mannschaft des „Nordsterns" im Oktober 1854 nach England zurückkehrte — MacClures Leute nach vierjähriger Gefangenschaft im Eis! —, waren auf der Suche nach Franklin nicht weniger als acht Schiffe verlorengegangen — die ebenfalls als verschollen geltende „Enterprise" mit eingerechnet. Das Bild des arktischen Amerika allerdings hatte sich wundervoll geklärt, die Gliederung dieses ungeheuern Inselarchipels bis hinauf zum Jones-Sund, zum Grinell-Land und zur Prinz-Patrick-Insel trat deutlich hervor, sogar die Nordwestdurchfahrt war, wenigstens in der Theorie, gefunden — gewissermaßen ein Sprungbrett zum Nordpol schien geschaffen, und der Glaube an ein schiffbares Meer bis zum Pol hinauf hatte neue Anhänger gefunden. Über Franklins Schicksal aber war man noch ebenso im unklaren wie bisher, und auch jene geographischen Entdeckungen schienen der englischen Admiralität diese ungeheuren Opfer an Schiffen und Menschenleben nicht aufzuwiegen. Sie hatte bereits im Frühjahr Franklin und seine Gefährten als verschollen erklärt und ihre Namen aus der Marineliste gestrichen; die Nachforschungen sollten nun endgültig aufgegeben werden. Die Kapitäne aber, die ohne ihr Schiff zurückgekommen waren, mußten sich vor dem Kriegsgericht verantworten. Bis auf einen erhielten sie aber ihren Degen mit Ehren zurück. MacClure, der Finder der Nordwestdurchfahrt, wurde in den Adelstand erhoben, die Belohnung von 20 000 Pfund ihm aber nur zur Hälfte zugesprochen, denn

Einschnitt der Schiffe in das Eis

eine wirkliche Durchfahrt war ja auch ihm nicht gelungen, und nach all diesen ungeheuren Anstrengungen wurde das Problem der Nordwestpassage als praktisch wertlos mit allen Ehren endgültig beigesetzt. An dieser Bewertung eines geographischen Problems, das vier Jahrhunderte hindurch die Welt beschäftigt hat, änderte sich auch nichts, als es dem Norweger Roald Amundsen auf einer dreijährigen Reise (1903—1905) gelang, sich mit einem kleinen Schiff von 47 Tonnen, der „Gjöa", durch das Eislabyrinth Polaramerikas hindurchzuwinden, ein tapferes Husarenstückchen, mit dem sich der spätere Entdecker des Südpols zum erstenmal der Öffentlichkeit vorstellte.

Von den verlassenen Schiffen aber bereitete eines noch der Welt eine ungewöhnliche Überraschung. Die „Resolute" machte ihrem Namen Ehre; sie riß sich aus der eisigen Umarmung der Polaris los und trieb im folgenden Jahr auf eigene Faust die Barrow-Straße hinab, schwenkte mit einem Eisfeld als Plattform in die Baffin-Bai ein und erschien eines Tages wie der fliegende Holländer in der Davis-Straße bei Kap Mercier. Ein amerikanischer Waler-Kapitän wagte sich an die gespenstische Erscheinung heran, enterte sie und führte das herrenlose Schiff als gute Prise nach Connecticut. Dort wurde es neu aufgetakelt und dann der Königin von England zum Geschenk gemacht. Aus seinen letzten Holzteilen wurde noch unlängst ein Tisch hergestellt, der wieder seinen Weg über das große Wasser nahm, als Dedikation Englands an den Kongreß von Washington zur Erinnerung an die ehemalige Aufmerksamkeit des amerikanischen Volkes, an die festliche Rückgabe der eigensinnigen „Resolute".

Das Geheimnis um Franklin

Um Franklins Denkmal im Gedächtnis der Kulturwelt wucherte bald die Legende. Auf der Insel Beechey, bei Franklins erstem Winterlager, so flüsterte die Sage, halte ein riesiger Bär einsame Wacht. Unter den Walfischfängern war es ausgemacht, daß einer von ihnen einem riesigen Eisberg begegnet sei, dessen kristalline Wände zwei wohlerhaltene, aufrecht stehende Segelschiffe umschlossen; langsam und lautlos sei er die Baffin-Bai hinabgetrieben. Die tatsächliche Fahrt der beiden Grinell-Schiffe schwebt dieser Vision vor; wie der Magnet das Eisen, so zieht das Geheimnis alles Wunderbare an sich. Und die geschwätzigen Eskimos, die man so lange inquiriert hatte, nutzten bald die gute Konjunktur für Geschenke und Belohnungen aus: sie wollten nun überall scheiternde Schiffe und weiße „schlafen gegangene Männer" gesehen haben. Dadurch wurde die Verwirrung nur größer, das Geheimnis um Franklin immer unergründlicher. Und wenn auch die englische Admiralität ihn und seine Gefährten auf die Totenliste gesetzt hatte, die Welt gab sich mit der einfachen Grabschrift „Verschollen" nicht zufrieden. Die Frage nach Franklins Schicksal wurde nur noch dringender, als plötzlich John Rae, der Bevollmächtigte der Hudson-Bai-Kompanie, am 22. Oktober 1854 vor der Admiralität in London erschien und ihr eine Reihe von Gegenständen vorlegte, die zweifellos von Franklin stammten: eine Uhr, vier Messer, silberne Löffel, Teile eines Teleskops, den Knopf eines Spazierstocks, einen Sir Franklin gehörigen hannöverschen Guelphenorden und ein Stück Flanellweste, die mit seinen Initialen gezeichnet war! Eine Geschäftsreise hatte Rae 1853 nach der Repulse-Bai geführt, wo er den nächsten Winter zubrachte. Hier traf er am 17. April 1854 Eingeborene, deren Angaben offenbar auf Wahrheit beruhten: Im Frühjahr 1850 seien etwa 40 weiße Männer auf King-Williams-Land gesehen worden, die durch Zeichen zu verstehen gegeben, daß ihr Schiff im Eis verunglückt sei; jenseits eines „großen Flusses mit vielen Fällen und Stromschnellen" seien sie umgekommen; 30 Leichen von Weißen habe man auf dem Festland gefunden, 5 auf einer Insel, eine Tagereise nördlich vom Großen Fluß. Rae machte sich sofort auf den Weg, kam aber nicht ganz bis zur Küste von King-Williams-Land, fand daher selbst nichts. Was er jetzt mitbrachte, hatte er alles von begegnenden Eskimos durch Kauf und Tausch an sich gebracht. Der Fund machte ungeheures Aufsehen, weil man so weit südlich, auf dem 75. Grad, die verschollene Expedition nie vermutet hatte, und die Admiralität machte dem unermüdlichen Rae sogar Vorwürfe, daß er die gefundenen Spuren nicht noch weiter verfolgt hatte, dann brauchte sie sich um die Lösung des Rätsels nicht mehr zu bemühen. Daß diese Lösung in der von Rae bezeichneten Gegend, wenn auch nicht so weit südlich, zu finden sein müsse, darauf deutete eine zweite Überraschung hin: die vermißte „Enterprise" tauchte wieder auf, und Kapitän Collinson, der zwei Jahre ergebnislos seinem Commodore MacClure nachgefolgt war, ihn aber stets, zweimal nur um wenige Tage, verfehlt hatte, brachte von seiner Kreuzfahrt an der Nordküste Amerikas bis in die Dease-Straße südlich von Victoria-Land gleichfalls Gegenstände mit, die bei Eskimos gefunden und englischer Herkunft waren: Eisen- und Messingwerkzeuge, ein Stück Kuppelungsstange von einer Dampfmaschine, einen Eisenbolzen mit dem Pfeilstempel der englischen Marine, sogar einen Türrahmen mit einem kupfernen Schloß, das später als vom „Terror" herrührend erkannt wurde. Alles deutete auf dieselbe Gegend hin, auf die Nähe von King-Williams-Land, das man damals noch für eine Halbinsel von Boothia-Felix-Land hielt, und der „Große Fluß" der Eskimos konnte kein anderer als der Große Fisch- (oder Back-) fluß sein, der aus dem Garry-See sich in die Elliot-Bai ergießt, südöstlich von King-Williams-Land. Er war offenbar das Ziel der letzten Franklin-Leute gewesen.

Franklins Witwe und Freunde bestürmten aufs neue die Admiralität, dort nachforschen zu lassen. Die Regierung begnügte sich aber damit, die Hudson-Bai-Gesellschaft anzuhalten, einige ihrer Beamten nach King-Williams-Land zu entsenden. Die mit dieser Mission Beauftragten, Steward und Andersen, wurden bei ihren Nachforschungen im Juni 1855 von Eskimos nach der Montreal-Insel gewiesen, in der Mündung des Großen Fischflusses. Auf dem Wege dorthin, beim Franklin-See, fanden sie eine Menge Franklin-Reliquien: Bootsteile, Kessel, Instrumente, einen Briefhalter mit der Jahreszahl 1843. Die Insassen des Bootes, so erzählten Eskimoweiber, seien verhungert. Auf der Montreal-Insel selbst kamen weitere Überbleibsel zutage: ein Holzstück mit der Inschrift „Terror", Schneeschuhe mit dem

Namen Dr. Stanley; so hieß der Arzt auf dem „Erebus". Die
Eskimos versicherten: hier sei nur ein Mann gestorben, seine
Begleiter seien zum Festland übergesetzt. Im tiefen Flugsand
eingegraben fanden sich dort tatsächlich Gebeine. Bis King-
Williams-Land vorzudringen gelang den beiden Amerikanern
nicht; sie hatten nur ein kleines Boot, das in dem furchtbaren
Eisgang der Meeresstraße verunglückt wäre. Steward und Andersen erhielten aber die Prämie, die seit 1850 auf die Findung
der Franklin-Expedition ausgesetzt war.

Daß von der ganzen Expedition keiner mehr lebe, daran war
jetzt nicht mehr zu zweifeln. Franklins Witwe konnte sich bei
diesem traurigen Resultat aber nicht beruhigen; sie wollte Genaueres über das Schicksal ihres Mannes und seiner Gefährten
wissen. Mit dem Rest ihres Vermögens kaufte sie ein neues Schiff,
und MacClintock, der sich auf den früheren Suchexpeditionen
ausgezeichnet hatte, übernahm die Führung. Der kleine Schrau-
benschoner „Fox" blieb aber bald nach seiner Ausfahrt im Eis
der Baffin-Bai stecken und gelangte erst im nächsten Sommer
(1858) zur Beechey-Insel, um dort eine Marmortafel zum Gedächtnis Franklins aufzustellen. Dann fuhr er durch die Prinzregenten-Einfahrt bis zur Bellot-Straße und überwinterte an
der Nordspitze von Boothia-Felix-Land. Eskimos, die er traf,
wußten von einem großen Schiff, das bei King-Williams-Land
eingefroren sei; die Mannschaft sei nach dem Großen Fischfluß gewandert. Selbst gesehen hatte sie zwar keiner der Eingeborenen. MacClintock forschte in dieser Richtung weiter und
erfuhr, daß ein zweites Schiff bei Kap Victoria, der Nordspitze
von King-Williams-Land, gescheitert und von den Eskimos
Jahre hindurch ausgebeutet worden sei. Leutnant Hobson
wurde beauftragt, das Wrack zu suchen. Bei Kap Felix schon
stieß er auf drei große Zelte mit Decken und Kleidern, Jagd-
geräten und Instrumenten, ein Schatz, der den Eskimos offenbar noch entgangen war. Aber nichts von Tagebüchern, Briefen
— kein kleinstes Blatt Papier, dessen Aufschrift dem Finder
dieses Depots verraten hätte, wo seine ursprünglichen Besitzer
geblieben waren! Kein Steinhügel, in dem man irgendeine
Urkunde hätte suchen können! Am 6. Mai aber bei Kap Vic-

Das Geheimnis um Franklin 133

tory stand Hobson endlich vor solch einem Steinhügel und fand hier, in einer Zinnbüchse verschlossen, die erste authentische Nachricht von Franklin: ein Blatt Papier mit der in sechs Sprachen vorgedruckten Anweisung: „Wer diesen Zettel findet, wird gebeten, ihn an den Sekretär der Admiralität in London zu senden, unter Angabe, wo und wann er ihn gefunden hat." Darüber stand folgende Mitteilung von Franklins Hand:

„28. Mai 1847.

Ihrer Majestät Schiffe ‚Erebus' und ‚Terror' überwinterten im Eis auf 70° 5' nördlicher Breite, 98° 23' westlicher Länge. Den Winter 1846/47 verbrachten sie auf der Beechey-Insel auf 74° 43' 28" nördl. Breite, 91° 39' 15" westl. Länge. Sie verfolgten den Wellington-Kanal bis zum 77. Breitengrad und fuhren längs der Westküste der Cornwall-Insel zurück.

Sir John Franklin, Kommandant der Expedition.
Alles wohl."

Dazu eine vier Tage vorher vollzogene Nachschrift, ebenfalls noch von Franklins Hand, aber mit den eigenen Unterschriften zweier Offiziere: „Ein Trupp von 2 Offizieren und 6 Mann verließen die Schiffe Montag, den 24. Mai 1847 Cm. Gore, Leutn. Chas. J. Des Voeux, Maat."

Hier also war das so lange gesuchte erste Lebenszeichen des Verschollenen! Es war seine Hand, die vor jetzt zwölf Jahren diese dürftigen Zeilen hinkritzelte! Wie merkwürdig dieser sofort in die Augen fallende Schreibfehler 1846/47, während doch nur der Winter 1845/46 gemeint sein konnte! Und „Alles wohl"? Warum dann die Zelte bei Kap Felix, und auch hier bei Kap Victory überall fortgeworfenes Gepäck in Menge? Auch darauf gab dasselbe Blatt die Antwort. Eine fremde Hand (Kapitän Fitzjames) hatte ein Jahr später auf den Rand geschrieben:

„25. April 1848. Ihrer Maj. Schiffe ‚Terror' und ‚Erebus' wurden am 22. April 5 Meilen nordnordwestlich von hier verlassen, da sie seit dem 12. September 1846 im Eise festsaßen. Offiziere und Mannschaft, insgesamt 105, unter Kommando des Kapitäns J. R. M. Crozier landeten hier in 69° 37' 42" nördl. Breite, 98° 41' westl. Länge und (dieser Zusatz steht erst bei der Unterschrift:) brechen morgen, den 26., nach Backs Fischfluß auf. Dieses Papier fand Leutnant Irving unter einem Steinhaufen, den wahrscheinlich Sir James Ross 1831, vier Meilen von hier, hat errichten lassen; der verstorbene Commander Gore legte es im Juni 1847 dort nieder. James Ross' Steinhaufen haben wir aber nicht mehr gefunden, und das Papier wurde dahin gebracht, wo Ross' Steinhaufen gestanden hat. — Sir John Franklin starb am 11. Juni 1847; bis dahin betrug der Gesamtverlust an Toten 9 Offiziere und 15 Mann.

J. R. M. Crozier,   James Fitzjames,
Kapitän u. ältester Offizier.   Kapitän I. M. S. ‚Erebus'."

Franklin war also gestorben — und offenbar plötzlich, 14 Tage nach jenem „Alles wohl" vom 28. Mai 1847! Ein Jahr später mußte die Besatzung — noch 105 Mann — die rettungslos eingefrorenen Schiffe verlassen, um irgendwo im Süden, dem Festland Amerikas zu, Rettung zu suchen. Was sie an Gepäck schleppen konnte, nahm sie mit; aber die Last wurde bald zu schwer, was entbehrlich schien, wurde abgeworfen. Und nicht nur verstreute Gepäckstücke bezeichneten den Weg, den vor elf Jahren eine entkräftete, hungernde und verzweifelnde Schiffsmannschaft, ordnungslos sich hierhin und dorthin zerstreuend, genommen hatte. An der Ostküste von King-Williams-Land, nicht weit von Kap Herschel, fand Hobson unter einem Haufen Gepäck zwei menschliche Skelette; dabei ein Boot auf einem Schlitten mit einigen Lebensmitteln, 20 Kilo Schokolade, Tee, Tabak. Die Flinten, noch geladen, daneben! Verhungert waren also diese beiden Männer nicht — in völliger Ermattung erfroren? Einer Krankheit erlegen? MacClintock, der gleichfalls King-Williams-Land durchforschte, fand bei Kap Herschel ein Skelett in europäischer Kleidung — dabei eine Tasche mit deutschen Briefen! Auch der also beim Marsch nach Süden zusammengebrochen und elend umgekommen. Wo war der Rest? Kein zweites Blatt Papier hat darüber Auskunft gegeben! Das obige Dokument blieb das einzige, das über den zweiten grauenhaften Teil der Franklin-Tragödie wenigstens einige sichere Aufklärung verschaffte! MacClintock konnte seine Nachforschungen nicht weiter ausdehnen; er mußte zu seinem Schiff zurück und brachte am 21. September 1859 die Trauerkunde vom Tode Franklins und aller seiner Gefährten nach England.

Das Geheimnis um Franklin war damit nur halb entschleiert. Wie war es möglich, daß eine so glänzend ausgerüstete Expedition so jämmerlich zusammenbrechen konnte? Wie weit waren die letzten Überlebenden gekommen? Wer waren sie? Und hatte keiner von ihnen es für nötig gehalten, durch genauere, in einem Steinmal wohlverwahrte Mitteilungen Antwort auf diese Fragen zu geben? Wo waren Franklins eigene Tagebücher, seine Logbücher, die er doch auf alle Fälle geführt haben mußte und für deren Sicherung jeder Kapitän noch in der Todesstunde zu sorgen hat? Und sollte Kapitän Crozier es nicht einmal für seine Pflicht gehalten haben, zu hinterlassen, wo Franklins Grab zu suchen sei?

Diese Fragen ließen die Forschung nicht zur Ruhe kommen. Die Hoffnung, wenigstens Franklins Tagebücher zu finden, entflammte die Unternehmungslust kühner Polarfahrer immer aufs neue. 1860 begab sich der amerikanische Journalist und spätere berühmte Nordpolreisende Charles Francis Hall mit Kapitän Buddington auf eine neue Expedition vom Großen Fischfluß aufwärts. Er hielt es nicht für ausgeschlossen, daß einer von Franklins Leuten — die Sage behauptete: Kapitän Crozier! — noch lebe, als Eskimo unter Eskimos, und um den Beweis für diese besonders von MacClintock bestrittene Möglichkeit zu liefern, hielt er sich selbst fünf Jahre lang unter den Nomaden in der Nähe der Frobisher-Straße auf. Und noch 1878 stellte der amerikanische Leutnant Schwatka auf einer zweijährigen Forschungsreise sorgfältige Nachrichten über den Verbleib der Franklin-Expedition an. Er fand an zahlreichen Stellen von King-Williams-Land Schädel und menschliche Gebeine, von sommerlichem Moos überwuchert; Uniformknöpfe dabei bekundeten, ob ein Matrose oder Offizier hier sein Ende gefunden. Eine silberne Denkmünze bewies: hier lag Leutnant John Irving, dem 1830 diese Münze als zweiter mathematischer Preis verliehen worden war. Dort lagen Kleider, aus Decken genähte Strümpfe, Rasiermesser, ärztliche Instrumente, eine Bürste mit dem Namen H. Wilks, Kochöfen, Kessel und Krüge. Die Kessel retteten Schwatka und seinen Begleitern das Leben: sie hatten ihren eigenen Kessel zerschlagen und waren schon seit Tagen ohne warme Nahrung! Aber nirgends ein Grab, nirgends ein Steinmal mit einer Urkunde! Schwatka verhörte mit unermüdlicher Ausdauer die Eingeborenen, und was er und Hall an solchen Nachrichten mitbrachten, erlaubte wenigstens einige Rückschlüsse, die aber immer neue Rätsel aufgaben. Die Franklin-Leute marschierten nach Süden, um das amerikanische Festland zu erreichen. Die meisten kamen schon in King-Williams-Land elend um. „Ist es möglich," fragt Schwatka, der mit drei Amerikanern und mehreren Eskimos dort monatelang von Jagd und Fischfang lebte, ohne Not zu leiden, „daß über 100 Mann, die fast 20 Monate wenig beschäftigt waren und doch von Zeit zu Zeit ihr Schiff verließen, nicht wenigstens im Sommer Jagd- und Rekognoszierungszüge unternahmen, wobei sie die Eigentümlichkeiten des Landes genau kennenlernen mußten, um sich bei ihrem Rückzug danach einzurichten?" Irgendwo mußten sie dann Wild finden und konnten ihr Leben fristen, auch wenn ihr Schiffsproviant völlig zu Ende war; und das ist nicht einmal wahrscheinlich, wenn auch Franklin bei Lieferung seiner Fleischkonserven, wie man angenommen hat, das Opfer eines ruchlosen Betrügers geworden war, eines Fabrikanten, der die Konservenbüchsen zum Teil mit Kies und Schlamm gefüllt haben soll! Andere Momente: Krankheiten, vor allem Skorbut, aber vielleicht auch Meuterei, müssen das Schicksal der Leute beschleunigt haben. Sie liefen auseinander und in den sichern Tod Die einen kehrten zum Schiff zurück — nur einer, erzählten Eskimos, habe es wieder erreicht; ein Schiff im Eis hätten sie gefunden, und frische Fußspuren im Schnee; auf ihr Rufen und Klopfen habe aber niemand geantwortet; im nächsten Sommer hätten sie ein Loch in die Schiffswand geschlagen und seien hineingeklettert — da saß ein Mann am Tisch, einen Topf mit Fleisch vor sich — der Mann war tot, aber keine andere Leiche zu finden. Kapitän Crozier mit etwa 40 Mann, so wußten andere Eingeborene zu berichten, zog mit zwei Schlitten nach Süden. Bei Kap Herschel traf er einen Eskimostamm. Aber den Ankömmlingen stand der Tod schon auf den Gesichtern geschrieben — ihnen war nicht mehr zu helfen, und für so viele Hungrige reichte die Nahrung nicht — wer sich selbst nicht mehr helfen kann, der ist hier verloren — die Eskimos schlichen sich in der Nacht davon! Croziers Leute schleppten sich weiter. Einige erreichten das Festland, andere kamen nur bis zur Montreal-Insel. Unter letzteren wahrscheinlich der Arzt Dr. Stanley. Den letzten Überlebenden hatte ein Eskimoweib dort mit eigenen Augen gesehen. „Er saß am Strande, war groß und stark; den Kopf auf die Hände gestützt, die Ellenbogen auf den Knien; als er den Kopf erhob, um mit mir zu reden, fiel er tot hin." Tagebücher? Papier? Ja, mit solchem Papier hatten Eskimokinder wohl hier und da gespielt — davon war nichts mehr erhalten. Und von den vielen Messinghülsen, die Franklin mitgenommen hatte, um allenthalben Nachrichten auszustreuen, hat sich bis heute keine einzige mehr gefunden, die auf eine der vielen ungelösten Fragen eine Antwort gegeben hätte. Zufall oder Absicht? Selbst über dem Tod des Führers liegt wie ein unbeweglicher Sargdeckel unergründliches Schweigen! —

Eine flüchtige Erinnerung an diese furchtbarste Polartragödie tauchte noch im April des Jahres 1926 auf: die Zeitungen berichteten, man habe kürzlich einen von Franklins Schlitten gefunden mit Büchsenfleisch, das sich ausgezeichnet erhalten habe; Ratten, denen man es zu fressen gegeben, sei es trefflich bekommen. — Und ein anderer Vorfall sei hier nicht vergessen: Franklins Tochter aus erster Ehe zog ihre Stiefmutter vor Gericht, weil sie ihr und der Tochter Vermögen zur Auffindung des Vaters geopfert hatte.

Kane und Hayes suchen das offene Polarmeer

Als Leutnant de Haven, der die amerikanischen Grinnell-Schiffe zur Aufsuchung Franklins 1851 befehligte, das kleine Männchen sah, das sich ihm als Schiffsarzt der Expedition vorstellte, lachte er und wollte diesen schwächlichen

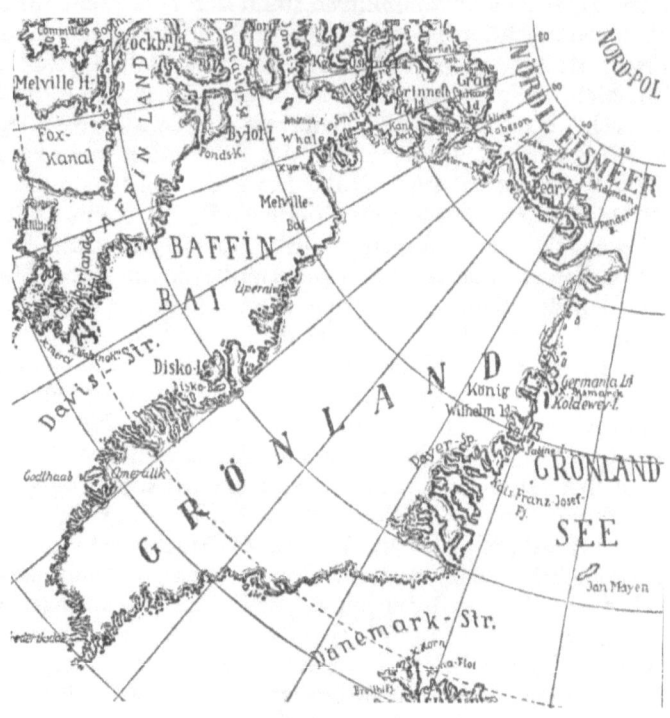

Grönländisches Polargebiet

und kranken Knirps durchaus nicht mitnehmen. Aber dieser kleine Dr. Kane war es dann, dessen zäher Ausdauer und heldenhafter Aufopferung die Besatzung der „Advance" und „Rescue" ihre Rettung zu verdanken hatte. Und als die „Advance" Ende Mai 1853 zum zweitenmal in See stach, um den verschollenen Franklin diesmal im höchsten Norden zu suchen, war Kane der führende Kopf.

Eine außerordentliche Energie loderte in diesem gebrechlichen Körper. „Wenn du sterben mußt, Elisha," hatte einst

Kane und Hayes suchen das offene Polarmeer

der Vater zu dem schon schwer nervenkranken Knaben gesagt, „dann stirb in den Sielen!" Das wurde des Sohnes Losung. Sein Leben war wie eine Flucht vor dem Tod über brechendes Eis, ein Springen von Scholle zu Scholle mit äußerster Anspannung: erst Schiffsarzt bei einer Gesandtschaft in China, dann bei Ausgrabungen am Nil mit dem deutschen Ägyptologen Lepsius; während des mexikanischen Krieges in Dahome, um den Sklavenhandel in Westafrika zu beobachten, und Gesandter der Vereinigten Staaten beim mexikanischen Oberbefehlshaber. Dazwischen Reisfieber, Küstenfieber, Starrkrampf — ein Spielball der Krankheiten. Von jeder rafft er sich wieder auf und hastet mit äußerster Kraftanstrengung zur nächsten Lebensstation. So kommt er zur Grinnell-Expedition. Er vermutet Franklin im höchsten Norden — im offenen Polarmeer — dahin will er auch. Was tut's, daß der erste Versuch mißlang? Man fährt noch einmal! Und diesmal geradeaus zum Smith-Sund, in den 1852 Kapitän Inglefield mit einem zweiten Schiff der Lady Franklin, „Isabel", nur bis über den 78. Grad vorgedrungen war; irgendwo im Norden mußte der Smith-Sund, ebenso wie der von Inglefield offen gefundene Jones-Sund, einen Ausgang zum offenen Polarmeer haben Herbst 1853 ist Kane dort oben, schon auf dem 79. Breitengrad — da friert die „Advance" im Rensselaer-Hafen an der Westküste Grönlands ein. So hoch wäre sie kaum gekommen, hätte sie nicht vier Tage einen Rieseneisberg als Schlepper benutzt.

Der Winter sieht alle in eifriger Tätigkeit. 50 Hunde, deren Verproviantierung schwere Sorgen macht, werden eingefahren, auf Schlittentouren Proviantniederlagen nach Norden hin für die Frühjahrsreise verteilt. Wild zeigt sich gar nicht, um so mehr Ratten im Schiff. Mit Schwefel, Arsenik und Kohlensäure geht man ihnen zu Leibe; das Gas tötet auf ein Haar zwei Mann und verursacht einen Schiffsbrand, Vorräte und Munition sind in Gefahr — wenn die Mannschaft das Unglück merkt, droht eine Panik! Kane schließt sie in der Kajüte ein und löscht mit wenigen Beherzten das Feuer; das Wasserloch, das täglich im Eis aufgehackt wird, bewährt sich. Im Februar sterben 44 Hunde an einer tollwutartigen Seuche; mit dem Rest lassen sich große

Schlittentouren nicht mehr durchführen. Die Mannschaft kränkelt, obgleich sie mit Todesverachtung rohe Kartoffeln und gefrorene Äpfel ißt. Als die Sonne wiederkehrt, erschrecken sie über ihr aller Aussehen: die Haut ist mit Skorbutflecken übersät. Aber wer hat jetzt Zeit, krank zu sein! Am 18. März geht der erste Schlitten auf die Suche nach Franklin; acht Mann und die sechs Hunde ziehen. Sie kommen nicht vorwärts; am Abend beobachtet Kane sie noch vom Schiff aus. Der Schlitten ist offenbar zu schmal. Mit einem breiteren Schlitten setzt Kane ihnen nach, und während alles im Zelt schläft, packt er die Schlitten um; dann weckt er die erstaunten Schläfer mit Hurra! Nun Glückauf und auf Wiedersehen!

Einige Tage später: alle Mann an Bord schneidern Pelzkleider für die Hauptexpedition. Plötzlich Schritte draußen! Drei Gestalten taumeln herein, völlig erschöpft, verstört, sie können kaum ein Wort lallen. Die übrigen liegen irgendwo im Eis — zu Hilfe! Aber wer soll führen? Von den dreien scheint sich der Matrose Ohlsen am schnellsten zu erholen; er wird als Wegweiser auf einen Schlitten gespannt, und zehn Leute eilen zum Entsatz der Verunglückten. Ohlsen spricht wie im Schlaf, alles durcheinander. Keiner weiß, wo hinaus? Dabei 49 Grad Kälte — so mörderisch ist sie nicht im schwärzesten Winter. Nach 18 Stunden zeigt sich eine Schlittenspur, ihr nach! Drei Stunden später steht Kane vor dem schneeverwehten Zelt. Die Flagge an der Spitze wedelt im Wind. Lebt dadrin noch wer? Großes Hallo: sie leben noch alle — aber es war höchste Zeit. Zwei Stunden Rast. Die Halberfrorenen werden umgekleidet und in Pelze vermummt; dann auf die Schlitten und los! Ohlsen ist wieder zu sich gekommen und führt. Sechs Stunden geht's gut. Dann packt einen nach dem andern eine unüberwindliche Schlafsucht; der eine wirft sich in den Schnee, der andere geht schlafwandelnd geradeaus; nur eine — zwei Stunden Ruhe! Hans, ein Eskimo von Grönland, der seitdem noch manchen Polarfahrer begleitet hat, wird steif wie ein Brett aus dem Schnee hervorgezogen. Vier Stunden Rast im Zelt. Kane geht unterdes mit einem Matrosen auf halbem Weg sein eigenes zurückgelassenes Zelt suchen, um dort die Nachzügler mit einer warmen Mahlzeit zu empfangen. Sie sind selbst wie trunken vor Kälte und taumeln auf ihr Zelt zu — ein Bär macht sich mit einer hingeworfenen Pelzjacke zu schaffen und läßt sie unbehelligt; sie sehen ihn kaum, haben nur ein dumpfes Gefühl drohender Gefahr. Hinein ins Zelt — Feuer, Kochtopf, Ruhe! Als die andern kommen, dampft die Suppe; Bärte und Pelz müssen mit dem Messer voneinandergerissen werden. Endlich ist das Schiff in Sicht. Dr. Hayes, der Schiffsarzt, eilt ihnen entgegen. Zwei Mann erholen sich nicht mehr — der weiße Tod läßt sie nicht aus den Klauen.

Als die Kameraden bestattet werden, zeigen sich auf dem Hafeneis wunderliche Gestalten. Eskimos noch so hoch hier oben? Damit hatte Kane gar nicht gerechnet. Der Dolmetscher Petersen, Halbeskimo aus einer dänischen Kolonie, geht ihnen unbewaffnet entgegen. Sie schreien zwar und schwingen ihre Speere, und der Häuptling Metek sieht aus wie ein Goliath. Aber sie sind nicht bösartig — nein, sie wollen sich krank lachen über diese knirpsigen Bleichgesichter, die ihnen keine Furcht einjagen; da sind Bär und Walroß doch andere Gegner. Sie fühlten sich bisher ganz allein in der Welt, haben noch nie andere Menschen gesehen, auch keine Eskimos. Aber sie sprechen ungefähr so wie Petersen und schwatzen übermütig drauflos; sie biegen sich vor Lachen, wenn man sie nicht versteht. Ihre Waffen bestehen aus Walroß- und Bärenknochen; nur die Messer haben Eisenklingen, die offenbar aus dem Reifen eines angeschwemmten Fasses gefertigt sind. Selbst die Schlitten sind Knochengerüste; Riemen aus Walroßhaut ersetzen das fehlende Holz. Ihre Tranlampe ist aus Weichstein geschnitten. So primitiv ist die Eskimokultur im Süden längst nicht mehr.

Metek kommt ohne sich zu zieren mit zum Schiff. Das da ist der Häuptling der Weißen? Dieser kleine Wicht in Fellkleidern, die nicht einmal Haare haben? Tuch hat Metek nie gesehen — von welchem Tier stammt es nur? Petersen sucht ihm verständlich zu machen, daß Kane ein großer und reicher Herr sei. Metek lacht überlegen und beginnt langsam zu glauben. Denn so ein Schiff und was alles darin ist — das müssen die andern auch sehen. Kane läßt sie rufen und bewirten; aber sie essen nichts von allem, was der Koch ihnen auftischt; sie holen ihr Walroßfleisch aus dem Sack und fühlen sich wie zu Hause, stopfen sich den Magen voll und legen sich schlafen, essen wieder, kriechen überall umher, kommen aus dem Staunen nicht heraus und stehlen wie die Raben. Eigentum? Was ist das? Bei ihnen gehört alles allen.

Kane drückt ein Auge zu und ist freigebig mit Glasperlen, Nähnadeln und allerhand wertlosem Kram. Sie versprechen, ihm Walroßfleisch und Hunde zu beschaffen, rücken mit Lärm und Gelächter ab und lassen nichts mehr von sich hören. Einige Tage später kommen andere; ihnen muß schon etwas nachdrücklicher der Begriff von Eigentum beigebracht werden. Kane läßt einen jungen Burschen, der heimlich das Kautschukboot zerschnitten und jedes Holzteilchen daraus stibitzt hat, einsperren; er ist tief betrübt, betreibt Hungerstreik und schreit, schwatzt dann immerzu und singt, schließlich entwischt er aus dem nicht eben festen Gefängnis. Und doch braucht Kane die Freundschaft dieser Wilden; er hat sechs Invaliden und wartet auf frisches Fleisch. Stellen sich die Eskimos feindlich, dann ist das Schiff jederzeit in Gefahr.

Anfang Mai macht sich Kane auf den Weg zum Humboldt-Gletscher; er will von dort über den Smith-Sund nach Grinnell-Land. Die Expedition muß umkehren, Kane selbst verfällt in Starrkrampf. Unterdes ist der Schiffskoch gestorben.

Dr. Hayes macht einen neuen Angriff auf den unbekannten Norden. Er kommt bis Kap Fraser (79° 42′) an Grinnell-Land, dann sind die Kräfte erschöpft, die Lebensmittel zu Ende, die Schlitten halb zerbrochen. Im Schnee, der bis zu den Hüften geht, sind die Hunde unbrauchbar. Am 1. Juni kommt Hayes, er und seine Begleiter völlig schneeblind, mit dem, was sie auf dem Leibe tragen, halbtot zurück. Von Franklin hat er ebensowenig entdeckt wie Kane.

Nun ist Sommer. Hans, der Eskimo, geht auf Jagd und bringt Renntiere heim; auf dem Eis spielen Robben und sonnen sich Walrosse — willkommene Braten! Und auch die Eskimos sind wieder da, sie wohnen ganz in der Nähe und benehmen sich freundlich, manierlich, sogar treu.

Kane selbst liegt immer noch krank. Ins offene Polarmeer wird er wohl nicht mehr kommen. Sein Offizier Morton und Eskimo-Hans machen sich reisefertig. Sie haben Glück, dringen auf abenteuerlicher Fahrt weit in den Kennedy-Kanal hinein bis Kap Konstitution, sehen offenes Meer vor sich mit Ebbe und Flut, drüben eine bergige Landküste, über die ein platter Kegel emporragt — Parry-Berg soll er heißen — und kehren voll von all dem Neuen, stolz auf bestandene Abenteuer und ziemlich heil zurück. Kanes Theorie scheint bewiesen: da oben flutet offenes Meer, und die Kälte nimmt hinter der Eisbarriere nach dem Pol zu ab.

Das Eis in der Rensselaer-Bucht aber rührt sich nicht! Für einen zweiten Winter reichen weder Proviant noch Kohlen! Kane ist wieder auf den Beinen. Drüben zwischen Lancaster-Sund und Beechey-Insel sind Rettungsexpeditionen für Franklin am Werk — dort ist Hilfe zu finden. Ein Boot, die „Verlorene Hoffnung", muß genügen, dorthin zu kommen. Ominöser Name! Vier Tage lang schleppen fünf Mann das Boot über Land, Kane immer an der Spitze. Dann sind sie an der Küste und rudern los. Auf den Inseln sind Unmassen Vögel, man leidet keine Not. Trotz Eisgang und Sturm, der einmal 22 Stunden dauert und das Boot auf Eisschollen hinaufwirft, durch kristallene Triumphpforten hindurchfegt, erreichen sie den Lancaster-Sund. Weiter aber geht's nicht, der Sund ist völlig verbarrikadiert. Im selben Sommer 1854 froren auch die englischen Schiffe rettungslos dort ein.

Es bleibt nichts übrig als zurück zum Schiff, noch einmal die tollkühne Fahrt mit der „Verlorenen Hoffnung". Mitte August sind sie wieder auf der „Advance". Ein neuer Winter steht bevor. Daheim in Amerika wird man unruhig werden und vielleicht die „Advance" suchen. Kane läßt an auffallenden Felswänden Inschriften anbringen, Steinmale bauen und Nachrichten niederlegen. So töricht stolz wie Franklin ist er nicht. Dann gilt es Lebensmittel sammeln und sich auf den Winter vorbereiten. Dr Hayes will noch einen letzten Versuch machen und trotz der vorgerückten Jahreszeit bis zur nördlichsten Dänenkolonie marschieren und rudern. Am 28. August zieht er mit neun Mann ab. Kane läßt Moos sammeln und die für den Winter eingeengte Wohnung im Schiff auspolstern. Mit den Eskimos schließt er einen regelrechten Vertrag: die Amerikaner helfen mit ihren Schußwaffen bei der Jagd, die Wilden liefern frisches Fleisch. Ihre fortgesetzten Diebereien hatte Kane durch eine regelrechte Strafexpedition abgestellt; sie wußten jetzt Bescheid über mein und dein fügten sich und hielten den Vertrag pünktlich und treu ein. Sie tun noch mehr. Am 7. Dezember kommen von den Begleitern des Dr. Hayes zwei völlig erschöpft zurück; die andern liegen 50 Meilen südlich hilflos und krank. An Bord sind nur noch drei Gesunde, die ihre Kranken nicht verlassen können. „Wollt ihr die Verunglückten holen?" fragt Kane die Eskimos. Sie nicken, nehmen den nötigen Proviant und retten mit Lebensgefahr die sieben Weißen. Aber sie klagen auch an: die Bleichgesichter, verzweifelt in der furchtbaren Kälte, haben ihren Stammesgenossen Schlitten und Kleider genommen, mit Gewalt sogar! Die Bestohlenen sind ebenfalls zur Stelle. Kane hält ein förmliches Gericht, er darf den Glauben der Wilden an seine Gerechtigkeit nicht erschüttern lassen. Reiche Geschenke, Nadeln, Feilen und das so kostbare Holz sind die Buße. Die Eskimos sind hochbeglückt.

Hayes war bis Kap Alexander, 100 Kilometer weit, ganz leidlich gekommen. Hier und da traf er Eskimos, die ihm willig halfen. Zu Boot erreichte er das Nordkap der Birden-Bai und mit Aufbietung der letzten Kraft die Saunders-Inseln. Dort krochen sie vor Sturm und Kälte in einer Felsspalte unter, die sie durch Stein- und Eiswände zu einer Winterhütte herrichteten. Der Proviant war fast verbraucht, Steinmoos (Tripe de roche, wie es Franklin einst auf seiner ersten Reise durch Nordamerika hatte sammeln müssen) fristete bis Ende Oktober ihr Leben; da kamen zwei Eskimos des Weges, logierten bei ihnen und versprachen Fleisch zu bringen; sie kamen auch, als ihre Wirte sich schon auf den Tod vorbereitet hatten. Ein zweites Mal wollte sich Hayes nicht so hinhalten lassen; er schläferte die Wilden mit Opium ein und machte sich mit ihren Schlitten und Hunden davon. Die Eskimos aber holten sie ein und zogen sie vor Kanes Gericht.

Kane und Hayes suchen das offene Polarmeer 145

Nun sitzen 17 Mann in der engen, aber doch warmen Kajüte. Ein Teil davon ist skorbutkrank, die Vorräte gehen zu Ende, und Kane muß mehrere Male in der Winternacht nach der Eskimoniederlassung Etah reisen, um Fleisch zu holen. Zu den Fleischtöpfen Etahs, das später ein wichtiger Stützpunkt für die Polarforscher wurde, flüchten sogar zwei Matrosen und müssen mit Gewalt zurückgebracht werden. Sobald der Sommer da ist, muß, koste es was es wolle, der Rückzug versucht werden. Die „Advance" ist nicht zu retten.

Am 20. Mai 1855 gibt Kane den Befehl zum Abmarsch. Drei Boote sind auf den Schlitten, die Eskimos helfen, sie bis zum offenen Wasser ziehen. Kane geht hin und her, von den Booten zurück zum Schiff und wieder ihnen nach. Er bäckt Brot, braut sogar Bier aus Weidensprößlingen gegen den Skorbut. Am 17. Juni beginnt die Seefahrt. Pro Kopf zwölf Unzen Nahrung täglich; wenn sie Robben erlegt haben, stürzt sich jeder auf die Beute — kein Fetzen Eingeweide bleibt übrig. Matrose Ohlsen bricht sich bei Rettung eines Bootes das Rückgrat. Ein Toter im Boot — er muß über Bord. Sieben Wochen sind sie auf See. Endlich landen sie Anfang August bei Kap Shackleton. Dort findet sie das Regierungsschiff, das alljährlich Tran von den nördlichsten Stationen holt. Ein Entsatzschiff, hören sie, ist schon auf dem Weg, sie haben es verfehlt. Nach einigen Tagen kehrt es zurück und bringt sie heim nach Amerika. Im höchsten Norden ist nun Franklin nicht mehr zu finden, das haben die unterdes angestellten Untersuchungen ergeben; seine Gebeine schlummern auf King-Williams-Land. Aber Kanes Theorie vom „offenen Polarmeer" gewann neue Anhänger.

Das Wunder findet allemal eigensinnigeren Glauben als das Natürliche. Das „offene Polarmeer" war solch ein Wunder. Auch Dr. Kanes Begleiter, Hayes, glaubte fest daran. Jedes Thermometer bewies zwar: je weiter nach Norden, um so kälter. Aber nur etwa bis zum 82. Grad, erklärten die Wundersüchtigen, darüber hinaus weht laue Luft, und freies Meer rauscht über dem Pol.

Hayes verfocht diese Theorie in Denkschriften und Vorträgen so hartnäckig, daß er Freunde und Gönner fand, die 1860 eine neue Expedition ausrüsteten, um das offene Polarmeer zu erobern. Er kam mit seinem Schiff „United States" zwar nicht einmal so hoch hinauf wie die „Advance", drang aber auf kühnen Schlittentouren über Kap Fraser an Grinnell-Land weiter vor bis Kap Lieber an der Südseite der Lady-Franklin-Bucht (81° 35') und glaubte tatsächlich, von hier hoch nach Norden hinauf offenes Wasser zu sehen; der Kennedy-Kanal schien sich zu einem Meer auszudehnen. Die höchsten Küstenpunkte jenseits des Kanals nannte er Kap Eugenie und Kap Frederick VII., das Becken zwischen beiden „Petermann-Bai" nach dem deutschen Geographen. Dann mußte er umkehren. Im nächsten Sommer hoffte er sein Schiff bis zu dem Packeisgürtel weiter hinauf zu bugsieren; auf einem Metallboot wollte er dann geradeaus zum Nordpol fahren.

Aber dazu war die „United States" nicht mehr sicher genug. Hayes besuchte noch den Humboldt-Gletscher, entdeckte den nicht weniger imposanten Tyndall-Gletscher, machte wichtige Beobachtungen über die Gletscherbewegungen und über die Geologie Grönlands, dessen Nordteil sich langsam aus dem Meere hebt, während der Südteil sich senkt, und kehrte im Sommer 1861 nach Amerika zurück.

Auf der Landkarte standen nun der Smith-Sund und der Kennedy-Kanal als die äußersten Wegweiser zum Nordpol.

Die Schollenfahrt der deutschen „Hansa"-Männer

Die herzliche Teilnahme der ganzen Welt an Franklins Schicksal und das außerordentliche Aufgebot zu seiner Rettung hatte länger als ein Jahrzehnt die Blicke auch der Forscher auf das arktische Nordamerika gebannt. Langsam löste sich diese Spannung, und man begann auch wieder von Europa aus geradeswegs zum Nordpol hinaufzusehen, über Grönland hin, das, wenn das „offene Polarmeer" ein Märchen war, vielleicht als gewaltiger arktischer Kontinent den Pol bedeckte, und nach Spitzbergen, dem sich unterdes eine überaus

Die Schollenfahrt der deutschen „Hansa"-Männer 147

ertragreiche wissenschaftliche Aufklärungsarbeit zugewandt hatte. Auf den Expeditionen der Schweden nach Spitzbergen verdiente sich der später berühmte Polarforscher Adolf Erik von Nordenskiöld seine ersten Sporen. 1863 gelang es dem Norweger Carlsen — demselben, der auf Nowaja Semlja Barents' Winterhütte auffand—, zum erstenmal Spitzbergen vollständig zu umsegeln. Diese Inselgruppe hob sich also immer klarer aus dem nördlichen Eismeer heraus, und nicht nur im bildlichen Sinne, denn die Geologen hatten festgestellt, daß sich auch diese Landmassen, ebenso wie die nördliche Hälfte Grönlands, im Lauf der Jahrhunderte immer mehr über den Wasserspiegel emporreckte.

Grönland selbst, vor allem seine Ostküste, die den Weg zum Pol hinauf zu weisen schien, war aber noch fast ganz Terra incognita.

Sie wurde jetzt das Ziel zweier Expeditionen, die zum erstenmal in der neueren Forschungsgeschichte die deutsche Marine an die Polfront vorschob. Der verdienstvolle Geograph Dr. August Petermann in Gotha hatte dazu aufgerufen. „Das europäische Nordmeer bis zum Pol und die dazugehörigen Landesteile liegen uns näher als Afrika!" war seine stete Mahnung. Helfer fanden sich, besonders unter den Bremer Reedern, und im Mai 1868 ging das Schiff „Germania" unter der Flagge des Norddeutschen Bundes in See. Kapitän war ein bis dahin ganz unbekannter Steuermann namens Karl Koldewey aus Bücken bei Hoya an der Weser.

Die „Germania" verfolgte die Ostküste Grönlands zwar nur bis zum 73. Grad, dann drängte das Eis sie nach Osten hinüber, und wenn sie auch nicht programmäßig das sagenhafte Gillis-Land fand, das man im Osten von Spitzbergen vermutete, so war doch die wissenschaftliche Ausbeute der glücklich verlaufenen Fahrt so bedeutend, daß man im nächsten Jahr mit verdoppelten Kräften vorstieß und Kapitän Koldewey, der sich als ein glänzender Führer erwiesen hatte, jetzt zwei Schiffe kommandierte, die „Germania" und die „Hansa". Hervorragende deutsche Gelehrte, der Astronom Dr. Börgen, der österreichische Oberleutnant Julius Payer u. a. nahmen an der Reise teil.

Auf dieser zweiten deutschen Nordpolfahrt gelang es der „Germania", die Ostküste Grönlands zu erreichen und bis zum

75. Grad hinauf zu erforschen. Im Süden der Sabine-Insel überwinterte sie und kehrte im Herbst 1870 wohlbehalten nach Deutschland zurück. Auf gefährlichen Schlittenfahrten hatte der wissenschaftliche Stab der „Germania" seine Forschung bis zum 77. Grad ausgedehnt, und die Namen Franz-Joseph-Fjord, König-Wilhelm-Land, Bismarck-Spitze, Koldewey-Inseln, Payer-Spitze u. a. bezeichnen ihre zahlreichen neuen Entdeckungen.

Acht Tage vorher, am 3. September, war auch die Mannschaft der „Hansa" in einem Schleswiger Hafen eingelaufen. Bei einem dicken Nebelwetter hatte die „Germania" schon im Juli 1869 ihr Schwesterschiff aus dem Gesicht verloren und wohl oder übel seinem Schicksal und der Gewandtheit seines Kapitäns Hegemann überlassen müssen, und dieses Schicksal gestaltete sich so abenteuerlich, daß es die Nordpolchronik um ein prächtiges Blatt bereicherte.

Am 14. September sah sich die „Hansa" von unübersehbaren Eismassen umzingelt, deren Kurs langsam, aber unwiderstehlich nach Süden ging. Land war nirgends in Sicht. Auf einer weiten, ziemlich ebenen Tafel, an deren Außenrand die Eisschollen sich zu wilden Klippen emporschraubten, war das Schiff bewegungslos eingekeilt. Bei Tag schien diese Spazierfahrt nicht so übel; man machte Ausflüge auf diesem eigenartigen Eisgut, jagte Robben und Polarfüchse, und selbst Bären kamen zu Besuch. Aber wenn die Nacht herabsank und der Sturm um das Schiff fegte, sah die Lampe in der Kajüte ernste Gesichter. Wenn solch ein Sturm die Eisfläche sprengte und die Riesenscherben gegeneinanderwarf, war die „Hansa" verloren, ging die Mannschaft wie eine Maus in der Falle mit ihr unter. Bis man südlichere Breiten erreichte, wo das Eis sich auflöste, das konnte bis Februar dauern. Hielt sich die „Hansa" bis dahin — um so besser. Für alle Fälle aber mußte man sich von ihr unabhängig machen und sich auf eine Überwinterung in ihrer Nähe vorbereiten.

Ein paar hundert Schritt vom Schiff weg wurde ein Bauplatz geebnet und eine Hütte errichtet. Holz war nicht genügend da; Preßkohlen mußten als Ziegel dienen. Als Mörtel nahm man

Schnee mit Wasser, in wenigen Minuten saßen die Steine fest und luftdicht aufeinander. Das Dach ein Segeltuch, mit Matten überdeckt, kleine Fensterlucken, eine an Bord gezimmerte Tür — und die Villa war fertig, 7 Meter lang, 4 breit, 2 Meter hoch, für 14 Mann nicht eben geräumig, aber ganz behaglich. Die Kohlenwände nahmen die Feuchtigkeit auf und hielten die Wärme fest. Die Vorräte wurden draußen ringsherum aufgestapelt und durch eine Schneemauer geschützt, ein Teil auch in den Rettungsbooten untergebracht, die im Freien auf dem Eis lagen.

Die befürchtete Eispressung begann schon am 8. Oktober und setzte zwei Wochen lang Tag und Nacht die Mannschaft in Schrecken. Es krachte, ächzte und knallte im Schiffsboden, die „Hansa" zitterte und wand sich wie in Todesnöten. Eissprengungen, um ihr Luft zu verschaffen, halfen nichts. Der Eisdruck schraubte die Steuerbordseite langsam hinauf. Die Balken barsten, die Decknähte sprangen. Was noch von Wert sein konnte, Kleider, Instrumente, ein Rest des Proviants usw., wurde eiligst ins Freie geschafft — schon verließen die Ratten das Schiff, ein böses Zeichen! — es war leck. Die Pumpen arbeiteten vergebens, das Wasser stieg von Stunde zu Stunde — in der Nacht vom 21. zum 22. Oktober versank die „Hansa" lautlos in den Fluten.

Die Kohlenhütte auf dem schwimmenden Eisfloß war nun der einzige Schutz der Besatzung gegen die Unbill des arktischen Winters, und gegen Mutlosigkeit und Verzweiflung half nur angestrengte, geregelte Tätigkeit. Alles, was man vom Schiff noch gerettet hatte, wurde zur Ausstattung der Hütte verwandt. Die Wände im Innern wurden mit Segeltuch überspannt, Borde zum Unterbringen der Habseligkeiten angebracht, Pritschen zum Schlafen gezimmert; Schiffskisten waren Tisch und Bänke. Zwei Öfen sorgten für ausreichende Wärme. Jeden Tag mußten die drei verschneiten Rettungsboote segelfertig gemacht werden. Am aufgerichteten Mastbaum, den man noch rechtzeitig in Sicherheit gebracht hatte, flatterte die schwarzweißrote Fahne und bezeichnete von weitem den Ort, an dem die Schutzhütte nach und nach in dem unaufhörlich rieselnden Schnee gleichsam versank; auf einer Fallreeptreppe mußte man jetzt zu ihr hinabsteigen. Proviant war reichlich vorhanden, Fuchs- und Bärenbraten fehlten auch nicht, und nach getaner Arbeit herrschte am Abend in dem Kohleneiskeller manchmal eine fast übermütige Stimmung. Am Weihnachtstag brannten die Wachslichter an einem baumähnlichen Gebilde aus Besenreisern, und der Chronist der Expedition, der Geologe Dr. Laube, schrieb in sein Tagebuch: „In stiller Weihe ging das Fest vorüber; welche Gedanken an der Seele vorbeizogen — sie waren wohl bei allen gleich — schreibe ich nicht nieder. Wenn diese Weihnachten die letzten sind, die wir erleben, so waren sie immer noch schön genug."

Aber gerade am zweiten Weihnachtstag drohte diese Winteridylle, ein Ende mit Schrecken zu nehmen. „Wir treiben auf Land, auf eine Insel zu!" erscholl plötzlich der Ruf des wachthabenden Matrosen. Im Nu war alles draußen auf dem Schnee bei den Rettungsbooten. Ein ungeheurer grauer Schatten löste sich von der nächtlichen Finsternis ab — eine felsige Küste? Er bewegt sich, langsam, drohend — und zieht vorüber — es war ein kolossaler Eisberg. Von Neujahr an reihten sich solche Schreckensstunden immer dichter aneinander. Im Heulen des Schneesturms wurde, ganz in der Nähe, ein seltsames Geräusch hörbar, als wenn jemand mit den Füßen scharrte; es knisterte und knarrte unter dem Boden der Hütte, und wenn man das Ohr anlegte, tönte es wie Wasserrieseln aus der Tiefe. Das Eisfloß trieb offenbar über steinige Untiefen oder wurde durch andere Eisschollen von unten her zermahlen! In dieser Nacht tat keiner ein Auge zu. Als am andern Tag die Finsternis ein wenig dämmerte, sahen die Leute mit Entsetzen, daß ihr Reich plötzlich bedeutend kleiner geworden war: die Hütte stand nur noch 200 Schritt von der Kante der Eisscholle entfernt; die Ränder, die erst einen Umfang von sieben Meilen hatten, waren ringsum abgebrochen. Daß auch diese verkleinerte Plattform sich nun nicht lange mehr halten könne, wurde zur Gewißheit. Brach die Katastrophe über Nacht herein, dann war das Ende da. Einige Inseln kamen in Sicht — Neujahrsinseln wurden sie benannt —, und auf dem Grau der Dämmerung schienen sich

Küstenlinien einzuzeichnen, Berge und Gletscher. Keine rettende Bucht, in die die Scholle hineintrieb, um sich am Küsteneis festzulegen? Sie trieb unaufhaltsam nach Süden. Durch diese Eismassen mit den Booten sich durchzwängen zu wollen, war sicherer Tod. Einstweilen also aushalten auf der schwimmenden Insel und warten, warten! Am 9. Januar schrieb einer der Matrosen noch bei guter Stimmung in sein Tagebuch: „Hôtel du Nord. In der verflossenen Nacht war stilles, klares Wetter. Der Mond schien in hellem Glanze; das Nordlicht und die Sterne leuchteten auf die in toter Schönheit daliegende Schnee- und Eislandschaft. Lauscht man in die Nacht hinein, so dringt einem ein wunderbar hellklingender Ton ins Ohr. Dann wieder ist es, als ob sich jemand mit langsamem, bedächtigem Schritt nähere. Du horchst — wer ist es? Alles still, kein Lüftchen regt sich. Von neuem tönt es, klagend, wie ein Wimmern, Stöhnen. Es ist das Eis! Wiederum ist es still, still wie ein Grab, und du siehst nach der vom bleichen Glanze des Mondlichts geisterhaft beschienenen Küste, von wo Felsenriesen herüberblicken. Eis, Felsen und Tausende von flimmernden Sternen. Oh, du wunderbar gespenstige Nacht des Nordens!"

Früh am Morgen des 11. Januar stürzte die Wache mit dem Ruf: „Alle Mann klar!" herein. Pelze, Knappsack, Schwimmweste sind im Augenblick gegriffen. Alle Mann eilen zu den Booten. Draußen herrscht ein fürchterliches Getöse. Die Schollen reißen ringsum auf und bäumen sich empor, eine schwere Dünung stemmt sie nach oben. Der Brennholzhaufen nahe bei der Hütte bricht zusammen und stürzt in eine klaffende Eisspalte, die sich unter ihm aufgetan. Die abgetrennte Scholle türmt sich haushoch auf und droht die Hütte zu zerschmettern. Bei den Booten allein ist Rettung. Eine Stunde Ruhe — dann wieder neue Bewegung, ein überhängender Eisberg streift dicht vorbei. Am 14. Januar beginnt es unter dem Kohlenhaus zu rumoren — das Eis spaltet sich auch hier! Die Mannschaft steht völlig obdachlos im Freien und nächtigt in den Booten. Nur wenige Beherzte wagen es, das baufällige Haus zu betreten — ob hier oder da — dem Schicksal ist nicht zu entrinnen. Noch steht die Hütte — der Spalt im Boden vergrößert sich nicht.

Der Koch bereitet noch einmal Kaffee auf seinem Herd. Dann geht's an den Abbruch, und aus den Trümmern ersteht da, wo der Boden noch sicher scheint, ein neues Haus, nur noch halb so groß wie das erste. Aus den Kleidern kommt niemand mehr. Und unaufhaltsam treibt die kleine Eisscholle nach Süden, eine halbe, eine ganze Meile in der Stunde!

Die Rückkehr der Sonne wirkt wie eine Rettungsbotschaft. Die Küste ist in naher Sicht, die Boote sind heil — aber was die Nacht bisher meist barmherzig verhüllte, die Gefahr, an treibenden Eisbergen, diesen schwimmenden Gebirgen, zu zerschellen, rückt immer näher, je gebrechlicher das Eisfloß wird. Seehunde und Vögel, die Frühlingsboten, stellen sich ein. Nun kann das offene Wasser nicht mehr ferne sein. Das Osterfest geht vorüber — noch immer hält das Eis die Hansaleute gefangen.

Anfang Mai beginnt der Schnee zu schmelzen; ihre Hütte steht schon weit sichtbar da, das Wasser rieselt an den Wänden herab, der Mörtel von Eis und Schnee löst sich auf. Noch einige Tage, und sie bricht zusammen. Da endlich, am 7. Mai, blinkt am Rande der Scholle offenes Wasser. Sofort werden die Boote entladen, vorwärts geschoben, ins Wasser gelassen, dann wieder beladen, und um 4 Uhr nachmittags stoßen sie von dem schwimmenden Eiland ab, das ein Gefängnis, aber auch ein Retter sieben Monate hindurch gewesen ist.

Segelnd und rudernd nehmen die 14 Mann den Kampf mit dem Treibeis auf. In der Nacht müssen die drei Boote auf Eisschollen gezogen werden; ein paar Stunden Schlaf, etwas Warmes vor dem Aufbruch, dann wieder vorwärts. Der Proviant wird bedenklich knapp, die Seehunde sind ganz verschwunden, hin und wieder eine Schneeammer, das ist die ganze Jagdbeute. Das Küsteneis scheint undurchdringlich; streckenweise müssen die Boote an langen Seilen über das höckerige Eis gezogen werden. Es gibt nur noch kalte Mahlzeiten, der Brennspiritus ist ausgegangen. Aber die Küste ist nahe, und am 7. Juni fühlt die Mannschaft der „Hansa" endlich wieder festen Boden unter den Füßen. Die Boote vertäuen, essen und dann schlafen, schlafen — das war das erste. Grönlands Küste zeigt sich in leichtem Frühlingskleid, Moos bedeckt das Steingeröll, Kräuter sprießen aus den Ritzen, schmalblättrige Weiden bilden niedrige Sträucher. Jedes Blättchen Grün ist für den Kochtopf hochwillkommen. In der eisfreien Rinne die Küste entlang tasten sich dann die Boote weiter nach Süden, um Klippen, Inseln und tiefe, irreführende Fjorde. Endlich, am 13. Juni 1870, springt eine niedrige Landzunge weit ins Meer vor — auf grünem Grund ein rotes Dach, das Dach einer menschlichen Behausung! Es ist die Missionsstation Friedrichshall. Die „Hansa-Männer" hissen ihre Flagge, und ein deutscher Missionar empfängt sie am Ufer. 200 endlos lange Tage hat die Schollenfahrt gedauert! Einen Monat später bringt ein Dänenschiff die Geretteten zurück in die Heimat. Als sie in Hamburg einfahren, schwimmt die Stadt in märchenhaftem Lichterglanz: sie feiert den Sieg der deutschen Soldaten bei Sedan.

Ein Journalist auf dem Wege zum Nordpol

Die Wege zum Nordpol sind mit Gräbern bezeichnet. Nur während kurzer Sommerwochen ist dort oben ein Spatenstich möglich. Daher sind die Gräber meist über der Erde, kunstlose Haufen von Eis und Stein. Ein Sarg, wenn er überhaupt zu beschaffen ist, wäre gefährlich: Holz hat bei den Eskimos Goldwert, und für die Majestät des Todes haben sie keine Empfindung. Oft genug aber sind ihrer Leichenschändung die Bären zuvorgekommen.

In einem dieser vielleicht erbrochenen und zerwühlten Gräber ruhte ein amerikanischer Journalist, Charles Francis Hall, derselbe, der 1860 den Spuren der Franklin-Leute nachging und durch einen fünfjährigen Aufenthalt unter den Eskimos bewiesen hatte: was ein Eskimo kann, das kann der Europäer oder Amerikaner auch, wenn er sich genau so den arktischen Lebensbedingungen anpaßt. Aber Hall war ein Hüne, sein Überschuß an Körperkraft tobte sich in Überwindung von Strapazen aus, denen jeder andere erlegen wäre. Der Kampf um den Nordpol — das war so recht eine Aufgabe für ihn, mochte dort oben Land oder Wasser sein. Das war Höchstleistung menschlicher Kraft und zugleich Sensation, dies gefährliche Phosphorleuchten der Journalistik. Auf Halls Drängen beschloß die amerikanische Regierung 1870 eine Nordpolexpedition und betraute ihn selbst mit der Führung. Arzt und Chef des wissenschaftlichen Stabes war der deutsche Naturforscher Emil Bessels. Der Abschied des Expeditionsschiffes von New York am 29. Juni 1871 wurde ein nationales Fest; die Geistlichkeit segnete die „Polaris" ein, Jungfrauenvereine sangen ihr „Glory! Glory! Hallelujah!", ein begeisterter Gottesmann verteilte ein „Gebet am Nordpol", worin er „Religion und Erziehung am Nordpol" Gott anempfahl und vor den Fallstricken des arktischen Teufels warnte, und die Mäßigkeitsvereine waren mit allen Fahnen vertreten, denn die „Polaris" hatte in ihrem kleinen Rumpf von nur 400 Tonnen unheimlich viel „Milchflaschen" verstaut, deren Inhalt sich aber später durch eine wunderbare Verwandlung als Rotspon und schärferer Alkohol erwies und den Polarfahrern als Magenwärmer treffliche Dienste leistete.

Einen amerikanischen Eskimo Joseph und seine Frau Hanne nahm Hall schon von Amerika mit, und auf der Fahrt längs der Westküste Grönlands suchte und fand er Dr. Kanes tüchtigen Begleiter, den Eskimo Hans, den er samt Frau und drei Kindern an Bord nahm, denn ein Eskimo reist nur in Familie.

Vom Eisgang ungewöhnlich begünstigt, dampfte die „Polaris" schon Ende August an der Küste von Grinnell-Land vorüber den Kennedy-Kanal hinauf. Von dem offenen Polarmeer, das Kane und Hayes hier gesehen haben wollten, zeigte sich aber nichts; im Gegenteil, der Kanal wurde enger und enger, die Durchfahrt immer schwieriger, und bald erklärte Kapitän Buddington: „Weiter geht's nicht mehr! Das Schiff muß so schnell wie möglich in einen Winterhafen." Hall ließ sich von seinem alten Freunde überzeugen, und am 4. September ging man in der „Polaris-Bai" auf 81° 38′ nördlicher Breite vor Anker. Nur drei Gradminuten höher als Hayes auf seiner Schlittentour — der Rekord war immerhin geschlagen! Aber Hall ärgerte sich doch, daß sein vorsichtiger Kapitän nicht noch weiter vorgestoßen war; an klaren Tagen blinkte eine schmale Wasser-

straße noch weit hinein in den neuentdeckten Robeson-Sund, und Halls deutscher Begleiter Bessels schrieb später in tiefer Verstimmung: „Die Ehre der Flagge, der Erfolg der Expedition waren den Launen eines einzelnen geopfert. Das Glück, von dem wir bisher begleitet waren, lächelte uns nicht wieder!"
Ein Observatorium wurde errichtet, Messungen und Küstenaufnahmen begannen. Die Flutlinie am Gestein und Muschelablagerungen noch in 500 Fuß Höhe bewiesen Hayes' Behauptung, daß Nordgrönland sich langsam aus dem Meere hebt, unwiderleglich; ein kleiner See in 110 Fuß Höhe enthielt Salzwasser und Seetiere, er war also ehemals ein Teil des Meeres. Südgrönlands allmähliche Senkung — die Achse der Bewegung ist etwa bei der Disko-Insel — erlaubt den Schluß, daß dieser arktische Kontinent ehemals über Island mit Europa zusammenhing, bis der Golfstrom die Ländermassen überflutete und schied.

Auch Zeltspuren von Eingeborenen zeigten sich, die Hall hier oben nicht mehr erwartet hatte, und Fährten von Moschusochsen, ohne daß ihm aber eines dieser Tiere zu Gesicht kam.

Am 12. Oktober zog Hall mit zwei Hundeschlitten nach Norden, um in der letzten Sicht der Dämmerung vor Wintersanfang den Weg nach dem Pol für das nächste Frühjahr auszukundschaften. Nach sechs Tagen stand er auf der höchsten Klippe von Kap Brevoort. Von einem Meer war bis weithin nach Norden nichts zu sehen, nur Land, unzweifelhaft Land rechts und links von dem immer enger werdenden Robeson-Kanal. Weiteres Vordringen machten Schneestürme unmöglich. Bei Kap Brevoort deponierte Hall die Abschrift eines ausführlichen Berichts an den amerikanischen Marineminister. Diese Zeilen, voll stolzer Hoffnung und kühner Pläne, waren seine letzten. Als er am 24. Oktober zum Schiff zurückkehrte, warf ihn ein Schlaganfall aufs Krankenlager; am 8. November war er tot.

An Stelle von Halls Draufgängertum trat nun die träge Vorsicht des Kapitäns, dem das Kommando über die Expedition zufiel. Sie lähmte allen Unternehmungseifer und rettete die „Polaris" dennoch nicht vor einer Katastrophe. Als der Winter überstanden war, die Sonne wieder über den Horizont lugte, die ersten Weidenkätzchen unter dem Schnee hervorguckten, war Bessels mit dem Matrosen Nindemann schon auf dem Weg zur Petermanns-Bai, und Mitte April ließ er mit unsäglichen Mühen zwei Boote über das Eis schleifen bis zum offenen Wasserarm des Hall-Beckens. Das eine wurde sofort von den Schollen wie von einem Nußknacker zerquetscht; mit dem andern aber näherte er sich schon dem Ausgang des Robeson-Sundes — da kam eine Stafette des Kapitäns: „Sofort zurück! Das Schiff ist leck!" Als sie wieder eintrafen, bestätigte sich die Schreckensbotschaft: im Schiff stand das Wasser bis zu den Luken, das Leck war nicht zu finden, und — die Feuerung reichte nur noch für sechs Tage! Die „Polaris" hatte damit ihre Bewegungsfreiheit doppelt verloren. Als sie unter verzweifelten Anstrengungen endlich freikam, war schon der August angebrochen, das Packeis nahm sie sogleich in seine Klauen und führte sie widerstandslos nach Süden. Tag und Nacht arbeiteten die Pumpen. Wer eine Hand frei hatte, Männer, Frauen und Kinder, stieß mit Stangen die andrängenden Eisschollen beiseite. Alle zwei, drei Tage mußte sich die Besatzung auf das Eis selbst retten, die Pressungen waren so ungeheuer, daß das knarrende Wrack zu bersten schien. Dabei wurden die Tage kürzer — wenn die „Polaris" nicht bald eine Küste erreichte, waren Schiff und Mannschaft verloren.

Anfang Oktober kam Grönland in Sicht. Schwamm das Schiff kurze Zeit in offnem Wasser, dann stieg die Flut im Innern so schnell, daß die Pumpen machtlos dagegen waren. Es mußte am Eis selbst einen Halt suchen und verankerte sich an einer großen und festen Scholle. Weiber und Kinder flüchteten auf die Scholle; die Männer warfen Kohlen und Proviant zu ihnen hinunter. Im Schneesturm wurde eine Nothütte errichtet. Schon war die Ladung zum großen Teil gelöscht. Der Sturm steigerte sich zum Orkan. Plötzlich ein dumpfer Doppelknall: die beiden Taue, die Schiff und Scholle aneinanderhielten, waren gerissen. Der Sturm packte sofort den Schiffsrumpf und trieb ihn in die aufgeregte See, während die Eisscholle mit einem Teil der Besatzung, mit Frauen und Kindern — insgesamt 19 Personen — mit allen Booten und dem größten Teil

Europäisches Polargebiet

des Proviants davonschwamm. Die Hilferufe der Menschen und das Geheul der Hunde erstickte im Heulen des Sturms, im Getöse der Brandung, und zwischen Schiff und Scholle zogen Schnee und Dunkelheit einen undurchsichtigen Vorhang.

Die 14 Mann im Schiff arbeiteten in rasender Verzweiflung an den Pumpen, bis zu den Hüften im Wasser. „Alle Kessel anheizen!" befahl der Kapitän. Was an Brennbarem zu erreichen war, Kisten und Seehundsspeck, Türen und Lukendeckel — hinein in die Flammen! Die „Polaris" raffte ihre letzte Kraft zusammen, um irgendwo an einer Küste aufzulaufen und wenigstens das nackte Leben ihrer Besatzung zu retten. Im Schein des Vollmonds, der ab und zu durch das Schneetreiben brach, glaubte man Land zu sehen. Der Sturm legte sich. Bei Tagesanbruch kamen die Littleton-Inseln in Sicht, die Küste mußte jetzt ganz nahe sein. Eine leichte Brise zerteilte das aufgestaute Eis, sie kam vom Lande her. Als um 12 Uhr die Sonne zum letztenmal über die Klippen der Küste herüberlugte, war die „Polaris" gestrandet, die Mannschaft in Sicherheit.

Was war aus den Kameraden, aus Frauen und Kindern geworden? Soviel man auch Ausschau hielt, keine Spur von ihnen war zu entdecken und ohne ein einziges Boot jede Hilfeleistung außer aller Möglichkeit. Zur eigenen Rettung war keine Stunde zu verlieren: was das Schiff noch an Proviant und Habseligkeiten barg, wurde Hals über Kopf aufs Land geworfen. Dann herunter mit Planken und allem nötigen Holzwerk, um eine Hütte zu bauen, die Zuflucht vor dem grausigen Winter, der bevorstand. Zwei Eskimos, die des Weges kamen — der eine zufällig ein alter Freund Dr. Kanes —, griffen bereitwillig mit zu. Dann ließen die blutenden Hände die Pumpenschwengel los — die Matrosen schwammen an Land — die Wellen warfen das Schiff noch einige Zeit hin und her auf dem seichten Grund — schließlich bezeichneten nur noch die obersten Spitzen der Rahen den Ort, wo es gesunken war. Wenige Tage später legte junges Eis eine feste Grabplatte darüber.

In ihrer engen Hütte richteten sich die 14 Mann leidlich ein; der Proviant mochte bei einiger Sparsamkeit für den Winter reichen, und die Eskimos halfen, wo sie konnten. Ein ganzer Stamm aus Etah siedelte sich sogar in der Hütte an und fand es hier so behaglich, daß niemand mehr die Beine ausstrecken konnte. Es kostete nicht wenig Überredungskünste, die gutmütigen und fröhlichen Gäste zu bewegen, sich nebenan Schneehütten zu bauen und sich darin einzurichten. Der Schamane des Stammes, Awatok, war von Bessels unzertrennlich; Arm in Arm gingen die beiden täglich zu den meteorologischen Instrumenten, die Bessels aus Barometer und Thermometer notdürftig konstruiert hatte, nachdem sein ganzer wissenschaftlicher Apparat mit den 19 Unglücklichen auf der Eisscholle davongetrieben war. Die Eskimofrauen nähten Pelzhandschuhe, Strümpfe und Kleider und gerbten Felle — mit ihren Zähnen. Eine von ihnen trug ihr Jüngstes, ein Mädel von zwei Jahren, im Rucksack mit sich. Hatte sie beim Fellgerben den Mund voll Fleischfasern und Fett, dann drückte sie ihre Lippen auf das hungrige Mäulchen der Kleinen und fütterte sie so nach Vogelart. Um diese Gruppen herum strich schnurrend der Kater, der sich ebenfalls von der „Polaris" gerettet hatte. Kapitän Buddingtons „Milchflaschen" vertrieben auf Stunden die quälende Sorge um die 19 Verschollenen und die eigene Mutlosigkeit, leerten sich aber so schnell, daß eine vollkommene „Trockenlegung" das Ende war.

In der grimmigen Frühjahrskälte begann Chester, der Erste Steuermann, aus den Holzresten der „Polaris" zwei Boote zu bauen, während Bessels mit zwei Eskimos auf Forschungsreisen ging; er besuchte die Buchten und Kaps, die Hayes und Dr. Kane entdeckt hatten; von der verlassenen „Advance" fand er keinen Splitter mehr; die Eskimos hatten sie ausgeplündert und die Überbleibsel verbrannt.

Am 2. Juni 1873 verließen die 14 Mann das Polarishaus und brachen mit ihren zwei Booten nach Süden auf. Die Rationen waren äußerst knapp, aber das Jagdglück war ihnen günstig. Nur an Feuerung fehlte es fast ganz, und warme Mahlzeiten gab es nur selten. Am meisten litten die Schiffbrüchigen unter Durst; Trinkwasser fand sich an der Küste nicht; man schmolz daher Schnee an der Sonne in der letzten Gummihose, die sich noch vorfand. Und das Glück lächelte den vierzehn auch weiterhin: schon am 22. Juni trafen sie einen Walfischfänger, der sie an Bord nahm und in die Heimat beförderte. Der unermüdliche Bessels und einer seiner Offiziere jedoch hielten noch ein Jahr im Norden aus. Sie wurden vom Walfischfänger „Arctic" übernommen und erreichten durch den Lancaster-Sund fast mühelos alle die Punkte, die durch Parrys Reise und die Franklinschen Suchexpeditionen zu klassischen Stätten der arktischen Forschung geworden waren. Das Eisjahr war so günstig, daß selbst der Furyhafen bequemen Zugang bot. Auf dieser Fahrt traf

Bessels den englischen Vizeadmiral Markham, der drei Jahre später auf der Polarexpedition des Admirals Nares durch den Kennedy- und Robeson-Kanal bis über den 83. Breitengrad vordrang, fast zwei Grad höher hinauf als Hall — ein Triumph, der dem deutschen Forscher durch widrige Umstände versagt geblieben war.

Hans und Joseph

Es gibt eine „Duplizität der Ereignisse", die in der Geschichte oft begegnet: etwas Außerordentliches, Beispielloses begibt sich — und gleichzeitig oder kurz hinterdrein wiederholt sich derselbe Vorgang. Die zweihunderttägige Schollenfahrt der deutschen „Hansa"-Besatzung und ihre glückliche Heimkehr berührte wie ein Märchen. Aber es waren 14 beherzte, sturmerprobte Männer. Die Scholle, die ein Orkan von der sinkenden „Polaris" fortriß, trug 13 Männer, 2 Frauen und 4 Kinder; eines davon war ein Säugling, den die Frau des Eskimos Hans während der Überwinterung zur Welt gebracht hatte. Daß auch diese 19 in Nacht und Eis Versprengten nach 196 grauenhaften Tagen Rettung fanden, durfte als ein unerhörtes Wunder gelten.

Als die Taue knallend sprangen, Schiff und Scholle im Schneegestöber auseinandertrieben und die Schreckensschreie hüben und drüben im Heulen des Sturmes erstickten, schien das Schicksal der Unglücklichen auf dem tobenden und berstenden Treibeis im nächsten Augenblick besiegelt. Am auf und ab schwankenden Rand der Scholle überfluteten die Wellen das in wildem Durcheinander verstreute Gepäck, die Menschen taumelten zurück und flüchteten nach der Mitte, ein Stück der Scholle brach ab und entführte drei Mann. Auf ihre Hilferufe stieß Leutnant Tyson das kleine Boot ins Wasser und sprang hinein. Im selben Augenblick ein Krach: die Eisschollen hatten das Boot zerdrückt. Tyson rettete sich zu den übrigen und ließ das eine der beiden Walboote flottmachen; es konnte schon einen Puff vertragen. Nach angstvollen Minuten waren die drei Mann zurückgeholt. Die Boote lagen wieder auf dem Eis, Frauen und

Julius von Payer

Kinder wurden darin geborgen. Jetzt zum Gepäck! In rasender Hast wurden die Habseligkeiten nach der festeren Mitte der Scholle hingeschleift. Plötzlich der Ruf: „Dort ist das Schiff!" Der Wind hatte den Schneevorhang für einen Moment emporgerissen: im letzten Licht des Tages hob sich die schwarze Silhouette der „Polaris" deutlich ab — ihr Schornstein qualmte heftig. „Ruft so laut ihr könnt! Schwenkt Segeltücher! Schießt, schießt! Noch kann man uns sehen und hören!" Alles vergeblich — die stumme Silhouette des Schiffs mit der Rauchfahne bohrt sich in den Horizont und verschwindet hinter neuen Schneewolken. Noch ein zweites Mal narrt diese Vision die Unglücklichen. Dann verschwimmt die Ferne in der Dämmerung. Die Scholle treibt im Kreise. Neue Teile brechen los. Die schon erbaute Nothütte mit einem Teil der Vorräte ist fort. „Rettet euch in die Boote! Die Küste kann nicht so fern sein! Wir zwängen uns durch!" Vergeblicher Versuch: das Eis umklammert die Flüchtlinge. Sie retten sich zurück auf die Scholle und hocken im Schutz der beiden Boote. Der Sturm braust, eine Sturzsee folgt der andern. Neues Brechen und Dröhnen: eines der Boote treibt hinaus in die Nacht. Die Scholle wird kleiner und kleiner, die Wellen der Brandung nagen gierig an ihrem Rand. Alles klammert sich an das letzte Boot. Am Morgen legt sich der Sturm. Der fahle Schein des Tages fällt auf verzweifelte Gesichter. Die Kinder wimmern vor Kälte und Hunger. Joseph und Hans, die beiden Eskimos, sind irgendwo draußen auf dem Eis. Mit zwei jungen Seehunden beladen kommen sie zurück. Das rohe Fleisch wird verteilt, die Amerikaner schütteln sich vor Ekel — der Hunger treibt es hinunter. Um die Fellstreifen balgen sich die heulenden Hunde.

Wer diese erste Nacht überstand, durfte hoffen. Auf der Scholle war für die Neunzehn kein Bleiben mehr. Am 21. Oktober gelang die Übersiedelung auf eine größere. Dabei entdeckte Joseph das verlorene zweite Walboot und bugsierte es heran. Nun galt es Hütten bauen, Schneeigloos, eine für die Mannschaft, eine für die beiden Offiziere Tyson und Meyer, je eine für die beiden Eskimofamilien. Frauen und Kinder griffen mit zu. Unterdes ging Joseph auf die Jagd. Mit leeren Händen kehrte er zurück, aber er brachte eine Nachricht, die kostbarer war als ein Seehund: er hatte die Nothütte erspäht mit allen Habseligkeiten und dem Proviant, etwa drei Meilen weit draußen. Alles jubelte. Aber wie kam man dorthin? Versucht mußte es werden, und nach einem Frühstück mit doppelten Rationen vom letzten Proviant machten sich die Männer auf den Weg. Das Jungeis zwischen den Schollen, das sich über Nacht gebildet hatte, bog sich unter jedem Tritt. Langsam, langsam tastete man sich weiter und kam ans Ziel. Jeder packte soviel auf, wie er irgend tragen konnte, denn zum zweitenmal traute sich keiner den Weg zu machen. Der Rückmarsch unter der Last des Gepäcks war ein Heldenstück. Der Matrose Nindemann und noch ein Kamerad brachen durch das Jungeis und kamen nur soeben mit dem Leben davon.

Als Küche und Vorratsraum wurde nun eine neue Schneehütte gebaut und eine Liste der Lebensmittel aufgenommen. Man hatte im ganzen 800 Pfund — für 19 Esser und 9 Hunde, nicht eben viel. Feuerung war noch weit spärlicher. Schießbedarf war reichlich vorhanden, aber die Seehunde waren mit einemmal wie verschwunden. Mit zwei schmalen Tagesrationen mußte sich jeder behelfen.

Am 1. November wurde ein letzter Versuch gemacht, die Küste zu erreichen. Die Boote wurden vollgepackt und die Kinder hineingesetzt, Männer und Frauen davorgespannt. Am Abend war man eine Meile weit gekommen; der Weg über und durch die Eisklippen war mörderisch. Ein Zurück gab es für heute nicht, die Nacht mußte unter freiem Himmel verbracht werden. Am Morgen setzte sich das Eis aufs neue in Bewegung; die Schollen barsten hier und dort, Hans trieb auf dem einen, Joseph mit den Hunden auf dem anderen Stück davon. Wer zu Hilfe eilte, kam in die gleiche Gefahr. Alles rief und schrie, keiner verstand den andern. Die Flut öffnete Rinnen im Eis; jetzt konnte man wenigstens rudern, und nach und nach fanden sich alle wieder beisammen. Leutnant Tyson brach vor Aufregung und Anstrengung zusammen. Neue Schneehütten wurden gebaut. Hans fand sich durch zu der verlassenen Wohnscholle, kam schwer bepackt zurück und holte mit dem Hundeschlitten noch herbei, was dort an Hausrat geblieben war. An baldige Rettung war jetzt nicht mehr zu denken; der Winter mußte durchgehalten werden.

Täglich gingen die unermüdlichen Eskimos auf Jagd. Ab und zu ein kleiner Seehund, der sich im Zwielicht hatte überraschen lassen — das war alles. Eines Abends, es war am 19. November, kam Hans nicht zurück. Joseph und ein Matrose gehen ihn suchen. Wo sich aus übereinandergeschobenen Schollen ein Hügel gebildet hat, klettern sie hinauf, spähen und horchen in die Ferne. Alles ist stumm und still. Ab und zu tritt der Mond aus den Wolken. Sein wechselndes Licht verwirrt noch mehr. Halt! Regt sich dort nichts? Joseph packt seinen Begleiter am Arm und zieht ihn zu Boden. Da, vor ihnen, langsam und bedächtig eine ungefüge Gestalt — das kann nur ein Bär sein — das wäre eine Beute! Die beiden liegen auf dem Schnee und rühren kein Glied, sie hören ihre Herzen klopfen, wagen kaum zu atmen; die Büchse ist in Anschlag. Es kommt näher — jetzt steht es still an einer Schneewehe und verschwindet. Ihm nach! Da ist es wieder! Ruhe! Nicht eher schießen, als bis der Schuß unfehlbar ist! Das Tier scheint sich wieder beiseite drücken zu wollen. Joseph brummt wie ein Bär. Nun stutzt es. Joseph hebt die Flinte, den Finger am Drücker — da blitzt im Mondlicht drüben ein Gewehrlauf auf — einen Augenblick später, und Hans, der Treueste und Tüchtigste von allen, hätte in seinem Blut gelegen! Er hatte sich verirrt, konnte sich kaum mehr auf den Füßen vorwärts schleppen, taumelte und tappte wie ein Bär, suchte nach Spuren am Boden, der Flugschnee hatte seinen Pelz weiß überzogen. Im ungewissen Licht hatte Joseph seinen Kameraden für einen Bären gehalten.

Die nächsten Wochen waren furchtbar. Kein Seehund, kein Fleisch, kein Speck für die Lampen! In einer Hütte ein kümmerliches Licht, um wenigstens eine warme Mahlzeit zu kochen. Die Rationen wurden von Tag zu Tag herabgesetzt. Die Kinder wimmerten, die Hunde heulten. Keine Wärme in den Hütten; jeder zitterte vor Kälte. Wozu die Boote schonen, wenn der Tod des Erfrierens drohte? Eines wurde geopfert und gab für mehrere Tage Brennholz. Dazu der Schmutz und Gestank überall und die Untätigkeit, die tötende Langeweile! Ein selbstverfertigtes Kartenspiel, mit Lampenruß gemalt, schuf einige Unterhaltung und ekelte bald an. Am Weihnachtstag saßen die 19 Halbverhungerten in ihren elenden Schneehütten und labten sich an gefrorenem Seehundsblut und 4 Lot Extrazwieback. Die Hunde waren, bis auf wenige, schon den Weg alles Fleisches gegangen. Am 29. Dezember schoß Hans eine Robbe — sie trieb davon. Hans sprang auf eine Eisscholle, ruderte mit seiner Flinte und machte die Beute fest. Aber die Strömung drohte ihn abzutreiben. Er rief und schrie — niemand hörte. Endlich kam ihm Joseph zu Hilfe und barg den Festtagsbraten. Er wurde sofort zerlegt und verteilt; Gehirn und Nieren gehörten dem Jäger; die Augen dem jüngsten Kinde; Eingeweide und das im Fell aufgefangene Blut ließ man gefrieren für später.

Am 6. Januar stieg die Not aufs höchste. Um den Hunger zu betäuben, sog man an längst ausgekautem Seehundsfell. Nach Leutnant Meyers unsicheren Berechnungen betrug die Eisdrift etwa 5 Meilen am Tag; die Wohnscholle schwamm jetzt ungefähr auf dem 72. Breitengrad und vielleicht 80 Meilen von der Küste Grönlands entfernt. Kälte und Stürme erlaubten kaum mehr, die Hütten zu verlassen. Am 19. Januar wurde es endlich wieder Tag, und mit dem ersten Schimmer der Sonne belebte sich die Zuversicht. Am nächsten Tag zeigte sich der erste Vogel und wurde von Josephs Büchse heruntergeholt. In der barbarischen Kälte saßen die beiden Eskimos stundenlang unbeweglich an den Atemlöchern der Seehunde. Es gelang, einen Jährling zu harpunieren — am nächsten Tag wieder einen! Nun brannten aufs neue die Lampen. Man mußte jetzt etwa in der Höhe der Disko-Insel sein. Dort hatte die „Polaris" ein Proviantdepot angelegt. Sollte man es wagen, dorthin über das Eis zu gehen? Die Leute waren dafür. Alle gerieten in fieberhafte Erregung bei dem Gedanken an die Möglichkeit einer Rettung. Leutnant Tyson widerriet. Es kam fast zu einer Meuterei. Ein Schneesturm am nächsten Tag bewies, wie recht er gehabt hatte. Aber die Verzweiflung nahm zu. In den Eiswaken spielten Narwale; eine Harpune fehlte, und schoß man ein Tier, dann sank es mit seinen 1000 Pfund Fleisch sofort unter. Meh-

rere Leute erkrankten an Skorbut; sie erhielten das Blut der wenigen Seehunde, die im Februar geschossen wurden. Erst als Joseph am 2. März eine riesige Bartrobbe erlegte, konnten sich alle wieder einmal sattessen.
Mit dem Frühjahr begannen die Stürme, und als die Hüttenbewohner eines Morgens ins Freie krochen, schlug ihnen in zehn Schritt Entfernung die offene Brandung entgegen. Zu hungern brauchten sie zwar fürs erste nicht mehr, denn im offenen Wasser zeigten sich Robben genug. Aber so unmittelbar hatte der Tod ihnen bisher nicht vor Augen gestanden. 9 Meilen pro Tag trieb die kleine Scholle unaufhaltsam südwärts. Immer gieriger leckten die Wogen und erreichten schon die Mauern der Hütten. Frauen und Kinder hielten sich im Boot, das kaum für sechs Mann ausreichte und jetzt 19 fassen sollte, wenn die schwimmende Insel zerbarst. Die Männer standen bereit, ins Boot zu springen und sich mit ihm auf eine andere Scholle zu retten. Der Augenblick kam, wo der Boden unter ihnen versank. Leutnant Meyer trieb auf einer Eisscholle hilflos fort. Die beiden tapferen Eskimos sicherten erst das Boot, dann setzten sie ihm nach von Scholle zu Scholle. Am anderen Morgen brachten sie ihn an. Eine neue Schneehütte wurde gebaut. Der Hauptteil des Proviants war von den Wellen fortgerissen worden. Fünf Tage lang fehlte ihnen alles; etwas Schiffszwieback war das einzige, um den Hunger zu stillen. Endlich wieder ein Seehund! Und plötzlich zeigte sich sogar ein Bär, der sich über die treibenden Schollen näherte. Alles mußte sich niederlegen und, wie die Robben zu tun pflegen, ab und zu den Kopf erheben und sich die Seite kratzen. Der Bär schlich heran — etwas unsicher zwar — denn diese merkwürdigen Robben waren ihm neu — schon hatte er den am nächsten Liegenden fast erreicht — da krachten zwei Schüsse. Mit lautem Jubel stürzte sich alles auf das verendete Tier; noch warm wurde es zerfetzt und das rohe Fleisch verschlungen Das war Hilfe in äußerster Not.
Ende April waren die Schollenpassagiere bis zum 53. Grad hinuntergekommen. Wenn sich jetzt nicht endlich ein Walfischfänger zeigte, war jede Hoffnung auf Rettung Wahnsinn. Die Scholle bröckelte von Tag zu Tag ab; die neunzehn saßen zu-

sammengepfercht in dem engen Boot, auf dessen Boden das Wasser hin und her plätscherte. Was sie noch an Proviant besaßen, hatten sie fast alles zurücklassen müssen. Sie schossen Robben und ruderten Tag und Nacht. Wer ausruhte, beobachtete den Horizont. Die Augen brannten in die Ferne. „Ein Schiff! Ein Schiff!" War es eine Luftspiegelung oder Wahrheit? Nebel fiel ein und verwischte alles. Stunde auf Stunde verging — da wieder eines. Schreien — Schießen — man scheint das Boot gesehen zu haben, aber das Eis drängt sich dazwischen und legt sich dem Schiff in den Weg. Darüber wird es Nacht. Diese letzte Nacht glaubte keiner zu überleben. Sie nahmen den letzten Speck, drückten ihn in eine Pemmikanbüchse und zündeten ihn an. Und dieses armselige Signal wurde ihre Rettung. Ein Kapitän sah die flackernde Flamme durch Nacht und Nebel blitzen, vermutete ein Unglück und steuerte durch die Eisströmung heran. In der Morgendämmerung fand er die Schiffbrüchigen und nahm sie an Bord. Der Tod schaute ihnen aus den bleichen Gesichtern, und dennoch erholten sich alle, Männer, Frauen und Kinder, auch das Eskimobaby, das den Namen Karl Polaris führte.

Das Schiff war die „Tigerin" unter Kapitän Bartlett. An Bord war Leutnant De Long, der später auf der Jeannette-Expedition, an der auch der Matrose Nindemann teilnahm, einen furchtbaren Tod fand. Kapitän Bartlett brachte die Besatzung der „Polaris" Ende Mai 1873 nach Neufundland. Dann dampfte er mit Hans und Joseph, ohne deren heldenhafte Aufopferung keiner der Amerikaner sein Vaterland wiedergesehen hätte, sogleich wieder nach Norden ab, um die Eskimos nebst Familie nach Hause zu bringen und die „Polaris" selbst und den Rest ihrer Mannschaft zu suchen. Aber ehe er noch bei den Littleton-Inseln war, hörte er von begegnenden Schiffen, daß auch die vierzehn übrigen von Halls Mannschaft gerettet und auf der Heimfahrt seien. Nur den Anführer selbst deckte das Grab im ewigen Eis.

Neues Land am Horizont

An Bord des „Tegetthoff" lehnten zwei in dicke Pelze vermummte Männer gegen die Reling und sahen mißmutig in den dichten Nebel hinein, der ihnen wie eine weiße Filmwand von allen Seiten entgegenstarrte und sich als dicker Reif auf Bärte und Brauen legte. „'s wird nix, mein Lieber!" rief ärgerlich der eine und stampfte mit den Füßen, halb aus Ungeduld, halb vor Kälte. Bei der lautlosen Stille ringsum schallten die Töne wie unter einem niedrigen Gewölbe.

Der andere zuckte die Achseln, qualmte eine gewaltige Rauchwolke aus seiner Virginia und sah hinter sich ins Takelwerk hinauf, dessen höchste Spitzen und Taue sich wie flüchtige Bleistiftstriche auf endlos weißer Fläche verloren. Am Toppmast flackerte unruhig der Wimpel, das Schwarzgelb der österreichischen Marine. „Es wird schon werden, lieber Payer", antwortete er zögernd, als wenn er seinen eigenen Worten mißtraute; „da oben rumort's, seit vorgestern bläst es konstant aus Nordost — wenn der Wind sich noch etwas aufrafft, wird er schnell aufgeräumt haben. Heut früh fegte er wie ein toll gewordener Straßenkehrer. Jetzt hält er Mittagspause — er wird schon wieder loslegen."

„Weyprecht, Sie sind ein unverbesserlicher Optimist!" rief Payer mit gereiztem Lachen und ging unruhig auf und nieder. „Für die Leute mag das gut sein — Sie sind nicht aus der Ruhe zu bringen — auch das steckt an! Sie sind das Muster aller Kapitäne unserer k. k. Marine — ich male Sie in Öl, lebensgroß, so wie Sie dastehen, überlebensgroß, gigantisch — wenn wir nur erst wieder beim Grinzinger Heurigen sitzen. Aber mir machen Sie nix weiß! Der 13. ist unser Unglück! Am 13. Juni fuhren wir von Bremerhaven los — in einem Sauwetter. Am 13. August steckten wir das erstemal im Eis. Der 13. Oktober — na, Sie wissen ja noch, die wahnsinnigen Eispressungen damals — da ging selbst Ihre Ruhe zum Teufel. Dann kam die Nacht, die Bartholomäusnacht — 130mal 24 finstere Stunden — 10mal 13! Merken Sie was! 10mal 13! Solch eine 13 wird auch einmal vor dem Tage stehen, unter dem es heißt: ‚Da sank

der ‚Tegetthoff' mit seinen 220 Tonnen und seinen 100 Pferdekräften mit Volldampf voraus glorreich in die eisigen Fluten.'
Schade um Ihr Ölbild, Weyprecht! Wirklich schade! Sehen Sie da hinten unseren tapferen Koch, wie er mit seinem gigantischen Zinken aus der Luke heraus wittert. Dem wäre auch wohler bei seiner heimischen Polenta, statt bei Seehunds- und Bärenbraten. Er schüttelt sich und prustet — fort ist er, hinunter in seine warme Kombüse, das Feld seiner Ehre, auf dem er zu sterben gedenkt. Er zählt von früh bis spät in der Vorratskammer die Häupter seiner Lieben, und wenn man einen ordentlichen Schnaps von ihm haben will, stammelt er verzweifelt: ‚Niente, Signor, niente!' Dem haben die Fischer am Comer See das auch nicht an der Wiege gesungen. Als Sie im Winter das Kohlenhaus da drüben auf der Scholle bauen ließen — nur um die Leute zu beschäftigen und auf alle Fälle! — ob der Kerl wohl auch nur ein einziges Mal seine italienische Nase hineingesteckt hat? Aber denken Sie an den 13.! Wir sind jetzt fünfzehn Monate unterwegs und stecken noch immer in diesem Milchreis wie die Kinder im Schlaraffenmärchen — wir fressen uns nicht durch, Weyprecht!"

Karl Weyprecht, ein stämmiger Deutscher aus dem Odenwald, stellte sich dicht vor den Aufgeregten hin. „Kamerad! Herr Professor! Maestro! Ihr Künstlerblut geht wieder mit Ihnen durch! Die 13 bedeutet unser Glück! 67 Bären haben wir geschossen — mindestens die Hälfte davon kommt auf Sie — die Seehunde gar nicht zu zählen. Ihre Kollegen von der Wiener Militärakademie können das nicht. Sehen Sie sich doch unsere 22 Leute an, was für Bärenkräfte sie haben! Die Krankenliste ist noch so gut wie leer, das macht das frische Fleisch. Der Proviant läßt sich im Notfall noch auf zwei Jahre strecken. Und denken Sie an die „Hansa"-Leute, mit denen Sie so vergnügt nach Grönland fuhren — die wollten auch nach Norden und trieben nach Süden. Am 1. Oktober ließen wir die Nordspitze von Nowaja Semlja hinter uns — seitdem treiben wir langsam, aber sicher nach Nordosten, fast gerade auf unser Ziel los. Unsere Messungen sind absolut sicher. Und wenn der ‚Tegett-

Neues Land am Horizont 169

balken die Eisstöße weiter so pariert, dann sehe ich nicht ein, warum die zweite österreichische Polarexpedition — unsere erste nach Spitzbergen Anno 1871 war doch nur eine Patrouille — übler dran ist als soundso viel andere. Mit dem Ölbild übrigens nehm' ich Sie beim Wort. Aber es zieht hier jetzt verteufelt. Der Kehrbesen ist wieder an der Arbeit. Sehen Sie, wie steil der Wimpel steht. Einen Grog, Kamerad, das beruhigt!"

Unterdes war es auf Deck lebendig geworden. Einer nach dem andern der Leute, jeder bis an die Nase in ungefüge Pelze gehüllt, kletterte aus den Luken schwerfällig hervor. Es war die Stunde des täglichen Spaziergangs, den keiner versäumen durfte, der nicht anderen Dienst hatte. Das Schiff war nicht eingehaust; solch eine Zeltkappe auf dem ganzen Deck wäre im Fall eines plötzlichen Alarms nur hinderlich gewesen. Es hatte Wochen gegeben, in denen die verstärkte Wache in bitterster Winterkälte stundenlang im Freien auf und ab patrouillierte, während die übrige Mannschaft, des Signalschusses gewärtig, sprungbereit in ihren Kojen lag, jeder ein Bündel mit dem Notwendigsten, Nahrung und Kleidern, neben sich. Viele Tage und Nächte hatten alle 24 Mann in fertiger Ausrüstung auf Deck verbracht, wenn sich die Eisschollen am Bug des Schiffes emportürmten und Nacht und Schneetreiben das nahe Kohlenhaus verhüllten, das im Fall einer Katastrophe ihre erste Rettung sein sollte. Und selbst der völligen Stille im Eis war nie zu trauen. Der „Tegetthoff" steckte wie ein kleiner Holzkeil in einem gewaltigen Trümmerfeld von übereinandergeschobenen Eisblöcken. Diese erstarrte Masse aber war in unaufhörlicher Bewegung; hier und dort sprang mit lautem Knall die Eisdecke und legte in breiten Rinnen das dunkle Meerwasser frei, oft genug nahe dem Schiff, nur nie so nahe, daß es seine Bewegungsfreiheit wiedererhielt, und alle Versuche, mit Äxten, Brechstangen und Sägen ihm Luft zu schaffen, hatten sich als vergeblich erwiesen. Die Eishand ließ es nicht los, es schien auf Gedeih und Verderb mit ihr verwachsen. Leutnant Payers Besorgnisse waren daher nicht unbegründet. Nur der glückliche Umstand, daß die Drift des Eises zielbewußt nach Norden ging, dem Lande seiner Sehnsucht, hielt die stolzen Hoffnungen lebendig, mit denen er und Weyprecht vor mehr als Jahresfrist von ihrem hochherzigen Gönner, dem Grafen Wilczek, dem eigentlichen Schöpfer der Expedition, Abschied genommen hatten. Die Leute rannten auf dem Deck hastig hin und her, einzeln und in Gruppen von zwei oder drei, Landsleute unter sich, denn das Sprachengemengsel der österreichisch-ungarischen Monarchie klang in diesem kleinen Kreise wider. Die einen waren Ungarn, die andern Tschechen, dazu etliche Italiener, Deutsche und schließlich noch zwei Tiroler aus dem Passeier Tal, geübte Bergsteiger, denen auf dem schwimmenden Floß keineswegs wohl zumute war; in diesem Eisgerümpel war mit ihrer Kunst nichts auszurichten. Eismeister war ein ernster Norweger, Kapitän Carlsen, der sich meist für sich hielt, da ihm die Lebhaftigkeit und gottlose Zungenfertigkeit besonders der Italiener fatal war, und mit einem gewaltigen Walroßspeer gravitätisch daherwandelte, einem alten Wiking ähnlich, nur daß seine immer schief sitzende Mottenperücke in dieses Bild nicht recht passen wollte.

Zum Stehenbleiben war es heute zu kalt. Jeder machte sich soviel wie möglich Bewegung. Die meisten rauchten, aber auch wer nicht rauchte, dem stand der Atem wie der Dampfstrahl aus dem Ventil eines überhitzten Kessels vor dem Munde, und manche verwünschten den Kapitän, der mit seinem Walroßspeer wie ein bissiger Schulmeister mit seinem Bakel Ordnung hielt und nicht litt, daß einer der Leute vor Glockenschlag ins Innere des Schiffes heimlich untertauchte. Der Wind hatte sich heftig aufgemacht, und als Weyprecht und Payer wieder aus der Kajüte emporstiegen, hielten sie sich unwillkürlich aneinander, so plötzlich riß der Nordost sie herum. Das Wort erstarb im Munde, und jeder suchte mit dem pelzgepanzerten Rücken die Bö aufzufangen und sich im Laufschritt irgendeinen etwas geschützten Winkel zu sichern. Der Wind räumte tatsächlich auf und trieb den Nebel in gewaltigen Wolkenzügen vor sich her. Im Takelwerk knarrten und krachten die hartgefrorenen Taue, der Wimpel im Topp klatschte und knallte, und über das Schwarzgelb strich ab und zu ein goldiger Schimmer. Die Sonne

Neues Land am Horizont

blinzelte durch den Nebelrauch, und plötzlich sprengte der Wind die weiße Wand, und einer der Tiroler schrie im selben Augenblick laut auf: „Land! Land!" Durch den mächtigen Riß des Nebelvorhangs leuchtete im Nordwesten eine grandiose Alpenlandschaft mit hohen Gipfeln und Schroffen und weiten Abhängen, ein Märchengebilde aus Eis und Schnee, im blendenden Glanz der Augustsonne. Alles rannte auf den Fleck zusammen, wo die Tiroler einen krächzenden Jodler steigen ließen, und lehnte sich über die Reling. Neue Nebelschleier fielen nieder. War es eine Luftspiegelung? Aber da glänzte es von neuem in dem phantastischen Rahmen eines Nebelrisses — ein unbekanntes, nie betretenes Land! Und einer nach dem andern blinzelte zu den beiden Führern der Expedition hinüber, die Arm in Arm und leuchtenden Blicks in die Ferne starrten, die sich so überraschend aufgetan. Und als neue Nebelschwaden das gleißende Bild verwischten, schlug Payer seinen Arm um die kompakte Pelztaille seines Kameraden und schwenkte ihn dreimal im Kreise herum. Die Tiroler aber dachten an ihre Steigeisen und Eispickel und an den festen Boden, den man da oben endlich wieder unter den Füßen haben würde.

Wären sie nur schon dort oben gewesen! Das neue Land lag noch in weiter Ferne, und Payers Ungeduld wurde noch auf eine lange Probe gestellt. Die Eisdrift ging mit herrlichem Eigensinn nach Norden. Ein erstes Kap kam in Sicht, sie nannten es „Kap Tegetthoff"; Inseln wurden erkennbar und erhielten den Namen des Grafen Wilczek und des österreichischen Geographen von Hochstetter. Die Landmasse dahinter, der sich der „Tegetthoff" von Tag zu Tag näherte — in Wirklichkeit ein Archipel mit 60 Inseln —, wurde als „Franz-Joseph-Land" auf der Karte eingetragen. Gegen eine siegreiche Überrumpelung aber setzte sich das neuentdeckte Land mit seinen mörderischen Waffen, Eis und Wetter, hartnäckig zur Wehr. Das Schiff schwamm mit seiner Scholle schon fast auf dem 80. Breitengrad — die nächste Insel konnte kaum zwölf Meilen entfernt sein — ein Kinderspiel für rüstige Männer und geübte Bergsteiger. Mit sechs Mann unternahm Payer einen Gewaltmarsch — nach wenigen Stunden nahm ihnen ein Schneesturm jede Orientierungsmöglichkeit, sie sahen sich mit einbrechender Dämmerung verloren in einem höllischen Gewirr von Eisklüften und heimtückischen Spalten, und wäre nicht Jubinal, der treue Neufundländer, mit von der halsbrecherischen Partie gewesen, so hätten sie alle die Überstürzung des Führers mit dem Leben gebüßt. Die scharfe Fährte des Hundes führte sie glücklich zum Schiff zurück.

Geduld bis zum Frühjahr! mahnte der immer kürzer werdende Tag, der plötzliche Sturm, die neue Bewegung des Eises. Selbst die Scholle, die das Schiff umklammert hielt, bröckelte bis auf 200 Schritt ringsum ab. Und drüben lag das Land hinter der unübersteiglichen Barriere von Eistrümmern und gefährlichem Jungeis und lockte wie eine Fata Morgana in Wirrnis und Tod.

Schon hob sich der Tag nicht mehr über ein graues Dämmerlicht, da machte Payer noch einmal einen Versuch, auf das nächste flache Land, die Wilczek-Insel, hinüberzukommen. Es war am 1. November 1873, das Thermometer zeigte 22 Grad Kälte, und eine zwei Meilen breite Straße von Jungeis verriet, daß dort noch vor wenig Tagen offenes Wasser gewesen Die Gefahr lockte unwiderstehlich, die Sehnsucht, endlich den Fuß auf dieses nie betretene Land zu setzen, war nicht zu bändigen. Wetter und Wind schienen günstig. Die Mannschaft hatte der brennende Eifer des Führers mit entflammt. Wer nicht durch Schiffsdienst gebunden war, begleitete ihn. Und diesmal gelang der Versuch. Es war zwar ein gottverlassenes Fleckchen Erde, auf dem sie nach einer gefährlichen Wanderung Fuß faßten; keine Spur organischen Lebens, nirgends die Fährte eines Polarhasen oder Fuchses; der letzte Vogel war längst nach Süden gezogen, und die öden, kahlen Felsen mit verwittertem Schnee in den Klüften waren scheußlich unwirtlich. Aber der Ehrgeiz des Entdeckers, der erste Mensch an diesem verlorenen Gestade zu sein, erlebte seinen höchsten Triumph.

Gleich am nächsten Tag wurde der Marsch wiederholt. Selbst der bedächtige Carlsen ließ sich bestimmen, seinen Walroßspeer dort hinzusetzen, und legte zu dieser feierlichen Wallfahrt seinen Olafsorden an. Auf hoher Steinpyramide flatterte das schwarzgelbe Banner. Ein dritter Versuch aber, den Gletscher am Ostende der Wilczek-Insel zu erreichen, mißlang. Die Wanderer mußten umkehren, hatten aber den 80. Breitengrad überschritten, und im Silberglanz des Mondes leuchtete vor ihnen die weiße Bergsilhouette von Franz-Joseph-Land als glückliche Verheißung für das Jahr 1874.

Gletschertouren auf Franz-Joseph-Land

Der zweite Winter der österreichisch-ungarischen Polarexpedition verlief nicht so glatt wie der erste. Die grimmige Kälte, die Feuchtigkeit in den Kajüten, das ewige Einerlei des Dienstes und die trostlose Einsamkeit in der Winternacht von 125 Tagen hatte die Stimmung der Mannschaft tief herabgedrückt. Die Bären waren verschwunden; Füchse verirrten sich nur selten hier herauf, und der Mangel an frischem Fleisch machte sich empfindlich bemerkbar; die meisten Leute kränkelten, der Maschinist starb an Skorbut. Dazu die niederschmetternde Aussicht in eine noch weit gefahrvollere Zukunft! Die wiederkehrende Sonne erhellte ein grauenhaftes Eislabyrinth. — Hier durch? Zu Fuß, mit schweren Schlitten? Die Hoffnung, den „Tegetthoff" je vom Eise frei zu bekommen, hegten Payer und Weyprecht längst nicht mehr. Es gab keine andere Rettung, als das Schiff zu verlassen und bei Sommersanfang über das treibende Eis nach Süden zu marschieren, auf Nowaja Semlja zu, von wo sie hergekommen. Das Frühjahr war für Schlittenexpeditionen nach Franz-Joseph-Land bestimmt; auf seinen Gletschern sollten die beiden Tiroler ihre Kunst zeigen. Um die Leistungsfähigkeit der Leute zu steigern, gab man ihnen den Hauptteil des Proviants frei; alles mitschleppen konnte man ja doch nicht.

Die erste Expedition an Land war nur ein kurzer Ausflug von fünf Tagen, ein Probemarsch mit sechs Mann, von denen einer vorzeitig zurückgeschickt werden mußte und mehr tot als lebendig beim Schiff anlangte. Eine Kälte wie in diesen Märztagen hatte Payer noch auf keiner seiner Polarreisen erlebt:

40,5 Grad Reaumur! Der Rum wurde dick wie Tran und verlor seine Wirkung, die Zigarre im Munde wurde zum Eiszapfen, ohne Fausthandschuhe ließ sich kein Stückchen Metall anfassen, es brannte vor Kälte wie Feuer und riß die Haut erbarmungslos herunter. Wer dem Kameraden den erstarrten Fuß mit Schnee frottierte, mußte nach kurzem Stehen gleich selbst Samariterdienste in Anspruch nehmen. Trotzdem wurde die Südostküste der dreieckigen großen Hall-Insel von Kap Tegetthoff bis Kap Frankfurt gründlich erforscht, und als Payer am Frühmorgen des 14. März auf der Spitze des vom Plateau der Hall-Insel zum Meere abfallenden Sonklar-Gletschers stand, ging über den düstern Gletschern der kleinen Salm-Insel die Sonne blutrot und randlos glühend auf, nachdem eine lodernde Fackel — ein Phänomen der Luftspiegelung in den Nebelschichten — ihr Kommen verkündet hatte.

Die zweite Schlittenreise sollte mehrere Monate dauern — ein tollkühnes Wagnis, denn wenn der „Tegetthoff" vom Eis irgendwohin mitgerissen oder gar zum Sinken gebracht wurde, mußte Weyprecht, der als Kommandant des Schiffes zurückblieb, sich und seine Leute schleunigst in Sicherheit bringen; die Nachhut unter Payers Führung war dann auf sich allein angewiesen, und was man an Proviant mitnehmen konnte, reichte kaum für die Landreise. Aber ohne dieses Risiko war kein Preis zu erringen, und am 26. März brach Payer zum zweitenmal auf, um das vor ihm nach Norden sich dehnende Landgewirr zu enträtseln — am liebsten bis zum Pol selbst hinauf. Die sechs tüchtigsten Leute begleiteten ihn: Fähnrich Orel, die Tiroler Klotz und Haller und die Matrosen Zaninovich, Sussich und Lukinovich, die sich mit den drei Hunden Jubinal, Torossy und Sumbu vor den schweren Schlitten spannten.

Zwischen Wilczek- und Salm-Insel sich mühsam durcharbeitend, erreichten sie die Schönau-Insel. Hier ließ Payer Proviant für die Rückreise eingraben. Während dann die Mannschaft mit dem Schlitten über das Trümmereis geradeaus nach Norden zog, erstieg Payer mit Haller das steile Kap Frankfurt an der Hall-Insel, um sich zu orientieren. Nach Norden dehnte sich ein weiter Meeresarm, der Austria-Sund genannt wurde. Eine größere Landmasse im Osten erhielt den Namen Wilczek-Land, das Inselgewirr nach Westen hin sollte Zichy-Land heißen, die vorgelagerte langgestreckte Insel im Nordwesten Wiener-Neustadt-Insel, ihre äußerste Ostspitze Kap Tirol. Von diesem Kap aus marschierte Payer direkt nach Norden, an Kap Hellwald vorüber zur Becker-Insel, von dort zur Erzherzog-Rainer-Insel. Am 7. April überschritt er den 81. Grad. Immer neue Landmassen wurden im Norden sichtbar. Bei Kap Schrötter, dem östlichsten Ausläufer der Hohenlohe-Insel, das durch eine gewaltige Felspyramide weithin sichtbar war, teilte Payer seine Schar. Drei Mann sollten mit der Hälfte des Zeltes und des Proviants hier acht Tage warten und dann zum Schiff zurückkehren. Er selbst wollte mit den drei andern, Orel, Klotz und Zaninovich, so weit wie möglich nach Norden vordringen, um wenigstens das unmittelbar vor ihm liegende Kronprinz-Rudolf-Land zu erforschen. Den Zurückbleibenden war bei diesem Abschied schlecht zumute. Ein geruhiges Lagerleben war ihnen zwar willkommen, denn sie waren völlig marode und verwünschten den Augenblick, in dem sie sich Payer zur Begleitung angeboten hatten. Vor Bärenbesuchen aber hatten sie eine Heidenangst; diese heimtückisch heranschleichenden Gesellen waren ihnen schon auf dem Hermarsch recht auf die Nerven gefallen. Und im schlimmsten Fall den Rückweg allein suchen zu sollen, war sicherer Tod. Noch dachten sie mit Schrecken an den Augenblick, da der stets übermütige, lustig kläffende Hund Sumbu eine Möwe im Flug erhaschen wollte und niederfallend spurlos und ohne noch einen Laut von sich zu geben in einer unsichtbaren Eisspalte verschwand. Da sie sich aber ebensowenig zutrauten, mit Payer und den übrigen drei gleichen Schritt zu halten, mußten sie sich in das Unvermeidliche fügen.

Am 10. April brach Payer auf, und bald standen die vier am Fuß des ungeheuren Middendorf-Gletschers, der die ganze Westküste von Kronprinz-Rudolf-Land bedeckt. Jetzt war der Tiroler Bergsteiger in seinem Element, eine Stufe nach der andern schlug er in den kristallenen Fels; die drei andern stiegen nach, und schließlich war man oben. Da der Gletscher völlig sicher schien, ließ Payer hier in luftiger Höhe das Lager aufschlagen.

Meister Klotz aber humpelte verdächtig hin und her und rückte allmählich damit heraus, daß er eine Fußverletzung habe, die durch Kälte und Anstrengung unerträgliche Schmerzen verursache. Mit diesem vereiterten Zeh konnte er unmöglich weiter kommen — Payer blieb nichts übrig, als ihn zum Lager auf der Hohenlohe-Insel zurückzuschicken. Bald war er mit seinem Rucksack den Gletscher abwärts verschwunden. Ein böser Unfall! Jetzt war die Stunde, wo des Tirolers Geschicklichkeit auf Schritt und Tritt unentbehrlich war — und nun lag er krank bei den drei andern Maroden. Es war zu niederträchtig! Verdrießlich gab Payer den Befehl, das Zelt abzubrechen. Der Schlitten wurde wieder gepackt, die Hunde angeschirrt, Payer selbst und Zaninovich spannten sich mit davor — nun los! Im selben Augenblick verschwanden Zaninovich und die Hunde vor Payers Augen, und der Schlitten und Payer selbst wären ihnen nachgestürzt, hätte sich letzterer nicht noch gegen den Rand der Eisspalte anstemmen und ihn halten können — das Gewicht des Schlittens mußte den Matrosen und die Hunde erschlagen, wenn sie überhaupt noch lebten. In dieser Stellung, mit Anspannung seiner ganzen Kraft, mußte Payer bleiben, bis auf sein Rufen Orel herbeigeeilt war, sich am Rand der bisher von trügerischer Schneedecke verborgenen Spalte niedergeworfen und sich über die Lage der Abgestürzten vergewissert hatte. Soweit er in dem grünen Halbdunkel sehen konnte, lagen sie auf einem Vorsprung im Eis, an den sie sich festklammerten. Orel warf nun Payer sein Messer zu, um das Zugband durchzuschneiden — der Schlitten machte noch einen Ruck und saß fest eingeklemmt. „Das Seil her!" — es reichte nicht bis zu dem Verunglückten! „Leben Sie noch, Zaninovich und können Sie sich vier Stunden da unten halten, ohne zu erfrieren?" rief Payer hinunter. „Ich laufe nach der Hohenlohe-Insel und hole Hilfe!" — „Machen Sie, Herr, machen Sie!" klang die Antwort schwach aus der Tiefe.

Payer und Orel stürzten davon, unbekümmert um Gletscherspalten und ohne Waffen. Sechs Meilen bis Kap Schrötter! Wenn nur jetzt kein Schnee fiel und die Spuren verwischte! Zaninovich war der Tüchtigste von allen — er durfte nicht so

Gletschertouren auf Franz-Joseph-Land

elend umkommen. Nur vorwärts! Was bewegt sich da vorne? Es ist Klotz, der gemächlich dahinschlendert und entsetzt ist, als er die zwei heranrasen sieht. Zaninovich — Gletscherspalte — der weiße Tod, er kennt ihn aus der Heimat! — und er kann nicht helfen! Die Tränen treten ihm in die Augen. Die beiden rennen weiter. Jede Wegkürzung wird gewagt. Da taucht Kap Schrötter auf, an seinem Fuß auf weißem Feld ein schwarzer Punkt, das Zelt — Rufen, Schreien — man eilt ihnen entgegen. Payer ist der erste am Ziel. „Das große Gletscherseil her!" stieß er atemlos hervor. Dann schnell etwas Schnee, um den Durst zu löschen, und nun zurück — keiner darf bleiben! Haller muß den lahmen Klotz vertreten, der ihnen auf halbem Wege begegnet. Unten am Gletscher liegen Kleider, die Payer abgeworfen hat — er rafft sie an sich, und nun hinauf. Nach $4^{1}/_{2}$ Stunden sind sie wieder an Ort und Stelle und werfen sich an der Eisspalte nieder. Alles still. Horch — winselt da nicht ein Hund? Und das sind unverständliche Menschenlaute! Er lebt noch! Haller wird hinabgelassen, findet Zaninovich halb erstarrt, schlingt das Seil um ihn und läßt ihn hinaufziehen. Man flößt dem Verunglückten Rum ein, er kommt allmählich zu sich und stammelt — stammelt Dank und: Payer möge ihm verzeihen, vom Schlitten sei das Gefäß mit Rum zu ihm hinuntergefallen, er habe davon trinken müssen, um nicht völlig zu erstarren! — Die Hunde hatten sich mit rätselhafter Geschicklichkeit aus den Zuggurten befreit, sich dicht an Zaninovich geschmiegt und die ganze Zeit geschlafen. Haller förderte sie aus dem Eisverlies zutage; sie wälzten sich erst tüchtig im Schnee und leckten dann ihrem Herrn und Retter dankbar die Hand. Dann wurde der Schlitten in Sicherheit gebracht und um 10 Uhr abends am Fuß des Gletschers ein zuverlässiger Lagerplatz gesucht.

Anderntags marschierte die Hilfsabteilung wieder zur Hohenlohe-Insel zurück. Der schreckliche Vorfall hatte die Unternehmungslust Payers gedämpft. Einige Tage noch weiter nach Norden — an der Westküste von Kronprinz-Rudolf-Land hinauf bis zur nördlichsten Spitze, Kap Fligely — hier (auf 81° 50′) war die Grenze. Es war ein strahlend heller Sonnentag, als sie von dort aus ringsum den Eishorizont unermeßlich sich ausbreiten sahen. Um die nahen Doloritfelsen, die sich aus dem schon schmelzenden Schneemantel erhoben, flatterten tausend und aber tausend Vögel und suchten lärmend ihre neuen Brutplätze. Bären- und Fuchsspuren liefen durch den weichen Schnee, und auf den Halden drängten sich schon grüne Flecke hervor.. Der Frühling war in den letzten Tagen hier oben eingezogen. Im Süden stand das Vorgebirge von Karl-Alexander-Land über dunklem Wasserhimmel. Im Nordwesten aber glaubten Orels scharfe Augen eine neue Küste zu erblicken — König-Oskar-Land sollte sie heißen — und geradeaus im Norden wieder eine Küstenlinie, Petermann-Land. Dahinter aber, fern in Nebelschleiern, barg die Sphinx des Nordpols ihr Haupt. Wem mochte es wohl beschieden sein, ihre Schleier endlich zu lüften und ihr wahres Antlitz zu schauen!

Bei der Hohenlohe-Insel fand Payer seine Leute in ratloser Verzweiflung: nicht einmal die Richtung, in der sie ihr Schiff hätten suchen müssen, war ihnen klar. Aber tapfer hatten sie sich an den Proviant gehalten — der Rest reichte nur noch für 10 Tage. Sofort ließ Payer alles zum Aufbruch rüsten. Was irgend entbehrlich war, wurde zurückgelassen, um die Schlittenlast zu erleichtern, nicht nur der erschöpften Mannschaft wegen; das Eis zeigte überall verdächtige Flecken, der Schnee schmolz, in diesem Morast war das Weiterkommen doppelt schwer, und wenn der Schlitten durchbrach, war alles aus. Hals über Kopf ging es südwärts. Der Austria-Sund erwies sich des Eisgangs wegen als zu gefährlich. Payer war glücklich, als er mit seinen Leuten von Scholle zu Scholle tastend den Eisfuß von Wilczek-Land erreicht hatte und sich nun an der Küste weiter vorwärts arbeitete. Noch ein paar gefahrvolle Tage hinüber zur Koldewey-Insel — dann durfte sich die Expedition in Sicherheit fühlen. Payer eilte vorauf. Vom Orgelkap, der Südspitze der Salm-Insel, suchten seine Augen das Schiff. Es waren bange Stunden, ehe er in dem Eisgewirr die Masten des „Tegetthoff" entdeckte; er lag noch an derselben Stelle fest eingekeilt im Eis. Am 22. April saßen alle Mann wieder in seiner warmen Kajüte.

Vom 3. bis 15. Mai unternahm Payer noch einen Ausflug

Gletschertouren auf Franz-Joseph-Land

Asiatisches Polargebiet

nach der MacClintock-Insel. Dann wurde das Schiff geräumt, und am 20. Mai 1874 begann der Marsch über das Eis nach Nowaja Semlja. Die vier Boote wurden auf Kufen über die Schollen gezogen. Die Eisdrift, die der Anfahrt des „Tegetthoff" so günstig war, erschwerte das Vorwärtskommen der Fußwanderer nach Süden ungeheuer. Immer wieder wurden sie zurückgetrieben; oft lagen sie tagelang untätig auf dem Eis, noch am 30. Juni war Kap Tegetthoff auf der Wilczek-Insel in

Sicht. Am 15. Juli endlich brachte ein scharfer Nordwestwind die Eismassen in Bewegung und riß breite Wasserstraßen auf, so daß die Boote vorwärts kamen. Aber erst am 14. August waren sie aus dem Treibeis heraus. Drei Tage später erreichten sie die Nordspitze von Nowaja Semlja, und am 21. trafen sie bei Kap Britwin zwei Schiffe, die im Auftrag der russischen Regierung bereits nach den verschollenen Polarforschern suchten. Am 3. September landeten Payer und Weyprecht im norwegischen Hafen Vardö.

Der Untergang der „Jeannette"

Seit MacClures Überwinterung in der Prinz-Wales-Straße war die praktisch wertlose Nordwestdurchfahrt nur mehr ein Objekt der geographischen Wissenschaft. Das fast ebenso alte Problem der Nordostdurchfahrt von der Nordspitze Europas nach der Bering-Straße aber war noch ungelöst und beschäftigte die internationale Handelspolitik nach wie vor, denn die wirtschaftliche Erschließung Sibiriens, das wie ein ungeheurer, unentdeckter Weltteil dalag, war eine Aufgabe von unermeßlicher Bedeutung besonders für Europa. Bei den Millionen und aber Millionen seiner halbwilden Bewohner eröffnete sich ein Absatzmarkt für die ganze Welt, und Sibirien selbst war ein Rohstoffgebiet von märchenhaften Dimensionen. Zu Lande kam man da nicht heran; blieb nur der Weg zu Schiff von Norden her.

Diesen seit Jahrhunderten gesuchten Weg endlich zu finden, war die Aufgabe der schwedischen „Vega"-Expedition unter Führung des berühmten Polarreisenden Adolf Erik von Nordenskiöld, der sich seit 1858 um die Erforschung Grönlands und Spitzbergens große Verdienste erworben und sich auf fünf Polarfahrten nicht nur als genialer Gelehrter, sondern auch als kühner, allen Lagen gewachsener Anführer erwiesen hatte. Am 4. Juli 1878 war die „Vega" von Göteborg ausgefahren, und die Welt wartete mit großer Spannung, ob es ihr gelingen werde, bis zur Bering-Straße durchzubrechen.

Der Untergang der „Jeannette" 181

Das Jahr verging. Von der „Vega" kam keine Nachricht. Im Frühjahr 1879 begann sich die Öffentlichkeit über das Schicksal der Expedition zu beunruhigen. Hatte das Schiff an der Nordküste Sibiriens überwintert, so hätten die Nomaden die Kunde von diesem wunderbaren Ereignis auf ihren Wanderungen nach Süden gebracht; sie wäre wie ein Lauffeuer durch die Steppe geeilt und durch Rußland nach Europa gedrungen. War das Schiff gescheitert? Die Besatzung im Eismeer umgekommen?

1871 hatte der amerikanische Zeitungskönig Gordon Bennett den verschollenen David Livingstone in Innerafrika suchen lassen. Der glückliche Retter Henry Stanley galt seitdem als der Typus des modernen Entdeckungsreisenden. Eine Nordpolfahrt versprach keine geringere Sensation. Gordon Bennett rüstete also ein Schiff aus, die „Jeannette", und sandte sie von San Franzisko zur Bering-Straße hinauf. Sie sollte die verschollene „Vega" finden, damit von Osten her das Problem der Nordostdurchfahrt zum Abschluß bringen und schließlich den Nordpol zu erreichen suchen; die Beobachtungen der Meeresströmung hatten längst ergeben, daß von der Bering-Straße eine starke Drift des Eises nach Norden ging, vielleicht gar über den Pol; ihr sollte die „Jeannette" sich anvertrauen. Der Gedanke verblüffte schon durch seine Einfachheit: wieder einmal das Ei des Kolumbus!

Anfang August kreuzte die „Jeannette" in der Bering-Straße und suchte die Küste nach den verschollenen „Vega"-Leuten ab. Nach wenigen Tagen schon erfuhr sie, daß Nordenskiöld vor zwei Wochen hier vorübergekommen sei und nicht weit im Nordwesten, nahe der Kolyutschin-Bai, überwintert habe. Tatsächlich war die „Vega" nach glänzend verlaufener Fahrt unmittelbar vor dem Ziel Ende September 1878 eingefroren und erst am 18. Juli 1879 wieder freigeworden. Gefällige Eingeborene führten den Kapitän der „Jeannette" zu Nordenskiölds Winterlager, und nun war kein Zweifel mehr möglich: Die „Vega" hatte sich selbst gerettet, die Nordostdurchfahrt war gefunden — blieb also nur der dritte Teil des Reiseprogramms: der Nordpol. Die „Jeannette" richtete ihren

Kurs nach Norden, sichtete Ende August Wrangel-Land, das unzweifelhaft eine Insel war, nicht, wie manche Geographen bisher behauptet hatten, der Südzipfel eines Festlands, das sich, ein zweites Grönland, bis zum Nordpol hinauf erstreckte, und steuerte am 6. September in das Packeis hinein, das tatsächlich nordwärts zog. Schon Mitte September, ungewöhnlich früh im Jahr, fror das Schiff gänzlich ein und war nun auf Gnade und Ungnade den Tücken des Packeises ausgeliefert.

Die „Jeannette" war ein tüchtiger, mit Dampfkraft versehener Segler, der vor Jahren an einer Franklin-Suchexpedition teilgenommen hatte, und für drei Jahre glänzend ausgerüstet. Ihr Kapitän De Long galt als einer der besten Köpfe der amerikanischen Marine; fünf tüchtige Offiziere und zwei Wissenschaftler begleiteten ihn, und die 24 Mann Besatzung waren sorgfältig ausgewählt. Zwei Indianer, erprobte Jäger, hatten die Aufsicht über die Schlittenhunde; die Küche besorgten zwei Chinesen.

Das Schiff trieb langsam, langsam mit dem Eis nach Nordwesten. An Bord war man fleißig und guter Dinge. Eisbären und Walrosse wurden erlegt; der Schiffsdienst forderte seine Zeit; die Wassertümpel auf dem Eis gefroren zu glänzenden Schlittschuhbahnen, und die Gelehrten vor allem hatten viel zu tun mit Messungen, Tiefseeforschung, meteorologischen und astronomischen Beobachtungen; auf einer Eisscholle wurde ein vollständiges Observatorium angelegt, mit den neuesten Instrumenten, sogar einer Telephonverbindung zum Schiff, und abends klang aus den erleuchteten Kabinenluken Gelächter und Musik hinaus in die stumme Polarnacht.

Anfang November aber kam das Eis in unheimliche Bewegung, als wenn es den vorwitzigen und sorglosen Eindringlingen seine furchtbare Macht nur erst einmal zeigen wolle. Zwei Meter dicke Schollen schoben sich wie leichte Schieferplatten übereinander und stießen wie mittelalterliche Belagerungswerkzeuge gegen die Holzfestung der „Jeannette", daß der Mannschaft die Haare zu Berge stiegen und die Hunde sich heulend und winselnd verkrochen, so donnerte und dröhnte und gellte da draußen der Sturmlauf der Elemente. Spalten und

Rinnen brachen auf, und einige Tage schwankte die „Jeannette" auf hohen Wellen zwischen den regellos treibenden Eismassen. Die Scholle mit dem Observatorium und vier Hunden trieb davon, und noch lange hallte das Heulen der Tiere durch die mitleidslose Polarnacht. Am 10. November trat Ruhe ein, das Eis schloß sich wieder zusammen, und zwei Monate lang ging das Winterleben seinen geregelten Gang.

Im Januar 1880 setzte das Eis zu einem neuen Angriff an und stieß ein Leck in den Bug der „Jeannette". Das Wasser stieg im Vorderraum, das Leck war nicht zu finden, die Pumpen traten in Tätigkeit und arbeiteten von diesem Tage ab unausgesetzt 18 Monate lang! Das Eis hielt das Schiff als seine sichere Beute fest umklammert; die Frühjahrsstürme tobten — die „Jeannette" rissen sie nicht los, und Sprengversuche mit Torpedos waren machtlos wie Kinderspielzeug. Der Sommer war diesmal im Eis selbst gar nicht zu spüren, trotzdem die Sonne herniederbrannte. Das plötzliche Erscheinen eines riesigen Bären auf Deck wirkte wie der Vorbote grauenhaften Unglücks: er war durch die Phalanx der rasenden Hunde durchgebrochen und ging mit offenem Rachen und erhobenen Pranken auf die flüchtenden Matrosen zu; im letzten Augenblick traf ihn eine Kugel ins Herz. Ein andermal stand Kapitän De Long unvermutet dem König der Eiswüste gegenüber. Der eine sah dem andern fest ins Auge — dann trat De Long, unbewaffnet wie er war, vorsichtig seinen Rückzug an. Die Bestie kam wohl gerade von einer ausgiebigen Mahlzeit und folgte ihm nur mit dem Blick, als wollte sie sagen: Du entgehst mir nicht!

Eines Tages im September kam der eine Indianer in größter Aufregung von einem Ausflug zum Schiff zurück. „Mich gefunden haben Zweimännerhaus!" stotterte er entsetzt. Ob er hineingesehen und Leute darin bemerkt habe? „Nein, mich ganz erschrocken!" antwortete die tapfere Rothaut Leutnant Chip ließ sich sofort zu der geheimnisvollen Stelle hinführen: da stand das vor zehn Monaten fortgeschwommene Observatorium unversehrt auf dem Eis!

Die zweite Winternacht sank herab. Unaufhörlich arbeiteten die Pumpen, die Feuchtigkeit im Schiff wurde unerträglich.

Das Eis wich nicht vom Fleck; langsam, quälend langsam ging die Drift nach Nordwesten. Am 18. Mai 1881 schrie der Lotse in der Ausgucktonne zum erstenmal: „Land in Sicht!" Es war die Küste einer kleinen Insel, die den Namen des Entdeckerschiffes erhielt. Einige Tage später eine zweite Küste, die Henrietta-Insel, dann wieder eine: Gordon-Bennett-Land — die nördlichsten Ausläufer der Neusibirischen Inselgruppe.

Am 6. Juni kehrte gerade eine Schlittenexpedition von der Henrietta-Insel zurück, als das Packeis seinen letzten Angriff auf die „Jeannette" begann. Am 10. schien ihr Schicksal besiegelt. Kapitän De Long hatte schon alle Vorräte, Zelte, Schlitten und Boote aufs Eis schaffen lassen, das allenthalben in furchtbarer Bewegung war, zu aller Überraschung aber plötzlich das Schiff freigeben zu wollen schien. Sofort wurden die Dampfkessel angeheizt, das Steuer wieder eingesetzt, und am 11 schwamm die „Jeannette" auf blauer See. Die Gefahr schien überwunden Es war das Spiel der Katze mit der Maus. Am 12. schloß sich das Eis von neuem. Die Spanten krachten, das Oberdeck wölbte sich, die Treppen zur Kommandobrücke brachen zusammen. „Das Eis dringt in die Kohlenbunker!" war das Signal zum Verlassen des sinkenden Schiffs. Der Kapitän sprang als letzter herunter. In der Nacht zum 13. verschwanden Schiffsrumpf und Schornsteine in den Wellen; die Masten zersplitterten knallend zwischen den Eisschollen, Bojen und Planken trieben auf dem Wasser — dann schoben sich andrängende Eismassen über den furchtbaren Abgrund. Gordon Bennetts stolze „Jeannette" war nicht mehr.

Ein Todesmarsch

Vom verlassenen Schiff über das Treibeis hatte sich schon manche Polarexpedition retten müssen. Warum sollte der trefflich ausgerüsteten Bemannung der gesunkenen „Jeannette" das nicht gelingen?

Kapitän De Long ließ seinen Leuten nicht Zeit, über die erschütternde Katastrophe, deren Zeugen sie gewesen, und über ihr eigenes ungewisses Schicksal nachzugrübeln. Keine Hand war entbehrlich, um das wild verstreute Gepäck zu sammeln und zu sichten, alles Überflüssige auszusondern, Proviant für 60 Tage einzuteilen und in wasserdichte Säcke zu nähen, die Schlafsäcke ihres Gewichts wegen zu verkleinern, Reservekleider für den Marsch herzurichten, die Schlitten instand zu setzen für die Aufnahme der drei Rettungsboote und schließlich alles Gepäck in die Boote zu verstauen. Am 17. Juni war die Mannschaft reisefertig, und der Rückzug begann.

Aus freien Stücken hätte sich ein so erfahrener Polarreisender wie De Long um diese Zeit gewiß nicht zu einem Marsch über das Eis entschlossen. Das Jahr war dafür schon zu weit vorgerückt. Die Sonne hatte aus Schnee und Eis einen Morast gebildet, in dem die Schlittenlasten von je 750 Kilo alle paar Schritte steckenblieben. Die 23 Hunde und 28 Mann — die übrigen waren krank — brauchten ihre äußerste Kraft, um nur ein paar Meter weiter zu kommen. Mit Schaufel und Spitzhacke mußte der Weg erst gebahnt werden. Am Morgen hatte der Nachtfrost eine trügerische Eisdecke darüber gebreitet, die unter den Tritten der Männer schon brach; um Mittag wateten die Leute knietief im eisigen Schlamm, in den die Schlitten über Nacht einfroren. Dazu die starke Bewegung des Eises und die entsetzlichen Spalten, die sich oft urplötzlich vor ihnen auftaten und den Weg abschnitten; die Spalten liefen infolge der Drift immer von Ost nach Nordwest, nie nach Süden, wohin sie eine willkommene Fahrstraße geboten hätten. Sie verengten und erweiterten sich unberechenbar. Eisschollen mußten herangelotst und auf diesen schwankenden Pontons Boote und Schlitten und Menschen mit unendlicher Vorsicht hinüberbugsiert werden. Ab und zu goß Regen mit Schnee herab — keine Möglichkeit, in den feuchten Zelten über Nacht die durchnäßten Kleider zu trocknen.

Das Furchtbarste aber mußte De Long seinen Leuten zunächst verheimlichen, um sie nicht vollends in Verzweiflung zu treiben. Eine Woche lang waren sie mit Aufbietung aller Kraft, die schweren Zugriemen über der Brust, stolpernd und ausgleitend, marschiert, da zeigte die Ortsbestimmung des Kapitäns, daß sie — 50 Kilometer nördlicher waren als vorher! Die Eisdrift hatte sie hinter ihren Ausgangspunkt zurückgestoßen. Kam sie nicht zum Stillstand, dann reichten die 60 Tage nicht, um auch nur eine der Inseln zu erreichen, die auf dem Wege nach Süden lagen. Und an dem Transport des Gepäcks und Proviants für diese Zeit arbeitete sich die Mannschaft schon zuschanden! Einer nach dem andern fiel ab und vermehrte die Last der Schlitten, verminderte wenigstens die Zugkraft. Die Anforderungen an die Ausdauer der Leute wuchsen von Tag zu Tag; 10, 12 Stunden arbeiteten sie wie die Zugpferde, und das Ergebnis? Ein oder zwei Kilometer war die Karawane wirklich südwärts gekommen und glaubte doch, einen Weg von vielen Kilometern hinter sich zu haben. Die Eisdrift spottete ihrer Mühe und raubte ihnen den größten Teil ihres Erfolges.

Die 60 Tage gingen schon zur Neige, da stand De Long am 31. August zum erstenmal auf festem Land; die Faddejeff-Insel war erreicht und damit eins gewonnen: die todbringende Eisdrift lag hinter ihnen. Nun schleppten sich die erschöpften Leute, von übermenschlicher Anstrengung und Hunger abgezehrt, durch die Eislabyrinthe der Wasserstraßen zwischen den Neusibirischen Inseln. Bei der Semenowski-Insel lag endlich der Eisrand vor ihnen und das Schwerste schien überwunden. Die Boote wurden klargemacht zur Fahrt nach Süden, zur Küste Sibiriens, wo vielleicht bei Nomaden, die sich auf ihren sommerlichen Jagdzügen verspätet hatten, Hilfe zu finden war. Denn die Vorräte reichten, trotz knappster Rationen, nur noch auf Tage.

Am 12. September, nach 92 tägigem Marsch, fuhr die Besatzung der „Jeannette" in Richtung auf die Lenamündung davon. Den Kutter befehligte De Long selbst; bei ihm waren der Arzt Dr. Ambler, ferner Collins, der Korrespondent des „New York Herald" und elf Mann. Das zweite Boot führte Leutnant Chip mit sieben Mann. Das dritte Leutnant Dannenhauer; ihn begleiteten der Oberingenieur Melville, der Naturforscher Newcomb und acht Mann.

Der Wind legte sich tüchtig in die Segel, und alles atmete auf: man kam gut vorwärts — in wenigen Tagen mußte die Küste auftauchen — dort war die Rettung. Munition war reichlich vorhanden. Völlig ausgestorben von Wild und Menschen war das gefürchtete Nordsibirien gewiß nicht — der Spürsinn der beiden Indianer wird, wenn es ums Leben geht, schon das seinige tun.

In der Nacht fiel ein wütender Nordsturm über die drei Boote her, trieb sie auseinander, und nun vollendete sich die Endkatastrophe mit derselben furchtbaren Plötzlichkeit wie beim Untergang der „Jeannette". Von Chips Boot und seinen sieben Mann hat sich nie eine Spur gefunden. Das dritte Boot unter Führung des Ingenieurs Melville — Leutnant Dannenhauer mußte wegen Schneeblindheit das Kommando abgeben — erreichte am 16. September einen seichten Mündungsarm der Lena und fand eine verlassene Hütte. Kaum einer der Leute, dem nicht ein Glied erfroren war; ein Matrose war durch den überstandenen Schrecken verrückt geworden. Melville führte seinen Trupp landeinwärts und hatte das Glück, Eingeborene zu treffen, aber erst in der Niederlassung Bulun, die 250 Kilometer von der Küste entfernt war. Melville selbst war vorausgeeilt, um Hilfe zu holen, und seinem Wagemut verdankten alle seine Begleiter ihre Rettung.

Was war aus dem ersten Boot geworden? Wo war der Kapitän? In Bulun selbst erhielt Melville auf diese Fragen die Antwort. Er hatte eben seine eigenen Leute dort glücklich beisammen, als zwei Matrosen von De Longs Abteilung, Nindemann und Noros, ankamen. Der Kapitän hatte sie als die Kräftigsten vorausgeschickt, um Hilfe zu holen. Was sie zu melden hatten, überstieg Melvilles schlimmste Befürchtungen.

De Longs Boot hatte im Nachtsturm des 13. Septembers Mast und Segel verloren. Mit Hilfe der Ruder erreichte es drei Tage später einen seichten Strand, wo es auflief. Die Bemannung rettete sich, mehrere 100 Meter durchs Wasser watend, mit ihren Sachen auf das trockne Ufer. Zwei Tage lang wurde hier ausgeruht; Treibholz zum Feuermachen war genug vorhanden. Die Lebensmittel aber reichten höchstens noch fünf Tage. Von den 40 Hunden lebte nur noch einer. Als dann aufgebrochen wurde, waren die Lasten für die entkräftete Mannschaft immer noch zu schwer: Zelte, Gewehre, Munitionskisten und Proviant — dazu der Matrose Erikson hilflos auf einem Schlitten, ihm waren beide Füße erfroren. Nach fünf Tagen schossen die Indianer zwei Renntiere. Neun Tage lang wurde der Todesmarsch fortgesetzt. Ein breiter Flußarm gebot Halt. Eriksons Zustand erzwang einen Ruhetag. Er starb am 7. Oktober und wurde durch eine Wake im Flußeis nach Seemannsbrauch bestattet. Ein Schneesturm machte das Weitergehen unmöglich. Zwei Tage schleppten sich De Long und seine Leute noch einige Kilometer vorwärts. Der letzte Hund war geschlachtet; der treue Indianer Alexia brachte von langer Jagd ein kümmerliches Schneehuhn heim. Tee und Alkohol waren das letzte, um die Hungerqualen zu betäuben.

Am 9. Oktober schickte De Long, um ein Letztes zu versuchen, Nindemann und Noros voraus. Nindemann war 1873 auf der „Polaris" gewesen, er hatte mit den Eskimos Hans und Joseph und zehn Kameraden die 196 tägige Schollenfahrt längs der Küste Grönlands überstanden und wußte, was auf dem Spiele stand Sie hatten ein Gewehr und 50 Patronen, Decken für die Nacht und 40 Gramm Alkohol als Nahrung. Durch den wirbelnden Schneesturm marschierten sie die Lena entlang. Für die Nacht gruben sie sich mit Händen und Messer Höhlen in den Schnee. Auf dem Feuer kochten sie Tee aus Weidenblättern; dazu kauten sie Seehundsfell, das sie von ihren Beinkleidern abschnitten. Am 19. erreichten sie ein paar verlassene Hütten, die Ansiedlung Bulkur. Dort lagen getrocknete, verschimmelte Fische — sie schlangen sie hinunter und ruhten aus. Plötzlich bemerkten sie vor ihrer Hütte Renntiere — die Flinte her und hinaus! Vor ihnen stand ein Tunguse, zitternd vor Schreck über die hervorstürzenden Männer, das erhobene Gewehr, und flehte mit den Armen um Schonung seines Lebens. Andere Eingeborene liefen herbei. Die beiden Matrosen waren gerettet — aber sie verstanden die Sprache der Eingeborenen nicht, und Händeringen und Tränen wußten sich die Tungusen nicht zu deuten; alle Versuche, sie mitzuführen nach Norden, wo der Kapitän und die letzten Überlebenden — wieviel mochten es wohl noch sein? — den Hungertod starben, waren vergeblich. Es blieb den beiden Matrosen nichts übrig, als mit den Eingeborenen weiter landeinwärts zu ziehen. So kamen sie nach Bulun und trafen hier Melville. Dieser tapfere Mann packte sofort Kleider und Lebensmittel zusammen und eilte mit Schlitten und Eingeborenen nach Norden. Er fand wohl einige Lagerplätze De Longs, die Nindemann und Noros genau bezeichnet hatten, aber vom Kapitän und seinen Leuten keine Spur. Furchtbare Schneestürme zwangen ihn, nach Bulun zurückzukehren, um nicht sich und seine Begleiter in Lebensgefahr zu bringen.

Im Februar ging eine Hilfsexpedition der russischen Regierung unter Melvilles Führung wieder die Lena abwärts. Nindemann wies den Weg. Die Ufer wurden gründlich abgesucht. Was ragte da aus dem Schnee? Ein Flintenlauf. Wie kam der hierher? Der Schnee wurde beiseite geschaufelt — zwei Leichen kamen zum Vorschein. Nindemann und Melville erkannten sie: es waren die Matrosen Boyd und Görtz. Wo waren die übrigen? Man suchte weiter und grub jede Schneewehe auf. Eine Strecke flußabwärts fand sich ein Feldkessel; hier war eine Feuerstelle. Plötzlich stieß Melville mit dem Fuß an etwas Hartes: es war eine Leichenhand, die aus dem Schnee ragte — wie hilfeflehend. Es war die Hand des Kapitäns selbst, dessen Leiche hier vom Schnee begraben war. Wenige Schritt entfernt lagen die übrigen, einige mit Zeltleinwand und Decken zugedeckt. Dicht neben De Long lag sein Tagebuch, das er bis zum letzten lichten Augenblick geführt hatte — der Bleistift dabei, der seiner entkräfteten Hand entfallen — der Hand, die noch in der Todesstarre den nahenden Rettern ein Zeichen geben sollte.

Was die Unglücklichen ausgestanden, mögen die letzten Blätter aus De Longs Tagebuch, einem der erschütterndsten Dokumente der Polarforschung, selbst berichten.

Kapitän De Longs letztes Tagebuch

Freitag, 7. Oktober 1881. — Unser Frühstück besteht aus dem letzten halben Pfund Hundefleisch und Tee. Das letzte bißchen Tee wurde heute in den Kessel getan — und damit sollen wir 40 Kilometer weit gehen? Aber ich vertraue auf Gott; er hat uns bisher beschützt, er wird uns nicht Hungers sterben lassen!

Eine der Winchesterbüchsen ist nicht mehr in Ordnung, wir ließen sie deshalb hier zurück. In der Hütte, in der wir die Nacht verbrachten, hinterlegte ich folgende Mitteilung: „Die unten genannten Offiziere und Mannschaften des verunglückten U.S.A.-Dampfers „Jeannette" verlassen heute morgen diese Hütte und gehen im Eilmarsch nach Kumak-Surka oder einer andern Ansiedlung an der Lena. Dienstag, den 4. Oktober, langten wir hier mit einem kranken Kameraden, dem Matrosen Erikson, an. Er starb gestern morgen und wurde mittags im Fluß bestattet. Er starb an bösartigen Frostschäden und völliger Erschöpfung durch den Transport bei Wind und Wetter. Wir übrigen sind gesund, leiden aber unter furchtbarem Nahrungsmangel. Heute früh haben wir unsern letzten Proviant verzehrt."

Wir marschierten um 8 Uhr ab und kamen in drei Stunden fünf Kilometer weit. Dann waren wir am Ende unserer Kraft und taumelten nur noch. Ein Haufen Treibholz, von einer Springflut angespült, war ein geeigneter Lagerplatz; ich ließ das Mittagessen zurechtmachen: 20 Gramm Alkohol und einen Topf Tee. Dann marschierten wir weiter bis zu einem überfrorenen Wasserlauf. Vier Mann versuchten ihn zu überschreiten und brachen ein. Damit sie kein Glied erfroren, ließ ich auf dem Westufer Feuer machen, und während wir uns trockneten, schickte ich den Indianer Alexia aus, um irgend etwas Eßbares aufzutreiben. Weit gehen und lange bleiben solle er nicht, hatte ich ihm befohlen. Aber um 2 Uhr war er noch nicht zurück und nichts von ihm zu sehen.

Leichter Südwest, Nebel. Am südlichen Horizont zeigen sich Berge. Um 5 kam Alexia mit einem Schneehuhn; wir kochten sofort Suppe davon und krochen dann unter unsere Decken. Vollmond, der Himmel sternenhell, nicht sehr kalt. Alexia sah den Fluß eine Meile weit ganz eisfrei.

Sonnabend, 8. Oktober. — Frühstück: 20 Gramm Alkohol in $3/10$ Liter heißen Wassers. Kamen um 11 Uhr an einen großen Fluß. Gingen weiter. Furchtbare Schneewehen, müssen wieder umkehren. Mißgeschick. Schnee. Wind Südsüdost. Kälte. Nur wenig Holz. 10 Gramm Alkohol.

Zusatz des Arztes: Der Alkohol wirkt ausgezeichnet. Er erstickt den Heißhunger, den nagenden Schmerz im Magen und hält, trotz der geringen Quantitäten, die Leute ziemlich bei Kräften.

Sonntag, 9. Oktober. — Hielt Gottesdienst. Sende Nindemann und Noros voraus, um Hilfe zu suchen. Sie nehmen Decke, Flinte, 40 Patronen und 40 Gramm Alkohol mit. Sollen auf dem Westufer des Flusses bleiben, bis sie an eine Siedlung kommen. Sie brachen um 7 Uhr auf, unser Hurra begleitete sie. Wir marschierten um 8 Uhr ab. Beim Übergang über den Fluß brachen wir ein, rasteten, machten Feuer und trockneten unsere Kleider. Um 10 wieder unterwegs. Lee bricht zusammen. 20 Gramm Alkohol zu Mittag. Alexia schießt drei Schneehühner. Wir kochen Suppe. Folgen den Spuren von Nindemann und Noros; sie selbst sind längst außer Sicht. Um 3 gehen wir weiter. Hohes steiles Ufer. Das Eis auf dem Fluß treibt schnell nach Norden. Um 5 Uhr machen wir bei viel Treibholz halt. Finden ein Boot. Legen uns mit den Köpfen hinein und schlafen. 10 Gramm Alkohol.

Montag, 10. Oktober. — Ich schicke Alexia, um Schneehühner zu jagen. Furchtbarer Hunger. Wir essen Renntierfell. Leichter Südost. Nicht sehr kalt. Beim Überschreiten eines Baches brachen drei von uns ein. Wir machten Feuer und trockneten uns. Schleppten uns vorwärts bis 11 Uhr. Völlig erschöpft. Aus Teeblättern, die in der Alkoholflasche waren, kochen wir ein Getränk. Um Mittag wieder vorwärts. Frischer Wind aus Südsüdwest. Schneetreiben. Das Gehen wird sehr schwer. Lee bittet, ihn zurückzulassen; lassen ihn nicht. Folgen Nindemanns Weg. Um 3 Uhr Halt. Können nicht weiter. Kriechen in eine Uferhöhle, sammeln Holz und machen Feuer. Alexia geht Wild suchen. Als Abendessen ein Löffel Glyzerin. Alle Mann schwach und kraftlos. Gott helfe uns!

Dienstag, 11. Oktober. — Südweststurm mit Schnee. Wir können uns nicht vom Fleck bewegen. Kein Wild. Ein Teelöffel Glyzerin und heißes Wasser. Kein Brennholz mehr in der Nähe.

Mittwoch, 12. Oktober. — Der letzte Teelöffel Glyzerin mit heißem Wasser. Mittags kochen wir ein paar Hände voll Weidenzweige und trinken den Aufguß. Alle werden schwächer und schwächer. Kaum noch Kraft, Brennholz zu sammeln. Südweststurm mit Schnee.

Donnerstag, 13. Oktober. — Tee aus Weidenblättern. Starke Südwestwinde. Von Nindemann keine Nachricht. Wir sind in Gottes Hand; erbarmt er sich nicht unser, dann sind wir verloren. Gegen den Sturm können wir nicht an, und Hierbleiben heißt Verhungern.

Nach Mittag gingen wir zwei Kilometer weit und kamen über einen neuen Fluß oder einen Arm des alten. Als wir hinüber waren, fehlte Lee. Suchten eine Höhle in der Uferböschung und legten uns dorthin. Ich sandte nach Lee; er hatte sich in den Schnee eingewühlt und erwartete den Tod. Beteten alle zusammen das Vaterunser und das Glaubensbekenntnis. Nach dem „Abendessen" starker Sturm. Entsetzliche Nacht.

Freitag, 14. Oktober. — Frühstück: Weidentee. Mittags: Weidentee. Der Südsturm läßt nach.

Sonnabend, 15. Oktober, 125. Tag seit Untergang der „Jeannette". — Frühstück: Weidentee und zwei alte Stiefel. Beschließen, bei Sonnenaufgang weiterzugehen. Alexia kraftlos. — Kamen an ein leeres Getreideboot. Halt und Lager. In der Dämmerung am südlichen Horizont Rauch gesehen.

Sonntag, 16. Oktober, 126. Tag. — Alexia ganz erschöpft. Gottesdienst.

Montag, 17. Oktober, 127. Tag. — Alexia im Sterben. Dr. Ambler taufte ihn. Sprachen das „Gebet für einen Kranken". Collins' Geburtstag, 40 Jahre alt. — Bei Sonnenaufgang starb Alexia. Entkräftung durch Hunger. Legten ihn in den Kahn, die Fahne darüber.

Dienstag, 18. Oktober, 128. Tag. — Stille, milde Luft, Schneefall. Nachmittags Alexia begraben, legten ihn auf das Eis des Flusses und deckten ihn mit Eisplatten zu.

Mittwoch, 19. Oktober, 129. Tag. — Zerschnitten das Zelt und machten Schuhe daraus. Dr. Ambler suchte neuen Lagerplatz; bei Dunkelwerden siedelten wir dorthin über.

Fridtjof Nansen

Donnerstag, 20. Oktober, 130. Tag. — Klar und sonnig, aber sehr kalt. Kaach völlig erschöpft.
Freitag, 21. Oktober, 131. Tag. — Um Mitternacht lag Kamerad Kaach tot zwischen dem Doktor und mir.
Sonnabend, 22. Oktober, 132. Tag. — Der Doktor, Collins und ich trugen Lee und Kaach bis zum Hügelrand, dann wurde ich ohnmächtig. Wir können die Leichen nicht mehr aufs Eis schaffen.
Sonntag, 23. Oktober, 133. Tag. — Alle immer schwächer. Suchten vor Dunkelheit noch etwas Holz. Ich las ein Stück Sonntagsandacht vor. Leiden alle entsetzlich an den Füßen. Keine Schuhe.
Montag, 24. Oktober, 134. Tag. — Furchtbare Nacht.
Dienstag, 25. Oktober, 135. Tag. — Trostlos.
Mittwoch, 26. Oktober, 136. Tag. — Kälte. Hunger. Krank.
Donnerstag, 27. Oktober, 137. Tag. — Iverson ganz kraftlos.
Freitag, 28. Oktober, 138. Tag. — Iverson starb in der Frühe.
Sonnabend, 29. Oktober, 139. Tag. — Heute nacht starb Dreßler.
Sonntag, 30. Oktober, 140. Tag. — Boyd und Görtz sind in der Nacht gestorben. Collins liegt im Sterben.

Das brennende Schiff

Nordenskiöld war mit seiner „Vega" unter dem Jubel der ganzen Welt unversehrt heimgekehrt. Nun war die „Jeannette", die sie suchen sollte, verschollen. Ein einziger Walfischfahrer hatte sie gesehen, als sie dem Packeis zusteuerte; sonst niemand mehr. War sie auf dem Wege zum Nordpol, dann war auf baldige Nachricht nicht zu rechnen, obgleich man von der langen Dauer der Fahrt, von der Unregelmäßigkeit und Langsamkeit der Eisdrift noch keine klare Vorstellung haben konnte; die „Jeannette" sollte ja zum erstenmal die Probe machen. Aber es gibt einen Hilfeschrei aus unerhörter Not, der sich auf unbekannten Wellen durch das All fortzupflanzen scheint. Es lag Unglück in der Luft. Im Frühjahr 1881 schwirrten wilde Gerüchte umher, geboren aus düstern Ahnungen. Im Sommer waren fünf Rettungsexpeditionen auf dem Weg zum Polarmeer. Eines dieser Schiffe war der „Rodgers"; an Bord wieder ein Berichterstatter: William H. Gilder von Gordon Bennetts „New York Herald". Das Programm war das gleiche wie vor zwei Jahren: Aufsuchen der Verschollenen und, wenn möglich, zum Nordpol.

Am 25. August 1881 lief der „Rodgers" Wrangel-Land an und kreuzte hier 16 Tage, ohne eine Spur von der „Jeannette" zu finden. Auch an der Küste des Festlandes hatte keiner etwas von einem gestrandeten Wrack gesehen, und die Eingeborenen sind sehr erpicht auf solches Strandgut — unschätzbare Kostbarkeiten aus der fernen Kulturwelt. An der nordsibirischen Küste war also die „Jeannette" nicht gescheitert. Die Tschuktschen auf Wrangel-Land — eine kleine Niederlassung von sieben Fellzelten — wußten ebensowenig. Zwei von ihnen kamen als Lotsen an Bord des „Rodgers", der in den dortigen Gewässern Walrosse jagte. Bären und wilde Enten wurden in Masse geschossen — das Wild schien hier überreich. Zur selben Zeit kämpften, nicht allzu fern von diesen gesegneten Jagdgründen, De Long und der Rest seiner Getreuen mit dem Hungertod.

Am 14. September machte der „Rodgers" die erste Bekanntschaft mit dem Packeis und versuchte einige Tage, sich nach Norden durchzuzwängen. Da er aber nirgends etwas von Schlittenexpeditionen der „Jeannette"-Leute bemerkte und sich seine Bewegungsfreiheit nicht durch Einfrieren nehmen lassen wollte, begnügte er sich damit, eine Breite erreicht zu haben, zu der noch kein Schiff vorgedrungen war — 73° 44' —, und Kapitän Berry manövrierte sein Schiff wieder glücklich aus der gefährlichen Eisdrift heraus, um an der sibirischen Küste vor Anker zu gehen. Auf der kleinen Insel Idlidlja wurde ein Lebensmitteldepot angelegt, für den Fall, daß die Verschollenen dieses Weges kommen sollten. Dann ging der „Rodgers" in der St.-Lawrence-Bucht ins Winterquartier. Zwei Monate später war das Schiff, das der „Jeannette" Hilfe bringen sollte, nur noch eine Erinnerung, ein Name.

Es war am 30. November 1881, erzählt der Augenzeuge Gil-

Das brennende Schiff

der. Durch die grauen, kalten Schleier der Morgendämmerung schaute griesgrämig der junge Tag. „Dort! Dort! Seht ihr nicht? Hilfe!" Dichter Rauch dringt aus dem vorderen Schiffsraum. Feuer an Bord! „Alle Mann an Deck!" Dicke Rauchschwaden ziehen über den „Rodgers" hin, immer stärker pufft der schwarze Qualm aus dem Schiffsrumpf. Kommandos der Offiziere hallen. Ordnung und Ruhe sind musterhaft, jeder Mann ist auf seinem Posten. „Luken verschalen!" — „Pumpen arbeiten lassen!" Alle Hände regen sich. Eine Druckpumpe auf Deck speit einen mächtigen Wasserstrahl in den wirbelnden Rauch.

„Beile zur Hand!" Das Verdeck wird aufgerissen, um den Brandherd erreichen zu können. Immer dichtere Rauchmassen quillen aus der Tiefe empor, das Vorderdeck ist wie ein plötzlich geöffneter Krater. Gelbgrüne Bänder flechten sich jetzt durch die schwarzen Schwaden.

Der Heizer taumelt, rußgeschwärzt, auf Deck — er will erzählen, was er im Kesselraum erlebt, aber es schnürt ihm die Kehle zu.

„Freiwillige vor!" Drei, vier Leute springen die schmale Treppe hinunter, um den Kesselraum abzudichten. Die andern erweitern das Loch im Vorderdeck, um dem Feuer freie Bahn zu schaffen. Eine steife Brise fegt über Deck; sie hat nur darauf gewartet, die schwelende Glut zur Flamme zu schüren.

„Kessel anheizen!" Das Schiff muß flottgemacht werden, es muß wenden, um den Bug dem Wind aus den Fängen zu nehmen. Ein kräftiger Seemannsfluch schallt herüber: um das Einfrieren zu verhindern, hat man vor Wochen die Rohre zerschnitten — jetzt müssen sie erst gelötet und vernietet werden. „Ruhe! Ruhe!" mahnen die Offiziere; die Eile darf nicht zu nervöser Hast werden. Hämmer und Zangen klingen, Beile wuchten, Schweiß trieft. Der Wasserstrahl, den die Druckpumpe in den brodelnden Krater schießt, verdampft wie ein Tropfen auf heißem Stein. Das Feuer hat neue und gute Nahrung gefunden: helle Flammen brechen hervor. Die Rauchfahne wälzt sich in gigantischen Formen himmelan. Kommandos gehen hastig von Mund zu Mund. Die Kessel arbeiten. Das

Schiff legt sich mit dem Stern gegen den Wind; vielleicht läßt sich das Feuer auf das Vorderteil beschränken.

Neue Kommandos übertönen das laute Hin und Her der fieberhaft hastenden Mannschaft. Öl und Pulver wird aus dem Bereich des Feuers an Deck gebracht. Neue Hiobsposten aus der Tiefe: Kohlenbunker und Heizraum sind voller Rauch — da unten kann keine Lunge mehr atmen, kein Auge mehr sehen. Das Feuer greift schon an das Herz des Schiffes, an den Maschinenraum. Die Gesichter der Mannschaft sind finster und stier; sie weiß jetzt: das Schiff ist verloren.

Die Vorräte im Hinterschiff müssen heraus! Einige Leute folgen dem Befehl und kehren mit leeren Händen zurück: die Vorratsräume sind mit giftigen Gasen gefüllt. Da ist nichts mehr zu retten!

Bewegung im Mittelschiff: drei Mann ziehen ein Seil aus der Tiefe, daran klammert sich der Feuerwerker Morgan. Er hat unten das Spritzrohr geführt trotz Qualm und Feuer — ein paar Luftzüge nur — dann will er wieder hinunter. Die andern halten ihn mit Gewalt — da unten lauert der Tod.

Aus einer Kajüte wimmert und jault es; zwei Hunde — man hört sie genau; sie sind eingesperrt und krümmen sich in Todesnot. Matrosen wollen durch den Qualm hindurch sie holen — ein paar Schritte und sie taumeln zurück. Der eine Hund schweigt; nur der kleine Reley, der Einäugige, der Liebling der Mannschaft, wimmert noch. Dann nichts mehr.

Das Vorderdeck ist jetzt ein Feuermeer. Gierig fressen sich die Flammen ins Holzwerk hinein. Der Wind ermuntert sie, ihr Zerstörungswerk auch auf das Hinterdeck auszudehnen. Öl und Pulver werden über Bord geworfen.

„Dampfrohre durchschneiden!" Der ganze Schiffsraum soll mit Dampf gefüllt werden — der letzte Versuch, das Feuer zu ersticken. Pfeifend entweicht der Dampf den gekappten Rohren und Schläuchen. Triumph! Die Flamme verschwindet. Ein Hoffnungsschimmer leuchtet aus aller Augen.

Eine halbe Minute später bricht das Feuer mit verdoppelter Gewalt durch. Der Kampf ist aussichtslos, die Kräfte sind zu ungleich. Die Offiziere befehlen der Mannschaft, sich zu retten.

Eskimofamilie auf Schneeschuhen

Sich retten? Ringsum lauert neues Verderben. Die Bai ist mit Eisschlamm gefüllt, der keinen Menschen trägt, aber auch kein Boot durchläßt. Noch ein letzter Versuch: das Schiff soll mit allen Segeln auf Strand laufen. Die Matrosen raffen die letzten Kräfte zusammen, um die rußstarrenden, schon halb versengten Segel zu setzen. Das heimtückische Schicksal durchkreuzt auch diesen Versuch. Vor einer Viertelstunde noch fachte der Wind das Feuer an, jetzt flaut er mit einemmal ab. Schneckenlangsam treibt das Schiff im Eisschlamm hin, es gehorcht dem Steuer nicht mehr. In seichtem Wasser gerät es auf Grund. Eine Möglichkeit der Rettung besteht noch: die Kondensorklappe öffnen — das Schiff unter Wasser setzen! Aber der Weg zur Kondensorklappe ist durch Rauchmauern gesperrt; giftgrüne Flammenschlangen lassen keinen Mann mehr heran.

Drei — vier heftige Wellenstöße — das Schiff treibt über die Sandbank weg in tiefes Wasser. Offiziere und Mannschaft sind am Bug versammelt. Flammentod oder Rettung in die Boote! Das Feuer kommt immer näher. Seile werden zu den Booten herabgelassen, einer nach dem andern klettert hinunter. Bis zur Landzunge ist nur ein halber Kilometer, aber in dem zähen treibenden Eisschlamm arbeiten die Ruder vergeblich, die Boote kommen nicht vom Fleck. Und jetzt brechen aus allen Luken des Schiffsrumpfes, aus allen Fugen die Flammen ungestüm hervor. Ein Flammenmantel umhüllt den „Rodgers" — ein schaurig schöner Anblick! Ein brennendes Schiff in der Eiswüste. Wer es gesehen, wird es bis ans Lebensende nicht vergessen.

Die Matrosen rudern mit der Kraft der Verzweiflung. Gegen 2 Uhr nachts endlich legen sie am Ufer an, todmüde, aber keiner geht an Land, sie hocken im Boot, wie gelähmt durch das furchtbare Erlebnis, noch gebannt durch das entsetzliche Schauspiel. Aus dem Flammenmeer steigt jetzt eine Rakete zum Nachthimmel hinauf. Zwei Schüsse krachen — zwei Flinten sind losgegangen, die auf dem Heck vergessen wurden — es ist die letzte Ehrensalve über dem Grab des „Rodgers". Langsam taucht er ins Meer und verschwindet. Nur der Rauchhimmel steht noch eine Weile unbeweglich, dann verblaßt auch er.

Das brennende Schiff 199

Die Männer, die zur Rettung der „Jeannette" ausgezogen, waren nun selbst ein Häuflein Schiffbrüchiger, das fremder Hilfe bedurfte. Aber sie fanden diese Hilfe bei den Eingeborenen, die von allen Seiten herbeieilten und ihre Gastfreundschaft anboten. Der Gäste waren aber für die paar engen Tschuktschenhütten zu viele, sie mußten daher verteilt und in entfernteren Niederlassungen untergebracht werden. Auf Hundeschlitten reisten die einzelnen Gruppen zu ihren Wohnorten. Von vier Schlitten, die gemeinsam über das Küsteneis zu einem nahen Dorfe fuhren, verirrte sich einer im Schneesturm. Eben noch hatte der Vordermann mit dem Führer des nächsten Schlittens, Leutnant Putnam, gesprochen — fünf Minuten später, nach einer Wegbiegung, wenige Minuten vor dem Dorf, war Putnam auf unerklärliche Weise verschwunden. In dem furchtbaren Sturm nach ihm zu suchen, verweigerten die Eingeborenen hartnäckig; man setze nur unnütz das eigene und das Leben der Hunde aufs Spiel, man müsse bis morgen warten. Am andern Morgen war da, wo gestern die Schlitten gefahren, offenes Wasser, der Sturm hatte das Küsteneis ins Meer hinausgetrieben. Die Küste wurde abgesucht und mit Hilfe der Eingeborenen alles zur Rettung des Verunglückten in Bewegung gesetzt. Drei Tage lang war Putnam auf seiner Eisscholle vom Ufer aus gesichtet worden — heute 5, morgen 10, übermorgen 14 Kilometer von der Küste entfernt. Das Treibeis ließ kein Boot zu seiner Rettung durch. In der Nacht betrug die Kälte 30 bis 40 Grad. Proviant hatte Putnam nicht bei sich. Seine Leiche wurde nicht gefunden. Aber seine Hunde spülten die Wellen ans Land, erst drei, dann den vierten. Er hatte eine klaffende Wunde am Hals, offenbar von einem Pistolenschuß. Der Verhungernde auf der Scholle hatte ihn erschießen wollen, um seinen rasenden Hunger zu stillen — seine entkräftete Hand hatte gezittert, das Tier wurde nur verwundet, es sprang ins Wasser und ertrank.

Die übrige Mannschaft des „Rodgers" kam mit Hilfe der Tschuktschen wohlbehalten durch den Winter. Dem Journalisten Gilder aber ließ es keine Ruhe. Auf einer abenteuerlichen Reise gelang es ihm, Werchojansk zu erreichen. Hier erfuhr er das Schicksal der „Jeannette" una ihrer Besatzung, und auf der Weiterfahrt traf er am 2. April 1882 kurz vor Irkutsk einen Kurier Melvilles mit den Papieren und dem Tagebuch des Kapitäns De Long. Alsbald ging die Kunde von der Doppeltragödie der „Jeannette" und des „Rodgers" durch die Welt.

In der Polarstation Fort Conger

Auf der 48. Versammlung Deutscher Naturforscher erklärte Karl Weyprecht, der Kommandant des 1874 im Eis von Franz-Joseph-Land zurückgelassenen „Tegetthoff": „Der internationale Wettlauf nach dem Pol ist ein Unfug, Abenteurerfahrten kosten unnütz Menschenleben und Geld und helfen mit ihren unkontrollierbaren Ergebnissen der Wissenschaft verzweifelt wenig; was wir brauchen, sind feste, auf das ganze Polargebiet verteilte Beobachtungsstationen." Nach einem von Weyprecht und Graf Wilczek ausgearbeiteten Programm beschloß im Oktober 1879 die Internationale Polarkonferenz in Hamburg die Anlage solcher Stationen. Amerika übernahm zwei: eine in Point Barrow auf Alaska, der nördlichsten Spitze des amerikanischen Festlands auf dem 71. Breitengrad, die andere auf Grinnell-Land bei der Lady-Franklin-Bucht auf dem 81. Breitengrad. Sonderliche Begeisterung brachte der Kongreß für das Unternehmen nicht auf, und die 25 000 Dollar, die er bewilligte, gingen zu drei Vierteln für die Miete des Transportdampfers „Proteus" drauf; mit dem Rest, 6000 Dollar, konnte kaum die notwendigste Ausrüstung beschafft werden. Führer der Expedition nach dem Kennedy-Kanal wurde Leutnant A. W. Greely, und die gesamte Besatzung bestand aus lauter Militärs.

Am 13. Juli 1881 erreichte der „Proteus" die Davis-Straße und besuchte auf seiner Fahrt nach Norden die meisten Gegenden, die seit 300 Jahren nach und nach auf der Landkarte aufgetaucht waren Vom „Polaris"-Haus fand sich nur noch der Kochofen. In der Dobbin-Bai hatte die englische Nares-Expedition 1875 ein Proviantdepot errichtet, das jetzt die bedenklich dürftige Vorratskammer des „Proteus" um sieben Fässer Brot,

In der Polarstation Fort Conger

Kartoffeln, Mixed Pickles, Stearin und zwei Fäßchen Rum bereicherte; ein kostbarer Fund war eine Jolle, die den schlecht ausgerüsteten Amerikanern hochwillkommen war. Die Steinmale auf den verschiedenen Kaps wurden untersucht, die Dokumente herausgenommen und Abschriften mit eigenen Nachrichten an gleicher Stelle niedergelegt Am 4. August war der Bestimmungsort, die Lady-Franklin-Bucht, erreicht; der „Proteus" löschte nördlich der Dutsch-Insel seine Ladung und kehrte am 25. August zurück. Auch zwei Offiziere fuhren mit ihm nach Hause, da schon damals die übertriebene militärische Disziplin zu allerhand Mißhelligkeiten geführt hatte. Ein dritter, Leutnant Kislingbury, besann sich zu spät — er sollte sein Vaterland nicht wiedersehen.

Ende August war die Station eingerichtet: ein langgestreckter Holzbau, eine Koje für jeden Offizier, die Mannschaft mußte solch einen Winkel zu mehreren teilen. Nach einem um die Expedition verdienten Senator wurde sie „Fort Conger" genannt, und die nördlichste aller Polarstationen begann ihre wissenschaftliche Arbeit: Messung des Luftdrucks, der Temperatur, der Richtung und Schnelligkeit des Windes, der Fluthöhe und -richtung, magnetische und andere Beobachtungen. Auf Jagdzügen wurden etliche Dutzend Moschusochsen geschossen, auch mehrere Schlittenreisen unternommen zur Vorbereitung auf die geplanten Frühjahrsexpeditionen. Im übrigen ging in dieser nördlichsten Kaserne während der 137 tägigen Winternacht bei nie weniger als 17 Grad Kälte des Dienstes immer gleichgestellte Uhr so peinlich genau wie daheim: es wurde gegessen, geschlafen, gewaschen, geflickt, gelernt und gespielt nach den ins Einzelne gehenden Vorschriften des Kommandanten. Daß dieser vorgeschobene Posten einmal von der Welt völlig abgeschnitten sein, daß der Kampf ums nackte Leben diese streng disziplinierte Truppe von 15 Gemeinen, 6 Sergeanten und 4 Offizieren einmal in ein Häuflein gleich unglücklicher, gleich hungernder Menschen oder — bei fehlendem Gemeinschaftsgefühl — in eine unterschiedslose Horde reißender Bestien verwandeln könne, diese Möglichkeit wurde von Greely gar nicht ins Auge gefaßt. Im nächsten Jahr hatte der „Proteus" am bestimmten Datum mit Vorräten und Ablösung hier zu sein — das war nicht anders als in der Kaserne. Sobald die Sonne wieder am Himmel stand, schwärmten die Schlittenexpeditionen von Fort Conger aus. Leutnant Lockwood folgte den Spuren der „Polaris" und Halls, drang durch den eisgefüllten Kennedy-Kanal weiter vor, ließ auch die äußersten Punkte der englischen Nares-Expedition hinter sich und nahm auf einem glänzend gelungenen Marsch von 60 Tagen, nur begleitet von dem Sergeanten Brainard und einem dänischen Eskimo Frederik Christiansen, der mit seinem Landsmann Jens auf der Herfahrt an Bord gekommen war, 125 Meilen unbekannter Küste von Nordgrönland auf. Am liebsten wäre er auf dem in starker Bewegung befindlichen Eis bis zum Pol vorgedrungen, aber auf 83° 24', angesichts des Kap Washington, mußte er, nach der Instruktion des Kommandanten, umkehren, da die Hälfte des Proviants verbraucht war. Kap Frederik, Weyprecht-Inlet, Lockwood- und Brainard-Inseln, Conger-Inlet — das alles sind Namen, die den erfolgreichen Vorstoß der Amerikaner auf der Landkarte verewigten. Ein Spaziergang allerdings war es nicht. „Wir glauben, daß keine arktische Reisegesellschaft je solche Mühseligkeiten ertragen hat", schrieb Sergeant Brainard später. Tagelang hatten sie in engen Schneehöhlen liegen müssen, um die Orkane sich ausrasen zu lassen, die Schlitten mit zwei Zentnern Gewicht in die Luft schleuderten. Die dämonische Gewalt der Polaris hatten sie kennengelernt und ebenso ihre kleinen, unvorhergesehenen Tücken, die urplötzlich eine Katastrophe herbeiführen können. Einmal saßen sie bei 40 Grad Kälte in ihrer Schneehütte ohne Licht und Feuer — kein Schwefelholz wollte zünden, obgleich es vollkommen trocken war; es flackerte auf und erlosch sofort wieder, ohne auch nur das Holz zu verkohlen. Man versuchte immer aufs neue — nichts half — die Leute wagten vor Angst nicht zu atmen — bis Fort Conger hatten sie noch vier Wochen zu marschieren — ohne Feuer und warme Nahrung — es war nicht auszudenken! Da zog einer einen — Liebesbrief hervor, den er in der Brusttasche bei sich trug, und dieses teure Blättchen fing endlich an der flüchtigen Flamme des Schwefelholzes Feuer.

In der Polarstation Fort Conger

Während Lockwoods Abwesenheit machte Greely einen nicht weniger erfolgreichen Vorstoß nach Westen, um den Nordteil von Grinnell-Land, Grant-Land, wie er jetzt hieß, zu erforschen. Hinter einem Eisdamm von einer Meile Breite und 25 Fuß Höhe bot ein breiter Fluß eine bequeme Eisbahn landeinwärts, und je weiter man kam. um so sommerlicher wurde die Landschaft. Der Fluß strömte in klaren Wellen, die Wanderer mußten sich auf dem Eisrand des Ufers halten, das in zartem Frühlingsgrün prangte. Spuren von Moschusochsen, Hasen und Füchsen zeigten sich überall. Gebirgsketten wurden sichtbar, die Garfield-Berge, darüber ein gewaltiger Rücken, den Greely die United-States-Berge nannte. Und mitten in dieser hochalpinen Landschaft lag ein großer, noch mit Eis bedeckter Binnensee, in den Bäche und Flüsse strömten, herab von den ungeheuren Gletschern, deren fast senkrechte Eismauern die Bergtäler sperrten. Die Polarweiden zeigten Kätzchen, der Mohn trug kleine gelbe Blüten. Vögel flatterten mit lautem Zwitschern umher; sogar ein armseliger Schmetterling taumelte durch die warme Luft. Man schlief im offenen Zelt und freute sich fast der Mücken, die sich hier auf dem 82. Breitengrad bemerkbar machten. Der prächtige Hazensee, wie Greely ihn nannte, wurde noch mehrere Male von Fort Conger aus besucht, und auch nach Süden hin waren Aufklärungsexpeditionen auf dem Weg. Die amerikanische Station löste ihre Aufgabe musterhaft.

Unterdes schritt der Sommer vor, und die Dienstzeit der Mannschaft lief ab. Die Ablösung aber kam nicht, und Greely mußte unter dem üblichen Zeremoniell seine Leute aufs neue in Pflicht nehmen. Ein Sergeant Lynn wurde wegen achtungswidriger Reden degradiert. Die Leute steckten die Köpfe zusammen; der Arzt Dr. Pavy hätte eher solche Strafe verdient — die Gereiztheit gegen ihn war allgemein —, aber Greely konnte ihn nicht ersetzen. Er hoffte immer noch auf das Entsatzschiff und schickte ihm Kundschafter und Hilfsmannschaft entgegen. Vom „Proteus" war nichts zu sehen. Der Sommer ging vorschnell zu Ende, im Robeson-Sund und Kennedy-Kanal trieb neues Eis — man mußte sich auf einen zweiten

Winter vorbereiten. Lebensmittel waren noch genug da; die
zur Jagd kommandierten Soldaten hatten mancherlei Fleischvorrat heimgebracht. Aber die Stimmung der Mannschaft war
gereizt; die meisten wären lieber heimgefahren, um der Ablösung Platz zu machen, wie das vereinbart war. Der Reiz des
Neuen war erschöpft, und ein zweites Jahr Kommißdienst bei
vier Monate langer Nacht und grimmiger Kälte ging denn
doch über den Spaß. Der Kommandant scheint es auch nicht
verstanden oder für nötig gehalten zu haben, die Stimmung der
Mannschaft aufzufrischen und ihnen durch nachsichtigere Behandlung das Bewußtsein zu vermitteln, daß es vielleicht bald
heißen könne: Einer für alle — alle für einen.

So schlich der zweite Winter unter steigender Mißstimmung
der Soldaten hin, ein neuer Sommer zog ins Land. Die Expeditionen des Vorjahres wurden wiederholt und weiter ausgedehnt. Am schönen Hazensee fanden sich Reste von Eskimoniederlassungen: Schlittentrümmer, Fragmente einer Lampe,
Unmassen bearbeiteter, geschnitzter Knochen. Daß trotz des
Wildreichtums hier das weite Land jetzt völlig unbewohnt war,
machte Greely besorgt. Die Hilfe der Eingeborenen hatte man
vielleicht einmal sehr nötig. Der Juli war da — das Entsatzschiff ließ noch immer vergeblich auf sich warten. Noch einen
dritten Winter mit der unzufriedenen Mannschaft hier zuzubringen war unmöglich. Die Vorräte reichten nur auf wenige
Monate. Ein Entschluß mußte gefaßt werden Fort Conger war
nicht länger zu halten; die Besatzung mußte sich nach Süden
zurückziehen — vielleicht traf sie das Entsatzschiff oder sie
schlug sich durch bis zu den Littleton-Inseln, wo man einem
Walfischfahrer begegnen konnte. Auf einer der Expeditionen
des Vorjahrs hatte Leutnant Lockwood eine von Hall zurückgelassene Dampfbarkasse entdeckt; sie sollte jetzt die Besatzung
von Fort Conger nach Süden bringen. Kohle hatte man in der
Nähe des Forts gefunden; 50 Zentner wurden eingeladen. Dazu
Proviant für 40 Tage, die Instrumente, Tagebücher, das wissenschaftliche Material usw. Jeder Mann durfte acht Pfund persönliches Gepäck mitnehmen. Der übrige Proviant, Salzfleisch,
Zwieback, Tee und Kaffee — Vorräte, die 20 Jahre später Peary

In der Polarstation Fort Conger

aus großer Not halfen —, wurde zurückgelassen, ebenso sämtliche Hunde, für die in der Barkasse und den drei angehängten Booten kein Raum war; Seehundsspeck, Schweine- und Rindfleisch aus den letzten Fässern streute man ihnen hin — das mochte für Monate reichen —, dann mußten sie selbst sehen, wie sie sich durchhalfen. Am 8. August schiffte sich Greely mit seiner Mannschaft ein. Der Kennedy-Kanal war eisfrei und versprach gute Fahrt. Aber schon am Abend saß das gebrechliche Schifflein im Eise fest, und nun begann ein aussichtsloser Kampf um jeden Meter offenen Wassers; mit der Flut öffnete sich die Eisdecke, die Ebbe sog die Schollenmassen wieder auf, und aus dem wirbelnden Strom mußte sich die kleine Flottille an den Eisfuß der Küste oder in den Schutz sicher erscheinender Eisberge begeben, ein Schutz, der nur eine einstweilen schlummernde Gefahr bedeutete. Tagelang manövrierten sie sich so durch das andrängende Eis, ohne viel weiter zu kommen. Die Maschine verzehrte die kostbaren Kohlen ziemlich nutzlos; obendrein betrank sich der Maschinist mit Brennspiritus, führte „meuterische und unverschämte" Reden und mußte durch den Eskimo Frederik ersetzt werden. Am 26. August fand Greely bei Kap Hawsk ein kleines englisches Lebensmitteldepot von getrockneten Kartoffeln und verschimmeltem Brot, dazu etwas Stearin, eine Hilfe schon in großer Not; denn 15 Tage lang lag die Barkasse im Eise völlig fest. Am 10. September mußte sich Greely entschließen, die Fahrzeuge aufzugeben und sich mit seiner Mannschaft an die Küste von Grinnell-Land zu retten. Nach einer furchtbar mühsamen und gefahrvollen Schollenwanderung erreichten die Schiffbrüchigen am 29. September 1883 Eskimopoint. Ihr gesamtes Gepäck hatten sie glücklich mit an Land geschleppt, sogar die wissenschaftlichen Instrumente gerettet; Munition hatten sie genug, und wenn der „Proteus" wenigstens bei Kap Sabine ausreichenden Proviant niedergelegt hatte, konnte im November der Marsch nach den Littleton-Inseln versucht werden. Bei den Eskimos in Etah war dann gewiß Hilfe zu finden. Die Nachricht der Suchabteilung aber, die von Kap Sabine zurückkehrte, war niederschmetternd: nur der fünfte Teil des erwarteten Proviants fand sich vor. Was Greely hatte befürchten müssen, war geschehen: der „Proteus" selbst war im Eis verunglückt und gesunken; seine Mannschaft zwar wurde von einem Entsatzschiff gerettet; der Kapitän dieses Entsatzschiffes aber machte gar nicht erst den Versuch, sich nach der Besatzung von Fort Conger umzusehen, „weil mit diesen eisigen Regionen nicht zu spaßen sei" — er schiffte etwas Proviant aus und machte schleunigst kehrt, seine Landsleute ihrem Schicksal überlassend, so wie diese es mit ihren Hunden hatten tun müssen.

Orgien des Hungers

Neun Monate später, am 22. Juni 1884, legte der Walfischfänger „Thetis" an der Pim-Insel an, nahe bei Kap Sabine, einem Vorgebirge von Ellesmere-Land am Smith-Sund. Kapitän Schley hatte sich auf eigene Faust hierherauf gewagt, um nach der Besatzung von Fort Conger zu suchen. Das Unglück der „Jeannette' und Kapitän De Longs grauenhaftes Ende in den Tundren des Lenadeltas hatten Amerikas Gewissen ein wenig aufgerüttelt; ein eigenes neues Entsatzschiff zwar wollte man nicht dranwenden, aber man setzte doch wenigstens eine Belohnung für denjenigen aus, der Greely und seine Leute rettete oder doch Nachricht von ihrem Verbleib geben konnte.

Es war Mitternacht, aber hell wie am Tag. Kapitän Schley stand auf der Kommandobrücke und suchte mit dem Fernglas Strecke für Strecke die nahe Küste ab. Wenn sich Greely, wie anzunehmen war, nach Süden zurückgezogen hatte, in der Hoffnung, ein Schiff zu treffen, mußte er doch Notsignale an weithin sichtbaren Stellen errichtet haben. Sonst war sein Schlupfwinkel in dieser farblosen Schwarzweißlandschaft unmöglich zu entdecken. Schley rief dem Heizer, der eben an Deck kam, ein Wort zu. Der Mann tauchte wieder unter, ein Hebel klirrte, und gellend schrie der Ton der Dampfpfeife hinaus in die unermeßliche Einsamkeit. Ein mattes Echo klang vom Vorgebirge herüber — sonst alles still. Wieder und wieder heulte die Sirene hinaus in die taghelle Nacht — keine Antwort erfolgte. Die Mannschaft war bereits an Land gegangen. Plötzlich schrie einer der Leute überrascht auf. Dort hinten auf der Insel selbst, auf einem langgestreckten Hügel, flatterte etwas wie eine Fahne an einem Mast — Menschen aber waren nicht zu sehen. Der Kapitän schickte sofort Leutnant Colwell mit einigen Leuten hin: es war wirklich ein zerlumptes Sternenbanner, das sich wie in letzten Zuckungen krümmte — die Zeltstange, an der es hing, war nur notdürftig gestützt — der nächste Windstoß mußte sie niederwerfen — das Notsignal konnte erst eben errichtet sein! „Greely! Greely!" rief Colwell, und seine Begleiter verteilten sich mit dem gleichen Ruf in dem hügeligen Gelände. Da stolperte einer über einen langgestreckten Gegenstand: aus dem fortgescharrten Schnee kamen Kleider zum Vorschein — ein Toter lag hier. Und dort — 30 Schritte weiter — war das nicht ein im tauenden Schnee zusammengesunkenes Zelt? Alle stürzten darauf hin — hier war der Eingang — sie hoben die Zeltbahn auf und prallten zurück vor Entsetzen.

Der Tür zunächst lag ein Mann, tot oder schon in der Agonie; sein Unterkiefer hing herab, die offenen Augen starrten den Eintretenden gerade entgegen. Links einer ohne Hände und Füße; an seinen rechten Armstumpf war ein Löffel gebunden. Zwei andere bewegten sich wie im Schlaf, sie versuchten, aus einer Kautschukflasche etwas in eine Blechtasse zu gießen. Vor ihnen lag auf Händen und Knien einer mit langem, schwarzem, verfilztem Bart und mit Augen, die in unheimlichem Glanze funkelten. Er war in einen schmutzigen, zerrissenen Schlafrock gekleidet und trug auf dem Kopf einen kleinen, roten Fes. Als er die Fremden sah, versuchte er sich ein wenig zu erheben und setzte sich, hin und her tastend, eine Brille auf. Leutnant Colwell ergriff seine Hand. „Sind Sie Kommandant Greely?"

„Ja", lautete die Antwort, abgebrochen, schleppend, mit matter Stimme. „Ja — sieben von uns noch übrig — hier sind wir — sterbend — wie Männer. — Getan, was zu tun — ich ausgeschickt war — gebt mir das beste Zeugnis!" Dann fiel der Stammelnde erschöpft zurück.

Colwells Leute rissen ihren Proviant hervor, und jedem der Unglücklichen wurde ein wenig Nahrung eingeflößt, ein paar Bissen Brot und abwechselnd eine Messerspitze Pemmikan. Sie konnten nicht stehen, sondern lagen auf den Knien, streckten die Hände empor und flehten: „Mehr! Mehr!" Ein Bissen zuviel hätte die Verhungernden töten können, und Colwell suchte sie zu vertrösten. Da blitzte es in Greelys Augen, er griff nach einer Blechbüchse mit einem Absud von Seehundshaut. „Das darf ich nehmen — das mir gehören!" ächzte er. Man mußte ihm die Büchse wegnehmen, aber als Colwell einen Augenblick fortsah und die umgefallene Zeltstange wieder aufrichten half, griffen sechs, acht Skelette von Händen nach der Pemmikanbüchse und kratzten sie gierig leer.

In der Nähe des Zeltes lag ein Soldat — erschossen. 50 Schritt entfernt waren zehn Tote im Schnee begraben. Der Tote, der unbegraben schon am Fuße des Landrückens gefunden worden, war zuletzt gestorben. Die sterbenden Kameraden hatten die Leiche nur noch eine Strecke weit ins Freie schleppen können. Vier Tote waren am Strande niedergelegt — die Wellen hatten sie ins Meer gespült. Als man die Leichen für die Heimreise in Alkohol legen wollte, fand sich, daß — von sechs das Fleisch teilweise abgeschnitten war! — —

Von den sieben Überlebenden erholten sich sechs; der siebente, der Krüppel Elison, war nicht mehr zu retten; infolge des Hungers waren seine furchtbaren Wunden wieder aufgebrochen, er starb bei einer neuen Amputation, vier Wochen später. Er war der erste gewesen, der zusammenbrach, Hände und Füße waren ihm erfroren, er schrie vor Schmerzen und Hunger; die Glieder mußte ihm der Arzt amputieren — und dieser hilflose Rumpf hatte sich wieder erholt und wurde von den Kameraden mit eigenen Opfern sieben Monate hindurch gepflegt. Auch die verhärtetsten Gemüter hatte es erschüttert, wenn der Fiebernde über Schmerz in den Füßen jammerte, die das Messer des Arztes längst entfernt hatte. Aber es war nicht nur dieses Höchstmaß des Unglücks, das der übrigen Mitleid wach erhielt — dieser armselige Krüppel war es, der sich wie ein Held in sein trostloses Schicksal gefunden und durch seinen

Orgien des Hungers

unerschöpflichen Lebensmut und seine unzerstörbare Zuversicht die letzten, die noch lebten, vor völliger Verzweiflung bewahrt hatte!

Und nun entschleierte sich nach und nach aus den stockenden Berichten der sechs Überlebenden die grausigste aller Tragödien, die sich je im ewigen Eise abgespielt haben. Der Soldat mit dem Kopfschuß tot neben dem Zelt — was war hier vorgegangen?

Greely war mit seinen Leuten zur Pim-Insel gekommen und hatte hier, im Schutz eines Landrückens und bei einem kleinen Süßwassersee, eine Hütte aus gesammelten Steinen gebaut. Sie faßte kaum die 25 Mann; wenn sie alle in ihren Schlafsäcken lagen, blieb noch eben Raum zum Stehen und Arbeiten. Eines ihrer Boote war an den Strand getrieben, es diente als Dach. Mit Moos und Schnee wurde die traurige Höhle gegen Kälte und Sturm nach Möglichkeit gesichert. Zur Tür führte ein Schneekorridor. Daneben war das Vorratshaus mit den spärlichen Lebensmitteln, die höchstens bis in den Dezember reichen konnten. Was dann? Und dabei mußten noch Vorräte gespart werden, um im Frühjahr, wenn noch einer lebte, über den Smith-Sund hinüber an der Küste Grönlands Rettung zu suchen. Die Jagd versagte völlig, das einzige Walroß, das erlegt wurde, versank, ehe es mit Harpunen gesichert werden konnte. Von Tag zu Tag wurden die Rationen verkürzt — die Soldaten fügten sich in das Unabänderliche — nur der Arzt Dr. Pavy widersprach eigensinnig und gereizt. Am 27. Oktober öffnete man ein Faß mit verschimmeltem Hundebrot; 58 Pfund nahm Sergeant Brainard als Verwalter in seine Vorratskammer, der Rest wurde weggeworfen. Weggeworfen? „Heute früh", schreibt Leutnant Lockwood, „habe ich wie ein Hund die Stelle aufgekratzt, wo das Hundebrot gelegen hatte; ich fand noch einige Krumen und aß sie samt dem Schimmel. Wir bekommen nur den vierten Teil von dem, was wir brauchen, und das soll noch gekürzt werden, sobald die Schlittenreisen vorüber sind."

Die wissenschaftlichen Berichte hatte Greely durch Lockwood und elf Mann beim letzten Dämmerlicht zum Payer-Hafen schaffen und in einer weithin sichtbaren Steinpyramide bergen lassen. Von einem Marsch nach Kap Isabella, wo noch einige Lebensmittel liegen sollten, wurde der unglückliche Elison mit erfrorenen Gliedern zurückgebracht. Zwei Kameraden, die ihn hatten wärmen wollen, mußten aus dem völlig vereisten Schlafsack herausgeschnitten werden. Den eingeholten Proviant hatten sie auf halbem Wege liegen lassen müssen; ihr Gewehr wurde als Wegweiser danebengestellt, aber als sie im Frühjahr das Depot holen wollten, war es verschwunden, jedenfalls auf einer Eisscholle abgetrieben. Statt 70 Unzen Nahrung täglich — das Minimum — erhielten sie nur noch 20, und wenn, was selten geschah, eine Robbe oder ein Fuchs erbeutet wurde, dann zitterte jeder vor Gier nach einer stärkeren Mahlzeit.

Aber solche Tage und Wochen und Monate hatten auch andere Polarfahrer erlebt. Schlimmer war, daß sich in Greelys Gesellschaft ein Dieb bemerkbar machte. Der Kommandant beobachtete jeden mit Argusaugen und machte plötzlich die Entdeckung, daß der Arzt Dr. Pavy es war, der ein paar Unzen Nahrung, die sich die übrigen für den Krüppel Elison wahrhaft vom Leibe absparten, veruntreute! „Ich war tief ergriffen," schreibt Greely, „daß der Arzt der Expedition imstande war, so sehr seine Pflicht zu verletzen; aber ich sah wohl, daß eine offene Anklage nur Leugnen und heftigen Zwist herbeigeführt hätte, und teilte meine Entdeckung nur Lockwood, meinem voraussichtlichen Nachfolger, und dem Verwalter Brainard mit. Wir konnten die Dienste des Doktors nicht entbehren; fast jeder von uns war ja bei ihm in Behandlung."

Aber das Geheimnis blieb nicht verborgen, und diese Treulosigkeit griff wie eine Seuche um sich. Jeder sah scheel auf die Ration des andern — der eine mißtraute dem andern. Die Essensstunde wurde das Signal zu den widerwärtigsten Streitigkeiten. Greely mußte schließlich die Rationen ausraten lassen, damit sich nur keiner mit Absicht übervorteilt glaubte. Aber das Vertrauen war zerstört, und je hinfälliger und überreizter die Leute wurden, um so furchtbarer wurde dieser heimliche und offene Kampf aller gegen alle. Heute fand Sergeant Brainard ein Brotfaß angebrochen, morgen das Segeltuch über dem Vorratshaus zerschnitten und Schweinefleisch gestohlen — der

Orgien des Hungers

Dieb war nicht zu entdecken. Die gemeinsame Angst steigerte das Mißtrauen unerträglich. Die Aussicht auf Rettung war völlig geschwunden. Die Leute vegetierten nur noch so dahin; die Hälfte der Truppe stand auf der Krankenliste und lähmte alles, was Greely, sich den Kopf abmarternd, zur Rettung versuchte. Am 18. Januar holte der Tod das erste Opfer. „Herzbeutelwassersucht", erklärte der Arzt — an dieser Krankheit, sagte sich jeder, werden wir alle sterben. Dem Proviant, den man bei Kap Sabine gefunden, hatte ein Tor oder Bube auf dem Entsatzschiff, das so feige Reißaus genommen, ein Zeitungsblatt beigepackt mit der Nachricht vom Untergang der „Jeannette"; das Blatt ging von Hand zu Hand, jeder las die Zeilen wie seine eigene Todesnachricht. Kundschafter, die Greely im Februar und März an den Smith-Sund schickte, kamen verzweifelt zurück: überall offenes Wasser wie sonst nie! Und ihr einziges Boot hatten sie zu Brennholz zerhacken müssen, um nicht vollends zu erfrieren. Die Jagdbeute blieb auch im Frühjahr so spärlich wie im Herbst: ab und zu ein Fuchs, ein Schneehuhn — was kam da auf den einzelnen unter 24! Im März fand einer im nahen Teich eine Art Wasserflöhe; nun gingen alle, die sich noch regen konnten, täglich „Krabben" fischen, bis der rechthaberische und immer gereizter werdende Arzt, der ihnen das Handwerk zeigen wollte, das Netz zerbrach. Als das Brennholz verbraucht war und zum erstenmal auf Spiritus gekocht wurde, fielen mehrere in dem Dunst ohnmächtig hin und mußten im Freien wieder ins Leben zurückgerufen werden. Unterdes verschwand das Stückchen Schinken, das die Mahlzeit bilden sollte. Einer der Soldaten erbrach sich nach einer Weile — der Dieb hatte sich verraten, er konnte die hastig hinabgewürgten Brocken nicht bei sich behalten. Am 9. April starb der zweite an „Herzbeutelwassersucht", wenige Tage später der dritte. Als der Eskimo Frederik mit einem Soldaten den im November auf dem Ausflug mit Elison zurückgelassenen Proviant suchen ging, kam er allein zurück — ohne Proviant und ohne seinen Begleiter —, nur die Ration des Toten brachte der treue Grönländer unangetastet mit heim. Am 9. April starb Lockwood, am 12. wurde wieder ein Toter bestattet. Tags zuvor hatten zwei Mann einen Bären geschossen. Die Hoffnung auf Rettung flackerte wieder auf. Aber die Diebstähle nahmen kein Ende — wieder beobachtete Greely, wie der Arzt, wenn er den hilflosen Elison fütterte, sich einen Teil der Ration aneignete. Warme Mahlzeiten gab es nur noch selten; der Spiritus sollte als Arznei aufgehoben werden. Der Schinkendieb, ein Soldat namens Henry, benutzte einen unbewachten Augenblick, um sich sinnlos daran zu betrinken. Der geschickteste Jäger, der Eskimo Jens, verunglückte auf der Jagd: sein Kajak wurde leck, Jens versuchte sich auf festes Eis zu retten, rutschte ab und versank vor den Augen eines Kameraden. Am 3. Mai wurde das letzte Brot verteilt. Greely selbst war dem Tode nahe. Alle Ordnung und Disziplin war dahin; während die einen ihren letzten Willen niederschrieben und sich auf den Tod gefaßt machten, zankten sich die andern, geistesgestört durch den quälenden Hunger, und stahlen, was zu finden war. Am 19. Mai war die letzte Unze Proviant ausgegeben; längst hatten sie Steinbrech gesammelt, wie ehemals Franklin, und Seetang mit Krabben zu einer widerlichen Brühe verkocht. Alle paar Tage ein Toter — wer mit ihm im Schlafsack lag, ließ sich erst vertreiben, wenn die Totenstarre eintrat. Die Schneeschmelze hatte das Winterhaus unbewohnbar gemacht; man kroch im Zelt zusammen — es war ja gleichgültig, wo man starb. Brainard und ein Kamerad Long waren allein noch imstande, Seetang und Krabben und Steinbrech zu sammeln. Robbenfellfetzen, das Geschirr des Schlittens — alles wanderte in den Kochtopf. Dr. Pavy machte sich über den Medizinkasten her — die starken Narkotika töteten ihn nach wenigen Tagen. Henry wurde abermals beim Diebstahl ertappt — heute stahl er Krabben und Seetang, morgen wieder Robbenlederstücke aus der Suppe — jetzt raffte sich Greely noch einmal auf und ließ militärische Strenge walten: am 6. Juni wurde der Unverbesserliche erschossen.

Am 22. Juni hörten sie plötzlich die Dampfpfeife gellen — Rettung nahte. Brainard und Long krochen hinaus, die Signalstange aufzurichten — von einem Schiff sahen sie nichts — es war wohl eine Halluzination, auch die Stimmen draußen, die sich nähernden Rufe: „Greely! Greely!" Aber dann standen die Retter leibhaftig vor ihnen. Das ist die furchtbare Chronik der Greely-Expedition. Ihr Führer hat sie selbst niedergeschrieben und hat noch lange gelebt. Er leitete seit 1887 das „Signal- and Meteorological-Bureau" und starb als General.

Nansen und die „Fram"

Bisher war die Technik der Nordpolfahrten in einer Beziehung stets die gleiche gewesen: man suchte mit einem widerstandsfähigen Schiff den Packeisgürtel, der den Pol — sei er nun Meer oder Land — umgab, zu durchbrechen und durch Benutzung der im Sommer sich bildenden Wasserstraßen das feindliche Element zu überlisten. Aber noch keiner war aus diesem Kampf als Sieger zurückgekehrt. Der Norweger Fridtjof Nansen, der als erster 1888 Südgrönland durchquert hatte und für die Erforschung der Arktis von Jugend auf leidenschaftlich begeistert war, kam nach gründlichem Studium aller bisherigen Polarerfahrungen auf die einfache und darum geniale Idee, die Lösung des Problems einmal umgekehrt zu versuchen: ein zu diesem kühnen Versuch eigens gebautes Schiff mit Absicht einfrieren zu lassen, um zu sehen, wie hoch die Eisdrift es hinauftragen würde. Das Unglück der „Jeannette", die derselben Eisdrift zu folgen versucht hatte, aber von ihr vernichtet worden war, hatte einen bedeutsamen Fingerzeig gegeben; zwei Jahre nach ihrem Untergang im Nordosten der Neusibirischen Inseln hatte man an der Südwestküste Grönlands einen Fund gemacht, der unzweifelhaft von der „Jeannette" stammte: eine Proviantliste mit der Unterschrift des unglücklichen Kapitäns De Long, ein Verzeichnis seiner Boote, eine wasserdichte Hose mit dem Stempel „Louis Noros" und einen Mützenschirm, gezeichnet „Nindemann", Namen der zwei Matrosen, die De Long auf seiner Wanderung am Lenaufer nach Hilfe vorausschickte, und die mit dem Leben davongekommen waren, ohne ihrem Kapitän Rettung bringen zu können. Von dem Fundort bei Grönland bis zum Grab der „Jeannette" war eine Entfernung von 2900 Meilen; die Eisscholle, in der jene Sachen eingefroren waren, hatte zu ihrem Weg 1100 Tage gebraucht, also zweieinhalb Meilen täglich zurückgelegt. Und dieser Weg war offenbar derselbe, der alljährlich die großen Massen Treibholz zur Küste Grönlands führte, von denen schon die alten Normannen ihre Häuser gebaut hatten. Es konnte nur von der Nordküste Sibiriens kommen, aus den mächtigen Strömen, die ins Eismeer münden, der Lena, dem Ob und dem Jenessei. Auch dieses Treibholz fand also einen sichern, ihm aufgezwungenen Weg über die nördliche Rundung der Erde — warum nicht gar über den Pol selbst?

„Also," folgerte Nansen, „wenn man ein stark gebautes Schiff von der äußersten sibirischen Küste, etwa von der Bering-Straße aus, von wo auch die „Jeannette" ausging, so weit wie möglich nordwärts steuert, es dann im Eise einfrieren und mit ihm treiben läßt, dann muß das Schiff genau denselben Weg machen wie das Treibholz in Grönland und die Hose des Matrosen Noros: es fährt gemächlich über den Nordpol nach der anderen Seite der Erdkugel oder kommt ihm doch sehr nahe. Und das will ich ausprobieren!"

Schon der Plan Nansens machte in der ganzen Welt ungeheures Aufsehen. Der alte englische Admiral Sir Leopold Mac-Clintock, der in der Arktis Bescheid wußte, denn er hatte mit dem „Fox" an der Aufsuchung Franklins teilgenommen, nannte ihn den „kühnsten Plan, von dem die Geographische Gesellschaft in London je gehört" habe; die einen lächelten über den dilettantischen Einfall, die andern warnten aus ehrlichster Überzeugung den jungen Siegfried, der sich unterfing, den Drachen Polaris gleichsam im Schlaf zu beschleichen, und sich eine jahrelange Fahrt über den Nordpol offenbar wie eine Erholungspartie vorstellte. Bisher hatte noch jeder Polarfahrer es als das grauenhafteste Unglück betrachtet, auf seinem Schiff mitten im Packeis, fern von jeder schützenden Landbucht, einzufrieren und Tag und Nacht das unheimliche Krachen und Knacken solch einer gebrechlichen Nußschale hören zu müssen, den sichern Tod vor Augen. Dieser junge Fant aber wollte die Gefahr mutwillig herausfordern und eine ganze Polexpedition darauf gründen! War überhaupt ein Schiff denkbar, das wer weiß wie viele Winter hindurch in den höchsten, noch unbekannten Breiten der zermalmenden Wucht der Eispressungen widerstand? Und dann die Ausrüstung und Verpflegung für eine unabsehbar lange Zeit! Und die zermürbende Wirkung der Polarnacht — nicht einer, sondern mehrerer Polarnächte! Konnte ein gebildeter Europäer das überhaupt aushalten?

Nansen hörte alle Ratschläge und Warnungen bedächtig an — abschrecken aber ließ er sich nicht, sondern ging mit kühler Stirn an die Durchführung seines Plans. Bei der norwegischen Regierung fand er tatkräftige Unterstützung; auch einige von der Kühnheit des jungen Recken begeisterte Privatleute griffen tiefer in die Tasche. Mit dem Baumeister Colin Archer entwarf Nansen den Grundriß eines Schiffes, bei dem jede Einzelheit auf seine künftige Aufgabe berechnet war. Es durfte nicht allzu lang sein, um sich leichter durch das Packeis zu winden und den Eispressungen keine große Angriffsfläche zu bieten, also Länge und Breite etwa im Verhältnis von 3 zu 1. Ebensowenig durften die Schiffsseiten dem Eis irgendwelche Anhaltspunkte geben, sie mußten so glatt wie möglich und ohne gerade Flächen und Kanten sein. Der Rumpf erhielt daher runde, volle Form; Bug, Heck, Kiel, alles wurde abgerundet, damit das Schiff wie ein glatter Aal jedem Zugriff des Eises entschlüpfen könne, daher bei Eispressungen nicht zerrieben, sondern nur in die Höhe geschoben und von der Eisfläche getragen werde. Die Seitenwände bestanden aus drei sorgfältigst gearbeiteten und abgedichteten Schichten, und das ganze Innere des Rumpfes füllte ein dichtes Gerüst von Balken, Stützen und Streben, die miteinander aufs kunstvollste verbunden waren; das wichtigste dabei war, daß die Stützen der Schiffswand selbst möglichst rechtwinklig aufsaßen wie der Radius des Kreises auf der Peripherie, um jeden von außen kommenden Druck zu verteilen und die Seiten so zu versteifen. Nach diesem Grundriß wurde die „Fram" gebaut, und sie bewährte sich glänzend.

Dann ging Nansen an die Beschaffung des Proviants und der Ausrüstung. Als Reisedauer setzte er fünf Jahre an. Reichste

Abwechslung der Lebensmittel war dringend geboten, um dem Feind aller Polarreisen, dem Skorbut, zu entgehen, und wenn man so lange von der Kultur Europas abgeschnitten war, wollte man sich ihrer Annehmlichkeiten und Vorteile wenigstens so weit versichern, wie der Schiffsraum es zuließ. Die „Fram" erhielt eine Tragfähigkeit von 307 Tonnen — fast doppelt soviel, wie Nansen ursprünglich wollte. Bau und Ausrüstung kosteten insgesamt 444000 Kronen, also nicht mehr als 355000 Mark. Aus den vielen Abenteuerlustigen, die sich als Begleiter anboten, wählte Nansen zwölf Mann; sie waren demnach im ganzen ihrer dreizehn. 50 sibirische Hunde für Schlittenreisen wurden vorausbestellt; sie sollten erst in Chabarowa an der Küste Nordsibiriens an Bord kommen.

Am Johannistag 1893 stach die „Fram" in See, und die Aufmerksamkeit der ganzen Welt war auf diese dreizehn Männer gerichtet, die von der Heimat, von ihren Lieben, wahrscheinlich vom Leben Abschied nahmen, im Dienste einer großen, vielleicht phantastischen Idee. Nur zwei von ihnen waren unbeweibt, der Schiffsarzt cand. med. Blessing und Leutnant Johansen. Nansen selbst hatte eine junge Frau und ein halbjähriges Töchterchen; auch Kapitän Sverdrup besaß Frau und Kind, die Familien der andern bestanden aus vier und fünf Köpfen, Anton Amundsen, der Maschinist, zählte sogar der Sprößlinge sieben. Leicht wird also der Mehrzahl die Abschiedsstunde nicht gefallen sein.

Wie 300 Jahre zuvor der Holländer Barents fuhr Nansen um das Nordkap herum gen Nowaja Semlja. Bei Chabarowa an der Jugorschen Straße, die das Festland von der Waigatsch-Insel trennt, fand er die bestellten Schlittenhunde; sie hatten bereits eine dreimonatige Landreise durch die sibirische Tundra im Gefolge samojedischer Renntierkarawanen hinter sich; zehn von ihnen waren dabei umgekommen. An der von Nordenskiöld erforschten Nordküste Sibiriens entlang tastete sich nun die „Fram" weiter durch das Karische Meer nach Osten, hin und her kreuzend zwischen treibenden Eisschollen, zwischen unbekannten Inseln hindurch, und erreichte am 10. September Kap Tscheljuskin, die nördlichste Spitze der Alten Welt. Hier trafen sie zum erstenmal auf das mit Spannung erwartete Großwild der Arktis, auf Walrosse.

Weiter dampfte die „Fram" nach Osten und nahm dann ihren Kurs nördlich auf die Neusibirischen Inseln zu. Das Meer schien immer eisfreier zu werden. Schon war sie an der Bennett-Insel vorbei, hinter der 1881 die „Jeannette" unterging, bis zum 78. Breitengrad gekommen, als sich ganz unerwartet über Nacht das Eis quer in den Weg schob. Noch einige Tage lavierte die „Fram" am Eisrand hin und her, um wenn möglich noch etwas weiter nordwärts zu kommen, dann legte sie an einer großen Eisbank an, und am 25. September saß sie fest im Packeis. Das Steuerruder wurde hereingeholt, damit es nicht unter den Eispressungen zerbrach, und die Maschine abmontiert, denn einstweilen hatte sie Ruhe; daß sich in absehbarer Zeit wieder offenes Wasser zeigte, war nicht anzunehmen, doch betreute der Maschinist sie bis zur kleinsten Schraube mit so unermüdlicher Sorgfalt, daß sie im Notfall sofort wieder hätte angekurbelt werden können.

Bisher war alles fast genau nach Nansens Berechnung verlaufen; nur darin hatte seine Hoffnung getrogen: er war nicht, wie er wünschte, im offenen Wasser wenigstens bis über den 80. Grad hinausgekommen. Abzuwarten blieb nun, ob seine entscheidende Theorie stimmte: ob tatsächlich eine Strömung erreicht war, die das Schiff mit der Eisdrift langsam, langsam nordwärts schob, denselben Weg, den die Eisscholle mit den Überbleibseln der „Jeannette" zurückgelegt hatte. Bis zur Lösung dieses Problems mußten Monate, vielleicht Jahre vergehen. Vorerst konnten sich die Framleute auf die lange Winternacht vorbereiten, die mit Riesenschritten näher kam.

Schon die ersten Eispressungen hatten gezeigt, daß sich das Kunstwerk der Schiffsbaumeister glänzend bewährte. Die Eismassen fanden an den aalglatten Wänden der „Fram" keinen Halt, sie schoben sich unter den Kiel, schraubten das Fahrzeug empor oder brachen unter seinem Gewicht wieder zusammen. Es schwebte also wie eine Arche Noah über einer Sintflut von Eis, wurde von ihr getragen und erwies sich als eine unangreifbare Festung, deren Bewohner sich bald völlig sicher fühlen durften. Diese Festung wurde nun nach allen Regeln der Kunst eingehaust und in ein behagliches Winterquartier verwandelt. Ringsum warf man einen mächtigen Schneewall auf als Bollwerk gegen Sturm und Kälte. An reichlicher Arbeit fehlte es in diesem Haushalt nie, und jeder mußte ohne Ansehen der Person zugreifen; Kapitän und Arzt handhabten Besen oder Säge ebenso wie der Leutnant und der Zimmermann; im Viehstall bei den Schlittenhunden gab es immer zu tun; selbst an den meteorologischen Messungen, die den wichtigsten Punkt der Tagesordnung bildeten, am Loten und Fischen nahm bald die ganze Mannschaft teil, nachdem die Gelehrten der Expedition sie in die Schule genommen hatten. Nur die Küchenfrage war in diesem Männerstaat zunächst eine etwas heikle Angelegenheit. Ursprünglich sollten alle dreizehn wochenweise den Kochlöffel führen. Aber die Begabung der einzelnen erwies sich auf diesem Gebiete denn doch als gar zu verschieden, man fand bald ein Haar in dem Kochkommunismus und einigte sich friedlich dahin, daß als die einzigen bewährten Autoritäten Juell und Hendriksen zu unbeschränkten Beherrschern der Küche erklärt wurden und beide die Bürde und Würde dieses Amtes abwechselnd trugen. Sonst aber herrschte streng demokratische Gleichheit: alle für einen, einer für alle. Um den großen Tisch im Salon der „Fram" aber saßen die dreizehn wie eine biblische Tafelrunde, zwölf Polarapostel um ihren jugendlichen Anführer, in kameradschaftlicher Eintracht bei den Mahlzeiten oder bei fröhlichem Spiel nach getaner Arbeit.

Wie eine Oase lag die „Fram" in der unendlichen Eiswüste, einer fremden, blendend weißen Landschaft wie auf einem andern Planeten, mit Ebenen, Hügeln und Tälern, die sich oft genug verschoben und verwandelten, die man nach allen Seiten hin wie ein Festland durchforschte und zur schnellen Orientierung mit Ortsnamen versah. In dieser weltfernen Einsamkeit fühlten sich die Framleute so sicher wie daheim in ihrem Garten und dachten erst gar nicht daran, daß die lieblichen Kochdüfte des Schiffes ungeladene Gäste anlocken könnten, die noch bei jedem Polarfahrer ihre Visitenkarte abgegeben hatten. Eines Nachmittags saßen Nansen, Juell und Sverdrup im Kartenzimmer bei der Herstellung einer Lotleine, als Hendriksen, der Harpunier, mit dem Ruf hereinstürzte: „Ein Bär! Ein Bär!"

Nansen ergriff seine Büchse und sprang hinaus.

„Wo ist er?"

„Dort, an Steuerbord, in der Nähe des Zeltes; er kam gerade darauf zu; beinahe hätte er es gepackt."

Und richtig, dort war er, groß und gelb, und beschnüffelte das Geschirr des Zeltes. Eben rannten von dort drei Leute pfeilschnell über das Eis dem Schiff zu. Nansen sprang ihnen entgegen, brach in einer frisch gefrorenen Spalte ein, kletterte wieder hoch und sah sich um. Der Bär hatte seine Inspektion beendet und offenbar eingesehen, daß Zeltpflöcke, Leinwand, Axt und Eispickel für seinen Magen eine schwer verdauliche Speise waren; mit mächtigen Sätzen folgte er nun den Spuren der Flüchtlinge, blieb aber plötzlich verdutzt stehen, als er den auf ihn zukommenden Nansen erblickte. „Was für ein Kriechtier mag das wohl sein?" schien er sich zu fragen. Nansen näherte sich bis auf bequeme Schußweite. Der Bär stand noch immer unbeweglich und sah den Gegner scharf an. Dann drehte er ein wenig den Kopf — und schon hatte er eine Kugel im Nacken. Ohne ein Glied zu rühren, sank er langsam auf das Eis hin. Nansen ließ nun einige Hunde los, um sie an die Bärenjagd zu gewöhnen, aber selbst die unbändigsten kniffen den Schwanz ein und näherten sich dem toten Tier nur sehr langsam und vorsichtig. Seitdem verließen die Framleute das Schiff nicht gern, ohne sich vorher bis an die Zähne zu bewaffnen. Die nächste Nummer der „Framsjaa", der je nach der Fülle der Ereignisse erscheinenden Schiffszeitung, brachte daraufhin eine satirische Zeichnung: die Framleute auf dem Kriegspfad.

Mit Einbruch der völligen Winternacht wurde die Bärengefahr noch größer. In einer Dezembernacht vollführten die Hunde auf Deck einen ungeheuren Lärm und bellten wie rasend in einer Richtung hinaus. Nichts war zu entdecken, aber drei von ihnen fehlten. Am andern Morgen wurden die Hunde aufs Eis gelassen, und Hendriksen nahm eine Laterne, um die Spur der Vermißten zu suchen. Ein Gewehr hatte er leichtsinnigerweise nicht mitgenommen. Nansen saß gerade in der Kajüte und berechnete mit einiger Sorge, wie lange der Petroleumvorrat noch reichen würde, da hörte er plötzlich an der Türe rufen: „Kommt mit einer Büchse!" Und schon taumelte Hendriksen herein und schrie atemlos: „Eine Büchse! Eine Büchse! Ein Bär hat mich in die Seite gebissen!"

Nansen riß ein Gewehr an sich, Hendriksen ein anderes, und sie stürzten hinaus. Bei der Reling an der Steuerbordseite schrie alles wild durcheinander, und auf dem Eis unter dem Fallreep machten die Hunde einen ungeheuren Lärm. Nansen riß den Wergpfropfen aus dem Gewehrlauf und wollte laden; aber die Patrone ging nicht vorwärts; in der Gewehrkammer saß ebenfalls ein Pfropfen, und den hatte er so weit hineingestoßen, daß er ihn nicht fassen konnte. Hendriksen schrie: „Schießt doch! Schießt doch! Meins will nicht losgehen!" Auch er stand da, sein Gewehrschloß schnappte und schnappte, es war zu dick eingefettet, das Fett gefroren! Der Steuermann zerrte ebenfalls vergeblich an einem Wergpfropfen in seiner Büchse, Mogstad hatte seine Patronen schon verschossen, und ein fünfter hatte überhaupt keine. Dicht neben der Schiffsseite unterhalb der hilflosen Schützenschar aber lag der Bär, mit einem Hund in den Klauen.

Endlich kam Leutnant Johansen und schickte dem Untier eine Kugel in den Pelz. Es ließ den Hund los, der spornstreichs davonrannte. Ein zweiter Schuß traf den Bären an derselben Stelle, erst beim fünften regte er sich nicht mehr. Solange er sich bewegte, hatten die Hunde sich bellend um ihn gedrängt; nun er tot lag, zogen sie sich furchtsam zurück. Wahrscheinlich hielten sie die Unbeweglichkeit für eine Kriegslist ihres Feindes.

Der Harpunier Hendriksen war von dem Bären tatsächlich in die Seite gefaßt worden, als er gerade mit der Laterne in die Dunkelheit hineinleuchtete, und hatte sich des Angriffs nur dadurch erwehren können, daß er dem Tier die Laterne in die Schnauze schlug; als es sich ob dieser Begrüßung einen Augenblick verblüfft hinsetzte, gab Hendriksen Fersengeld, und vor der Verfolgung bewahrten ihn die Hunde, die auf den Bären losstürzten. — Nansen hatte nicht damit gerechnet, mitten in der Winternacht hier Bären zu treffen. Da sich diese Besuche aber wiederholten, sah man sich vor. Auch eine Bärenfalle wurde aufgestellt, aber die schlauen Tiere gingen nur selten hinein, sie witterten Unrat, beschnupperten die Einrichtung neugierig und mißtrauisch, bissen aber auf die Lockspeise nicht an. Lieber machten sie sich an das Schiff heran. Nach und nach wurde die Bärenjagd für die Framleute eine spannende Abwechslung in dem sonst ziemlich eintönigen Gang der Tage, und Koch Juell war ganz erpicht darauf, ein Bärenfilet in der Pfanne zu schmoren. Spielte Meister Petz den Menschenfeind und wollte nicht heran in sichere Schußweite, dann tat Juell ein ordentliches Stück Speck aufs Feuer, daß der leckere Duft in dicken Schwaden aus der Kombüse schwoll und dem Bären das Wasser im Munde zusammenlief. Dieser Lockung konnte er nur selten widerstehen, wagte sich heran, und eine nunmehr wohlvorbereitete Gewehrsalve brachte ihn zur Strecke. Und das warme Fell des Bären war in der Polarwinternacht auch nicht zu verachten.

Auf dem Marsch nach dem Pol

In nächster Nähe der „Fram", erreichbar auch bei Nacht und Sturm, befand sich das Wasserloch. Seine Offenhaltung gehörte zu den Tagespflichten der Mannschaft. Auf dem Schiff konnte Feuer ausbrechen — mit Eis und Schnee war das nicht zu löschen, und an der Erhaltung des Schiffs hing das Leben jedes einzelnen. Schon ein an sich unbedeutendes Schadenfeuer konnte, je nachdem, was es zerstörte, von unberechenbaren Folgen sein. Daneben hatte dieses Wasserloch eine andere, nicht weniger große Bedeutung: es vermittelte die Verbindung mit der Unterwelt, es war das Auge zur Erforschung einer bisher unbekannten, geheimnisvollen Tiefe. Hier hing die Lotleine mit ihren Thermometern und Wassersammlern, die, in gewissen Abständen an der Leine befestigt, die sehr verschiedenen Temperaturen des Wassers und seinen Salzgehalt feststellten. Erreichte das beschwerte Ende der Leine den Meeresgrund, so holte ein anderer Apparat, ein Rohr mit einem selbstschließenden Mechanismus, gewissermaßen einen Mundvoll Grus und Schlamm herauf, dessen Zusammensetzung untersucht wurde und wichtige Aufschlüsse gab. An dieser Leine hingen auch Netze, um Infusorien und Krebstiere zu fangen und die mannigfaltige Tierwelt des Polarmeeres zu erforschen. Aber nicht nur die Wissenschaftler sahen in diesem Wasserloch das Zentrum ihrer Tätigkeit; für jeden einzelnen von den dreizehn Mann barg es eine Art Orakel, das täglich befragt wurde. Die Lotleine selbst war dieses Orakel, die „Lina", wie sie alsbald getauft worden war. „Hast du Lina gesehen?" „Was sagt Lina heute?" das waren die tagsüber unzählige Male wiederholten Fragen, und was das Orakel verkündete, war auf die allgemeine Stimmung von großem Einfluß. Straffte sich „Lina" einigermaßen südwärts, dann klärten sich verdrießliche Mienen auf: die Drift des Eises und der „Fram" ging also nördlich. Zog sich die Leine aber nach Norden hin, dann war man auf dem Krebsgang nach Süden. So wurde die Richtung der Lotleine im Wasserloch eine Art Magnetnadel, von der jeder den Fortschritt oder Rückschritt des Schiffes abzulesen pflegte.

Den Führer der Expedition beschäftigte das Orakel natürlich am lebhaftesten. Es gab ihm Antwort auf die entscheidende Frage: Stimmte die Rechnung, auf der sein kühner Plan aufgebaut war? Eine gewaltige Überraschung hatte diese einfache Lotleine schon sehr bald bereitet: sie fand keinen Grund, und als man sie immer weiter verlängerte, ging das Senkblei bis zu 3800 Meter hinab. Diese ungeheure Meerestiefe machte Nansen sehr nachdenklich; sie bedeutete einen Strich durch seine Rechnung. Er hatte ein seichtes Meer von etlichen hundert Metern Tiefe erwartet, durch das die von Sibirien herkommenden Flußströmungen mächtig nach Norden vorstießen; in solch gewaltigem Meeresbecken aber verlor sich ihre Wucht. Die Drift des Eises nach Nordwesten war daher ermüdend langsam und unregelmäßig. Ein halbes Jahr nach Einschließung der „Fram" im Eis, am 18. Februar 1894, rechnete Nansen aus: wenn es im bisherigen Tempo weitergeht, sind wir glücklichstenfalls in acht Jahren wieder zu Hause! Wurde die „Fram"

Auf dem Marsch nach dem Pol 223

früher aus der Umklammerung des Eises befreit, so führte ihre Bahn keinesfalls über den Nordpol, dazu war der Auftrieb der Strömung offenbar zu schwach. Zum Nordpol aber wollte er, das war eines seiner Ziele; ließ es sich so nicht erreichen, dann gab es nur die eine Möglichkeit: das Schiff verlassen und mit Schlitten und Hunden die Eiswüste bis zum Pol durchwandern, wie das frühere Nordpolfahrer so oft schon vergeblich versucht hatten. Je weiter sich die „Fram" nach Norden vorschob, um so kürzer wurde der Weg zum Pol. Das war das schwerste Stück Arbeit, denn die Eisverhältnisse dort oben waren unberechenbar. Schon im März 1894 war Nansen entschlossen, den Marsch nach dem Pol zu wagen; im März des folgenden Jahres wollte er aufbrechen. Hatte die „Fram" dann etwa den 83. Grad erreicht, so hoffte er die 780 Kilometer bis zum Pol in fünfzig Tagen zu bewältigen. Auf dem Rückweg wieder zum Schiff zu stoßen, war seine Absicht nicht, er wollte vielmehr ganz zu Fuß wieder festes Land erreichen, das von Payer nur gesichtete Petermann-Land oder das 1873 von ihm entdeckte Franz-Joseph-Land, dessen Inselgewirr dem Geographen und Forscher eine Aufklärungsarbeit großen Stils verhieß. Das Abenteuerliche dieses Planes reizte am stärksten. Ein jahrelanges Robinsondasein an öder Küste, in Nacht und Eis, angewiesen allein auf die eigene Kraft und die spärlichen Hilfsmittel des Polarlandes — diese Aussicht lockte unendlich stärker als das einförmige Leben in der behaglichen Kajüte der „Fram", deren Schneckengang unerträglich wurde und dem Namen des Schiffs wenig Ehre machte. „Fram!" („Vorwärts!") also geradeswegs auf den Nordpol zu! Als Zeitpunkt kam nur das Frühjahr 1895 in Frage; ein Jahr später war das Schiff vielleicht zu weit westlich getrieben und die Rückzugslinie dadurch gefährdet. Nur ein Begleiter sollte mit von der Partie sein: Leutnant Johansen, wie Nansen selbst jung, kräftig, gewandt, kühn und abenteuerlustig. Die Wahl fiel Nansen nicht leicht, denn jeder der Zwölf wollte mit; von der glücklichen Wahl aber hing das Leben beider Wagehälse ab.

Die Vorbereitung auf den Marsch nahm die Zeit bis zum nächsten Frühjahr voll in Anspruch. Schlitten wurden gebaut, die Hunde eingefahren, Zelte und Schlafsäcke genäht und aus Bambusstäben und Segeltuch zwei Kajaks (Eskimoboote) hergestellt. Jedes Stück der Ausrüstung wurde in der Polarnacht immer aufs neue auf dem Eis ausprobiert. Welche Instrumente waren unentbehrlich? Und wieviel Lebensmittel für zwei Menschen und 28 Hunde, damit die Last für drei Schlitten nicht zu groß wurde? Was an Kleidern, Werkzeug, Geschirr usw.? Jedes ersparte Gramm war ein Gewinn. Ein vergessener Gegenstand bedeutete vielleicht das Schicksal zweier Menschen. Schließlich hatte jeder Schlitten ein Gesamtgewicht von rund 250 Kilogramm, eine gewaltige Last für die Hunde, auch wenn die kräftigsten ausgesucht waren; ihre Leistungsfähigkeit und Ausdauer blieben immer zwei bedenkliche Unbekannte in der Rechnung. Ein Schlitten war fast ganz für Proviant bestimmt; die Last der beiden andern Schlitten bestand etwa zur Hälfte aus Gepäck. Nansens Schlitten enthielt u. a. den Kajak, eine kleine Pumpe, falls das Fahrzeug leck wurde, Schlittensegel, Axt, geologischen Hammer, Gewehr nebst Futteral, Kochapparat und zugehöriges Geschirr, Theodolit, Harpune mit Leine, Sack mit Werkzeug, photographischen Apparat, Tauwerk, Schneeschaufel, Skistöcke, Reservegeschirr für die Hunde, Pelzgamaschen, je ein Paar Finnen- und Lappenschuhe („Komager"), Petroleumlampe, Feldflasche, Seehundspelz, Apotheke, drei norwegische Flaggen und 150 Kilogramm Lebensmittel. Jede Einzelheit war genau überlegt, gewogen, unzählige Male ausgetauscht, schließlich verpackt.

Anfang März 1895 war alles fertig. Das Schiff lag auf dem 84. Breitengrad — höher nordwärts, als Nansen angenommen hatte. Um so kürzer der Weg zum Pol! Leiter der zurückbleibenden Expedition wurde Kapitän Sverdrup. Nach dem stark westlichen Kurs der Eisdrift mochte die „Fram" etwa Ende 1896 nördlich von Spitzbergen eisfrei werden und der Heimat zusegeln können, vorausgesetzt, daß sich kein Unfall ereignete. Bei Schiffbruch gab es für die Mannschaft auch keine andere Wahl, als in Schlitten oder Booten irgendeine Küste im Süden zu erreichen, von wo vielleicht ein Walfischfänger sie wieder nach Norwegen brachte. Die „Fram" hatte sich so tapfer ge-

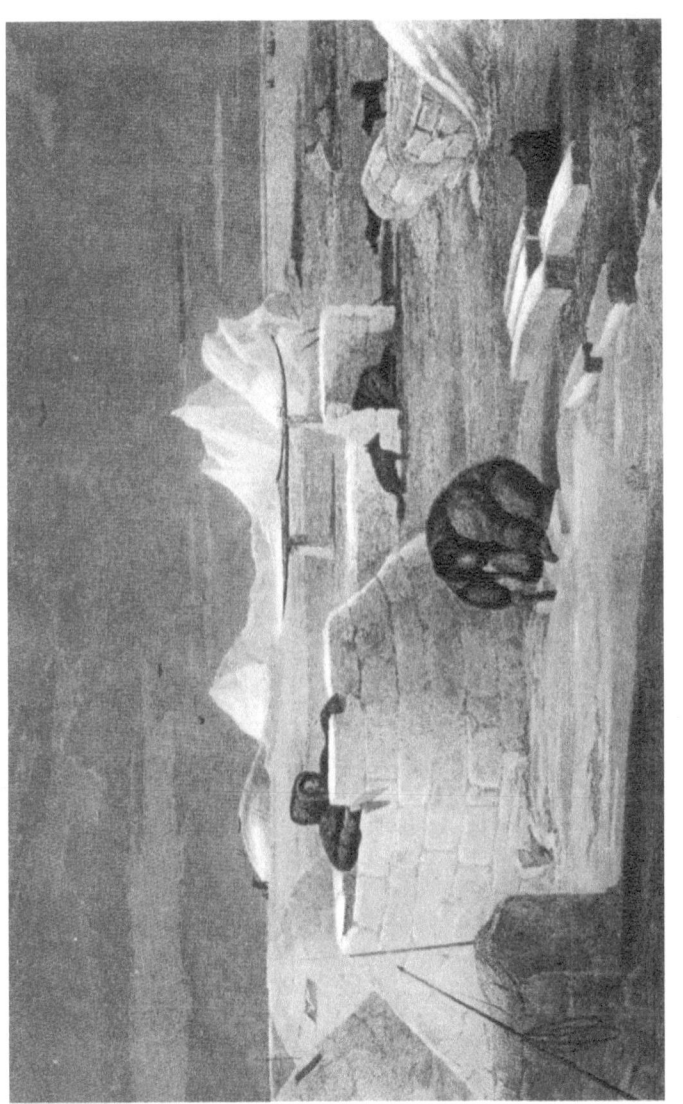

Eskimos beim Bau von Eishütten

Auf dem Marsch nach dem Pol

halten — wozu beim Abschied den Teufel an die Wand malen! Aber das Wasserloch gut offen halten, für alle Fälle! Bereit sein ist alles — das galt für Nansen selbst und seinen Begleiter ebenso wie für die zurückbleibende Mannschaft. Zweimal noch mußten Nansen und Johansen zum Schiff zurückkehren. Die Schlitten waren zu schwer und mußten erleichtert und entsprechend umgepackt werden. Am 20. März endlich traten sie endgültig ihren Marsch zum Nordpol an. Am Abend vorher hatte ein lustiges Feuerwerk den bläulichweißen Eismarmor rings um die „Fram" in allen Farben des Regenbogens erstrahlen lassen.

Dreißig Tage sollte der Marsch nach Norden dauern. Vom Ausgangspunkt bis zum Pol waren 660 Kilometer. Täglich mußte man also 22 Kilometer im Durchschnitt vorwärts kommen. War die Eisfläche einigermaßen eben, dann brachte man es auf diese Höchstleistung. Aber dieser glücklichen Tage wurden sehr wenige. Wenn klebriger Schnee sich unter den Schlittenkufen und den Schneeschuhen ballte, wenn unabsehbare Ketten von Packeisgeschiebe den Weg verbarrikadierten oder sogar Wasserrinnen plötzlich mit Krachen aufplatzten, dann sank die Tagesleistung bis zu 5 Kilometer herab. Die Hundegespanne versagten; beim geringsten Hindernis setzten sich die Tiere abwartend hin; nur die Peitsche brachte sie wieder in Bewegung, und über Packeisrücken zogen sie die schweren Schlitten nur hinüber, wenn die beiden Männer gemeinsam nachschoben. Bei jedem Aufenthalt liefen sie durcheinander, verwirrten die Stränge, zerrten und nagten an den Säcken mit Lebensmitteln. Bei 40 und mehr Grad Kälte Riemen lösen, Knoten entwirren und die Schlittenlasten wieder zurechtschieben oder umpacken, war eine niederträchtige Arbeit. Die von Schweiß und Schnee durchnäßten Kleider der beiden Männer erstarrten dabei zu Eispanzern, an denen sich die Glieder, besonders die Handgelenke, wund rieben. Über neu entstandene Wasserrinnen mußte der Übergang mühsam gesucht oder gewartet werden, bis die Eisdecke tragfähig schien. Am heimtückischsten waren die etwas älteren Rinnen, auf deren Ränder sich Eisschollen emporgeschoben hatten, Doppelwälle mit Gräben dazwischen, bei denen man immer auf ein kaltes Bad gefaßt sein mußte. Oft genug waren Mann und Schlitten in äußerster Gefahr, ins Bodenlose zu versinken. Noch immer zeigte die Lotleine Tiefen von 2000 bis 3000 Meter. Der alte, hartnäckige Glaube, am Pol müsse festes Land sein, erwies sich vollends als ein Märchen.

Nach solchen schweren Tagen war die Ruhe abends im Zelt eine wahre Erlösung. Johansen schirrte die Hunde ab und fütterte sie. Unterdes bereitete Nansen im Zelt auf dem Primuskocher die Mahlzeit aus Pemmikan, pulverisiertem Fleisch, oder aus Fischmehl, ab und zu auch aus Hülsenfrüchten mit Brot und Pemmikan; dazu heiße Milch aus Milchpulver und geschmolzenem Eis. Dann krochen die beiden Kameraden in den gemeinsamen Schlafsack, wärmten sich auf und ließen es sich schmecken; oft waren sie so hundemüde, genau wie die Vierbeiner draußen, daß sie mit dem Löffel in der Hand einschliefen. Wenn aber der Sturm das Zelt umblies, die Nachtherberge bei 40 bis 50 Grad Kälte neu aufgebaut werden mußte, oder der Schnee durch die kleinsten Ritzen hereinspritzte und durch die Wärme der Kochmaschine der Reif von den Zeltwänden niedertropfte, dann war an Schlaf nicht zu denken; jeder zitterte vor Nässe und Frost. Dabei mußten noch Strümpfe, Handschuhe und Unterkleider über Nacht durch die Wärme des eigenen Körpers getrocknet werden. Die steifgefrorenen „Komager" bildeten die Daunenkissen. Und wenn gar ein Schneesturm raste, lag man im Schlafsack wie in einem Morast und mußte auf besseres Wetter warten. Oh, die seligen Tage auf der „Fram"! Und an Daheim durfte man erst gar nicht denken.

Nach 14 Tagen schon sah Nansen ein: sein erstes Ziel, der Nordpol, mußte aufgegeben werden. Am 8. April war er bis über den 86. Grad hinausgekommen. In diese Breite war noch kein Sterblicher jemals vorgedrungen. Sein sportlicher Ehrgeiz war damit gestillt. Der Rückweg bot dem Entdecker vielleicht noch bedeutungsvollere Aufgaben, und dieser Rückweg war lang. Ein Hund hatte schon getötet werden müssen, die übrigen waren schlapp und ausgemergelt; ob wohl einer von ihnen die nördlichste Spitze von Franz-Joseph-Land, Kap Fligely, erreichte? Und wenn die Hundegespanne fehlten — konnten zwei Mann mit ihren beiden Schlitten — der dritte Schlitten war dazu bestimmt, nach Verbrauch der Lebensmittel zurückgelassen zu werden—, sich bis dorthin durchschlagen? Nach den bisherigen Erfahrungen durfte man auf das Schlimmste gefaßt sein. Also Kehrt! und so schnell wie möglich!

Zwei Monate über Treibeis

Der Rückmarsch gestaltete sich zunächst nicht schlechter als der Vormarsch. Je weiter die beiden Wanderer aber nach Süden kamen, um so gefährlicher wurde das Terrain. Der Frühling machte auch hier in der Polarzone dem Winter wenigstens einen Teil seiner Macht streitig. Es war prächtig, bei nur 15 Grad Kälte und hellem Sonnenschein über das Eis zu stapfen oder bei frischem Wind die Segel auf die Schlitten zu setzen und hier und da über eine glatte Fläche zu sausen, so daß Hunde und Menschen sich erholen konnten. Auch von der Tageszeit war man beim steten Strahlen der Mitternachtssonne unabhängig; Rast wurde gemacht, wo sie nötig schien; man schlief oft bei Tage, wenn die Eisrücken zermürbende Arbeit verursacht hatten, und brach um Mitternacht auf. Aber der Frühling brachte Schnee und schließlich gar Regen; an Trocknen der Kleider oder gar des Schlafsackes war nicht mehr zu denken. Auch schien sich das Eis langsam in Bewegung setzen zu wollen. Der neuen Wasserrinnen wurden immer mehr, und als Nansen eines Tages, es war am 29. Mai 1895, vor Antritt der Fahrt Ausschau hielt, bot sich ihm ein Anblick, der auch das Herz des Mutigsten zum Klopfen bringen mußte: Rinne hinter Rinne, kreuz und quer, nicht nur südwärts, auch nach beiden Seiten hin! Das ganze Eis schien im Aufbrechen begriffen; der feste Boden des massiven Polareises war zu Ende, jetzt war mit einem dünnen, zertrümmerten Packeis zu rechnen, das der Willkür der Winde und der Strömung preisgegeben war, und über dieses Gewimmel von großen und kleinen Schollen hinüber führte der Weg zu dem ersehnten Land. Von diesem

Land aber war keine Spur zu erblicken, und doch mußte Petermann-Land, wenn es überhaupt existierte, hier zwischen dem 82. und 83. Breitengrad liegen. Vielleicht war man schon darüber hinaus und auf der Höhe von Kap Fligely? Aber auch bei klarstem Tageslicht weit und breit nur Eis; nirgends ein Punkt, der auch nur die Hoffnung rechtfertigte, bald Land zu finden. Wo in aller Welt war man hier? Verirrt in dieser grausigen Eiswüste? Der Gedanke war furchtbar, und doch mußte man sich damit befreunden! Nansen und Johansen hatten einmal vergessen, ihre Uhren aufzuziehen, ihre Ortsberechnung war dadurch in Unordnung geraten. Wieviel die Differenz ausmachte, war völlig ungewiß. Waren sie zu weit nach Osten geraten, so daß sie Gefahr liefen, an dem ersehnten Land vorbeizuwandern, ohne einen Schimmer davon zu sehen? Oder hatte die Eisdrift sie unbemerkt zu weit nach Westen verschlagen? Dann wanderten sie auf irgendeinen Landfetzen von Spitzbergen zu, der Weg verlängerte sich um viele Hunderte Kilometer, und wie dieser Weg beschaffen sein würde, im Mai und Juni sein mußte, das sahen sie jetzt mit eigenen Augen. Das Gespenst des Hungers stieg drohend vor ihnen herauf. Von den Hunden lebten nur noch acht; die übrigen hatten den überlebenden nach und nach als Nahrung dienen müssen. Erst wollten die, denen noch eine Frist geschenkt war, nicht an die kannibalische Speise heran; sie zogen winselnd den Schwanz ein und stahlen sich beiseite. Aber der Hunger tut weh, und wenn Johansen das nächste Opfer schlachtete und mit Messer und Beil zerteilte, ohne es erst abzuhäuten, blieben von der blutigen Mahlzeit nur mehr einige Büschel Haare übrig. Die armen Tiere waren so ausgehungert, daß sie das Holz der Schneeschuhe anknabberten, Riemen fraßen und Segeltuchfetzen kauten; eines der Tiere schlang einmal seine Mahlzeit samt dem Geschirr aus Segeltuch hinunter. Anderes Fleisch als das ihrer eigenen Kameraden für sie zu beschaffen, war einstweilen unmöglich. Schon Mitte Mai zwar hatte sich eine Bärenfährte gefunden, auch Narwale hatten sich in Eisrinnen gezeigt, und Geräusch wie von Seehunden drang durch die Eisfläche. Aber noch war kein Wild in Schußweite gekommen. Eine erste Möwe

Zwei Monate über Treibeis

wurde am 4. Juni erlegt. An diesem Tag hatte Nansen zum erstenmal die Tagesrationen abgewogen. Der Proviant ging zu Ende. Wenn sich nicht bald eine Jagdbeute fand, waren sie verloren. Dabei steckten sie in einem Sumpf von Eis und Schnee und mußten hier eine Woche auf einem Fleck bleiben, um ihre Kajaks seefertig zu machen, die auf dem Transport stark gelitten hatten; Bambusrippen waren gebrochen, das Segeltuch schadhaft geworden. Der schwerste Teil der Reise begann ja jetzt erst. Kajaks und Schlitten mußten abwechselnd als Beförderungsmittel gebraucht werden. Am 8. Juni brachen sie wieder auf. Oft wateten sie bis zu den Knien im Schneeschlamm, die Hunde versanken fast darin; die beiden Schlitten — der dritte war schon am 14. Mai zu Brennholz gemacht worden — waren mit Aufbietung aller Kraft kaum vorwärts zu bringen. So mußte Rinne auf Rinne, Eishügel nach Eishügel überwunden werden. Aus Schollen wurden Brücken gebaut, wenn der Schlitten nicht anders über Wasserrinnen zu bringen war. An freie Wasserstraßen auf lange Strecken war noch nicht zu denken. Am 20. Juni wurde die erste Überfahrt versucht. Dieser Tag wurde für das Schicksal Nansens und seines Begleiters entscheidend.

Sie standen am Rand eines großen Teiches, über den hinübergefahren werden mußte. Die Kajaks wurden nebeneinandergesetzt und mit zwei quer darübergelegten Schneeschuhen fest miteinander verbunden. Die Schlitten wurden auf diese gebrechliche Fähre hinaufgeschoben, der eine vorn, der andere hinten. Die Hunde — es waren ihrer nur noch drei — gingen willig an Bord, als seien sie das so gewöhnt. Die Männer setzten sich in die Mitte. Die Pumpen wurden in Ordnung gebracht, die Flinten übers Knie gelegt, denn kurz vorher hatte sich ein Seehund gezeigt, die Ruder eingetaucht, und dann ging's los. Das Rudern in dem engen Raum zwischen den Schlitten und Schneeschuhen, die an beiden Seiten weit hinausragten, war keine erfreuliche Arbeit, und mit der Wasserdichtheit der Kajaks sah es übel aus; besonders Johansens Boot leckte stark, so daß mehrmals die Pumpen in Bewegung gesetzt wurden. Aber nach der grausamen Schinderei der letzten drei Monate war diese Bootsfahrt wie ein herrlicher Traum von einem bessern, wieder menschenwürdigen Dasein. Wenn es doch nur immer so weiter ginge bis ans ferne Ziel!

Bald war man drüben. Nansen sprang auf den Eisrand mit dem photographischen Apparat, um ein Bild von dem glückhaften Schifflein aufzunehmen. Plötzlich hörte Johansen hinter sich ein Plätschern. „Was war das?"
„Ein Seehund!" rief Nansen Platsch! machte es wieder, diesmal auf der andern Seite, und ein großer, glänzender, bärtiger Seehund tauchte auf, tat ein paar Schläge gegen den Eisrand und verschwand wieder. Johansen griff sogleich nach der auf dem Kajak liegenden Harpune und warf sie Nansen zu. Vielleicht zeigte sich das Tier noch einmal. Und richtig: Nansen hatte eben begonnen, den einen Schlitten aufs Eis zu ziehen, als der mächtige Kopf ganz in der Nähe des Kajaks wieder auftauchte und schnaufte. „Rasch das Gewehr, Johansen!'" rief Nansen, „schießen Sie los — aber schnell, schnell!" Johansen riß die Büchse an die Wange, und eben als der Seehund unter dem Eisrand verschwinden wollte, fiel der Schuß. Das Tier bäumte sich ein wenig, ein kurzes, heftiges Plätschern — dann schwamm es auf dem Wasser, sein Kopf war zerschmettert. Das Wasser färbte sich rot. Eine kostbare Beute und zur rechten Stunde! Wenn sie nur nicht sank! Nansen ließ den Schlitten los und warf schnell wie der Blitz die Harpune in den fetten Rücken des Seehundes. Da begann er sich zu regen, es war noch Leben in ihm. Die Harpunenleine war schwerlich stark genug, ihn zu halten. Nansen riß das Messer aus der Scheide und stieß es dem Tier in den Hals.

Unterdes aber war Johansen mit den Kajaks vom Eisrand abgetrieben, der Schlitten war ihm nachgerutscht und mit dem einen Ende im Wasser. Vergeblich suchte Johansen, ihn weiter auf die Fähre zu ziehen; das Gewicht des Schlittens drückte den einen Kajak so nieder, daß er Wasser einholte, die Hunde wurden schon unruhig, der Kochapparat, der auf Deck gestanden hatte, trieb mit seinem gesamten unersetzlichen Inhalt schon lustig vor dem Winde fort, zwei Schneeschuhe hinterdrein — im nächsten Augenblick mußte das ganze Fahrzeug umkippen. Nansen ließ seine Beute fahren, um Schlitten und Kajaks vor dem Untergang zu retten. Der vollgelaufene Kajak war eine ungeheure Last. Aber endlich war alles in Sicherheit, und die Jagdbeute schwamm ebenfalls noch auf dem Wasser. Auch sie wurde mit Hilfe eines Taus aufs Eis hinauf bugsiert, und um diesen im Augenblick höchster Not bescherten Fleischkoloß tanzten die beiden Männer erst einen Freudentanz. Das war Nahrung und zugleich Brennmaterial für den Tranofen auf lange Zeit. Alle Sorge war mit einem Schlag verflogen.

Was aber war aus der Munition geworden, die in Johansens Kajak lag! Der Vorrat war schon nicht allzu groß, und jede Patrone bedeutete einen Seehund, ein Walroß, einen Bären — eine Ladung frischer Lebensmittel. Die Pulverbüchse war ganz voll Wasser gelaufen, die Patronen waren ebenfalls durchnäßt. Ob sie noch zündeten? Zwei Möwen flatterten herbei, die Beute witterten. Nansen lud — ein Knall — eine Möwe fiel wie ein Stein nieder. Gottlob, die Munition war nicht verdorben. Sie wurde sorgfältig auf dem Schlafsack ausgebreitet, um zu trocknen. Dann ging's ans Zerteilen des Seehundes, das Nansen kunstgerecht verstand, und einer so köstlichen Mahlzeit wie an diesem Tag wußte sich keiner der beiden Männer je zu erinnern: Seehundsfleisch und Speck und Suppe in Fülle, was nur der Magen leisten konnte, und gewürzt mit der Zuversicht, aller Nahrungssorgen überhoben zu sein, denn wenn sich das Eis stärker in Bewegung setzte und freie Wasserstraßen bildete, konnte an Seehunden und anderm Wild kein Mangel sein.

An dieser Stelle, wo sie den ersten Seehund erlegt, blieben Nansen und Johansen einen vollen Monat liegen. Sie nannten sie das „Sehnsuchtslager". Sie wollten warten, bis der Schnee völlig weggeschmolzen war und die Eisverhältnisse sich geklärt hatten. Die Kajaks bedurften einer gründlichen Ausbesserung; die Lasten mußten erleichtert und eine sorgfältige Auswahl ihres Gepäcks getroffen werden. Und die beiden Männer selbst brauchten Ruhe. Da lagen sie nun im Zelt und blickten durch die offene Tür ins Weite. Im Glanz der Sonne blendete die Eisfläche. Ringsum bis zum Horizont nichts als eine weiße Ebene. Keine Linie am Horizont, die das ersehnte Land andeuten konnte, nur trügerische Wolken, die ferne Küsten vortäuschten.

Und darüber hinaus flogen in diesen Ruhestunden die Gedanken zur Heimat. Wieviel Jahre mochten wohl noch vergehen, bis man sie wiedersah! Ob man sie überhaupt jemals wiedersah?!

Im übrigen ließen sie es sich wohl sein bei Seehundfleisch und Speck, und als es Nansen am 3. Juli gelang, drei Bären zu erlegen, konnten sie und die Hunde derart schwelgen, daß sie sich ganz steif fühlten, als sie am 23. Juli zum Weitermarsch aufbrachen. Der nächste Tag schon bescherte ihnen eine unsagbare Freude. Was sie vom Sehnsuchtslager für Wolken und Nebelstreifen gehalten und so oft beobachtet hatten, die weiße Linie dort am Horizont, war wirklich und gewiß Land! Nach zwei Jahren sahen sie zum erstenmal wieder eine Küste in der Ferne aufsteigen. Und wie rätselhaft nahe sie war! Schon am Abend glaubten sie dort sein zu können, spätestens am andern Tag. Aber aus zwei Tagen wurden zwei Wochen, denn das Eis war schlechter als je, es schien sie vom ersehnten Lande immer weiter fortzutreiben. Dabei schneite und regnete es, von der nahen Küste war kein Schatten mehr zu sehen, Wind und Strömung schienen so widrig wie möglich. Die Wasserrinnen waren so mit Eisblöcken gefüllt, daß nur selten die Kajaks schwimmen konnten; immer drohte die Gefahr, von den Eismassen zerquetscht zu werden. Am 7. August endlich sahen sie offeneres Wasser vor sich, das bis zum Fuß eines langen Küstengletschers zu gehen schien. Das Treibeis mußte bald zu Ende sein.

Am Tage vorher fehlte wenig, und die ganze Expedition wäre auch zu Ende gewesen. Früh am Morgen waren sie aufgebrochen. Zwischen den ungeheuren Eisblöcken lag der Schnee so tief, daß sie bis zu den Hüften einsanken; auch zahlreiche tiefe Tümpel mußten umgangen werden. Es war eine schauderhafte Quälerei über Block hinter Block, Eisrücken hinter Eisrücken, mit tiefen Spalten dazwischen; keine Stelle, um nur das Zelt aufzuschlagen. Dazu ein Nebel, daß man keine 100 Meter weit sehen konnte. Endlich erreichten sie eine fahrbare Rinne und wollten die Kajaks seefertig machen. Johansen, der etwas zurück war, greift zum Zugseil, und wie er sich niederbeugt, sieht er hinter dem Kajak ein Tier, das sich zum Sprung zusammenkauert. „Aha, Suggen!" denkt er, in dem Glauben, es sei sein Hund, aber im selben Augenblick merkt er, daß es ein Bär ist, und noch ehe er sich aufrichten kann, steht die Bestie auf zwei Beinen, fällt über ihn her und schlägt ihn mit der Tatze nieder. Zum Glück verliert Johansen nicht die Besinnung, er fällt auf den Rücken, liegt zwischen den Beinen des Bären und ruft Nansen zu: „Schnell die Büchse!" Dicht neben ihm auf dem Kajak liegt sein eigenes Gewehr. Johansen sieht den Bären seinen Rachen dicht über seinem Kopf öffnen, er sieht die fürchterlichen Zähne glänzen; er hat ihn beim Fallen an der Gurgel gepackt und hält sie mit der Kraft der Verzweiflung fest. Darüber stutzt der Bär einen Augenblick: das ist ja kein Seehund, den man einfach in den Kopf beißt, sondern ein fremdes Tier, das sich zur Wehr setzt. Und da drüben, wenige Meter weiter, ist noch ein zweites. Zu ihm schaut der Bär hinüber. Fällt denn nicht endlich Nansens Schuß? Das dauert ja eine Ewigkeit! Nansen hatte sofort nach seinem Gewehr gegriffen, das — im Futteral — auf dem Kajak lag. Aber im selben Augenblick war das Boot ins Wasser geglitten und mußte erst wieder aufs Eis geholt werden. Furchtbare Augenblicke! Da hört er, wie Johansen in aller Ruhe sagt: „Schieß schnell, wenn es nicht zu spät sein soll!" Der Bär hebt die Tatze und schlägt nach der Seite aus; der Hund „Suggen" ist ihm lästig geworden; auch der andere Hund ist hinzugesprungen, ein Schlag nach rechts, heulend fliegt „Kaiphas" übers Eis. Diesen Moment benutzt Johansen, läßt den Hals des Bären los, wälzt sich aus dem Bereich seiner Tatzen, springt auf die Füße und ergreift sein Gewehr. Da fallen zwei Schüsse, und das Untier bricht zusammen. Eine Schrotladung, hinter dem Ohr in den Kopf gejagt, wirft ihn nieder, eine Kugel hinterher gibt ihm den Rest.

Mit kleinen Wunden an der Hand und zwei weißen Streifen auf der Wange, die im „Sehnsuchtslager" von Ruß und Fett völlig schwarz geworden war, kam Johansen davon. Das Wunderbarste an dieser glücklichen Rettung aber war die Ruhe, mit der er, unter dem Rachen des Bären liegend, noch die Worte herausbrachte: „Schieß schnell, wenn es nicht zu spät sein soll!"

Als die beiden Geretteten mit der Zerteilung der Beute beschäftigt waren, tauchten auf den nahen Eisblöcken noch zwei junge, aber schon stattlich ausgewachsene Bären auf; sie warteten auf die Mahlzeit, die ihnen die Mutter zu bereiten gedachte. Johansen machte Jagd auf sie, konnte aber nur einen verwunden; mehr Patronen durfte er nicht an sie verschwenden. Das verwundete Tier brüllte wie eine Kuh, und seine Klagelaute waren noch lange hörbar, als Nansen und Johansen schon auf dem Wasser schwammen und über die nächsten Eisrücken und Rinnen hinweg der ersehnten Küste entgegenzogen.

Walroß- und Bärenjagd

Was das für eine Küste war, an deren Fuß sich endlich am 7. August 1895 eine freie Wasserbahn gefunden hatte, wußte Nansen nicht. Vom Innern des Landes war nichts zu sehen, dichter Nebel verhinderte jeden Fernblick, und dicht heranzurudern war gefährlich, denn der lang hingestreckte, bis zu 15 Meter hohe Küstengletscher fiel steil zur See ab und „kalbte": hin und wieder lösten sich Stücke ab und stürzten ins Wasser; es klang jedesmal wie ein Kanonenschuß. Erst am 10. klärte es sich so weit auf, daß man sich einigermaßen orientieren und von einem kleinen Gletscher aus, der sich erklettern ließ, vier Inseln unterscheiden konnte, die Nansen später „Hvidtenland" taufte. Ob sie aber zu Franz-Joseph-Land oder gar zu dem auch von Payer gesichteten König-Oskar-Land gehörten, blieb vorerst rätselhaft. Von dieser Feststellung aber hing das nächste Schicksal der beiden Polfahrer ab. Hatten sie sich zu weit nach Osten verirrt, dann war an eine Heimkehr in diesem Sommer nicht mehr zu denken. Waren sie aber an die Westküste von Franz-Joseph-Land geraten und kamen sie in offenem Wasser rudernd oder segelnd in den nächsten acht Tagen schnell vorwärts, dann erwischten sie vielleicht noch einen Walfischfänger, der sie mit nach Süden nahm. Die offene Wasserstraße, die vor ihnen lag, wies verheißungsvoll nach Süden und Südwesten, und einen Tag lang war ihnen das Glück hold.

Walroß- und Bärenjagd

Dann aber begann das Eis sich wieder zusammenzuschieben, sie mußten sich auf die Schollen hinauf retten, da die aneinandergebundenen Kajaks in Gefahr waren, von den Eismassen zermahlen zu werden, auf die Öffnung neuer Rinnen warten und mittlerweile ihre Schlitten und Lasten wieder zu Fuß vorwärts schleppen. Sie hatten die Schlitten verkürzt, in der Hoffnung, sie nur noch für Notfälle gebrauchen zu müssen; jeder Kajak sollte jetzt einzeln fahren, um zwischen Treibeis leichter beweglich zu sein; die langen Schlitten waren dabei eine sehr unbequeme Last. Für die Wanderung über Eisflächen mit aufgeworfenen Schollen und tückischen Wasserrinnen waren aber die verkürzten Schlitten nur noch halb so brauchbar. So kam man in den nächsten Tagen nur sehr langsam vorwärts. Ab und zu ruderte man eine kurze Strecke, dann begann wieder der Marsch über kleine und große Schollen, die in steter Bewegung waren, in der reißenden Strömung aneinanderstießen, sich übereinanderschoben und durch Preßeisrücken neue Hindernisse bildeten. Dabei zeigte sich auf dem Wasser für die leichten Kajaks eine neue Gefahr durch das häufige Erscheinen von Walrossen, ein Anblick, der den beutelustigen Jägern, die von der Hand in den Mund lebten, eine große Beruhigung war, aber äußerste Vorsicht gebot. Die Tiere waren keineswegs bösartig, aber ungeheuer neugierig und so furchtlos, daß sie dicht neben den gebrechlichen Nußschalen plötzlich auftauchten, um die fremden Gäste aus nächster Nähe zu betrachten.

Der 15. August war ein großer Tag: zum erstenmal festes Land unter den Füßen — zum erstenmal wieder trockner Grund für ein Nachtlager, ohne daß das Eis unter dem Schlafsack in Pfützen zerschmolz. „Es war ein seltsames, erhebendes Gefühl," schreibt Johansen, „den Fuß wieder auf festes Land setzen zu können, wirklich mit dem Fuße zu fühlen, daß es Land und nicht Eis war. Anfänglich traten wir fast vorsichtig auf, der Fuß liebkoste die harten Granitblöcke. Und dazu noch Moos und Blumen zwischen ihnen zu finden! Es war geradezu überwältigend! Wir setzten uns zwischen den Steinen hin und versanken in tiefes Sinnen." Zur Ehre dieses Tages wurde die norwegische Flagge gehißt und ein warmes Essen bereitet; die letzten Tage hatte es nur kalte Küche gegeben Und nicht weit im Westen zeigte sich eine größere Insel mit einer richtigen Strandpromenade. Dort landeten die beiden Kajaks am nächsten Tag. Nansen gab dem Eiland den Namen Torupinsel. Hier war es fast wie im Frühling daheim: ein schöner flacher Strand mit weißen Muscheln übersät, im Wasser längs der Küste Schnecken, Seeigel und Flohkrebse; an den Bergwänden und an den Wasserrinnen Hunderte von kreischenden Krabbentauchern; Schneeammern flatterten mit fröhlichem Gezwitscher von Stein zu Stein, Mantelmöwen, die aus Sorge um ihre Jungen an schroffen Abhängen nisten, ließen ihre langgezogenen melodischen Flötentöne erklingen. Am Fuß der Berge lag prächtiger roter Schnee, von einer zierlichen Alge so gefärbt, die auf der Schneedecke wächst. Dazu brach die Sonne aus den Wolken. Aber ehe Nansen und Johansen ein Stück des Berges erklommen hatten, hüllte Nebel sie wieder ein. So viel aber hatten sie doch gesehen, daß die Straße nach Süden ziemlich eisfrei war und im Südwesten ein stattliches Vorgebirge sich in die See hinein vorschob. Von dort aus mußte sich endlich ein weiterer Überblick ergeben, dort fand sich vielleicht die Antwort auf die Frage: Wo sind wir? Bog das Land nach Süden ab, und war westwärts keine Küste mehr zu erblicken, dann war der Weg nach der Heimat vielleicht noch frei.

Am Abend des 16. erreichten sie das Vorgebirge. Das Land bog nach Süden ab, das Fahrwasser schien, so weit das Auge reichte, gut. Aus dem Gletscher am Lande ragte ein kahler Basaltberg empor. Nansen und Johansen kletterten hinauf. Nur Wasser im Westen! Der Wind war gut. Also schnell wieder bergab zu den Kajaks, Mast und Segel aufgesetzt und weiter nach Süden! Daß diese Berge die Westküste Franz-Joseph-Lands bildeten, daran war kein Zweifel mehr; der Kampf mit dem Eis war damit überwunden. Die Freude der beiden Männer war so groß, daß sie, obgleich müde und abgehetzt von der Tagesarbeit, die ganze Nacht hindurch ohne Rast weitersegelten. Im Sitzen nickten sie ein, gingen aber erst an Land, als der Wind abflaute, und schlugen an der Eiskante von Kap Brögger ihr Lager auf.

Walroß- und Bärenjagd

Hier zeigen Nansens und Johansens Tagebücher beide eine Lücke, als ob jedem die Feder vor Schreck aus der Hand gefallen wäre. Am 24. erst nehmen sie den Faden ihrer Erzählung wieder auf. „Mut ist wohl noch vorhanden," heißt es bei Nansen, „aber die Hoffnung — die Hoffnung, bald wieder zu Hause zu sein, ist schon seit langer Zeit aufgegeben, und vor uns liegt die Gewißheit eines langen, dunkeln Winters in dieser Umgebung." Wie war das gekommen?

Am Abend des 17. waren sie bei herrlichstem Wetter weitergefahren. Das Meer lag klar und ruhig vor ihnen, glatt, so weit das Auge reichte. Es war so stille, daß man das Wasser von den Rudern rieseln hörte, als führe man in einer Gondel auf dem Canale grande in Venedig. Aber das Barometer war rasch gefallen. Im Südwesten hatte sich wieder ein vorspringendes Kap gezeigt. Darauf hielten sie zu. Nach einigen Stunden wird in der Ferne vor ihnen ein Streifen Treibeis sichtbar. Je näher sie kommen, um so weiter dehnt sich die Eisfläche. Sie gehen an Land und klettern auf einen Hügel Der Ausblick ist entmutigend: im Südwesten zeigt sich ein Gewirr kleiner Inseln und Felsen, zwischen denen sich das Treibeis so fest gepackt hat, daß weiteres Vordringen zu Wasser unmöglich ist. An der Küste entlang ist die Bahn noch eine Strecke weit frei. Sie segeln weiter. Plötzlich erhält Nansens Kajak von unten her einen heftigen Stoß. Ist es auf einen schwimmenden Eisblock aufgefahren? Johansen folgt in Nansens Kielwasser. Da rauscht ein ungeheures Walroß dicht neben ihm auf. Er rudert rückwärts und greift zur Büchse. Das Tier taucht unter, kommt aber auf der andern Seite gleich wieder hoch. Johansen rettet sich auf die nächste Eisscholle und wartet, um in Ruhe und sicher zu Schuß zu kommen. Das Walroß wendet sich jetzt gegen Nansen. Auch er will sich auf den nächsten Eisrand hinaufschwingen, das Eis bricht, das Kajak treibt ab, und Nansen hat alle Mühe, das Gleichgewicht zu halten. Nachher ist er in Sicherheit. Die Pause ist gerade recht, es ist Essenszeit, und während das Tier noch immer um die Eisscholle umherkreuzt, verzehren die beiden Männer ihr Mittagsmahl. Endlich ist das Walroß verschwunden. Die Fahrt geht weiter, aber der Wind kommt aus Südwest, treibt das Eis auf die Boote zu. Es bleibt nichts übrig als den festen Eisrand aufzusuchen und zu warten. Das Eis schiebt sich immer dichter zusammen, von offnem Meer ist nirgends mehr etwas zu sehen. Mit den kurzen Schlitten über dieses frisch aufgewühlte Eis zu kommen ist ausgeschlossen. Dabei schneit es in dicken, nassen Flocken. Also warten, nichts als untätig warten! Die beiden Männer liegen im Zelt, schlafen und brüten verstimmt vor sich hin. Ein Tag vergeht, auch der nächste, die Lage ist unverändert. Was soll daraus werden? Weder Seehunde noch Walrosse sind hier im festen Packeis zu finden. Am Morgen des 22. betrachtet Nansen mit Sorge den kleinen Fleischvorrat. Da hört er draußen ein Geräusch. Er springt auf und hört ein Schnüffeln an der Zeltwand, schaut durch ein Loch und sieht einen gewaltigen Bären vor sich. Im selben Augenblick sieht dieser auch ihn und drückt sich davon, bleibt dann aber stehen und schaut sich lüstern um. Nansen schiebt die Büchse durch das Loch in der Zeltwand und schießt das Tier gerade in die Brust. Es taumelt, eine zweite Kugel gibt ihm den Rest, es schleppt sich im Todeskampf noch ein Stück weiter, dann bleibt es zwischen kaum erreichbaren Eisklippen liegen. Die Sorge um frisches Fleisch ist beseitigt; der Bär ist ein ungewöhnlich großes Männchen. Aber der Wind bläst unverdrossen aus Südwest. Das Lager muß weiter aufs Ufereis verlegt werden. Da unten ist man seines Lebens nicht sicher. Hier überwintern? Die Küste sieht abscheulich ungastlich aus. Gleichviel! Ein geschützter Zeltplatz findet sich. Da schlägt am 24. der Wind um. Das Eis reißt dicht an der Küste und treibt samt Zelt und Kajaks ab. Über Nacht erhebt sich Sturm. Bis zum Lande zurück sind 10 bis 15 Kilometer. Die Kajaks werden seeklar gemacht und bewähren sich in günstigem Segelwind trefflich. Noch einmal scheint es so, als ginge es in unbegrenzte Freiheit hinaus. Da treibt der Gegenwind sie wieder ans Land zurück. Am 26. August liegen sie fest. An Weiterkommen ist nicht zu denken, der Winter steht vor der Tür. Jetzt bleibt nur eine Sorge: die Winterhütte und die Speisekammer voll Wintervorrat!

Am selben Tag noch begannen Nansen und Johansen zunächst mit dem Bau einer Steinhütte; am nächsten Tag schon wurde sie bezogen; sie war nicht mehr als eine Höhle und so klein, daß der lange Nansen kaum aufrecht darin sitzen konnte und seine Beine durch die Türöffnung strecken mußte. Aber einen Monat tat sie gute Dienste, und zu verhungern brauchte man hier nicht. Gleich am ersten Tag hatte Nansen auf einem Spaziergang eine Bärin getroffen. Er und Johansen legten sich hinter den Kajaks auf Lauer und ließen das Tier herantrotten. Als es ganz nahe war und die fremden Fußspuren im Schnee beschnüffelte, schoß ihm Johansen eine Kugel hinter die Schulterblätter. Die Bärin brüllte auf und versuchte zu entlaufen, aber die Kugel hatte das Rückgrat zerschmettert, das Hinterteil war gelähmt. Das verwundete Tier setzte sich nieder und biß und schlug seine lahmen Hinterpfoten, daß sie bluteten. Eine zweite Kugel machte seinem Leben ein Ende. Drei Tage später wurde wieder eine Bärin nebst einem Jungen erbeutet. Und von Walrossen wimmelte es hier so, daß Nansen in aller Ruhe das Leben dieser vorsintflutlichen Ungeheuer studieren konnte, denn sie fürchteten sich weder vor den Menschen noch vor den Bären.

Bär und Walroß bildeten den eigentlichen Wintervorrat, auf den die beiden Männer angewiesen waren, nachdem sie sich mit dem Gedanken hatten abfinden müssen, noch eine Polarnacht hier durchzuhalten. Es war also keine Zeit zu verlieren, denn mit der Dunkelheit verschwanden die Bären, und wenn sich das Eis zu fester Winterdecke zusammenschloß, war es mit der Jagd auf Walrosse vorbei. Nicht nur das Fleisch dieser Tiere war unentbehrlich, auch Fell und Haut, um eine warme Unterlage und ein Dach über dem Kopf zu haben, denn außer einem einzigen Fichtenstamm war von Treibholz an dieser Küste nichts zu finden. Am 28. August machten sich Nansen und Johansen zur Jagd fertig. Als sie sich gerade aufs Eis begeben wollten, kamen ihnen zwei Bären entgegen. Ein Schuß brachte die Alte zur Strecke; sie brüllte, biß in die Wunde, taumelte ein paar Schritte weiter und stürzte hin. Das Junge nahm erst Reißaus den Abhang hinauf; da aber die Mutter nicht nachkam, kehrte es um, legte sich ihr zur Seite und sah die herankommenden Jäger herausfordernd an. Ein Schrotschuß machte auch seinem Leben ein Ende. Die kostbare Beute wurde abgehäutet und zunächst auf dem Abhang liegengelassen; die Felle wurden über das Fleisch gebreitet, damit die Möwen nicht daran konnten. Der folgende Tag sollte nun einen tüchtigen Vorrat an Walroßfleisch bringen. Auf dem Eis war keines zu sehen, aber draußen im offenen Wasser waren ihrer genug. Im Einzelkajak ihnen zu Leibe zu gehen war zu gefährlich; die Boote wurden also wieder zusammengebunden, und mit Büchsen und Harpunen ausgerüstet fuhr man los. Bald war ein gewaltiger Bulle in Schußweite. Nansens Kugel traf ihn in den Kopf; er schien tot. Als aber die Kajaks herankamen, wälzte er sich im Wasser umher und schlug rasend um sich. Also zurück! Aber schon war es zu spät — das Tier kam unter die Kajaks und stieß mehrere Male heftig nach oben. Dann verschwand es, tauchte aber bald wieder auf, und noch drei, viermal, obgleich es jedesmal mehrere Schüsse in den Kopf erhielt und ihm das Blut in Strömen aus Maul und Nase floß. In der Aufregung dieses gefährlichen Kampfes ging Nansens Büchse unversehens los und bohrte ein Loch in Verdeck und Seite seines Kajaks, glücklicherweise oberhalb der Wasserlinie. Endlich wandte sich das Walroß so, daß ihm der tödliche Schuß hinter dem Ohr beigebracht werden konnte. Nun lag es still, aber als Nansen heranruderte, um ihm die Harpune in den Leib zu stoßen, sank es wie ein Stein unter. Das war ein schwerer Verlust, neun Patronen vergeblich verschossen! Sehr niedergeschlagen kehrten die beiden Jäger ans Land zurück; von der Walroßjagd im Kajak hatten sie genug; solche Fehlschläge durften sich nicht wiederholen. Während sie aber das Fleisch der erlegten Bären zu ihrer Höhle schleppten, tummelten sich auf dem nahen Küsteneis zwei Walrosse herum, bellten und lärmten eine Weile, dann legten sie sich behaglich in der Sonne zurecht und schliefen. Das war willkommener Ersatz! Nansen und Johansen schlichen sich vorsichtig wie Indianer heran, der eine in der Spur des andern; wandte eines der Tiere den Kopf, dann standen sie unbeweglich. So kamen sie dicht heran. Jeder nahm eines aufs Korn — vier Schüsse, und die beiden Fleischkolosse lagen regungslos auf der Eisfläche. Nun war der Jubel groß. Aber bis

Walroß- und Bärenjagd

zum Lande war eine tüchtige Strecke; es blieb nichts übrig als die Beute hier an Ort und Stelle zu zerlegen und stückweise auf den Schlitten in Sicherheit zu bringen. Die Schlitten waren bald zur Stelle. Nansen hatte auch gleich die Kajaks mitgebracht, und diese Vorsicht rettete ihm und Johansen das Leben. Denn während sie eifrig beim Abhäuten waren, begann es heftig aus Südost zu blasen, der Wind wurde zum Sturm, und als Nansen zufällig landwärts über das Eis sah, merkte er mit Schrecken, daß sie samt dem Eis ins Treiben geraten waren. Zwischen ihnen und dem Strand stand schwere See, der Sturm trieb den Wasserstaub über die schäumenden Wogen — mit den Kajaks dagegen aufzukommen schien schon fast nicht mehr möglich. Und zum zweitenmal ging die sichere Beute verloren! Schnell noch einige Stücke Fleisch heruntergerissen — die halbe Haut des einen Tiers loszuschneiden gelingt nicht — ein Viertel muß genügen — alles hinein in die Kajaks und nun so schnell wie möglich über die treibenden Schollen auf festes Eis zu. Eine Wolke von Möwen sammelt sich auf den verlassenen Kadavern, ihr Zanken und Kreischen klingt wie Hohngelächter. Die Schlitten kommen nicht weiter, überall zeigen sich Risse im Eis, der Boden weicht unter den Füßen. Die Kajaks werden ins Wasser gelassen, aber das Doppelfahrzeug kommt nicht gegen die Wellen an. Jeder muß für sich rudern — die Walroßhaut mit dem Speck ist zu groß und schwer, sie muß geopfert werden. Sofort fallen die Möwen auch über sie her. Aber ehe die Boote auseinandergezerrt sind, drängt sich das Eis zusammen, die Schollen kreisen im Wirbel. Die Kajaks werden wieder aufs Eis hinaufgerissen und auf den Schlitten weitergeschoben, sobald sich eine neue Gasse öffnet, wieder ins Wasser gelassen, und so geht es unter unsäglichen Anstrengungen stundenlang, bis endlich die Bahn frei ist. Gegen den Sturm zu rudern war eine fast übermenschliche Aufgabe. Aus Furcht, das Ruder zu verlieren, ruderte Johansen mit den bloßen Händen. Langsam, langsam kam die Küste näher; endlich waren sie an Land und konnten verschnaufen. Erschöpft und durchnäßt löschten sie ihren brennenden Durst mit kleinen Eisstückchen. Dann ging's in ruhigem Fahrwasser dicht am Küsteneis entlang zum Lagerplatz, von dem sie weit abgetrieben waren. Ein tüchtiger Topf mit Fleisch wurde aufs Feuer gesetzt, dann hinein in den Schlafsack! Die Tagesbeute war zwar dahin, aber das Leben gerettet. Sie hatten noch nicht lange geschlafen, als ein klagender Ton sie weckte. Noch im Halbschlaf hörte Nansen ein seltsames dumpfes Grunzen, griff zur Büchse und kroch hinaus. Drei Bären waren eben an der Höhle vorbeigekommen und stapften am Strand hin. Zwei Schüsse brachten das größte Tier zur Strecke, die zwei andern retteten sich auf eine Eisscholle, purzelten ins Wasser, kletterten immer wieder hinauf, schrien kläglich nach ihrer Mutter und trieben ins Meer hinaus. Nansen und Johansen eilten zurück, um die Kajaks zu holen und die Tiere zu verfolgen. Eins der Kajaks war halb ins Wasser, das andere hoch hinauf zwischen die Steine geworfen; das so schwer erbeutete Walroßfleisch lag zerrissen und verstreut umher, jedes bißchen Fett und Speck daran war weggefressen — die drei Bären hatten sich daran gütlich getan, während die Eigentümer in ihrer Höhle schliefen. Den einen zwar hatte die Strafe ereilt, auf die beiden andern aber mußte erst Jagd gemacht werden. Die Kajaks wurden ins Wasser geschoben — eine neue, diesmal aber erfreuliche Überraschung: dicht am Eisrand schwamm ein totes Walroß, dasselbe, das so viel Patronen gekostet hatte und untergesunken war! Schnell wurde es fest vertaut, dann begann die Jagd hinter den entkommenen Bären her. In weitem Bogen ruderten Nansen und Johansen um sie herum, trieben sie von Scholle zu Scholle an Land und erlegten sie in nächster Nähe ihrer Höhle. Drei Bären und ein Walroß mit einem Schlag — das war reicher Lohn für die zweitägige Schinderei, und als am nächsten Morgen das Walroß abgehäutet wurde, schwamm noch ein zweites herbei, das aus nächster Nähe beobachten wollte, was die beiden fremden Geschöpfe mit seinem Kameraden machten. Es mußte für seine Neugier büßen und wanderte samt Fleisch, Speck und Haut in die sich schon tüchtig füllende Speisekammer.

In Nacht und Eis

Am 7. September 1895 begannen Nansen und Johansen mit dem Bau ihrer Winterhütte; am 28. waren sie damit fertig. An einem steilen Abhang, wo das Gestein aus dem Gletscher heraustrat, hatten sie ein ebenes Plätzchen gefunden, wo sie sich einen Meter tief in die Erde eingraben konnten; das Loch wurde drei Meter lang und zwei Meter breit. Um den Rand herum führten sie, ebenfalls einen Meter hoch, so etwas wie „Mauern" auf. Die Steine suchten sie auf dem Geröllabhang; eine abgebrochene Schlittenkufe diente als Axt, um die Erde aufzubrechen oder die festgefrorenen Steine auszuheben, das Schulterblatt eines Walrosses, an einen zerbrochenen Schneeschuhstock gebunden, stellte den Spaten vor, ein Walroßzahn die Hacke. Hauptwerkzeug waren die Hände. Der gefundene Treibholzstamm wurde als Firstbalken quer über das Gebäude gelegt und nun die Grube mit Walroßfellen überdeckt. Die Herstellung und Befestigung dieses Daches machte unendliche Schwierigkeiten, denn die dicken, schweren Felle waren steinhart gefroren und mußten erst im Meerwasser aufgetaut werden, ehe sie sich einigermaßen biegen ließen, und über Nacht wurde das mühsame Werk des Tages mehrmals wieder zerstört, denn die nahe Freiluftspeisekammer mit den großen Fleischvorräten lockte fast täglich Bären an, die sich auch für den Wohnungsbau lebhaft interessierten, dabei aber alles drüber und drunter warfen. Fest wurde das Dach erst, als strenge Kälte es zu einer harten Masse versteinerte mit einer dicken Schneeschicht obenauf. Der bisher benutzten „Höhle" gegenüber erschien dieses Bauwerk gleichwohl wie ein Palast; selbst der lange Nansen konnte darin liegen und stehen, ohne überall mit dem Schädel anzustoßen. Allerdings hatte der Fußboden die wunderbare Eigenschaft, sich langsam zu heben, denn was an Niederschlägen sich ansammelte, gefror, und dahinein kristallisierte sich auch alles, was an Abfall und Kehricht nicht hinausgeschafft werden konnte; das weihnachtliche Großreinemachen beschränkte sich im wesentlichen darauf, dies gefrorene Fußbodenmosaik aufzubrechen und das gehobene Niveau wieder entsprechend tiefer zu legen. Auch der Eintritt in diesen Winterpalast war etwas beschwerlich: man mußte auf allen Vieren durch ein gangähnliches Loch in dieses Verlies hinunterkriechen. Ein Bärenfell über dem Loch diente als Haustür, ein zweites Fell schloß den Korridor vom Wohnraum ab. Aus diesem Schacht herauszusteigen war aber oft noch schwieriger; wenn der Wind den Schnee im Lauf der Nacht zu einer festen Wehe zusammengewirbelt hatte, mußten Bärenfell und Schneeauflage wie ein schwerer Eisendeckel mit dem Rücken hochgestemmt werden; in dem engen Raum waren Nansens Beine dafür zu lang, und Johansen mußte dann den Portier spielen. Auch ein Fenster hatten die Baumeister nicht vergessen. Wie behaglich mußte das sein, nach schwerem Bären- oder Walroßmenu sich beim warmen Schein der Tranlampe auf die Bärenhaut zu strecken und, solange es noch Tag war, die schöne Aussicht auf die Eislandschaft zu genießen, in der Winternacht dem Zauber des Nordlichts sich hinzugeben oder gar die erste Morgenröte der wiederkehrenden Sonne zu begrüßen. Auf dieses bescheidene Wintervergnügen mußten die beiden Einsiedler sofort verzichten. Sie hatten das Gemäuer zwar mit Erde und Moos nach Kräften abgedichtet, aber dennoch pfiff der Wind durch die Spalten, das Fenster mußte sofort zugemauert werden. Über den Gefrierpunkt stieg das Thermometer auch in unmittelbarer Nähe der Tranlampen nicht. An den Wänden und unter dem „Kopfkissen" waren 5 bis 8 Grad Kälte das Minimum. Zwei Steinpritschen waren mühsam hergerichtet, und jeder freute sich, endlich wieder sein eigenes Bett zu haben; der Schlafsack war aufgetrennt, die Decken waren verteilt. Nach der ersten Nacht aber wurden sie wieder zusammengenäht, und Nansen und Johansen krochen reumütig in den gemeinschaftlichen Schlafsack zurück, denn einzeln hatten sie vor Kälte gezittert und kein Auge zugetan. In einer Ecke der Hütte war der Herd mit einem Rauchfang aus Bärenhaut. Da aber der Wind den Rauch in die Hütte niederdrückte, mußte auch ein Schornstein aufgesetzt werden, zu dessen Bau kein anderes Material zur Hand war als Eis, Schnee, Bärenknochen und Walroßfleisch. Schmorte das Essen über der Tranlampe, so tropfte es vom

Schornstein in den Herd hinunter, der Schlot erweiterte sich, und man kam aus Reparaturen und wiederholtem Neubau nicht heraus. Überhaupt war diese Hütte nicht eben ein Kurort für Rheumatiker; wenn es drinnen einigermaßen warm wurde, dann lösten sich die Eiskristalle an den Mauern auf, und glitzernde Bächlein rannen an den romantisch unregelmäßigen Felswänden entlang, um auf dem Boden wieder zu erstarren; sogar die Dachbalken bogen sich, die Walroßhäute begannen zu erweichen, klafften auseinander, es regnete Schnee, und man saß wie unter einer Traufe. Im Februar lag Nansen zwei Wochen lang mit rheumatischen Schmerzen fest, und Johansen war Mädchen für alles. Sonst wechselten sie beim Kochen ab, jeder hatte seine Woche. Der Küchenzettel machte wenig Kopfzerbrechen: Bärenbouillon, und so heiß wie möglich und gewaltige Quantitäten, dazu gekochtes oder gebratenes Bären- oder Walroßfleisch; als Nachspeise etwas, das den lüsternmachenden Namen „Gebäck" führte: die Speckgrieben aus der Tranlampe; heiß und knusperig schmeckten sie deliziös; hätte man noch Zucker darauf gehabt — der Genuß war nicht auszudenken! Und diesen Küchenzettel wurden die beiden Hüttenbewohner auf die Dauer nicht etwa leid, sie kamen sich wie Schlemmer vor und gediehen dabei vortrefflich. Einiges hätte ja etwas komfortabler sein können in dieser Winterfrische; besonders ließ die Sauberkeit manches zu wünschen übrig. Dafür war der Schmutz um so dicker. Wer Speck und Tran anfaßt, besudelt sich, und die stete Mischung von Tran und Ruß der Lampen hüllte alsbald das Innere der Hütte und ihre Bewohner in ein Rembrandtsches Dunkel, das überhaupt nicht wieder wegzukriegen war. Gegen diesen Firnis war nur mit dem Schabmesser anzukommen. Warmes Waschwasser war ein längst überwundener Standpunkt; man mußte froh sein, wenn die Tranlampe den Kochtopf am Brodeln hielt. Auch hätte nur ein Katarakt von heißem Wasser diese Patina beseitigen können, die sich wie eine schwarze Maske auf das Gesicht legte, wie schwarze Glacés sich um die Hände schmiegte. Die Vorstellung von Seife erschien wie ein lichter Traum aus den Tagen einer märchenhaft fernen Zivilisation. Solange man noch Bären erlegte, wusch man die Hände in deren frischem Blut; dann wurden sie leuchtend weiß und rein. Der letzte Bär war am 21. Oktober geschossen worden; am 8. März endlich erschien der erste des neuen Jahres, als ersehnter Frühlingsbote. Reste zerrissener Zeltbahnen dienten als Hand- und Wischtücher; als sie verbraucht waren, suchte man Moos, das unter dem Schnee mit der Axt losgehauen, über dem Herd aufgetaut und getrocknet wurde. Die Kleider starrten vor Fett und klebten so fest an der Haut, daß diese sprang, wenn jene gezerrt wurden. Sinnvolle Versuche, die Anzüge auszukochen, erwiesen sich als Illusion. Reservekleider oder Wäsche zum Wechseln fehlten gänzlich; nur die Windanzüge waren da, aber sie waren schon schadhaft genug und mußten für den Rückmarsch sorgfältig aufgehoben und ausgebessert werden. Immerhin wechselte man zum Weihnachtsfest das Hemd, indem man das Unterkleid als Oberhemd anlegte und umgekehrt. Schon das war ein Wagestück: ein nochmaliger Wechsel war ausgeschlossen. Haare und Bart wuchsen wild und waren schwarz wie Rabenfedern.

So hielten die beiden Männer in ihrem Steinverlies eine Art Winterschlaf, denn schlafen war ihre Hauptbeschäftigung; sie brachten es bis auf 20 Stunden am Tag. An Unterhaltung oder geistige Arbeit war nicht zu denken. In den zwei Jahren ihres Zusammenseins hatten sie sich so gründlich ausgesprochen, daß sie sich kaum noch etwas Neues zu sagen hatten. Lektüre fehlte ganz; die Erinnerung an eine Novelle von Paul Heyse, die Johansen auf der „Fram" begonnen, aber nicht beendet hatte, wurde ihm durch ihr ungelöstes Rätsel förmlich zur Qual. Nansen hatte gehofft, in der Einsamkeit der Winternacht sein Tagebuch ausarbeiten zu können. Das erwies sich als unmöglich. Mit frostigen Händen war der Bleistift nicht zu führen, und bei jedem Griff wurde das Papier so schmutzig und fleckig, daß die Blätter, die damals beschrieben wurden, alsbald vermoderten Papyrusurkunden glichen und in dem Braun und Schwarz der Schmutzdecke die Schriftzeichen zum Teil gar nicht mehr zu entziffern waren. Auch war das trübe Licht der Tranlampen — Blechschalen mit zerquetschtem Speck, Verbandfetzen aus der Apotheke als Docht — auf die Dauer Gift für die Augen, und schließlich reichte der Speck nicht einmal zu, so daß sparsam damit umgegangen werden mußte. Die tägliche Hausarbeit war primitiver fast als bei wilden Völkern. Der Koch lag vorn im Schlafsack; er mußte die Lampen in Ordnung und Brand halten, Streichhölzer mußten aufs äußerste geschont werden. Seine Hauptaufgabe war, rechtzeitig einen Bärenschinken oder ein Bruststück, manchmal einen ganzen kleinen Bären, hereinzuholen, an den Herd zu legen, damit er auftaute, das Fleisch zu zerteilen, zu kochen oder zu braten. Wer frei vom Küchendienst war, sorgte für Wasser, und zwar war Salzwasser am meisten begehrt, aber am seltensten; der Salzvorrat war längst verbraucht, und wochenlang fehlte dieses Gewürz gänzlich; das im Fleisch befindliche Salz reichte aber vollkommen aus. Draußen vor der Hütte lagen und standen die Fleischvorräte, groteske Eisblöcke, gefroren und überschneit, aber glänzend konserviert; in der Hütte nahmen die aufgeweichten Stücke alsbald die Farbe ihrer Umgebung an. Aber das fiel nicht weiter mehr auf, solcher Kleinlichkeiten hatte man sich längst entwöhnt. Die einzigen lästigen Zaungäste bei den Vorräten waren die Füchse, Blau- und Silberfüchse, deren Zudringlichkeit man sich kaum erwehren konnte. Sie hatten sich wie Haustiere an die Hütte attachiert, lärmten unaufhörlich auf dem Dach, wie Ratten in der Bodenkammer, beknabberten die Walroßhäute, fraßen den Schornstein an, soweit er aus Walroßfleisch gebaut war, guckten neugierig durch den Kamin herunter und heulten wütend auf, wenn sie mit Steinwürfen vertrieben wurden; sie blieben sogar furchtlos sitzen, als wenn sie ihr Recht verteidigten und die zweibeinigen Tiere, die da ab und zu aus der Erde heraufstiegen, als lästige Ausländer zum Teufel wünschten. Schießen durfte man sie nicht, dazu waren die Patronen zu kostbar; ein Fuchsbraten war für die beiden tüchtigen Esser kaum ein warmes Frühstück. An den Vorräten mochte dieses Ungeziefer sich gütlich tun, darauf kam es nicht an; aber gefährlich war es durch seine Dieberei. Die Tiere schleppten alles fort, was sie nur irgend transportieren konnten: Stahldraht, Harpunen, Leinen, sogar Gesteinproben, und für das Thermometer bekundeten sie ein leidenschaftliches Interesse. Zweimal mausten sie es, nach langem Suchen fand es sich wieder. Das drittemal aber blieb es verschwunden, frisch gefallener Schnee hatte jede Verfolgung von Spuren unmöglich gemacht, und Nansen behielt nur noch ein Minimumthermometer, das an einem Schlitten festgemacht werden mußte, um es zu sichern. Johansens Versuch, eine Fuchsfalle zu bauen, mißlang gänzlich; die schlauen Tiere erwischten den Köder und nahmen, wie zum Hohn, sogar die Stellhölzer mit. Erst als die Vorbereitung für den Rückmarsch begann, mußten einige ihr Fell hergeben; die kostbare Pelzware wurde in Streifen geschnitten und damit die Öffnung der Tranbeutel zugebunden, die mit auf die Reise gingen.

Ausflüge ins Freie waren ziemlich gefürchtet. Unter der steilen Klippe wehte fast immer scharfer Wind und peitschte den Schnee vor sich hin, so daß alles in Nebel gehüllt war. Oft steckte man tagelang kaum die Nase an die Luft, in den abgetragenen, durchfetteten Kleidern fror man entsetzlich. Nur bei Windstille und klarer Sternennacht wagte man sich auf einige Zeit ins Freie und bewunderte das märchenhafte Schauspiel des Nordlichts am Himmelsgewölbe. Das prächtigste dieser Schauspiele wurde den beiden einsamen Wanderern am ersten Weihnachtstag beschert. Erst zeigte sich am südlichsten Himmel ein blaßgelber Bogen, dessen oberer Rand immer heller wurde. Dann schoß auf einmal das Licht an dem Bogen entlang nach Westen hin; überall züngelten Strahlen zum Zenit empor, und plötzlich stand der ganze Südhimmel vom Bogen aufwärts bis zum Zenit in Flammen. Die Strahlen schossen hin und her, flackerten und loderten, drehten sich wie im Wirbelwind, bald rot und rötlich-violett, bald gelb, grün oder blendend weiß. Höher und höher stieg das Licht, auch nördlich vom Zenit dehnte es sich aus und bildete eine Strahlenkrone; im nächsten Augenblick war es wie eine einzige Feuermasse, ein Wirbel von roten, gelben und grünen Flammen, der das Auge blendete. Dann breitete es sich über den nördlichen Himmel aus, aber in minderem Glanze. Der Bogen im Süden verschwand, einige Male loderte es im Norden noch hell auf, dann verblaßte es langsam, und am schwarzen Himmel glitzerten wieder wie Myriaden Lichttropfen die Sterne.

Ein Hund bellt

Am 17. Februar lugte endlich wieder die Sonne über den Horizont der unendlichen Eisfläche, am 8. März kam der erste Bärenbesuch, Mitte März stand die Sonne in vollem Glanz über dem Gestade der Vergessenheit, wo Nansen und Johansen wie zwei wilde Tiere den barbarischen Winter über gehaust hatten. Nun war es Frühling, und die Augen wanderten täglich nach Süden hin, dort wo die Straße zur Heimat führen mußte. Die Vorbereitung zur Reise dauerte noch zwei Monate. Kleider wurden genäht und ausgebessert, Bärenfleisch getrocknet, ein Schlafsack aus Bärenfell, Schuhe und Handschuhe aus Bären- und Fuchsfell zurechtgeschneidert. Aus den Proviantsäcken hatte man Fäden gezupft, die waren das Nähgarn. Die Restvorräte des Proviants, die sie noch von der „Fram" her besaßen, waren fast alle verschimmelt; das wenige übrige Maismehl wurde mit Fett durchtränkt, um es nahrhafter zu machen. Speck und Fleisch war genügend da, mehr als sie mitschleppen konnten; ein Beutel mit „Gebäck" fehlte auch nicht. Der Kochapparat war in Ordnung, dazu drei Eimer Tran. Für alles weitere mußte der Zufall sorgen. Das Zelt existierte nicht mehr, nur einige Segelbahnen waren noch brauchbar; mit den aufgestellten Schlitten und Kajaks mußte also ein notdürftiges Zelt gebaut werden. So gut es ging wurde noch eine Generalreinigung des Körpers vorgenommen, der durch die lange Ruhe ziemlich steif geworden war. Dann wurden aus dem Dach der Hütte die Ruder und Schneeschuhe herausgenommen, und die Reise ging los.

Das war am 19. Mai 1896. Aufs neue begann nun der Kampf ums Leben auf dem Treibeis, im Schneesturm, von einer Scholle zur andern, von einer Insel zur nächsten. Unendlich schien dieses unbekannte Inselgewirr zu sein, und an welchen Küsten man langsam, nur gar zu langsam, vorüberkroch, war unklarer denn je. Nur eines war bestimmt: die Richtung nach Süden, die doch endlich aus diesem Eislabyrinth hinausführen mußte. Aber die Geduld der beiden Wanderer wurde auf eine harte Probe gestellt: das Eis schien sie mit allen Tücken unbarmherzig festhalten zu wollen. Sie waren kaum einige Tage auf dem Marsch, als die Frühlingsschneestürme hereinbrachen, das Eis in Schlamm verwandelten und jeder Versuch, über diese trügerische Fläche fortzukommen, sicheren Tod verhieß. Am 24. Mai hing es an einem Haar, und Nansen wäre mit Kajak und Schlitten gesunken; im letzten Augenblick, als ihm das Wasser schon bis zur Brust ging, hörte Johansen sein Rufen und konnte den Kameraden retten. Bis zum 2. Juni lagen sie fast an derselben Stelle fest. Am nächsten Tag ging es endlich weiter; der Wind blies kräftig aus Norden, sie setzten die Segel auf die Schlitten und flogen über das Eis. Am 4. fanden sie offenes Wasser und konnten zum erstenmal wieder die Kajaks gebrauchen. Es war ein unbeschreibliches Gefühl der Erleichterung, endlich wieder einmal die Ruder eintauchen zu können und Leben um sich zu sehen, Möwen, Krabbentaucher und Alke, die in Scharen das Wasser bevölkerten. Bis zum 12. ging es nun, abwechselnd auf den Segelschlitten und in den Kajaks, rüstig vorwärts. Und dann kam eine Woche, so reich an unerhörten Schicksalsfügungen, daß die gesamte Geschichte der Nordpolfahrer nur wenig Ähnliches aufzuweisen hat.

Das erste dieser Ereignisse mag Nansen selbst erzählen:

„Am Freitag, 12. Juni, waren wir um 4 Uhr morgens mit den Segeln auf den Schlitten aufgebrochen. Es hatte gefroren, der Schnee war etwas fester, und der Wind über Nacht versprach ein gutes Tagewerk. Am Abend vorher hatte es sich so aufgeklärt, daß wir endlich deutlich das Land weithin sehen konnten. Die Inseln im Osten waren verschwunden, und im Westen zeigte das Land eine breite Meeresstraße; die nordwärts davon liegende große Insel war kaum noch sichtbar. Leider ließ der Wind bald nach, das Eis wurde immer holpriger — wir gerieten offenbar schon wieder auf Treibeis und kamen schlecht vorwärts. An der Luft aber sahen wir, daß im Süden offenes Wasser sein mußte, und als wir ein Stück weiter waren, hörten wir zu unserer nicht geringen Freude die Brandung rauschen, und als wir um 6 Uhr rasteten und ich auf einen Eishügel kletterte, um eine Längenbestimmung vorzunehmen, war das Wasser schon ganz nahe. Es dehnte sich nach einem Vorgebirge im Südwesten aus. Also geradeswegs darauf los, und nach kurzer Zeit lag die blaue Wasserfläche vor unsern Füßen. Schnell banden wir die Kajaks zusammen, hißten das Segel, und den ganzen Tag ging es in prächtiger Fahrt weiter. Oft war der Wind so stark, daß die Wellen über die Kajaks spülten; aber dieser kleinen Spritzer achteten wir nicht. Wir erreichten das Vorgebirge, Kap Barents, und nach Süden hin dehnte sich bis zum Horizont offenes Meer. Das Land bog nach Westen aus, und der Rand des ununterbrochenen Ufereises erstreckte sich in derselben Richtung. Endlich also waren wir im Süden dieses Insellabyrinths, das uns so lange festgehalten hatte!

Frohen Mutes wandten auch wir uns nach Westen und liefen am Abend den Eisrand an, um die Beine ein wenig zu strecken, vom langen Sitzen waren sie steif geworden; auch dachten wir von irgendeinem Punkte am Land aus weitere Schau nach Westen zu haben. Wie aber hier am Eis die kostbaren Fahrzeuge festmachen? ‚Nehmen wir einen der Segelriemen‘, riet Johansen, der schon auf dem Eise stand. — ‚Wird er stark genug sein?‘ — ‚Gewiß,‘ erwiderte er, ‚ich habe ihn ja während der ganzen Zeit für mein Schlittensegel gebraucht.‘ — ‚Nun, die leichten Kajaks zu halten, dazu gehört ja nicht viel‘, antwortete ich und befestigte sie mit dem Riemen, das aus einem Streifen roher Walroßhaut bestand, an dem in das Eis gestoßenen Schneeschuhstock. Wir spazierten eine Weile auf dem Eis auf und ab; der Wind war abgeflaut und nach Westen herumgegangen. Viel weiter zu kommen, war für heute zweifelhaft geworden. Wir erklommen daher einen nahen Hügel, um das genauer festzustellen. Wie wir da oben standen, schrie Johansen plötzlich: ‚Himmel! Da treiben die Kajaks!‘ Wir wie der Sturmwind hinunter — aber die Kajaks waren schon eine ganze Strecke weit und trieben rasch davon; der Riemen war abgerissen! ‚Hier meine Uhr!‘ rief ich Johansen zu und warf sofort einige Kleidungsstücke ab, um besser schwimmen zu können; mich ganz zu entkleiden wagte ich nicht, ich hätte dann leicht einen Krampf bekommen können. Im nächsten Augenblick sprang ich ins Wasser; aber der Wind wehte vom Eise ab, und die leichten Kajaks mit der hohen Takelung boten ihm guten Halt; sie waren schon bedenklich weit draußen. Das Wasser war eiskalt, und in den Kleidern schwimmen war eine verteufelt schwere Arbeit. Die Kajaks aber trieben weiter und weiter, oft schneller als ich schwimmen konnte. War es überhaupt noch möglich, sie einzuholen? Aber mit ihnen trieb unsere ganze Lebenshoffnung davon. Alles, was wir besaßen, war an Bord, wir hatten nicht einmal ein Messer bei uns. Ob ich einen Krampf bekam und ertrank oder ob ich ohne die Kajaks zurückkehrte, war ein und dasselbe. Ich arbeitete mich mit der Kraft der Verzweiflung vorwärts. Als ich müde wurde, schwamm ich auf dem Rücken und sah Johansen am Eisrand hin- und herlaufen; nachher gestand er, es seien die furchtbarsten Augenblicke gewesen, die er je durchlebte. Was sollte er tun? Daß ich die Kajaks erreichte, glaubte er nicht, und was war damit geholfen, wenn auch er sich ins Wasser stürzte? Als ich mich wieder umdrehte, schienen mir die Fahrzeuge schon näher; mein Mut wuchs, und ich verdoppelte meine Anstrengungen: Aber ich fühlte schon, daß meine Glieder steif wurden. Noch eine Weile, und es war aus! Immer schwächer wurden meine Bewegungen, aber die Entfernung auch immer kürzer. Vielleicht erreichte ich sie doch noch? Vorwärts mit letzter Kraft! Endlich konnte ich die Hand nach dem Schneeschuh ausstrecken, der quer über den Hecks lag; ich ergriff ihn, zog mich bis an den Rand des Kajaks und hielt mich schon für gerettet. Aber mein Körper war von der Kälte so steif, daß es mir unmöglich war, in das Boot zu klettern. Sollte es trotz allem zu spät sein? So weit gekommen und doch keine Rettung? Ich quälte mich wie wahnsinnig, und endlich gelang es mir, ein Bein auf den Rand des Schlittens zu bringen, der an Deck lag; mehr und mehr arbeitete ich mich hinauf. Endlich saß ich, schon völlig gefühllos, oben. Und in diesem Zustand die zusammengebundenen Kajaks rudern? Aber ehe ich sie voneinander los hatte, war ich erfroren. Nur stärkstes Rudern konnte mein Blut wieder in Bewegung bringen. Ich setzte die Ruder ein gegen den Wind und hatte in meinem dünnen, nassen, wollenen Hemd die Empfindung, als wenn er durch mich hindurchwehe. Ich zitterte, die Zähne klapperten. Aber ich riß mich aus

Ein Hund bellt

der beginnenden Erstarrung auf. Schlag auf Schlag — langsam näherte ich mich der Eiskante. Was trieb denn da vor meinem Bug? Zwei Alke. Zu essen hatten wir so wenig, daß mich der Gedanke, gleich das Abendessen noch mitzubringen, elektrisierte. Ich nahm mein Gewehr und erlegte die beiden Vögel mit einem Schuß. Johansen entsetzte sich darüber, wie er mir später sagte; er glaubte, ein Unglück sei geschehen, ich hätte den Verstand verloren. Endlich erreichte ich den Eisrand. Johansen sprang herbei und half mir hinaus; ich konnte mich kaum mehr auf den Beinen halten. Er riß mir die Kleider herunter und zog mir die wenigen trockenen Sachen an, die wir noch besaßen, dann breitete er den Schlafsack auf dem Eise aus, steckte mich hinein und deckte mich mit dem Segel und was er sonst fassen konnte zu. Eine lange Zeit dauerte es, bis ich nicht mehr zitterte und die Wärme in den Körper zurückkehren fühlte. Während Johansen das Zelt aufbaute und die beiden Alke zum Abendessen zurechtmachte, schlief ich ein; als ich erwachte, war das Essen schon lange fertig und kochte über dem Feuer. Die heiße Suppe und eine ordentliche warme Mahlzeit beseitigten schnell die letzten Nachwehen meiner Schwimmtour."

Nach dieser Heldentat Nansens, die ihn und seinen Kameraden vom sichern Tode errettete, schwammen die zusammengebundenen Kajaks zwei Tage lang an der Küste hin westwärts. Einzeln zu rudern, um schneller vorwärts zu kommen, erschien zu gefährlich, denn es wimmelte derart von Walrossen, wie Nansen und Johansen das vorher nie erlebt hatten. Es roch geradezu nach diesen Tieren, an frischem Fleisch war demnach Überfluß; in langen Herden folgten sie dem Fahrzeug auf weite Strecken, drängten sich rechts und links heran, tauchten auf und unter und brüllten drohend, so daß es geraten war, sich nicht von der Küste zu entfernen, sondern sich in nächster Nähe des Eisfußes zu halten, des Teils des Küsteneises, der oft unter der Oberfläche ins Wasser hinausragt, denn das im Sommer wärmere Oberflächenwasser des Meeres schmilzt die obere Fläche des Eisfußes weg. Ohne diese Vorsicht wäre am Morgen des 15. Juni Nansens Kajak verloren gewesen. Weit und breit war kein Walroß zu sehen; die Fahrzeuge wurden daher losgebunden, und jeder ruderte für sich, Johansen vorauf, Nansen folgte in seiner Spur. Da tauchte plötzlich ein einzelner Walroßbulle auf, verschwand aber, sobald er die Ankommenden erblickte. Johansen wandte sich sofort dem Eisfuß zu, aber ehe Nansen seinem Beispiel folgen konnte, rauschte dicht neben ihm das Ungetüm aus der Tiefe empor, warf sich gegen das Kajak und faßte mit der Vorderfinne weit über das Deck. Nansen warf sich auf die andere Seite, um nicht zu kentern, und schlug mit dem Ruder das Tier auf den Schädel, so heftig er konnte. Noch einmal faßte das Tier, jetzt mit den Hauern, zu, und kippte das Boot so weit über, daß beinahe das Deck unter Wasser kam. Dann ließ es los, richtete sich gerade in die Höhe, drehte sich um und verschwand so rasch wie es gekommen war. Der Überfall dauerte nur wenige Sekunden. ‚Das wäre noch einmal glücklich abgegangen!' wollte Nansen gerade zu Johansen sagen, da fühlte er seine Beine naß werden und hörte unter sich das Wasser sickern. „Ich muß sofort ans Land," rief er Johansen zu, „die Bestie hat mir ein Loch ins Kajak gerissen." Im nächsten Augenblick war er über dem Eisfuß. Das Boot begann schon zu sinken. Johansen eilte herbei, drückte mit der einen Hand das Hinterende des Kajaks so weit nieder, daß das Vorderende, wo sich ein großer Riß zeigte, über der Wasserlinie lag, und ruderte mit der andern beide Fahrzeuge ans Land, während Nansen mit der Flinte bereit stand, um das Walroß zu empfangen, falls es nochmals lästig werden sollte. Der ganze Inhalt des Kajaks war gründlich durchweicht, der Schlafsack triefte; Trocknen und Ausbessern nahm einen Tag in Anspruch. Unterdes sammelten sich die Walrosse wieder in Scharen draußen im Wasser, grunzten und schnaubten, starrten mit großen, runden Augen herüber und kletterten hin und wieder auf den Eisrand hinauf, als ob sie die Fremdlinge auch von hier vertreiben wollten.

Nun aber begab sich das Wunderbarste von allem. Am nächsten Tag hatte Nansen die Kochwoche. Der Topf war mit Walroßfleisch gefüllt und das Feuer angezündet. Während Johansen noch behaglich im Schlafsack steckte, kletterte Nansen auf einen nahen Eishügel, um das Fahrwasser zu beobachten, denn

Ein Hund bellt

gleich nach dem Frühstück wollten sie weiterfahren. Weit nach Süden hin wogte das dunkle Meer. Das hügelige Land war noch ganz mit Schnee bedeckt. Aber Vögel schwärmten schon in der Luft, zwitschernde Schneeammern und krächzende Möwen. Sonst Stille weit und breit. Was aber war das? Bellte da nicht ein Hund? Nansen lauschte mit verhaltenem Atem. Jetzt — nichts mehr — und doch! Da wieder! Hundegebell! Unzweifelhaft! In wenigen Sprüngen war er wieder im Lager, schlang ein paar Bissen hinunter, warf die Flinte über die Schulter und glitt auf den zwei einzigen Schneeschuhen, die ganz geblieben waren, davon, ins Innere des Landes hinein. Ein Hund hatte gebellt — wo Hunde sind, müssen auch Menschen sein! Aber wer? Und wo? War es die englische Expedition, die nach Franz-Joseph-Land aufgebrochen war, oder der norwegische Landsmann Ekroll, von dessen Reiseplänen bei Abfahrt der „Fram" die Rede gewesen? Die Spannung war herzbeklemmend. Jeden Augenblick hielt Nansen an und lauschte. Nur das schrille Geschrei der Alke und Krabbentaucher war zu hören — sonst Totenstille. Die Ferne lag unter Nebel. Am Boden die frische Fährte eines Tieres! Ein Fuchs? Dann müssen die Füchse hier groß sein! Ein Hund? Da wieder Hundegebell — näher — deutlicher. Dann lange Zeit nichts — aber Fährten im Schnee, Hunde- und Fuchsfährten nebeneinander!

Plötzlich ein Ruf! Eine Menschenstimme — die erste fremde seit drei Jahren. Nansen war in fieberhafter Erregung, das Blut schoß ihm zu Kopf, er hörte sein Herz klopfen. Er rannte den nächsten Hügel hinauf und schrie, was die Lungen hergaben. Der Ton der fernen menschlichen Stimme in dieser Eiswüste — das war eine Botschaft des Lebens, das war die Heimat und alles, was sie bedeuten konnte! Dieser eine Gedanke beherrschte Nansen, als er über Schollen und Eisrücken vorwärts stürmte. Wieder ein Ruf! und da, zwischen den Hügeln eine Gestalt, die sich bewegte — eine menschliche Gestalt! Ein Mensch — ein Mensch — der erste in dieser gottverlassenen Eiswüste! Er kommt auf Nansen zu und spricht unterwegs mit seinem Hund, er spricht Englisch und kommt näher; Nansen erkennt Jackson, den er früher einmal gesehen hat. Sie stehen voreinander, ziehen höflich die Hüte und reichen sich die Hände mit einem herzlichen „Wie geht es Ihnen?" Der Nebel war so dick, daß sie, abgeschlossen von der übrigen Welt, wie auf einer Bergspitze sich gegenüberstanden. Der eine ein zivilisierter Europäer in kariertem englischen Anzug und hohen Gummistiefeln, rasiert, frisiert, den Duft parfümierter Seife verbreitend, den die geschärften Sinne des Wilden gleich bemerkten; der andere ein richtiger Wilder wie aus dem Märchen, mit schmierigen Lumpen bekleidet, Haar und Bart lang, zottig und schwarz, die Gesichtszüge unter einer Kruste von Ruß und Tran unkenntlich.

Jackson: „Freue mich riesig, Sie zu sehen."
„Danke, ich gleichfalls."
„Haben Sie ein Schiff hier?"
„Nein, mein Schiff ist nicht hier."
„Zu wieviel Mann sind Sie?"
„Ich habe nur einen Gefährten draußen am Eisrand."

Unter diesen Fragen gingen sie gemeinsam landeinwärts. Nansen war überzeugt, Jackson habe ihn erkannt oder vermute doch, wer dieser Wilde neben ihm sei; dafür sprach die herzliche Begrüßung. Plötzlich blieb Jackson stehen, blickte seinem Nebenmann voll ins Gesicht und fragte hastig:

„Sind Sie etwa Nansen?"
„Ja, der bin ich."
„Wahrhaftig? Es freut mich, Sie zu sehen!" Noch einmal griff er Nansens Hand und schüttelte sie. „Wie kommen Sie hierher?" Nansen berichtete ihm kurz von seiner Reise. „Ich gratuliere Ihnen von ganzem Herzen. Sie haben eine tüchtige Fahrt hinter sich; ich freue mich ungemein, der erste zu sein, der Ihnen zur glücklichen Heimkehr gratulieren kann."

Bald erreichten sie des Engländers Hütte. Jackson schickte sofort seine Leute aus, um Johansen am Eisrand zu suchen. Jetzt endlich wußte Nansen, wo er sich befand, wo ihn die Welle eines märchenhaften Zufalls ans rettende Ufer geworfen hatte. Er war auf Kap Flora, dem äußersten Südzipfel von Franz-Joseph-Land, und hatte von dieser großen, meist unbekannten Inselgruppe eine Menge neuer Eilande entdeckt. Der Engländer hielt sich mit acht Mann schon seit einem Jahr hier auf, um das

Robert Peary

Land zu erforschen; er erwartete ein Schiff aus der Heimat mit neuem Proviant und all den Annehmlichkeiten der Zivilisation, die Nansen in der stattlichen Hütte mit ehrfürchtigem Staunen bewunderte. Mit diesem Schiff, erklärte Jackson, könnte Nansen nebst seinem Gefährten heimwärts reisen; bis dahin hoffe er, sie als seine Gäste zu beherbergen. Es sei noch eine Menge Platz in seiner Hütte. Diese Menge Platz belief sich in Wirklichkeit auf wenige Quadratfuß, aber Raum im Herzen schafft Raum im Hause, und an ersterem fehlte es dem wackern Engländer wahrlich nicht.

Unterdes wartete Johansen in qualvoller Spannung am Eisrand. Immer wieder kletterte er einen Eishügel hinan; an einem Schneeschuhstab hatte er sein einziges Hemd mit den Ärmeln angebunden; auf dem blendenden Weiß ringsum mußte diese schwarze Flagge weithin sichtbar sein. Bewegte sich da nicht ein Punkt? War es Nansen, der wieder zurückkehrte? Aber was da kam, glitt nicht auf Schneeschuhen, und so lang war Nansens Gewehrlauf nicht. Das war ein Fremder, der da herangestapft kam, hin und wieder ausglitt und in den Schnee purzelte; er trug hohe, bis zu den Hüften reichende Stiefel, einen zivilisierten saubern Anzug, und sein Gesicht glänzte in seiner Weiße schon von fern. Nein, das war Nansen nicht! Johansen hißte die norwegische Flagge und eilte dem Ankömmling entgegen. Mützenschwenken, Händedrücken. „English?" fragte der Fremde. — „No", antwortete Johansen und lud vermittels der Zeichensprache den Gast ein, näher zu treten. Mister Child, so hieß der Engländer, betrachtete genau das Lager, die Schlitten und Kajaks, den Kochtopf mit Fleisch und Speck, die übrigen armseligen Gerätschaften — dann wieder den nach Walroß stinkenden Menschen, schüttelte den Kopf und versuchte, dem andern seine Bewunderung auszudrücken. Nach und nach kamen noch mehr Leute aus der Hütte herbei, darunter ein Finne, der aber seine Muttersprache verlernt hatte. Man verständigte sich schließlich auf deutsch, denn einer der Männer, Dr. Koetlitz, war ein Deutscher. Und nun ging's ans Fragen und Erzählen. Eine Feldflasche war zur Stelle, ein Becher Portwein wurde kredenzt, und während Johansen trank, nahmen die andern die Mützen vom Kopf und brachten ein Hoch auf Norwegen aus. „Nie", so schrieb Johansen, „habe ich es so gefühlt, daß ich ein Vaterland habe, wie damals!" Und nun hinunter ins Meer mit Walroßfleisch und Speck! Von den geschossenen Alken, die noch herumlagen, nahmen die Engländer als Andenken die Köpfe mit. Johansen durfte keine Hand rühren; während die Fremden sich der Schlitten und Kajaks annahmen, schob ihm Dr. Koetlitz eine Pfeife in den Mund, und behaglich schmauchend mußte Johansen mit leeren Händen neben der kleinen Karawane einherspazieren. Als sie an der Hütte ankamen, wurde Nansen gerade mit Dreck und Speck photographiert, um sein damaliges Aussehen im Bilde zu verewigen, und dann vollzog sich in wenig Stunden die Umwandlung der beiden Wilden in zivilisierte Europäer.

Am 27. Juli kam das erwartete Schiff, die „Windward"; zehn Tage später waren Nansen und Johansen auf der Heimreise.

Und die „Fram"?

Die englischen Seeleute wußten von der „Fram" nichts; sie hatten London am 9. Juni verlassen, bis dahin waren also Kapitän Sverdrup und die übrigen Kameraden keinesfalls heimgekehrt. Nansen und Johansen hörten das gern; es wäre für die Gattin des einen, für die Mutter des andern ein schwerer Schlag gewesen, wenn die „Fram" zuerst angekommen und Kapitän Sverdrup hätte melden müssen: „Unsere beiden Kameraden haben vor zwei Jahren das Schiff verlassen, um zu Fuß den Nordpol zu erreichen; seitdem sind sie — verschollen!" Seit dem 9. Juni waren allerdings nun wieder fünf Wochen verstrichen. Kam die „Fram" in diesem Jahr überhaupt nach Hause, dann konnte jeden Tag, jede Stunde die Nachricht davon durch die Welt fliegen und den Angehörigen Nansens und Johansens eine furchtbare Enttäuschung bringen. War sie bis Ende August nicht da, dann hielt das Eis sie noch einen vierten Winter umklammert, und die Sorge um das Schicksal der Gefährten hätte den glücklich Geretteten keine Ruhe gelassen. Der Kapitän der „Windward" selbst wurde von der

Spannung, die seine beiden Gäste erfüllte, angesteckt und ließ das Schiff fahren, was der Kessel halten konnte. Noch war ein Treibeisgürtel von über 400 Kilometer zu überwinden. Am 11. August hatte die „Windward" seinen Südrand erreicht, und nun ging es in glatter Fahrt der Heimat zu. Die Ankunft im nördlichsten Hafen, in Vardö, war nun nach Tag und Stunde zu berechnen. Am 12. August tauchte das erste Segelschiff am Horizont auf, am selben Abend schon wurde die Küste Norwegens gesichtet. Nansen zitterte vor Aufregung: was für Nachrichten warteten dort seiner?

Am andern Morgen kamen zwei Lotsen, Vater und Sohn, an Bord, um die „Windward" in den Hafen zu steuern. Sie wunderten sich, als sie auf dem englischen Schiff zwei Mann Norwegisch sprechen hörten. „Wißt ihr, wer das da ist?" fragte der Kapitän. Der alte Lotse blickte Nansen neugierig an, und plötzlich stahl sich ein Schimmer ferner Erinnerung über sein Gesicht. Und als nun der Kapitän den Namen Nansen rief, als er den Alten bei der Schulter faßte und ihn vor Freude, ihm solche Nachricht mitteilen zu können, rüttelte, da trat in das wettergehärtete Gesicht des Lotsen ein Ausdruck von Freude und Staunen, der nicht zu beschreiben war. Er ergriff Nansens Hand und stammelte Glückwunsch über Glückwunsch zur Rückkehr ins Leben; hier in der Heimat habe man die „Fram"- Leute längst verloren gegeben. Von der „Fram" war keinerlei Nachricht gekommen. Ehe noch die Anker fielen, sprangen Nansen und Johansen in ein Boot und eilten zum Telegraphenamt.

„Hier sind einige Telegramme, die ich gern möglichst schnell befördert haben möchte", sagte Nansen am Postschalter und legte ein mächtiges Bündel hin; es waren an 100 Depeschen, einige an die Presse mit über 1000 Worten, 50 allein von den Kameraden auf der „Fram", mit mikroskopischer Schrift auf einem Papier notiert, das Johansen zwei Jahre bei sich geführt hatte; in den Ruhetagen am Kap Flora hatte er diese letzten Nachrichten von den verschollenen Fram-Leuten ins reine geschrieben.

Der Telegraphenbeamte zog die Augenbrauen erstaunt hoch, als er das Paket sah, und blickte die Fremden mißtrauisch an.

Als er aber die Unterschrift des ersten Telegramms las, da sprang er vor Schreck und Freude in die Höhe. Das ganze Beamtenpersonal der Stadt wurde alarmiert; denn solch ein Arbeitspensum ward in Vardö noch nicht gesehen, das nahm ja mehrere Tage und Nächte in Anspruch. Und dann begann der Apparat zu klappern und rief die Nachricht in die Welt hinein, daß zwei Mitglieder der Polarexpedition wohlbehalten heimgekehrt seien, und daß Nansen die „Fram" in nächster Zeit zurückerwarte. Die ersten Telegramme aber gingen an Nansens Frau und Johansens Mutter. Unterdes war die Kunde von Nansens Ankunft schon in die Stadt gedrungen, die Leute sammelten sich vor dem Telegraphenamt, und des Jubels war kein Ende. Als Nansen am 18. August in Hammerfest eintraf, prangte die nördlichste Stadt Norwegens von der See hinauf bis zur höchsten Bergesspitze im Festgewand, und Tausende von Menschen erwarteten ihn am Ufer. Im Hafen lag die englische Yacht „Otaria"; ihr Besitzer, ein alter Freund Nansens, war gerade im Begriff gewesen, nordwärts und an der Küste des ewigen Eises entlang zu fahren, um nach der „Fram" zu forschen. Jetzt holte er Nansen an Bord und stellte ihm für die weitere Triumphfahrt an der Küste entlang sein luxuriöses Schiff zur Verfügung. Auch Frau Nansen war bereits eingetroffen.

Wo aber war die „Fram"? Nansen hatte so stolz in die Welt hinaustelegraphiert, daß er sie demnächst zurückerwarte, aber je länger er die Möglichkeiten berechnete, um so unruhiger wurde er. Wenn ihr nichts Schlimmes passiert und sie aus dem Eis heraus war, hätte sie schon hier sein müssen. Kam sie jetzt nicht, dann dauerte diese quälende Ungewißheit bis zum nächsten Sommer.

Am Morgen des 20. August war Nansen gerade aufgestanden, als der Besitzer der „Otaria" an seine Kabinentür klopfte. Ein Mann sei draußen, der ihn sofort zu sprechen wünsche; er möge sich nicht erst anziehen, sondern kommen wie er sei, der Bote habe etwas außerordentlich Dringendes. Nansen schlüpfte schnellstens in die Kleider, und als er herauskam, stand der Direktor des Telegraphenamts vor ihm und überreichte ihm eine Depesche. Nansen riß sie auf und las: „Skjärvö, 20. August

Und die „Fram"? 261

1896, 9 Uhr vormittags. Doktor Nansen. ‚Fram' heute in gutem Zustand angekommen. Alles wohl an Bord. Gehe sofort nach Tromsö. Willkommen in der Heimat. Otto Sverdrup." Nansen war zumute, als sollte er ersticken, so überwältigte ihn die Freude, und beim Frühstück an diesem Morgen ging es lebhaft zu. Es war ja wirklich wie ein Feenmärchen, von der Begegnung mit Jackson bei Kap Flora bis auf diese glückliche Stunde, und immer aufs neue sprang einer von der Frühstücksrunde auf, klopfte auf den Tisch und sagte nichts weiter als: „Die ‚Fram' ist angekommen! Die ‚Fram' ist wirklich angekommen!" Am nächsten Tag war Nansen in Tromsö. Da lag das Schiff, stark und breit und wettergebräunt, der wohlbekannte Rumpf, die hohe Takelung, die Nansen zum letztenmal über Eisklippen hatte emporragen sehen, als er vor zwei Jahren von ihr Abschied nahm, und die sich jetzt frei und stolz im blauen Küstenmeer des Vaterlandes spiegelte. Solch ein Wiedersehen hatte wohl keiner von den Dreizehn zu träumen gewagt. Jetzt waren sie wieder vereint und machten sich nun gemeinsam auf die Reise an der Küste entlang nach Süden.

Nansens Berechnung hatte sich im wesentlichen bewährt. Die „Fram" war in großem Bogen nach Westen getrieben worden und hinter Spitzbergen wieder aus dem Eis herausgekommen. Sie hatte zwar den Nordpol nicht überquert, war aber doch höher hinaufgedrungen als je ein Schiff vor ihr, fast so hoch wie Nansen selbst, fast bis zum 86. Breitengrad. Diesen höchsten Punkt erreichte das Schiff im November 1895, während Nansen und Johansen in ihrer Hütte auf dem 81. Grad ihren dritten arktischen Winter begonnen hatten. Im Januar ging die Drift südwärts, dann eine Weile im Zickzack kreuz und quer, und schließlich zeigte die „liebe Lina" dauernd nach Norden, die „Fram" trieb also nach Süden. Sie hatte den Eispressungen glänzend widerstanden. Nur im Sommer 1895 war es ziemlich kritisch gewesen; da war die Pressung so stark, daß mit dem Verlust des Schiffes gerechnet wurde. Das waren angstvolle Wochen. Der Proviant war auf das Eis geschafft worden, plötzlich setzte sich die Eisfläche in Bewegung, hier und dort rissen Spalten auf. Also wieder zurück aufs Schiff. So ging es mehrere Male. Mit knapper Not wurde die Ladung gerettet. Die dritte und längste Polarnacht vom 8. Oktober 1895 bis 4. März 1896 aber war doch das Schwerste; an sie dachten die elf Mann nur ungern zurück. Sie lagen zwar in ihrer warmen Koje, nicht frierend in einer Steinhütte bei qualmender Tranlampe, und brauchten auch nicht um ein bißchen Bärenfleisch ihr Leben aufs Spiel zu setzen. Länger als ein Jahr war ihnen überhaupt kein Bär zu Schuß gekommen. Aber diese öde Gleichheit der Tage, dieselbe Arbeit, dasselbe Essen, derselbe Stundenplan tagaus tagein hatte sie abgestumpft. Die Bücher an Bord hatte man schon ein paarmal gelesen; das Spiel langweilte; das bescheidene Repertoire an musikalischen Genüssen war bis zum Überdruß abgeleiert. Jeder kannte den andern wie sich selbst. Dazu die Ungewißheit ihres Schicksals. Die Stimmung war bedenklich gesunken; man ging stumm aneinander vorbei, mürrisch der eine, reizbar der andere; ein allgemeiner Nervenzusammenbruch machte sich bemerkbar. Nur die „liebe Lina" draußen im Wasserloch heiterte die Gesichter auf, wenn sie brav nach Norden wies, im Gegensatz zum ersten Winter, als sie nur geschätzt war, wenn sie nach Süden zeigte, das Schiff sich also nach Norden vorschob. Der Jahrestag der Abreise Nansens und Johansens wurde festlich begangen; aber es wollte keine Stimmung aufkommen. Lebten wohl die beiden Kameraden noch! — Mitte April kam das Eis wieder in Bewegung; mit Sprengungen wurde nachgeholfen. Den 17. Mai, den norwegischen Verfassungstag, feierten die Fram-Leute wie bisher mit einer Flaggenpolonaise, aber man durfte sich nicht weit vom Schiff entfernen, so nahe waren schon die Wasserrinnen, und am 19. Mai, am selben Tag, da Nansen und Johansen zu ihrem letzten Marsch aufbrachen, wurde die Maschine der „Fram" zum erstenmal seit drei Jahren wieder unter Dampf gesetzt. Alle Mann drängten sich in den Maschinenraum, um die Hitze des Dampfkessels zu spüren, die ersten Umdrehungen der Räder mit eigenen Augen zu sehen. Nun kam endlich wieder Leben in den toten Körper, wenn der Schiffsrumpf vom Stampfen der Maschine zitterte. Auch Bären zeigten sich endlich wieder, das brachte Abenteuer, und die Sonne schien Tag und Nacht. Wie anders sah die Welt nun wieder aus! Langsam bohrte und sprengte man sich durch den Eisgürtel durch, heute ging es in glatter Fahrt eine Strecke, dann schloß sich das Eis wieder zusammen, und die „Fram" lag tagelang fest. Vorstoß folgte auf Vorstoß, und endlich war der Packeisgürtel zu Ende: am 13. August wogte im Süden nur noch das tiefblaue Polarmeer, und nun ging vom 80. Breitengrad ab der Kurs ungehindert der Heimat zu. Die Überraschung der Elf, als sie in Skjärvö landeten und dort von der glücklichen Rückkehr der beiden Polwanderer hörten, war gewiß nicht geringer als Nansens Freude, als er in Tromsö alle seine Gefährten wiedersah. So machte eine Reihe wunderbarer Zufälle Nansens Nordpolexpedition zu einer der glücklichsten und für die Wissenschaft zugleich ertragreichsten, die je unternommen wurden.

Robert Pearys erster Vorstoß

Nansen war noch kein halbes Jahr zu Hause, da trat der Commander Robert E. Peary, Zivilingenieur in Amerika, mit einem neuen Feldzugsplan gegen den Nordpol hervor. Peary hatte sich als Dreißigjähriger 1886 auf der Disko-Insel die ersten Sporen als Polarforscher verdient und 1892/93 mit Dr. Frederick A. Cook Nordgrönland erforscht. Auf dieser Reise hatte er die guten Dienste der Eingeborenen, die ihm auf der Jagd und bei der Pflege seiner Schlittenhunde trefflich zur Hand gingen, schätzen gelernt und aus diesen Erfahrungen folgende Lehre gezogen:

Wodurch ist so mancher Polarfahrer elend umgekommen? Durch Kälte und Hunger. Der Eskimo lebt dauernd unter denselben klimatischen Verhältnissen, erfriert und verhungert nicht. Zum Instinkt gewordene Erfahrung hat ihn gelehrt, sich vor der Kälte zu schützen, und den Wildreichtum der Arktis kennt er so genau, daß es ihm an den notwendigen Nahrungsmitteln nur in ganz ungewöhnlichen Ausnahmefällen fehlt. Der Europäer, der hier oben ungefährdet existieren will, muß daher gewissermaßen Eskimo werden, er muß sich den Lebensgewohnheiten der Eingeborenen in Kleidung und Nahrung aufs engste anpassen und so ihre Überlegenheit im Kampf ums Dasein zur seinigen machen. Zivilisation und Kultur können in jenen Gegenden nur stören, und die unschätzbar wertvolle Hilfsbereitschaft der Eskimos gewinnt nur, wer sich überwinden kann, unter den Eskimos Eskimo zu sein.

Dieser mathematisch klare Lehrsatz war nun keineswegs so neu, wie Peary glaubte oder — geglaubt sehen wollte. Sein eigener Landsmann Charles Francis Hall hatte schon 30 Jahre früher diesen Lehrsatz mit größerer Konsequenz noch als Peary in die Tat umgesetzt, und die Teilnahme von Eskimos an Polarexpeditionen hatte sich längst als Regel eingebürgert, wenn auch nicht in dem großen Umfang, wie Peary beabsichtigte; nur wenige Polarfahrer, darunter allerdings Nansen, hatten darauf ganz verzichtet. War der Lehrsatz auch nicht so verblüffend neu, so hatte er doch an Richtigkeit nichts verloren, und da Peary als ein Mann von eiserner Energie bekannt war und es ausgezeichnet verstand, den Ehrgeiz seines Vaterlandes an der rechten Stelle zu packen — „das Sternenbanner über dem nördlichsten Punkt der Erde!" —, so blieb der Erfolg nicht aus. Schon im Frühjahr 1897 trat unter dem Präsidium von Morris K. Jesup ein „Peary-Arctic-Club" zusammen, der sich die Aufgabe stellte, „die Bildung und Unterhaltung regelmäßig wiederholter Expeditionen zu fördern und zu unterstützen, die unter Leitung des Commanders Peary dessen Polarforschungen weiterführen und seine geographischen Feststellungen vervollständigen sollen". Daraus ergab sich die weitere Aufgabe der Gesellschaft: „Gelder für die Erhaltung solcher Expeditionen zusammenzubringen und zu verwalten und überhaupt Geldmittel zu beschaffen für Pearys Bestrebungen, den nördlichsten Punkt der westlichen Halbkugel zu erreichen."

Charakteristisch an diesem Arctic-Club war, daß er nicht etwa die Nordpolforschung im allgemeinen oder wenigstens die gesamte amerikanische zu seinem Programm erhob, sondern sich lediglich in den Dienst einer einzigen Persönlichkeit, nicht einer Sache, stellte, und mit Peary drängt sich in die arktische Forschung ein neues Element ein: der Typus des unzweifelhaft hochbegabten, furchtlosen Energiemenschen, der nur sich allein durchsetzen will, auf sein Forschungsgebiet eine Art Monopol beansprucht, jede fremde Bemühung mit dem gleichen Ziel als eine von vornherein unlautere Konkurrenz betrachtet, rücksichts- und skrupellos jeden Mitbewerber zu vernichten sucht und als smarter Geschäftsmann mit Hilfe einer gleichgesinnten Sensationspresse das wissenschaftliche Unternehmen in eine schwungvolle Nordpolindustrie verwandelt.

Dieser Typus fand in Amerika sofort Verständnis. Schon im Sommer 1897 konnte Peary zum Whale-Sund reisen, um sich mit seinen Eskimofreunden von 1892/93 zu verabreden; sie sollten sich tüchtig mit Fleischvorräten und Fellen versehen, um ihn auf seiner neuen Expedition zu begleiten. Als Dank für ihre Bereitwilligkeit nahm er den berühmten „Ahnighite", den größten Meteoriten der Welt, seit Jahrhunderten die einzige Eisenquelle der Eingeborenen, mit nach Amerika. Im Dezember besaß er ein eigenes Schiff, die „Windward", auf der ein Jahr zuvor Nansen von Kap Flora heimgekehrt war.

Im Juli 1897 brach er auf, etwas früher als er wollte, eine drohende „Konkurrenz" trieb zur Eile; Peary sprach gleich von der „Aneignung seines Planes und seines Arbeitsgebietes". Bei Kap York an der Melville-Bai fand er die treuen Eskimos, und Männer, Frauen und Kinder mit Hunden und ihrer ganzen fahrenden Habe quartierten sich auf dem Schiff ein. Zunächst wurde noch ein Jagdzug in die reichen Walroßgründe der Baffin-Bai unternommen. Am 13. August aber bahnte sich die „Windward" unter heftigen Kämpfen mit dem Packeis den Weg durch die Eisbarriere des Smith-Sundes, trieb in das westliche Kane-Becken, kam aber nur bis in die Prinzeß-Marie-Bai und fror hier ein. Die Eispressungen nahmen das Schiff so bedrohlich in die Zange, daß sein Schicksal besiegelt schien und schleunigst aller Proviant aufs Eis gebracht wurde.

Solange die Sonne noch leuchtete, benutzte Peary den Herbst zu erfolgreichen Jagdzügen mit seinen Eskimos; in der Buchanan-Bucht erbeuteten sie Walrosse und auf Grinell-Land Bären und Moschusochsen. Zwischendurch nahm Peary die unbekannten Küstenteile von Grinell-Land wissenschaftlich auf. Am

20. Oktober verschwand die Sonne. Nun mußten die Eskimos
Schlitten herstellen, um allmonatlich während der Zeit des
Vollmonds den Überfluß der Fleischvorräte nach Norden zu
schaffen, dort Depots anzulegen und „Igloos", Schneehäuser,
zu bauen zur Vorbereitung der Frühjahrsexpedition, denn sofort bei Wiederkehr der Sonne im Februar wollte Peary geradenwegs zum Nordpol — eine gewaltige Strecke, über elf Breitengrade hinweg, auf der nicht nur Mut und Energie, sondern
auch das Glück dem kühnen Draufgänger zur Seite stehen
mußten.

In mehreren Etappen wurden längs des Kane-Beckens und
des Kennedy-Kanals die Depots angelegt, und am 4. Dezember
waren 3300 Pfund Proviant und eine Menge Hundefutter nach
Kap Wilkes, auf der Nordseite der Richardson-Bai, geschafft,
eine grauenhaft mühsame Arbeit, denn oft mußten Schlitten
und Ladung stundenlang auf dem Rücken über zertrümmerte
Eisschollen geschleppt werden. Das letzte Depot sollte eigentlich Kap Lawrence sein, aber einer der Eskimos desertierte.
Wenn sich das wiederholte, war die ganze Expedition gefährdet.
Peary eilte daher mit einem leeren Schlitten, acht Hunden und
einem Eskimo dem Flüchtling nach, holte ihn ein und führte
ihn wieder aufs Schiff. Ende Dezember, bei kargem Mondschein, machte er sich mit seinem schwarzen Diener Henson
und den tüchtigsten Eskimos nach Fort Conger auf, um dies
ehemalige Heim der Greely-Expedition als Stützpunkt für
seinen Vorstoß zum Nordpol einzurichten. Der Weg war mörderisch; 160 Kilometer durch die Eiswildnis, in schwarzer Finsternis über scharfkantige Eisblöcke, denn heulende Schneestürme verhüllten den Mond; schnell gebaute Höhlen in Schneewehen waren die einzige Deckung, Füße und Schienbeine bedeckten sich mit Wunden. Einer der Eskimos brach zusammen,
er mußte mit einem Begleiter und den schwächsten Hunden
zurückbleiben und erreichte nach einigen Ruhetagen wieder
das Schiff.

Am 9. Januar 1899 war, nach stundenlangem Umherirren in
tiefster Finsternis, das zerfallene Fort Conger endlich gefunden.
Seit 15 Jahren war hier keine lebende Seele gewesen, aber die

früheren Bewohner hatten allerlei Kostbarkeiten zurückgelassen: Kaffee sogar und Zucker. Mit dem letzten Funken des Schlittenkochers wurde im Ofen der Offizierstube Feuer gemacht. Lichter waren nicht zu entdecken, aber ein Vorrat Olivenöl; das goß man in eine Schüssel, tat ein Endchen Handtuch hinein, und die Öllampe war fertig. Gespensterhaft huschte der matte Lichtschein über die kahlen Wände. Aber das Feuer prasselte im Ofen — endlich Wärme und Ruhe!

Die Freude sollte nicht lange dauern. Peary machte eine böse Entdeckung: seine sämtlichen Zehen waren erfroren! Alle hochfliegenden Pläne brachen zusammen. Zum Nordpol? Erst mußte er zum Schiff zurück, um die erfrorenen Gliedmaßen amputieren zu lassen. Wie sollte er auch nur dahin gelangen? Als Krüppel auf dem barbarischen Weg in der Winternacht! Das war für alle der sichere Tod. Es gab keine andere Möglichkeit: einstweilen mußte man in Fort Conger bleiben, um das Tageslicht abzuwarten. Zwei Monate verloren — wahrscheinlich alles! Das Ziel unerreichbar! Mindestens eine schier übermenschliche Geduldsprobe.

Peary überstand sie. Ende Februar, als das erste Sonnenlicht sich zeigte, nach kaum erträglichen Wochen voll körperlicher Schmerzen und marternder Ungeduld, banden ihn die treuen Eskimos auf den Schlitten, packten seine Füße in Klumpen von Moschusochsenfell und zogen mit ihrem invaliden Anführer nach Süden. In zehn Tagen erreichten sie die „Windward". Am 3. März wurden Pearys Zehen amputiert. Die Nordpolexpedition schien damit beendet.

Aber schon am 19. April ging ein neuer Zug von 10 Leuten, 50 Hunden und 7 Schlitten wieder nordwärts nach Fort Conger, Peary selbst mit dabei! Die Wunden waren erst halb verheilt, und er war vom langen Krankenlager so schwach und steif, daß er gefahren werden mußte. Die geplante Untersuchung der Nordwestküste Grönlands gab er zunächst auf. Seine Eskimos schickte er auf die Jagd nach Moschusochsen. Einigermaßen erholt kehrte er zur „Windward" zurück. Sobald sich das Eis öffnete, gingen alle Eskimos wieder an Bord, und das Schiff brachte die ganze Expedition nach Etah an der grönländischen

Küste. Hier wurde durch Jagd auf Robben und Walrosse ein neuer Wintervorrat beschafft, dann kehrte das Schiff zur Ausbesserung nach Amerika zurück. Peary überwinterte in Etah. Was in diesem Jahr unmöglich geworden — im nächsten Frühjahr sollte es abermals versucht werden.

Kaum hatte das Jahr 1900 begonnen, da war Peary mit Eskimos und Hundeschlitten bereits wieder auf dem Marsch nach Fort Conger. Der Weg bis dahin war weit, und die Zeit drängte, denn der Sommer bricht das Polareis auf; eine Schlittentour über das Meereis war nur von Anfang März bis spätestens Anfang Mai möglich. Und von dieser Zeit durfte kein Tag unnütz verlorengehen; Schneestürme und Blizzarde sorgten schon für Verzögerungen, denn bei schwerem Wetter ist kein Eskimo zu bewegen, den schützenden Igloo zu verlassen. Wenn aber alle Berechnungen fehlschlugen, dann sollte der nochmalige Marsch nach Norden dennoch nicht vergeblich sein; dann blieb immer noch die Nordküste Grönlands, die bisher kein Mensch gesehen hatte, völliges Neuland, das den Forscher schon lange gelockt hatte.

Schneestürme verzögerten den Abmarsch von Fort Conger bis zum 11. April. Jenseits des Robeson-Kanals mußten sich die Leute mit Eispickel und Beil mühsam den Weg um den Eisfuß bahnen. Schon hier fanden sie bedrohlich viel offenes Wasser. Das Neueis war so unsicher, daß es sich unter den tastenden und gleitenden Schneeschuhen bog und für die Schlitten mit vielem Aufenthalt ein Pfad gesucht werden mußte. Jeder Augenblick war mit Todesgefahr verbunden, und das hielten selbst die Nerven der dem Schicksal gegenüber ziemlich gleichgültigen Eskimos nicht aus; zwei von ihnen mußten mit Proviant nach Fort Conger zurückgeschickt werden.

Bei Kap Bryant sandte Peary alle Eskimos mit dem entbehrlichen Gepäck zurück, nur den Neger Henson, 3 Schlitten und 16 Hunde nahm er weiter mit. Am 8. Mai stand er vor Lockwoods Pyramide; über diesen Punkt hinaus war bisher noch niemand vorgedrungen. Bewegten Herzens las Peary den Bericht, den jener Polfahrer vor 18 Jahren hier niedergelegt hatte, und fügte eine Nachricht über seine Expedition hinzu. Dann betrat er völliges Neuland, und es gelang ihm, den Inselcharakter Grönlands unbestreitbar festzustellen. Am 20. Mai erreichte er die nördlichste Spitze, die er Kap Bridgeman nannte; von hier bog die Küste wieder nach Südosten ab zur Independence-Bai. Am 22. Mai entdeckte er noch eine kleine unbekannte Insel südöstlich von Kap Bridgeman; er gab ihr den Namen Clarence-Wyckoff-Insel. Vom Kap aus sichtete er den nördlichsten Berg Grönlands, den er schon auf seiner Landreise 1895 gesehen und Mount Wistor getauft hatte. So schloß sich hier der Ring seiner Entdeckungen auf Grönland fast lückenlos zusammen. In eine Steinpyramide auf der Wyckoff-Insel, am Endpunkt seines Weges ostwärts, barg er einen Bericht über seine Reise und kehrte nun, von Proviant fast entblößt, in Eilmärschen um. Trotz dieses Erfolgs blieb ein Rest von Enttäuschung: Er hatte am 16. Mai von Kap Bridgeman aus nochmals einen Vorstoß direkt nach Norden versucht, war aber nur bis zum 84. Grad gekommen. Der dunkle Wasserhimmel, der Spiegel des offenen Polarmeers, dehnte sich vor ihm aus; er mußte sofort über das schon brüchige Meereis wieder kehrtmachen. So viel stand jetzt fest: zu einer Nordpolexpedition war Grönlands Küste keine geeignete Basis.

Am 10. Juni langte er glücklich in Fort Conger wieder an.

Nach Süden zurückkehrend hatte Peary die Freude, seine Frau und sein Töchterchen umarmen zu können; sie waren mit der völlig neu ausgerüsteten „Windward" von Amerika herüber in Etah angekommen. Im Payer-Hafen wurde überwintert. Im nächsten Sommer kehrte das Schiff, nachdem es noch die Eskimos bei der Walroßjagd unterstützt hatte, nach Amerika zurück. Peary aber blieb in Etah, um einen neuen Angriff auf den Pol vorzubereiten.

Am 6. März 1901 war er abermals auf dem Marsch. Er hatte sich einen neuen Schlitten konstruiert, „die lange Schlange", die mit zehn ausgesuchten Hunden bespannt war, und folgte dem schon bekannten Weg von Etappe zu Etappe, von Igloo zu Igloo bis Fort Conger. Von hier aber bog er nach links hin ab, zur Küste von Grant-Land hinauf, bis jenseits der Wrangel-Bai. Am 2. April kam die Expedition nach heftigen Schneestürmen bei Kap Hecla an. Hier auf dem 83. Grad wurden drei Moschusochsen erlegt.

Vier Tage später begann nun der neue Vorstoß gegen den Nordpol. Mit seinem Diener Henson und drei Eskimos kämpfte sich Peary durch den mächtigen Eiswall an der Küste durch, um das Packeis zu erreichen. Im Zickzack kreuzte die kleine Karawane nordwärts, baute auf einer festen Scholle eine Schneehütte und schleppte die Schlitten über altes Eisgeröll. Ein Blizzard fiel über sie her, einer der furchtbaren Frühlingsstürme, der die Eisfläche zerriß und überall offene Wasserrinnen bildete. Die Scholle, auf der Peary mit seinen Leuten hinter einem Preßeisrücken Schutz gesucht hatte, barst mit lautem Getöse, und dicht neben ihrer Igloo brach eine Wasserrinne auf, die sie nur an der schmalsten Stelle noch eben überschreiten konnten. Zwei Tage später aber stellten sich ihnen so gewaltige Preßeisrücken, die durch die Bewegung der Eismassen entstanden waren, entgegen, daß an ein Vorwärtskommen nicht mehr zu denken war. „Das Spiel ist aus", heißt es am 21. April 1902 in Pearys Tagebuch. „Der Traum meiner letzten 16 Jahre ist zu Ende. Es klärte in der Nacht auf, und wir zogen heute morgen weiter. Tiefer Schnee. Zwei kleine alte Schollen. Dann wieder eine Strecke mit altem Geröll und tiefem Schnee. Jedes Weiterkommen war ausgeschlossen, und ich ließ das Lager aufschlagen. Ich habe solange gekämpft, wie ich konnte, und ich glaube, es war ein tapferer Kampf. Aber das Unmögliche kann ich nicht vollbringen." 84° 17′ hatte Peary erreicht — zwei Grad weniger als Nansen.

Zu Tode erschöpft langten Menschen und Hunde in Fort Conger an. Von da ging es weiter nach Etah, und am 5. August 1901 holte die „Windward", an Deck wieder Frau Peary und ihr Kind, den Entdecker der Nordküste Grönlands in die Heimat zurück. Frau Peary dürfte — außer den Eskimodamen — die erste Frau sein, die einen so hohen Breitengrad erreicht und dort sogar überwintert hat.

Cagni schlägt den Rekord

Eine „Konkurrenz" für Peary war unterdes wirklich aufgestanden. Die erste italienische Polarexpedition war am 12. Juni 1899 von Norwegen aus in See gegangen. Ihr „Arbeitsgebiet" aber war ein völlig anderes; sie wählte Franz-Ioseph-Land als Ausgangspunkt; von Payers Kap Fligely — lieber noch von Petermann-Land oder König-Oskar-Land, wenn diese existierten und man so weit kam — sollten die Schlitten des Expeditionsschiffes „Stella Polaris" den Nordpol zu erreichen suchen. Führer war ein spanischer Königssohn, ietziger Leutnant der italienischen Marine, Ludwig Amadeus, Herzog der Abruzzen, ein 26jähriger erprobter Sportsmann, der als erster den Eliasberg in Alaska erstiegen hatte und auf einer Reise um die Welt ein begeisterter und abenteuerlustiger Forscher geworden war. Die Besatzung der „Stella Polaris" bestand aus Offizieren der italienischen Armee und Marine, italienischen Bergsteigern und norwegischen Eismeerfahrern. Die Ausrüstung übertraf alles bisher Aufgewandte und war auf vier Jahre berechnet. Und die „Stella Polaris" hatte ungewöhnliches Glück: ohne große Schwierigkeiten erreichte sie schon am 27. Juli Kap Fligely, die Nordspitze von Franz-Joseph-Land, und im Norden war das Wasser so eisfrei, daß sie auch bis Petermann- und König-Oskar-Land hätte schwimmen können, wenn diese Länder sich nur gezeigt hätten; aber sie waren nicht zu entdecken, und Payers neue Küsten so hoch im Norden lösten sich in Luftspiegelungen auf. Die „Stella Polaris" ging daher in der Teplitz-Bai, südwestlich von Kap Fligely, zwischen dem Alken- und Säulen-Kap, vor Anker, wurde aber dicht an der felsigen Küste von einem Sturm überfallen und außer Gefecht gesetzt: ein großes Unterwasserleck zwang die Besatzung, das Schiff schleunigst zu räumen; es wurde aber mit Ankern und Seilen gesichert und mochte hier einfrieren, um im Frühjahr wieder instand gesetzt zu werden. Die Mannschaft kampierte in zwei großen Zelten am Strande, und da die Expedition glänzend mit allem versehen war, was nach den bisherigen Erfahrungen in der Arktis unentbehrlich und zweckdienlich ist, auch an frischem Fleisch kein Mangel war, kam sie ohne den geringsten Krankheitsfall durch den Winter.

Nur gegen die ungeheure Kälte, die bis auf 50 Grad hinunterging, gab es keinen anderen als den hergebrachten Schutz, und der prinzliche Führer selbst wurde eines ihrer ersten Opfer. Beim Einfahren der Hunde verirrte er sich mit einigen Begleitern, darunter Kapitän Cagni, auf dem Eis, suchte im dicken Nebel stundenlang sein Schiff, fiel in eine Eisspalte, Cagni ebenfalls, und verdankte seine Rettung nur dem Blinken eines Sterns, der für einige Augenblicke durch eine Nebelspalte sichtbar wurde und den Weg wies. „Stella Polaris" — der Name des Schiffes war zum Symbol geworden. Zwei Finger aber waren dem Kommandanten erfroren und mußten im Februar amputiert werden. Für den Marsch zum Nordpol war Ludwig Amadeus damit untauglich, denn in der barbarischen Kälte heilten die Wunden sehr langsam; nur ein völlig intakter Mann durfte sich den zu erwartenden Strapazen aussetzen, wenn er nicht Gefahr laufen wollte, seinen Begleitern zur Last und zum Verhängnis zu werden. Schweren Herzens mußte sich Ludwig Amadeus entschließen, die Leitung der Schlittenexpedition dem Kapitän Umberto Cagni zu übertragen, der aus jenem Abenteuer glücklicher davongekommen war.

Für diese Schlittenexpedition hatte der Prinz ein neues System erdacht, das den erfahrenen Sportsmann verriet. Sie sollte in drei Etappen erfolgen mit möglichst viel Hunden und 10 bis 12 Mann. Die erste Gruppe sollte nach 15 Tagen umkehren, die zweite nach 30; die dritte erst, die sich aus den leistungsfähigsten Leuten und Hunden der beiden andern Gruppen zu rekrutieren hatte, war die eigentliche Polabteilung und sollte noch 20 Tage länger nach Norden gehen. Diesen Zeitmaßen entsprechend war auch der Proviant für die 10 Mann und ihre 104 Hunde berechnet, wobei Greelys und Nansens Erfahrungen zum Muster dienten. Pemmikan, Fleischkonserven, Butter, Kaffee- und Teetabletten, Suppenwürfel — alles war genau in reichliche Rationen geteilt; Kleidung, Schlafsack, seidene Zelte, Primuskocher usw. waren in musterhafter Ordnung, und schon am 21. Februar 1900 zog die Karawane von 13 Schlitten nach

Cagni schlägt den Rekord

Norden. Zwei Tage später aber war sie wieder da; ein furchtbares Unwetter hatte sie aufgehalten, und die Kälte während des ersten Nachtlagers war so mörderisch, daß mehrere Leute an bösen Frostschäden litten; Cagni selbst war in eine Eisrinne gestürzt, und die Kleider waren ihm auf dem Leibe festgefroren. Es war noch zu früh im Jahr. Drei Wochen später, am 11. März, setzte sich die Expedition zum zweitenmal in Bewegung. Prinz Ludwig Amadeus begleitete sie mit zwei Mann noch bis zum Packeis — dann verschwanden die 13 Schlitten unter begeistertem „Evviva!" hüben und drüben bei 28 Grad Kälte im Nebel. Die Zurückbleibenden sahen ihnen noch lange nach und kehrten in ernster Stimmung und besorgten Herzens zum Zelt zurück; die Regelmäßigkeit der täglichen Arbeit mußte die angstvolle Spannung auf den Ausgang des gefährlichen Unternehmens betäuben.

Die Wanderer zum Pol litten unter den Schwierigkeiten, die das Packeis auf Schritt und Tritt jedem bereitet, aber sie kamen tüchtig vorwärts, und am 23. März sandte Cagni, seiner Instruktion folgend, die erste Gruppe nach der Teplitz-Bai zurück; es waren drei Mann, Marineleutnant Graf Querini, Maschinist Henrik Stökken und Bergführer Ollier mit zwei Schlitten und reichlicher Ausrüstung. Kronprinz-Rudolf-Land mit Kap Fligely war noch in ferner Sicht, dort war eine Schneehütte gebaut, von der aus Ludwig Amadeus täglich mit dem Fernglas jeden Punkt im Packeis absuchte und alles zur Hilfeleistung im Notfall bereit lag — in sechs Tagen konnten die drei dort in Sicherheit sein.

Die sechs Tage vergingen — die Ausschau nach der von Stunde zu Stunde erwarteten Rückkehr der ersten Gruppe war vergeblich — nichts zeigte sich in dem leblosen Eis. Hatte die Eisdrift sie nach Westen zu einer andern Insel verschleppt? War ihnen ein Unglück widerfahren? Oder nicht nur ihnen — der ganzen Expedition? Der Proviant der ersten Gruppe reichte höchstens bis zum 5. April. An diesem Tag war herrlich klares Wetter, Nansens Hvidten-Land, die Liv- und Eva-Insel waren genau zu unterscheiden. Im Norden war nichts zu entdecken. Schon kam die Zeit, da die zweite Gruppe zurückkehren mußte, mit ihr Oberstabsarzt Molinelli, den man nur ungern entbehrt hatte. Auf jedem Hügel standen Wachtposten, gingen die Ferngläser von Hand zu Hand. Nichts! Am 18. April geriet in der Nacht das Lager plötzlich in Alarm. „Bootsmann Cardenti ist zurück!" wurde gemeldet. Cardenti? Er gehörte zur zweiten Gruppe — aber wahrscheinlich hatte ihn Cagni mit der ersten schon zurückgeschickt. Er war nicht bei der ersten — er weiß von ihr nichts, als daß sie rechtzeitig abmarschiert ist und längst zurück sein muß — er ist bei Gruppe 2, die draußen auf dem Packeis vor einem breiten Wasserkanal liegt und ein Boot braucht, um weiter zu kommen! Cardenti ist auf einem halbzerrissenen Kajak glücklich hinübergekommen und soll Hilfe holen. Und hier hat er ein Schreiben von Kapitän Cagni. Während das Boot aufs Eis geschleift wird, liest der Prinz den Brief: anscheinend alles in Ordnung — Cagni marschiert mit 4 Mann und 6 Schlitten noch 20, vielleicht auch mehr Tage weiter und zweifelt nicht an einem Erfolg, obgleich das Eis ihn stark nach Süden zurückgetrieben hat — Gesundheit vortrefflich — von Gruppe 1 kein Wort!

Gruppe 2 ist bald in Sicherheit — auch sie weiß nichts weiter von den Verschollenen. Hilfsexpeditionen gehen nach allen Seiten aus und suchen die südlichen Inseln ab — nirgends die geringste Spur! Die drei Mann, die nach menschlicher Voraussicht der geringsten Gefahr ausgesetzt waren, sind in Sicht ihres Zieles umgekommen — daran ist kein Zweifel mehr — der weiße Tod hat seine ersten Opfer.

Unterdes marschiert Cagni mit eiserner Beharrlichkeit nordwärts. Die Eisdrift zieht der Polabteilung die Kilometer geradezu unter den Füßen fort. Dennoch erreicht sie am 20. April Nansens höchste Breite. Die 20 Tage sind um, noch fünf wagt Cagni daran und hat am 25. April Nansens Rekord, wenn auch um ein geringes, geschlagen: $86°34'$ zu $86°4'$! Ein kleiner — aber doch ein Triumph! Und nun zurück, ehe die Frühlingsstürme und die Sonne Tag und Nacht das Eis völlig unwegsam machen!

Schon ist das Eis in bedrohlicher Bewegung. Stundenlang schleifen und stolpern die Schlitten über die Schollen — plötzlich entdeckt Cagni, daß er im Kreis herumgegangen ist, er steht wieder vor den Schlittenspuren von gestern! Die Schollen türmen sich übereinander — dann wieder bilden sich Wasserseen von Kilometerlänge, die umgangen werden müssen — die Bergsteiger mit Stock und Eispickel voraus. Der Weg muß meterweise erst gangbar gemacht werden. Cagni hat sich einen Finger erfroren und leidet furchtbare Schmerzen — Arzt, Instrumente, Desinfektionsmittel fehlen — er schneidet selbst das eiternde Fleisch und ein Stück des leblosen Knochens herunter. Die Operation dauert zwei volle Stunden und greift die drei Kameraden fast mehr an als den Patienten. Alle zwei Tage wird die Prozedur wiederholt. Ein Teil der Hunde ist bereits geschlachtet. Das Petroleum geht zu Ende — soll man sparen und jetzt rohen Pemmikan oder später rohes Hundefleisch essen? Ende Mai kämpfen sie immer noch auf dem Packeis gegen die Drift, setzen auf Eisschollen über offene Kanäle oder warten, bis das Eis sich wieder schließt oder das Jungeis tragfähig ist. Dabei treibt die Strömung sie immerfort nach Süden — Kap Fligely müssen sie längst hinter sich haben! Schließlich vertraut sich Cagni ganz der Drift an. Am 21. Juni erreichen sie eine erste Insel, die Hazley-Insel, von da arbeiten sie sich weiter zur Omanney-Insel, sehen nun endlich festes Land und können sich orientieren: sie sind ein tüchtiges Stück tiefer geraten als Kronprinz-Rudolf-Land. Durch Eisschlamm hindurch erreichen sie Kap Böhm, und am 23. Juni setzen sie zuerst wieder den Fuß auf die Küste, an der oben im Westen das Winterlager zu suchen ist. Der steil abfallende Gletscher zwischen Alken- und Säulen-Kap ist noch eine halsbrecherische Partie, aber lieber hier verunglücken als noch einmal aufs Meereis hinaus; sie sind ja schon fast über offenes Wasser gegangen. Auf der Höhe des Gletschers überfällt sie dichter Nebel, sie müssen noch einmal in das schon ganz zerfetzte Zelt kriechen. Endlich hebt der Nebel sich. „Die Zelte", rufen alle wie aus einem Munde und beginnen zu laufen und zu rufen, sie schwenken die Flagge — da liegt die „Stella Polaris" friedlich wie bei ihrem Abschied vor zwei Monaten. Am Strand wird es lebendig, schwarze Punkte bewegen sich und kommen den Erschöpften entgegen — „Evviva!" schallt es aus der Ferne — sie kommen näher — da sind sie! Händedrücken — Umarmungen — Jubelrufe — dann eine dumpfe Pause. „Querinis Gruppe ist nicht zurückgekehrt", sagt der Norweger Hans Dahl zögernd und leise. Die Angekommenen blicken ihn verständnislos an — dann senken sie stumm ihr Haupt.

Am 16. August lichtete die wieder ausgebesserte „Stella Polaris" die Anker und dampfte nach Kap Flora, überall Umschau haltend, ob die Verschollenen nicht vielleicht doch südwärts getrieben und sich hier irgendwo an eine Küste gerettet hätten. Proviantdepots wurden niedergelegt und Nachrichten hinterlassen; im nächsten Jahr sollte ein anderes Schiff hier heraufkommen, um die vielleicht doch noch Lebenden heimzuholen. Am 6. September landete die „Stella Polaris" glücklich in Tromsö — von Querini und seinen Begleitern wurde niemals eine Spur gefunden.

Dem Nordpol am nächsten

Der Erfolg der Italiener, wenn er auch nur bescheiden war, stachelte Pearys Ehrgeiz von neuem an. Schon bald nach der Rückkehr der „Windward" gab der Peary-Arctic-Club Auftrag zum Bau eines neuen Dampfers nach Pearys eigenem Entwurf. Im Gegensatz zur „Fram" war die „Roosevelt", so hieß das neue Schiff, schlank und schmal, um leichter dem Packeis ausweichen und sich durch die Wasserrinnen hindurchschlängeln zu können; ihr Heck, das Schiffshinterteil, ragte vom Kiel herauf weit nach hinten vor, es sollte sich auf die Eiskante hinaufschieben und sie durch seine Schwere zerbrechen. Im Sommer 1905 war die „Roosevelt" klar zum Gefecht, und mit Kohlen und ungeheuren Vorräten bis obenhin beladen dampfte sie am 28. Juli nach Norden. Bei der Melville-Bai warf sie Anker, und Peary holte, wie das vorige Mal, seine Eskimofreunde herbei.

Das Hilfsschiff „Erik" machte zunächst einen Jagdausflug, um ausgiebigen Proviant an Walroßfleisch zu sammeln, und nachdem alles aufs Hauptschiff verladen war, dampfte die „Roosevelt" mit 20 Mann Besatzung, 40 Eskimos und 200 Hunden durch das Kane-Becken weiter. Die Manövrierfähigkeit des neuen Schiffes bewährte sich gut, es kam glatt durch den fast immer versperrten Kennedy- und Robeson-Kanal und bis zur Nordküste von Grant-Land; bei Kap Sheridan erst fror es ein. Die Basis der neuen Nordpolexpedition war also diesmal ein tüchtiges Stück nach Norden verschoben, weit über den 82. Breitengrad hinauf.

Nach allen Richtungen zogen zunächst die Jagdgesellschaften los, die Eskimos mit Zelten und allem Hab und Gut auf den Hundeschlitten, so wie sie das von jeher gewohnt waren. Hasen und Moschusochsen wurden in Menge erlegt; bis zum Hazen-See im Innern Grant-Lands fuhren die Eingeborenen, um Zentnerlasten köstlicher Lachsforellen einzuholen. Sogar ein bis dahin unbekanntes Wild kam vor Pearys Büchse: ein Renntier mit schneeweißem, nur auf dem Rücken dunkel gezeichnetem Fell und prächtigem Geweih; über 50 dieser seltenen Polartiere, deren einzige Heimat Grant-Land zu sein scheint, wurden zur Strecke gebracht.

Winterstürme und Eispressungen setzten der „Roosevelt" gewaltig zu, drängten sie gegen den gefürchteten Eisfuß der Küste und schoben sie schließlich auf den Strand. Es waren spannungs- und angstvolle Stunden, als das Schiff ins Treiben geriet. In fieberhafter Eile wurde Tag und Nacht hindurch seine ganze Ladung am Strand geborgen. Aber es hielt sich tapfer und lag phantastisch vereist die lange Winternacht hindurch am Rand des Meeres, das „Auge", die Lampe aus der Kombüse, geradeaus nach Norden gerichtet. Die Eisverhältnisse waren dieses Jahr ungewöhnlich; noch am 15. November, als die Nacht längst begonnen, spalteten heftige Südwinde das Eis, und breite Wassergürtel umgaben das Schiff. Der Anblick dieser wahrhaft heroischen Nachtlandschaft war überwältigend. „Das glänzende Mondlicht," so schildert sie Peary, „der schwarzblaue, teilweise mit silbernen Wölkchen besäte Himmel, das tote Weiß des Schnees, das tiefschwarze Wasser, die gespenstische Form des Landes — der einzige Streifen gelben Lichtes von der ‚Roosevelt' her — dazu als belebendes Element das Rauschen des Windes, der trotz des Schneetreibens einen Hauch von Wärme mit sich zu führen schien, die Rufe der Eskimokinder, die am Eisfuß spielten, das Geräusch der Welle gegen die Ränder der Eisrinne und das ferne, heisere Brüllen des Packeises, das bei der Flut in den Eingang des Robeson-Kanals zurücktrieb" — es war ein Anblick, der selbst die furchtbare Springflut vergessen ließ, die plötzlich während des Weihnachtsfestes hereinbrach und die „Roosevelt" in große Gefahr brachte.

Am 19. Februar 1906 begann der neue Vorstoß auf den Pol. Den Ausgangspunkt bildete Kap Hecla. Dort wurde ein Unterkunftshaus errichtet. 7 Europäer, 21 Eskimos und 120 Hunde waren für den Marsch ausgewählt. Sie bildeten fünf Abteilungen, die, nach dem Vorbild der italienischen Expedition, etappenweise vorgingen; jede hatte ihr bestimmtes Ziel, die zweite ein Stück weiter als die erste, und so immer fort, bis schließlich die letzte, mit Peary an der Spitze, bis zum Ziel vorstoßen sollte. Am 28. Februar ging die erste Kolonne ab. Nach einem tüchtigen Tagesmarsch baute sie auf einer sichern Eisfläche eine Schneehütte, machte so lange Rast, wie unbedingt nötig war, hinterließ einen Tagesbericht und marschierte weiter. Am nächsten Tag folgte die zweite Abteilung in der Spur der ersten, fand die Schneehütte, baute eine zweite, ruhte aus und zog mit ihrem Gepäck weiter. Jede Abteilung sollte noch einmal zurückkehren und neuen Proviant nachbringen. Den letzten Zug führte Peary mit Marvin und Ryan. „Der Kampf um den Nordpol hat endlich begonnen", heißt es am 6. März in Pearys Tagebuch. „Wir sind draußen auf dem Eis des Polarmeers und steuern direkt auf unser Ziel los."

Aber schon jetzt, in den Spuren der andern Abteilungen, zeigten sich plötzlich offene Wasserrinnen. Das Eis knirschte und stöhnte, als wolle das ruhelose Meer den Panzer völlig sprengen, und einmal wurden die erbauten Schneehütten vor den Augen der Ankömmlinge durch die emporstoßenden Eisschollen zertrümmert; es gelang noch eben, die hier lagernden Vorräte vom Rand der Wasserrinne zu retten, ehe sie in den

Dem Nordpol am nächsten

Fluten versanken. Mit dieser Unsicherheit des Wintereises hatte niemand gerechnet.

Am 17. März traf Peary die erste Abteilung, die nach Kap Hecla zurückging, um neuen Proviant zu holen. Am 18. heißt es in seinem Tagebuch: „Ein neuer, herrlicher, aber bitterkalter Tag, der Branntwein gefroren, das Petroleum weiß und klebrig; meine Hunde sehr müde und schlaff. Es ist ärgerlich, bei solchem Prachtwetter und solcher Bahn nicht schneller vorwärts zu kommen, und unangenehm, im Nachtrab zu sein, jeden Augenblick in Gefahr, den Anschluß zu verlieren. Aber ich tröste mich damit, daß die vordern Abteilungen ein gut Stück voraus sind oder doch sein sollen; nicht lange mehr, und ich bin an der Spitze des Zuges, da, wo ich hingehöre." Mit zunehmender Ungeduld zählte Peary die Tage; am liebsten hätte er gar nicht bei den Igloos gerastet — nur weiter, weiter! „Heute nacht", schreibt er einmal, „kann ich fast nicht schlafen. Wenn sich nur erst die Hunde genügend ausgeruht hätten, um wieder aufzubrechen! Immer muß ich daran denken, wie ich es aushalte, wenn etwa ein unüberwindliches Hindernis, offenes Wasser, unpassierbares Eis oder ungeheurer Schneefall, mich jetzt, wo alles so vielversprechend aussieht, aus der Bahn wirft."

Noch fünf gute Tagesmärsche — dann war das Hindernis da: ein breiter Eisriß, aus dem das dunkle Meerwasser hervorschäumte. Keine Möglichkeit, hinüber zu kommen! Und wenn die vordern Abteilungen jenseits waren, was sollte aus ihnen werden? Es blieb nichts weiter übrig, als sich in einer Schneehütte einzurichten und Tee zu kochen. Plötzlich hörte einer der Eskimos Hundegebell. Peary eilte hinaus und sah in der Ferne Kapitän Bartlett herankommen, der die zweite Abteilung geführt hatte. Und immer mehr dunkle Gestalten tauchten auf: die drei vordern Abteilungen hatten sich hier an der gewaltigen Rinne zusammengefunden, die nach Westen und Osten hin den Weg zum Pol durchschnitt, weiter als das Auge sehen konnte. Was nun? Von einem Eishügel aus glaubte Peary zu bemerken, daß die nördliche Eiskante der Wasserstraße sich langsam nach Westen bewegte. Vielleicht schloß sich der Kanal wieder über Nacht? Wachen wurden ausgestellt, die sofort melden sollten, wenn die Eisränder irgendwo so dicht zusammenrückten, daß hinüberzukommen war. Die andern suchten ihr Lager in einer der nahen Igloos. Die Nachtwachen blieben stumm. Sieben volle, kostbare, unwiederbringliche Tage lag Peary mit seinen Leuten hier am „Hudson-River", wie er die feindliche Wasserrinne mit Galgenhumor benannte. Dann endlich schloß sich die klaffende Eiswunde so weit, daß man den Übergang wagen konnte. Nun weiter — das Verlorene einholen, ehe es vollends zu spät ist! Aber aufs neue kam das tückische Eis in Bewegung. Eben war man beim Bau einer Igloo, als plötzlich mit lautem Knall das Eis barst. Am Morgen war der Spalt wieder überfroren. Weiter geht der Marsch auf Tod und Leben. Wann ist der nächste Vollmond? Dann ist mit Springflut zu rechnen. Und wo bleibt der Nachschub? Nichts von ihm zu sehen! Wahrscheinlich steht er ratlos am „Hudson River" und kann nicht herüber! Von Tag zu Tag wird diese furchtbare Ahnung immer mehr zur Gewißheit.

Noch verlor Peary den Mut nicht. Am 7. April, dem Tag, an dem vor Jahren Nansen seinen höchsten Punkt erreicht hatte, schien das Schneetreiben aufhören zu wollen. Es war nur die Stille vor einem Sturm, der keinen Schritt im Freien erlaubte. Wieder vergehen Tage in qualvoller Untätigkeit. Die Lebensmittel werden berechnet, die Rationen verkürzt. Noch einmal vorwärts! Am 21. April ist klares Wetter; die Observationen ergeben 87° 6' — einen Grad mehr als Nansen, 32 Meilen mehr als Cagni erreicht hat. Der Rekord ist wenigstens geschlagen.

Noch einmal wollte Peary weiter. Aber als er die düstern Gesichter seiner Gefährten sah, die skelettähnlichen Gestalten der wenigen überlebenden Hunde — die meisten hatte man schon schlachten müssen — und die leeren Schlitten, als er hinter sich das Eis treiben sah, über das sie gekommen waren, und an den „Hudson-River" dachte, der vielleicht längst die Rückkehr vollends abschnitt, sah er ein, daß er den Bogen nicht überspannen dürfe und gab Befehl zum Rückmarsch.

Wie notwendig der Entschluß war, sollte sich bald zeigen. Die alte Spur fand sich, die Schlitten waren nur allzu leicht, hinter ihnen lauerte der Tod — also in Eilmärschen zurück! Wenn ein Aufenthalt kam — wenn ein Blizzard sie festhielt —? Zwei Tage jagten sie über die blendende Schneedecke. Am dritten machten sie Rast — am „Hudson-River", der sich unterdes auf etwa eine halbe Meile verbreitert hatte! So weit sie auch auf- und abwärts suchten, nirgends eine schmale Stelle oder auch nur ein paar Eisschollen, die man als Fähre hätte benutzen können. Auf sicherm Packeis eine Schneehütte bauen und warten, warten, war das einzige, was sich tun ließ. Warten bis wann?

Die Lebensmittel gingen zu Ende. Die Hunde wurden einer nach dem andern geschlachtet. Wenn der letzte darankam, war es aus. Das Petroleum für den Ofen war verbraucht. Die Schlitten lieferten Brennholz — wozu waren sie sonst nütze? Ein warmer Bissen Hundefleisch, so dürr es auch sein mochte, war bei der barbarischen Kälte ein Hochgenuß, vielleicht die letzte Wegzehrung.

Stumpfsinnig starrten sie auf den Meeresarm vor ihnen und lauschten angstvoll auf das Knacken und Krachen des Eises, das hier und da, in immer größerer Nähe, knallend zersprang und ihre Scholle zu einer treibenden Insel machte. Da, eines Morgens — sie zählten schon nicht mehr, der wievielte es war — kamen zwei Eskimos laut rufend herbeigeeilt: einige Meilen vom Lager entfernt hatte sich Neueis in dem Kanal gebildet. Sofort war alles auf den Beinen. Jeder schnallte die Schneeschuhe fester als sonst, denn jeder wußte: der entscheidende Augenblick ist da, es geht ums Leben, ein Sturz oder Fehltritt, und alles ist vorbei. Der leichteste und erfahrenste Eskimo ging voran, die andern in weit auseinandergezogener Kette folgten. Kein Wort fiel, jeder sah vor sich hin auf seine Schneeschuhe, aber alle dachten nur das eine: im nächsten Augenblick ——— Stehenbleiben war sicherer Tod. Langsam und gleichmäßig glitten die Schneeschuhe unaufhörlich aneinander vorbei, mit jedem Schritt ging eine Wellenbewegung durch die schlammigfeuchte Eishaut, unter der das schwarze Meereswasser wie ein grausiger Abgrund sichtbar war. „Ich gestehe offen", erklärte Peary nachher, „diesen Augenblick möchte ich nicht ein zweites Mal erleben. Es war das erste und einzige Mal während meiner ganzen arktischen Arbeit, daß ich über den Ausgang unsicher war, und als ich ungefähr in der Mitte der Rinne zweimal hintereinander mit der hintern Schneeschuhspitze durchbrach, glaubte ich, jetzt sei es aus. Und als etwas später einer in unserer Reihe einen Schrei ausstieß, murmelte ich unwillkürlich die Worte: ‚Gott helfe ihm! Wer mag es wohl sein?' Aber ich wagte nicht, die Augen von dem steten, gleichmäßigen Gleiten meiner Schneeschuhe zu erheben. Die durchsichtige Eiswelle, die das Vorderende des Schneeschuhs bei jedem Schritt bildete, hielt meinen Blick wie behext."

Sie kamen alle acht hinüber, auch der, der aufgeschrien hatte, weil er ebenso wie Peary mit der Spitze des Schneeschuhs durchgebrochen war. Als sie ihre Schuhe losbanden und rückwärts sahen, verwischte sich ihre Wegspur schon wieder, das Eis setzte sich in Bewegung — eine Minute später hätten sie da keinen Schritt mehr machen können.

Diesseits des Wasserarms waren sie nun. Aber von ihrer früheren Wegspur war hier nichts zu entdecken. Ein grauenhaftes Trümmerfeld von Eis lag vor ihnen, die Blöcke wild durcheinander, „von kleinen Pflastersteinen bis zur Größe der Kuppel des Washingtoner Kapitols", wie Peary sagt. Durch diese Felsenwildnis galt es, einen Weg zu bahnen. Die Füße trugen sie fast nicht mehr, sie stolperten und fielen, rafften sich wieder auf und achteten nicht der Schmerzen. Der Hunger trieb sie vorwärts. Und am Ende des zweiten Tages stieg es wie eine Vision vor ihnen auf: waren das nur Wolken am fernen Horizont? Nein, zarte, noch im Duft verschwimmende Berglinien, die Silhouetten der Berge von — Grönland! Die Eskimos machten entsetzte Augen. Peary hatte damit gerechnet. Denn die Eisdrift bewegt sich auf der westlichen Halbkugel nach Osten, entgegen der Drift, der sich Nansen anvertraute. Der Pendel von Kap Hecla an der Nordküste von Grant-Land bis zum Endpunkt ihres Marsches oberhalb des 87. Breitengrades war also nach der Nordküste Grönlands ausgeschlagen. Aber nur die Eisfläche nördlich des „Hudson-River" hatte sich verschoben, das Küsteneis diesseits war festgeblieben; daher fehlte hier ihre alte Wegspur, die lag fern im Westen, während sie auf

Grönland zuschritten. Dort war das Gestade der Rettung! Dort gab es Wild; auf den scharfen Spürsinn der Eskimos war unbedingter Verlaß. Nur eine letzte Anstrengung noch! Das Land zwar schien wie verhext; es rückte jede Nacht weiter weg. Ob die Eisdrift das verursachte, konnte Peary nicht feststellen. Endlich aber wurden die Linien am Horizont schärfer, die Küste wurde sichtbar, man stand vor dem Eisfuß. Noch einmal alle Kraft zusammengerafft! Dann stand Peary mit seinen Getreuen auf festem Land. Und kaum eine Stunde später hatten sie vier Hasen erlegt, die' köstlich schmeckten, auch „ohne den Luxus von Salz und Feuer".

Etwas Rätselhaftes aber war ihnen soeben bei der Landung begegnet: sie hatten eine Schlittenspur gekreuzt, eine unzweifelhaft frische Spur! Was hatte das zu bedeuten? Und aus der Spur war zu lesen: ein leichter Schlitten mit Hunden hatte hier seinen Weg genommen, ihm folgten Menschenschritte, unregelmäßig, vier Mann! Männer offenbar, die von allem entblößt in der Wildnis umherirrten und sich nur noch vorwärts schleppten. Ihnen nach! Aber erst Ruhe, um selbst wieder etwas zu Kräften zu kommen. Dann machten sich einige Leute hinter der Spur her. Am nächsten Tag sah man sie wieder ankommen, und mit ihnen vier schwankende, taumelnde Gestalten: vier Leute von der „Roosevelt", die dritte Abteilung der Polexpedition! Sie hatte sich auf dem Rückmarsch von der Etappe zum Schiff verirrt und geglaubt, immer östlich gehen zu müssen. Seit drei Tagen lebten die vier von ihren Reservepelzstiefeln und hatten schon mit dem Leben abgeschlossen! Dies wunderbare Zusammentreffen rettete sie. Sie fragten nicht, was das rohe Fleisch sei, das man ihnen reichte, sie aßen mit Heißhunger. Am Abend brachten die Eskimos sechs Hasen auf einmal an, eine märchenhaft reiche Strecke für die erschöpften Jäger; zwar war man jetzt zu zwölf, dazu noch ein Dutzend vor Hunger winselnder Hunde — da kam in jeden Magen nicht viel.

Aber man war doch wenigstens in Sicherheit. Bis zum Schiff, das war ja ein Kinderspiel gegen das Überstandene. Wenn man nur auf den Beinen blieb, dann mußte es gehen. Bei Kap May, ein paar Tagemärsche weiter, wußte Peary ein Tal, wo sicher

Moschusochsen weideten. Fand sich auch nur eine kleine Herde, dann waren die Zwölf endgültig gerettet. Also vorwärts nach Westen! Es ging, aber so langsam, daß die Gefahr völliger Erschöpfung wuchs. Der Schnee war grausam tief. Ein Hund mußte dran glauben, es war eine kümmerliche Tagesmahlzeit. Da plötzlich ein Ruf: „Oomingmuksue!" brüllte ein Eskimo — „Moschusochsen!" Peary hatte eben den Rock abgeworfen, um Tee zu kochen. So wie er war, im flanellenen Hemd, stürzte er ins Freie, raffte Fausthandschuhe, Büchse und Patronen auf, und fort ging es auf sausenden Schneeschuhen auf sieben schwarze Punkte zu, die sich auf weißem Blachfeld zu bewegen schienen. Ein Schlitten mit den kräftigsten Hunden folgte. Der Weg war weit, aber hinkommen mußte man, das Leben aller hing davon ab. Eine Meile vor den ruhig weidenden Tieren wurden die Hunde losgekoppelt. Ob die ausgemergelten Tiere überhaupt dazu zu bringen waren, das Wild zu stellen? Aber schon sah Peary, wie einer der Hunde, von dem angegriffenen Bullen auf die Hörner genommen, durch die Luft flog. Keuchend stürzte er vorwärts in Schußnähe, warf sich auf die Knie, um sich nur soweit zu beruhigen, daß er sicher zielen konnte, und legte an. „Nicht zu nahe, Peary!" rief einer der Eskimos, aber was war ein wütender Ochse gegen den „Hudson-River", den die tapfere Schar überwunden hatte. Und schon knallte Schuß auf Schuß, und alle sieben Tiere lagen im Schnee. Das war Hilfe in der Not! Das reichte bis zum Schiff. — Aber nun kam die Reaktion. Peary war in Schweiß gebadet und stand im flanellenen Hemd in der furchtbaren Kälte. Er begann heftig zu zittern, auch das schnell abgezogene, noch rauchende Ochsenfell konnte ihn nicht erwärmen. Die übrigen waren unterdes herangekommen, das Lager wurde aufgeschlagen, das frische Fleisch verteilt, Weißer, Eskimo und Hund, jeder schlang die blutigen Stücke hinunter, und dann war Peary froh, ins Zelt zu kriechen und den Fieberfrost, wenn möglich, zu verschlafen.

Am nächsten Tag waren sie zwar noch satt von der übermäßigen Mahlzeit, aber die Masse rohen Fleisches machte ihnen so viel Magenbeschwerden, daß sie kaum besser daran waren als gestern, und als sie endlich das Schiff sichteten, mußten sie zwei Mann zurücklassen, die vor Erschöpfung nicht mehr weiterkonnten. Die „Roosevelt" sandte ihnen alsbald Hilfe entgegen, und dann waren sie wieder in ihrem Schiff. Und nun die stinkenden Pelzkleider herunter, und hinein ins Bad! Und dann ein Mittagessen, ein wirkliches Mittagessen für zivilisierte Leute! Und schließlich ins Bett, in ein richtiges warmes Bett, und geschlafen, geschlafen, ohne an morgen, an den Pol, an den Hudson-River noch zu denken! Dem Nordpol näher als irgendein anderer Sterblicher war ja die letzte Abteilung am 21. April 1906 doch gekommen!

Erster am Ziel: Frederick A. Cook

Die Yacht des reichen amerikanischen Sportsmanns John R. Bradley verließ am 19. Juli 1907 den Hafen von Gloucester (Massachusetts) mit dem Kurs nach Norden; sie brachte ihren Besitzer zur Jagd auf das Großwild der Arktis, Bär und Walroß — ein alltägliches Ereignis, von dem keine Behörde, keine geographische Gesellschaft, kein Reporter Notiz zu nehmen hatte. Nur die nächsten Freunde wußten, daß die „Bradley" zwei Mann an Bord hatte, denen die Jagd nur Mittel zu einem größeren Zweck bedeutete. Der eine war Dr. Frederick A. Cook, ein Amerikaner deutscher Herkunft — die Familie des Vaters hieß früher Koch —, Arzt und Polarforscher von Ruf; er hatte 1891/92 Peary auf seiner Grönlandexpedition begleitet, an einer belgischen Südpolexpedition teilgenommen und als erster den Mount MacKinley in Alaska erstiegen, eine sportliche Leistung ersten Ranges. Er war dann noch einmal in Grönland gewesen, diesmal auf eigene Faust und auf eigene bescheidene Kosten, um sich mit der Natur des Landes und seiner Bewohner vertraut zu machen, denn eines teilte er mit dem ihn schon damals heftig befehdenden Peary: den brennenden Ehrgeiz, das Rätsel des Nordens zu lösen und als erster den Pol zu erreichen. Wie Peary — wenn er das auch nie wissen wollte — in den Fußtapfen anderer Forscher stand, so mochte von ihm

Cook die Lehre übernommen haben, daß sich jenes höchste Ziel nur mit Hilfe der Eskimos erreichen lasse, und durch bescheidenes Auftreten, Ehrlichkeit und Aufrichtigkeit hatte er sich bereits zahlreiche zuverlässige Freunde dort oben im Norden gewonnen. An Kenntnis der Arktis, Mut, Gewandtheit und Zähigkeit durfte er sich mit Peary messen; nur in einem Punkte war ihm dieser himmelweit überlegen: in Skrupellosigkeit und geschäftlicher Routine. Cook begriff nicht, daß Klappern zum Handwerk gehört, Reklame und selbstgepflückter Lorbeer auf Vorschuß waren Dinge, mit denen er nichts zu tun haben wollte. Er fand daher keinen Arctic-Club, der ihm ein Schiff baute und ihm die Mittel zur Ausrüstung vorstreckte, und ebensowenig eine Presse, die ihn als Polbezwinger feierte, noch ehe er von Hause abgedampft war; er fand nur einen Freund, der ihn auf seinem Schiff bis Grönland mitfahren ließ, und was er seine Ausrüstung nannte, hätte gewiß Pearys und seiner Freunde höhnischstes Lachen erweckt: 1000 Pfund Pemmikan, die notwendigsten Instrumente, Gewehre und Munition, Werkzeug und eine große Menge härtestes Nußbaumholz (Hickoryholz). Dieser aus eigenen Mitteln bestrittenen Ausrüstung entsprach auch die Begleitung; sie bestand aus einem Mann, einem jungen Deutschen namens Rudolf Francke.

Die „Bradley" lief die verschiedenen Eskimoniederlassungen in Nordgrönland an, und die Eingeborenen verhalfen bereitwilligst dem reichen Amerikaner zu seinen Jagdtrophäen und ihrem Freunde Cook zu dem Proviant an frischem Fleisch, der mit nach Norden gehen sollte. Das Jahr war außergewöhnlich günstig; das Schiff wurde bis hinauf in den Smith-Sund vom Eis fast nicht behelligt und erreichte ungefährdet die nördlichste Eskimosiedlung Annoatok, die Cook zum Ausgangspunkt seiner Polexpedition erwählt hatte. Die „Bradley" löschte ihre Ladung an Fleischproviant, holte die gesamte Bevölkerung von Etah herüber und kehrte am 3. September wieder nach Amerika zurück, Cook und seinen Begleiter Francke ihrer Eskimogesellschaft überlassend.

Nun begann in Annoatok eine fieberhafte Arbeit. Aus den Pemmikankisten wurde ein Winterhaus gebaut, mit Holzschin-

Erster am Ziel: Frederick A. Cook

deln und Rasen gedeckt und mit Moos gedichtet. Ein Teil der Männer zimmerte Schlitten nach Cooks Anweisung, die Frauen gerbten Felle und schneiderten Winterkleider, und täglich zur Teestunde war das enge Kistenhaus gestopft voll von lachenden und schwatzenden, vor allem aber kauenden Eskimos, die sich das auf dem Ofen in der Mitte brodelnde Walroßfleisch trefflich munden ließen. Die übrigen Männer mit Cook oder Francke waren auf der Jagd, denn die 250 Eskimomäuler und mehrere Hundert Hunde verzehrten ungeheure Quantitäten Fleisch und Speck, von dem Speck öl für die Lampen gar nicht zu reden. Aber der Wildreichtum der Arktis war für geschickte Jäger unerschöpflich; sieben riesige Narwale wurden eingebracht, das bedeutete 40 000 Pfund Fleisch und Fett; Walrosse wurden noch mitten im November harpuniert und Renntiere und Seehunde in Massen erlegt; das Renntierfell war für die Schlafsäcke, die Robbenhaut für die Stiefel; Hasen und Füchse lieferten weiche Unterkleider und Strümpfe. Über diesen Vorbereitungen eilte die viermonatige Polarnacht im Fluge dahin. Schon im Januar ließ Cook bei Kap Sabine jenseits des Smith-Sundes das erste Proviantdepot anlegen. Eine zweite Abteilung Eskimos sandte er nach der Fagler-Bai, um Moschusochsen zu jagen und ihn zu erwarten, und am 19. Februar 1908 brach er selbst nach Kap Sabine auf. Francke mußte zur Verwaltung des wertvollen Lagers an Fellen, Narwalzähnen usw. in Annoatok zurückbleiben.

Als Ausgangspunkt seiner Polwanderung hatte Cook das von Kapitän Sverdrup vor sieben Jahren erforschte Axel-Heiberg-Land gewählt. Einmal, um Peary, dessen Eifersucht er kannte, nicht auf „seinem Arbeitsgebiet" in die Quere zu kommen; dann aber vor allem, weil der Wildreichtum dieser Gegend die Expedition verproviantieren sollte, und tatsächlich brauchte er bis Kap Svartevoeg, der letzten Landmarke auf dem Wege zum Pol, trotz seiner zahlreichen Begleitung und seiner 100 Hunde den mitgeführten Proviant nicht anzugreifen; er konnte hier sogar noch ein großes Vorratslager für den Rückweg zurücklassen. Vom „Schwarzen Felsen" aus, der Nordspitze von Axel-Heiberg-Land, kehrten die Eskimos zurück bis auf zwei, die

Cook als die leistungsfähigsten erkannt hatte, die jungen unverheirateten Jäger E-tuk-i-shook und Ah-we-lah. Mit diesen beiden Leuten, mit 2 Schlitten und 26 Hunden brach Cook am 18. März 1908 zum Pol auf.

Die junge Sonne des langen Polartages lag blendend auf dem Meereis, und die Schatten der Wanderer tanzten ihnen vorauf wie dunkle geschäftige Wegweiser nach Norden. Und die Eskimos freuten sich der Sonne, wenn sie aus rotgoldenen Nebelschwaden hervortrat, und ihrer plumpen Schatten, die blauweiß auf den Schnee fielen. Denn nach ihrem Glauben führt in diesem köstlichen Schatten die Seele ein vom Körper gesondertes Leben, das erst die Sonne wiederbringt; sie tanzten und hüpften mit ihm um die Wette und merkten bei diesem lustigen Schattenhaschen nichts von der schweren Schlittenlast und der bittern Kälte, die ihre Gesichter aufriß. Cook selbst wurde von dieser kindlichen Freude am Schattenbild mitgerissen; für ihn aber war es ein lebendiges Zeitmaß, je geringer die Längenunterschiede der Schatten wurden, um so näher kam der Pol.

Die ersten Tage über war die Eisbahn vortrefflich; die Hundepfoten kratzten den Boden, und die Schlitten sausten nur so dahin; heute 26, morgen 21 Meilen. 500 waren es im ganzen bis zum „Großen Nagel", als den sich die Eskimos den Pol vorstellten. Sie hatten schon den 83. Grad erreicht und sahen zu ihrer Beruhigung noch immer Land hinter sich, die Klippen von Grant-Land und den schwarzen Felsen von Svartevoeg, und als diese verschwanden, wies ihnen Cook neue Küsten — Nebelstreifen, die er für Landmarken ausgab, denn solange der Eskimo Land im Rücken sieht, ist er mutig und guter Dinge, und in dieser Stimmung wollte Cook seine Leute solange wie möglich behalten. Die fröhlichen Tage waren nur zu bald vorbei; Nebel und Schneetreiben hüllte sie ein, und Wasserrinnen liefen quer über den Weg oder öffneten sich unversehens vor ihren Füßen. In der sechsten Schneehütte schreckte Cook plötzlich aus schwerem Schlaf empor und fühlte sich, hilflos eingepreßt in einen eisigen Stahlpanzer, sinken — dann im nächsten Augenblick an den Schultern gepackt und aufs Eis gezerrt:

Frederick A. Cook

der Boden hatte sich unter ihm geöffnet, und das offene Meer schäumte herauf. Am 27. März, schon nahe dem 85. Grad, drückte der Sturm die Schneehütte ein und erstickte fast die beiden Eskimos; 29 Stunden mußten alle drei unter freiem Himmel im Schneesturm liegen. Bei hellem Wetter zeigte sich im Westen zu Cooks größter Überraschung wirklich Land, neues Land, dessen Küste sich 50 Meilen weit deutlich abhob; er benannte es Bradley-Land. Festes Land im Westen versprach für einige Tage festes Eis, und bis über den 87. Grad hinaus, den Cook am 8. April erreichte, machte sich die Eisdrift nicht bemerkbar. Dann aber wurde der Weg grauenvoll, und am 13. April, schon jenseits des 88. Grads, waren sie alle drei so erschöpft und verzweifelt, daß völliger Zusammenbruch das Ende zu sein drohte. Die schweren Schlitten waren in dem Sturm, der alles zu Boden riß, nicht mehr über die Preßeishügel hinüberzubringen. Ah-we-lah warf sich über seinen Schlitten und flehte: „Laß uns hier bleiben, weiter ist unmöglich!" Große Tränen rollten aus seinen Augen und erstarrten sofort zu Eis. — „Ja, es ist besser, zu sterben", fiel sein Kamerad ein. Ein furchtbarer Augenblick für Cook! Langes Ausruhen war gefährlich — jeden Tag verminderte sich der Proviant — das Gespenst des Hungers erhob sich drohend hinter ihrem Rücken. Nur noch 100 Meilen vom Pol — so dicht am Ziel sollte alles fehlschlagen! All die unsägliche Mühsal vergebens! Das durfte nicht sein! Er kämpfte seine eigene Verzagtheit nieder und redete vorsichtig und herzlich auf die Verzweifelten ein. „Nur noch fünf Tage bis zum Großen Nagel! Dann kehren wir um zu den andern, zu Euern Lieben, und alle Not hört auf! Dann sollt Ihr essen soviel Ihr wollt! Ig-luctoo! (Nur Mut!) Nur noch fünf Tage Mut — fünf Tage?"

Aber Ah-we-lah erwiderte: „Das Land ist verschwunden, unsere Lieben sind verloren! Alles Leben ist dahin!" und E-tuk-i-shook fuhr fort: „Und die Sonne, ich verstehe die Sonne nicht mehr!" Denn das war ihre schrecklichste Sorge: seit Tagen schon beobachteten sie angstvoll, daß ihr Schatten sich immer weniger veränderte, am Abend kaum merklich länger wurde, daß die Sonne fast immer gleich hoch am Himmel stand! Cook versuchte, ihnen das Phänomen zu deuten — ihr Verstand begriff es nicht. Alles war ihnen hier ein grausiges Rätsel: diese Einöde, in der es keine Robben gab, keine Bären — und nun auch noch die Sonne! Und Cook sprach zu ihnen von der Sonne und von der baldigen Heimkehr, wenn sie nur erst den Großen Nagel erreicht hätten, und je mutiger er selbst bei seinen Worten wurde, um so überzeugender und überredender wirkten sie, und schließlich sprang Ah-we-lah vom Schlitten auf, ergriff die Peitsche und rief: „Ka, aga!" (Komm weiter!) Mit neuem Mut, die Zähne zusammenbeißend vor Gesichtsschmerz, hasteten sie vorwärts, und ihre Zuversicht teilte sich den Hunden mit: wie in den ersten Tagen kratzten die Pfoten eilig über das Eis, und die wilde Jagd zum Pol ging unaufhaltsam weiter.

Und das Ziel rückte näher mit jedem Schritt. Die Phantasie der Eskimos war seltsam erregt; überall sahen sie im Sonnendunst lockende Gebilde, bald Land, bald Bären und Seehunde, und Cook hütete sich wohl, ihnen zu erklären, daß diese bläulichen Schatten im rotglühenden Sonnennebel nur Lichtspiele sein konnten. Er selbst konnte nicht mehr schlafen, so quälten ihn Spannung und Ungeduld.

Am Mittag des 19. April zeigte der Sextant $89° 31'$ — nur noch 29 Meilen bis zum Pol! Die Eskimos brüllten vor Freude, eine Stunde Rast — dann spannten sie sich wieder in die Zugriemen, die Hunde, von einer Extramahlzeit Pemmikan ermuntert, reckten die Schwänze in die Luft und sausten dahin, daß die schnaufenden Leute ihnen kaum folgen konnten — über purpurflammende Eishügel — über farbenfunkelnden Schnee. Und endlich, endlich waren sie am Ziel, auf dem Gipfel der Welt! Vom schnell erbauten Igloo wehte zum erstenmal das Sternenbanner im eisigen Windhauch des Pols. Hier war der Punkt, wo Länge und Breite des Erdballs zusammenschossen, wo es keine Zeitberechnung mehr gab, wo die Greenwicher oder die New Yorker Zeit, die von Peking und die von San Franzisko aufeinanderstoßen und doch um 24 Stunden verschieden sein müssen; mit einem Schritt setzte man über einen Tag hinweg. Hier war der Punkt, wo das Jahr wie ein Tag ist, die

Erster am Ziel: Frederick A. Cook

Sonne sechs Monate scheint, die tiefste Nacht die andern sechs Monate brütet, und Mond und Sterne beständig im Kreise wandeln.

Das also war der „Große Nagel"! Die Eskimos jubelten und lachten, daß sie ihn nun endlich doch erwischt hatten — aber enttäuscht waren sie gleichwohl. Nirgends ein Merkmal, ein Kopf von diesem Tigi-shu, dem Großen Nagel — wie konnte der Kablunak dann wissen, daß hier die Stelle sei? Aber nun zeigte Cook auf ihre Schatten und allmählich begriffen sie das Wunder: von sechs zu sechs Stunden gemessen erwies er sich als immer gleich lang, $27^1/_2$ Fuß: in immer gleicher Höhe kreiste hier die Sonne, in immer gleicher Länge kreiste der Schatten auf dem großen Zifferblatt, das Cook mit der Schlittenzollstange in den Schnee zeichnete, wie ein schwarzer, unbeirrbarer Uhrzeiger! Und dieses Schattenspiel war der deutlichste Beweis, daß Cook am 21. April 1908 auf dem nördlichsten Punkt der Erde stand — noch keiner vor ihm hatte es beobachten können.

Zwei Tage blieben die drei Männer auf dem Gipfel der Welt, von dem aus alle Wege nach Süden führen. Cook legte in einem Preßeisrücken eine Messingkapsel mit einem Bericht nieder, machte alle die Messungen, die seine Anwesenheit hier beglaubigen mußten, zeichnete sie in sorgfältigen Tabellen auf — und dann ging es wirklich nach Süden.

Aber nun kam die Reaktion: der Begeisterungstaumel war erloschen und machte einer schlimmen Ernüchterung Platz. Noch einmal 500 Meilen über das Eis, auf dem die Sonne den Schnee in meilenweite Schlammpfützen verwandelte — die Geißel des Hungers im Nacken! Der Pemmikan war zu zwei Drittel verbraucht, ein Teil der Hunde geschlachtet. Der Mai brachte noch schneidendere Kälte, Hagelschauer und Schneetreiben — und die Kräfte nahmen von Tag zu Tag ab. Schon hatten sie den 83. Grad hinter sich — kein Schimmer von Land wurde sichtbar! Und Tag auf Tag hasteten sie weiter durch grauen, schleimigen Nebel, der sie wie eine elastische Wand umgab — verloren die Sonne, verloren alles Leben, einsam wie am Pol selbst — nur Eisklippen unter den Füßen, den

Hungertod immer näher vor Augen, Verzweiflung im Herzen
— ohne Schatten, ohne Seelen!

Nach 20 Tagen zitternder Todesangst hob sich endlich der
Nebel wie ein Sargdeckel, und im Süden leuchtete Land! Die
erste, jetzt erst wieder mögliche Berechnung klärte das unheimliche Rätsel auf: sie waren zu weit nach Westen, in die Kronprinz-Gustav-See geraten und schon zwei Breitengrade tiefer
als Kap Svartevoeg mit seinem Lebensmitteldepot! 200 Meilen
noch nach Nordost — unmöglich! 50 Meilen entfernt lagen die
Schwesterninseln von Ringnes-Land — dort allein war Rettung
zu finden.

Zu Tode müde lag Cook in seinem Zelt — da klang es draußen
silberhell — und wieder und wieder! Er sprang hinaus: am
blauen Himmel im Sonnenglanz hing eine Schneeammer und
jubilierte — das erste Lebewesen, der erste Frühlingsbote. Tränen der Freude rannen den Wanderern über die rissigen, abgezehrten Wangen, und mit gestähltem Mute eilten sie weiter,
und als sie an Land kamen, gruben sie, glücklich wie spielende
Kinder, Fuß und Hand in den rieselnden Sand. Gerettet! Die
letzte Büchse Pemmikan war verzehrt — aber der erste Bär ließ
nicht auf sich warten, und Mensch und Hund fielen mit wölfischer Gier auf das noch warme, blutige Fleisch ihrer ersten
Beute her.

Der Ausblick in die nächste Zukunft aber war ernst. Bis zum
Smith-Sund und gar bis Annoatok — eine unheimlich weite
Strecke, ohne Proviant, nur auf das Jagdglück angewiesen.
Zwei Wochen mindestens hatte Cook für den Heimweg verloren. Bis zum Lancaster-Sund war nicht viel näher, aber vielleicht traf man dort noch einen verspäteten Robbenfänger. Also
weiter nach Süden, und so schnell wie möglich! Die zerklüftete
Inselwelt ringsum strahlte in Mittsommerschönheit. Über dem
Schnee blühten Anemonen rot und lila, Gras und Moos bildeten grüne Flecken, Hasen spielten in der Sonne, Füchse strichen umher, Eidergänse und Silbermöven erfüllten die Luft
mit schrillem Schrei. Aber die Ohren und Augen der drei Wanderer waren stumpf geworden — nur weiter, weiter, ehe die
lange Nacht der Flucht über das Eis ein Ziel setzte!

Peary als zweiter Sieger

Die „Bradley" war nach Amerika zurückgekehrt. Daß Cook auf dem Weg zum Nordpol sei, war jetzt kein Geheimnis mehr; Peary, der mit Vorbereitung einer neuen Expedition beschäftigt war, geriet in die heftigste Entrüstung und setzte schon jetzt alle Hebel in Bewegung, um den Rivalen, der es gewagt hatte, ihm die Palme des erst noch zu erringenden Sieges aus der Hand winden zu wollen, in der Achtung der Welt aufs tiefste herabzusetzen. Er konstruierte eine neue „Polarethik", die im wesentlichen darauf hinauskam: der Weg zum Pol, zum mindesten der durch den Smith-Sund, ist für jeden andern gesperrt; die Eskimos dort oben sind ausschließlich meine Diener; und was sonst dort kreucht und fleucht ist mein alleiniges Eigentum! Peary war in seinen Mitteln nicht eben wählerisch, und da er mit Hilfe seines Arctic-Clubs die geschäftstüchtige Reklamepresse beherrschte, Cook in sicherer Ferne war und sich nicht verteidigen konnte, blieb des erbitterten Gegners maßlose Polemik nicht ohne Eindruck. Mit der Feder allein aber war dieser Kampf nicht auszufechten, nur durch die gleichwertige Tat. Noch war ja nichts entschieden. Noch kam keine Nachricht von Cooks Erfolg — vielleicht kam sie nie. Im Juli 1908 war Peary mit seiner „Roosevelt" auf dem Weg zum Smith-Sund.

Bei Kap York stießen wieder seine Eskimos zu ihm: 22 Männer, 17 Frauen und 10 Kinder; 50 Walrosse wurden als erster Wintervorrat gefangen, und am 18. August fuhr die „Roosevelt" mit ihrem Transportschiff „Eric" den Smith-Sund hinauf nach Etah; von dort sollte der „Eric" nach Löschung seiner Kohlenlast heimkehren. Hier fand er die Eskimos, die Cook bis zum Packeis vor Axel-Heiberg-Land begleitet hatten, in großer Sorge um ihren Freund und seine beiden Begleiter: sie waren nicht zurückgekehrt, und der Vater des einen jungen Eskimo beweinte seinen Sohn schon als Toten. Cooks Depotverwalter Francke aber lag hier in Etah schwer krank; er hatte nach seiner Instruktion im Juni Annoatok verlassen, um nach Süden zu gehen und dort eine Gelegenheit zur Heimkehr zu finden. Aber es war ihm schlecht gegangen, und der Aufenthalt unter den Eskimos war dem Kranken zu einer Qual geworden; er hatte schon mit dem Leben abgeschlossen. Als er von der Ankunft Pearys erfuhr, schleppte er sich mit seinen letzten Kräften auf dessen Schiff und bat flehentlich um Brot und Kaffee. Peary ließ den zerlumpten Europäer von Bord weisen. Als er aber erfuhr, daß Francke in Annoatok ein kostbares Lager von Fellen und Narwalelfenbein zurückgelassen hatte — Cook schätzte es auf 45000 Dollar! — ließ er ihn holen und erlaubte ihm die Rückkehr auf dem „Eric" unter der Bedingung, daß er ihm das gesamte Lager übereigne. Francke, der kaum seiner Sinne mehr mächtig war, unterschrieb alles, was Peary forderte. Mit diesem Vertrag in der Hand ließ Peary sofort Cooks Eigentum in Annoatok beschlagnahmen und setzte einen Zerberus von Verwalter dorthin mit der strikten Weisung, niemand auch nur den Zutritt zu erlauben. Wenn Cook doch noch nach Hause zurückkehrte, kam er vor die verschlossene Tür! Den wertvollsten von Cooks Narwalzähnen sandte Peary mit dem „Eric" als Geschenk an den Präsidenten Roosevelt, und Francke mußte die Rückreise obendrein noch mit 100 Dollar bezahlen. Um den Rechtssinn der über Pearys gewaltsame Besitzergreifung erstaunten Eskimos nicht allzusehr zu beleidigen, nannte Peary dieses Vorgehen eine „Hilfsaktion" für den verschollenen Cook.

Nach diesem Heldenstück fuhr er mit der „Roosevelt" durch das Kane-Becken dem Kennedy- und Robeson-Kanal zu, um so weit wie möglich nach Norden vorzudringen. Und diesmal wurde es ein Kampf, wie ihn Peary noch nicht erlebt hatte. Im Rhythmus von Ebbe und Flut und im Wechsel oft völlig entgegengesetzter Strömungen vollführte das Eis einen Wirbeltanz um das Schiff. Der schwere Rumpf zitterte unter den unaufhörlichen Stößen. Vorwärts, rückwärts, im Zickzack stieß er in jede sich zeigende Rinne vor; was sich in den Weg stellte, wurde gerammt oder mit Dynamit weggesprengt; vor der Flut suchte man Schutz hinter Felsen der Küste oder hinter Eisbergen. 13 Tage war die Mannschaft bis zum Hinfallen an Kessel und Segel gefesselt; keiner kam aus den Kleidern, der Kapitän in der Auslugtonne so wenig wie Peary, der in der Takelage hing und den Kapitän unterstützte. Jeder Mann hatte sein Bündel zur Hand, um sich im Notfall sofort aufs Eis oder zur Küste zu retten. Am 13. Tage endlich wurden die Felsen von Kap Sheridan sichtbar. Noch vier Kilometer nördlicher stieß die „Roosevelt" vor; dann wurde sie im Schutz des Küsteneises vertäut, um nicht, wie das vorige Mal, während der Springflut der Eispressung ausgesetzt zu sein. Der Stützpunkt der Expedition war also diesmal ein beträchtliches Stück nördlicher noch als 1906.

Kohle, Walroßfleisch und aller Wintervorrat wurden nun vom Deck herunter aufs Eis gefiert. Die Proviantkisten ließ Peary zu Wohnhäusern zusammensetzen, für den Fall, daß dem Schiff ein Unglück widerfahren sollte, und in diesem Dörfchen quartierten sich die Eskimos so lange ein, bis das Schiff gereinigt war; dann kehrten sie wieder in ihre wärmeren Räume hinter der Kombüse zurück. Während noch die Maschine und das Segelwerk eingewintert wurden, zogen schon die Jagdpartien über Land, denn außer Pemmikan und den Walrossen hatte Peary, genau so jetzt wie Cook, kein Fleisch mitgenommen. Die Eskimofrauen holten wieder Lachsforellen vom Hazen-See, gerbten Felle und schneiderten Pelzkleider. „Verlaß dich nur auf mich", sagte eine der Eskimoschönen zu dem feisten Kapitän Bartlet, der ihrer Handfertigkeit etwas skeptisch zusah und sein Pelzwams nur ja nicht zu eng haben wollte; „wenn du zum Nordpol gehst, brauchst du eine Zugschnur um den Bauch, keine Zwickel." Die Jagdausflüge überließ Peary den jüngeren Mitgliedern seiner Truppe; er selbst behielt sich nur den Clemens-Markham-Fjord vor, den er auf einer zehntägigen Tour gründlich erforschte; er und seine zwei Begleiter brachten auf dieser Streife 360 Kilogramm Wild zusammen. Das Fleisch ließen sie an geschützten Orten liegen für später; nur die kostbaren Pelze brachten sie auf dem Schlitten mit.

Als Ausgangspunkt des diesmaligen Marsches zum Pol hatte Peary Kap Columbia gewählt, etwa 70 Kilometer westlich von Kap Hecla, das sich als Sprungbrett nicht bewährt hatte. Vielleicht ließ sich dort — Cook war noch weiter nach Westen gegangen — die große Wasserrinne umgehen, oder man traf sie früher und hatte noch genügend Leute zur Hilfe. Die Zahl der Teilnehmer sollte diesmal noch größer sein, damit die letzte Staffel den Endmarsch mit ungeschmälerten Kräften, völlig ausgeruhten Hunden und reichlicherem Proviant antreten konnte. Peary war jetzt 53 Jahre; zu jung, um schon zu verzichten, zu alt, um noch große Pläne in die Zukunft hinein bauen zu können. Was jetzt nicht gelang, gelang nie! Entweder — oder!

Am 12. Oktober begann die Winternacht. In den mondhellen Nächten wurden Proviant und Ausrüstung nach Kap Columbia geschafft, 160 Kilometer weit — ein tüchtiges Stück Arbeit. Nach Pearys Modell hatten die Eskimos neue Schlitten von dreieinhalb Meter Länge gebaut, um kleinere Wasserrinnen leichter überqueren zu können.

Am 28. Februar 1909 war alles marschfertig: 22 Mann, 133 Hunde und 19 Schlitten. Noch ein Tag Musterung, dann gab Peary den Befehl zum Angriff. Am 1. März, eine Woche früher als 1906, zog die erste Abteilung hinaus in die weiße Wüste. Die übrigen folgten, Peary wieder als letzter. Die Abteilungen hielten sich möglichst in den Fußtapfen ihrer Vorgänger, aber die stete Bewegung des Eises, das Aufbrechen von Wasserrinnen und Schneestürme machten die Verfolgung der Spur sehr schwer. Auf widrige Zufälle war Peary gefaßt. Wenn ein Eskimo erkrankte oder ein Schlitten zerbrach, war genug Ersatz da. Auch darin hatte er sich nicht verrechnet: die große Wasserrinne zeigte sich auf dem jetzigen Weg nicht in ihrer erschreckenden Breite, sie hatte sich in schmälere Arme gespalten, aber deren waren um so mehr; an Gefahr und Aufenthalt fehlte es also auch jetzt nicht. 760 Kilometer bis zum Pol! Die höchste Tagesleistung waren 40 Kilometer, zwischendurch aber oft nicht mehr als 27.

Nach fünf Tagereisen über das Ziel der Vorgänger hinaus kehrte jede Abteilung um; die noch leistungsfähigen Hunde und den Überschuß an Proviant und Ausrüstung übergab sie der nächsten Staffel. Zwei von Pearys Begleitern mußten mit erfrorener Ferse umkehren. Am 26. März trat Professor Marvin, Pearys wissenschaftlicher Mitarbeiter, den Rückmarsch an; er war bis zum 87. Grad gekommen. Schwerer Nebel lag an diesem Tag über dem Eis — das deutete auf offenes Wasser! Das schlimmste aller Vorzeichen! Bartletts Abteilung, die letzte, die noch mit Peary marschierte, sah sich plötzlich auf einer losgebrochenen Eisscholle und trieb in einem immer breiter werdenden Kanal davon. Peary war schon drüben. Langsam drehte sich das gefährliche Floß und landete schließlich an der Nordseite der Rinne, wo die Bemannung mit Hilfe der langen Schlitten glücklich herübergeholt wurde. Auf 87° 46', fünf Tagesmärsche später, nahm auch Kapitän Bartlett Abschied; ihn, den Engländer (er war aus Neufundland), hatte Peary zu diesem Ehrenposten, die letzte Hilfsexpedition zu führen, eigens auserkoren, aus drei Gründen, wie er ausdrücklich erklärt: „Erstens, weil er die ‚Roosevelt' bewundernswürdig gefahren hatte; zweitens, weil er vom Abmarsch der Expedition bis auf diesen Tag jeden nur möglichen Ärger mir vom Halse gehalten hatte; drittens aber verdiente Englands vornehme Haltung bei arktischen Forschungen den Vorzug, daß ein britischer Untertan als erster nach einem Amerikaner von sich sagen durfte, dem Pol am nächsten gewesen zu sein." Den Hauptgrund verschwieg Peary: den Ruhm, den Pol erreicht zu haben, wollte er mit keinem Europäer, auch mit keinem Landsmann und Freunde teilen.

Jetzt war Peary der einzige Weiße hier oben; nur sein schwarzer Diener und vier Eskimos begleiteten ihn. Er hatte 5 Schlitten und 40 Hunde, die Auslese von 133, mit denen er von Kap Columbia abgefahren war. Dazu reichlich Proviant für 40 Tage. Wenn kein unvorhergesehenes Unglück eintraf, mußte er diesmal das Ziel erreichen. Noch 240 Kilometer — mehr als fünf Tagesmärsche durften sie nicht kosten.

Am 2. April 1909 begann der Endmarsch zum Pol. Ein lichter Sonnennebel verklärte die Weite, und scharfe Luft wehte vom Pol herüber. Jede Stunde war kostbar: wenn die runde Scheibe des Vollmonds Springfluten brachte, ein Netz von Rinnen aufriß, war der Weg vielleicht im letzten Augenblick wieder verlegt. Also vorwärts, und möglichst ohne Aufenthalt. Schlafen konnte man nachher. Alle zehn Stunden brodelte die

Teemaschine, dazu eine Portion Pemmikan, schnell die Hunde gefüttert, eine kurze Rast, und dann weiter! Was tat's, wenn man zwischen den Preßeisrücken in Wasserlöcher bis an die Hüften geriet, die Pelzhose, das Kunstwerk der Eskimoweiber, ließ keinen Tropfen durch; die Eiskruste, die sich darauf bildete, schabte man mit dem Messer ab. Die Kälte riß die Gesichter wund und blutig. Aber nur vorwärts! Wenn die Hunde gefüttert werden mußten, stand Peary, fiebernd vor Ungeduld, auf dem nächsten Preßeisrücken, und seine Augen suchten die weiße Unendlichkeit zu durchdringen. Noch wenige Tage aushalten — dann war der Sieg errungen!

Die Schilderung der letzten Tage ist ein geschichtliches Dokument, das in seiner Urfassung, so wie Peary selbst es niederschrieb, hier stehen soll:

„Schon vor Mitternacht des 5. April waren wir wieder auf dem Marsch. Das Wetter war bedeckt, das Licht grau und schattenlos, wie an dem Tag, da Marvin umkehrte; der Himmel eine farblose Decke, die immer dunkler wurde und am Horizont schwarz erschien; das Eis ein geisterhaft kalkiges Weiß wie das der Eiskappe von Grönland — ganz die Farben, die ein phantasievoller Maler zu einer Polarlandschaft nehmen würde. Wie anders als das glitzernde, von Sonne und Mond mit Blau und Glanz überwölbte Eisfeld, das wir die letzten vier Tage hindurch um uns gesehen hatten! Es ging sich sogar noch besser als vorher. Die harte kristallene Fläche alter Eisfelder zeigte nur ganz wenig Schnee, die saphirblauen Seen waren größer als je. Die Temperatur war auf 26 Grad gestiegen. Die Reibung der Schlitten war denkbar gering, und die Hunde sausten vorwärts, als wären sie von unserer Begeisterung angesteckt; einige warfen sogar den Kopf in die Höhe und bellten und kläfften.

Nach gut 27 Kilometer machten wir halt, kochten Tee, frühstückten, fütterten und ließen die Hunde ausruhen. Dann weiter, wieder 27 Kilometer.

Der letzte Marsch nach Norden endete am 6. April um 10 Uhr vormittags. Die fünf Tagesmärsche von dem Punkt aus, wo Bartlett zurückkehrte, waren hinter uns, nach meiner Berechnung mußten wir in nächster Nähe des Ziels all meiner Sehn-

sucht sein. Wir begannen unser Lager aufzuschlagen; gegen Mittag machte ich auf dem Meridian von Columbia die erste Beobachtung in unserm Pollager: sie ergab 89° 57'. Der Pol war also in Sicht, aber ich war zu kraftlos, um die letzten paar Schritte zu machen. Die aufgesammelte Müdigkeit all dieser Tage und Nächte, dieser Eismärsche ohne Schlaf bei ständiger Gefahr und Angst schien mich mit einem Schlag zu überfallen. Ich war zu erschöpft, um in diesem Augenblick auch nur zu begreifen, daß der Zweck meines Lebens erfüllt war."
Nach dem Essen kroch er in die Schneehütte. Aber die innere Erregung ließ ihm nicht lange Ruhe. Er nahm jetzt sein Tagebuch und schrieb hinein: „Endlich der Pol. Der Preis von drei Jahrhunderten. Mein Traum und Ziel seit 20 Jahren. Endlich mein! Ich kann es noch nicht begreifen. Es scheint alles so einfach und selbstverständlich." Dann holte er seinen leichtesten Schlitten, ein Doppelgespann Hunde und zwei Eskimos und marschierte weiter, 18 Kilometer vorwärts. Der Himmel klärte sich auf, Peary stellte seine Instrumente auf: die Beobachtung ergab, daß er bereits jenseits des Pols war!
„Fast alles, was uns umgab, schien uns zu sonderbar, als daß wir es ganz begreifen konnten. Das Wunderbarste aber war die Tatsache, daß mich ein Marsch von wenigen Stunden von der westlichen auf die östliche Hemisphäre gebracht, daß ich wirklich den Gipfel der Welt erreicht hatte. Es war geradezu verwirrend: bei den ersten Kilometern unseres kurzen Weges waren wir nach Norden gegangen, bei den letzten Kilometern nach Süden! Und doch in einer einzigen geraden Richtung! Und wenn wir jetzt ins Lager zurückkehrten, ging es zunächst einige Kilometer nach Norden und dann direkt nach Süden, und das wieder in einer geraden Linie. Osten, Westen und Norden existierten für uns nicht mehr, nur eine Richtung blieb: der Süden. Jeder Wind, der uns entgegenblies, mußte ein Südwind sein, wo er auch herkommen mochte. Hier, wo wir standen, waren ein einziger Tag und eine einzige Nacht ein Jahr, 100 solcher Tage und Nächte ein Jahrhundert. Hätten wir hier während der sechs Monate langen arktischen Winternacht gestanden, so

hätten wir alle Sterne der nördlichen Hemisphäre am Himmel in stets gleicher Entfernung am Horizont kreisen sehen, den Polarstern aber genau im Zenit."

Nachdem alle Beobachtungen gemacht, Photographien aufgenommen, der Pol noch mehrere Male überschritten war, trat Peary den Rückmarsch an. Müde und matt waren sie alle, dazu „plattbäuchig", wie die Eskimofrau es vorhergesagt hatte. Aber der Stolz auf die Erreichung des Ziels hob ihre Kräfte und beflügelte ihren Schritt. Nur einmal machten sie einen längeren Aufenthalt: an der ersten offenen Rinne nicht weit vom Pol wurde gelotet und eine Meerestiefe von 2742 Metern festgestellt — der Pol erwies sich demnach als ein ungeheures Eismeerbassin.

Nach Möglichkeit folgten sie ihrer alten Spur und rasteten in früher gebauten Schneehütten, wenn diese nicht eine Wasserrinne verschluckt hatte. Das gute Wetter hielt an. Auf dem 87. Grad fanden sie die erste Spur von Leben: eine Fuchsfährte. Am 13. waren sie bereits an dem Punkt, von dem aus Professor Marvin umgekehrt war, und zwei Tage später am „Abruzzen-Lager", auf der höchsten Breite, die 1900 der Italiener Cagni erreicht hatte. Der folgende Tag führte sie bis zum „Nansen-Lager" auf dem 86. Grad. Hier mußten sie ausgiebig ruhen; Eskimos und Hunde konnten nicht mehr weiter. Aber eine gewaltige Rinne, die sich dicht bei ihrer Hütte auftat, schreckte sie wieder auf, und auf einer Eisscholle als Fähre setzten sie hinüber. Ein Sturm brach aus und drohte, das ganze Eis in Bewegung zu setzen, wie 1906. Oft schien die Wegspur ganz verloren, und neue Preßeisrücken machten unsägliche Schwierigkeiten. Dennoch ging der Rückmarsch viel schneller vor sich als der Hinmarsch. Noch ein letzter harter Kampf beim Übergang über eine Rinne, ehe sie den Eisfuß erreichten — dann betraten sie wieder die Küste von Grant-Land. Diesmal hatte die Drehscheibe des Treibeises sie nicht nach Grönland abgesetzt; der weiter westlich genommene Weg war fest geblieben, so daß Peary von einem Zusammentreffen glücklicher Umstände sprechen konnte. Das empfanden auch die Eskimos. Als der letzte Schlitten auf der Gletscherkante stand, schrien und

Eskimo, in die Schneehütte kriechend

tanzten sie in ausgelassener Freude, bis sie vor Erschöpfung umfielen, und Utäh, der Philosoph unter ihnen, versicherte nur immer: „Der böse Geist (Tornärsök) muß geschlafen oder mit seiner Frau Händel gehabt haben; sonst wären wir nie so gemächlich zurückgekommen!" Am 23. April, morgens um 6 Uhr, erreichten die sechs die Winterhütte bei Kap Columbia, schliefen hier zweimal 24 Stunden und waren zwei Tage später auf der „Roosevelt", wo man sie schon mit großer Sorge erwartete. Um so lauter war der Jubel, mit dem ihre glückliche Rückkehr von der 53 Tage langen Wanderung zum Pol begrüßt wurde. Ein Menschenopfer aber hatte der Marsch doch gefordert, wie Peary nun erfuhr: Professor Marvin war auf dem Heimweg in eine Rinne gefallen und ertrunken.

Am 18. Juli dampfte die „Roosevelt" dem Süden zu. Als sie am 17. August Etah anlief, um Kohlen einzunehmen, traf den heimkehrenden Triumphator eine aufregende Überraschung:

sein Konkurrent, der verschollene Cook, war im April nach Etah zurückgekommen, er hatte schon im vorigen Jahr den Pol erreicht und war jetzt auf der Heimreise. Wer war nun der eigentliche Besieger des Nordpols, Cook oder Peary?

Robinson in der Arktis

Wo war Cook nach seiner Rückkehr vom Pol so lange gewesen? Es war Mitte Juni 1908, als er mit seinen beiden Eskimos Ringnes-Land im Südwesten von Axel-Heiberg-Land erreichte. Er versuchte von dort nach Süden zum Lancaster-Sund zu kommen, in der Hoffnung, hier einen Walfischfänger zu treffen, und die Eisdrift hatte ihn auch zwischen den Inseln und durch die Penny-Straße hindurch bis in den Wellington-Kanal, an der Westküste von Nord-Devon, getrieben. Aber hier staute sich das Eis so ungeheuer, daß ein Weiterkommen ausgeschlossen war; Cook hatte nur noch einen schon halb zerbrochenen Schlitten, und obgleich die Jagd vor Hunger schützte, waren doch alle drei Mann so erschöpft, daß sie den Anstrengungen einer Kletterpartie über unendliche Eisklippen nicht gewachsen waren; die Hoffnung, zur rechten Zeit am Lancaster-Sund zu sein, um dort noch einen Walfischfänger zu treffen, mußte aufgegeben werden. Cook wandte sich daher nach Osten, überschritt Nord-Devon-Land und versuchte, auf dem teilweise offenen Wasser des Jones-Sunds weiterzukommen; er hatte für diesen Fall auf der ganzen Reise ein Faltboot aus Segelleinen mit sich geführt. Die letzten Hunde wurden am Strand ausgesetzt und ihrem Schicksal überlassen, dann ging die enge Nußschale in See. Aber das Glück war ihr nicht hold. Das Eis schloß sich wieder zusammen, Cook mußte auf Schollen seine Zuflucht nehmen und sah sich schließlich auf einem kleinen Eisberg von der launenhaften Strömung zurückgetrieben; ein in 14 Tagen gewonnener Vorsprung ging in 24 Stunden wieder verloren. Darüber verging kostbare Zeit, und die kürzer werdenden Tage mahnten daran, Schutz vor dem bevorstehenden Winter zu suchen, so furchtbar auch der Gedanke war, ohne alle Ausrüstung, ja ohne Waffen an der Nordküste von Nord-Devon allen Schrecken der arktischen Nacht ausgesetzt zu sein. Die drei Polwanderer hatten während der beiden letzten Monate hauptsächlich von Eidergänsen leben müssen, da sich größeres Wild nicht fand, und Cook hatte seine sämtliche Munition verschossen, bis auf vier letzte Kugeln, die er für einen äußersten Notfall sorgfältig verbarg. Und die Waffen der Eskimos, besonders ihre Harpunen, waren bei Kap Svartevoeg zurückgeblieben, da sie auf dem Weg zum Pol nur Ballast gewesen wären. Einige Messer, ein paar Feldkessel, drei Aluminiumteller und Löffel, Werkzeug und der Rest eines Zeltes war alles, was Cook besaß; dabei waren Kleider und Schuhe so zerfetzt, daß sie kaum einen Schutz gegen die Herbststürme boten, geschweige denn gegen die Kälte der Winternacht.

Die Hauptsorge war zunächst, irgendeinen Schlupfwinkel zu finden, um so etwas wie ein Dach über dem Kopf zu haben. Nahe bei Kap Spargo lag zwischen zwei weit ins Meer vorspringenden, hohen Urgesteinfelsen ein Stück Strand, das zu Anfang September, als Cook mit seinen Gefährten dort landete, im Schmuck sommerlichen Grüns als eine köstliche Oase erschien, eine prächtige Weide für Moschusochsen und Renntiere, und der seichte Strand war wie geschaffen als Tummelplatz für Walrosse und Robben, die sich in Scharen auf dem Küsteneis umhertrieben. Cook und seine Begleiter waren aber nicht die ersten, denen die günstige Lage des Ortes einleuchtete. Als sie das hügelige Ufer absuchten, um einen Platz für eine Schneehütte zu wählen, entdeckten sie zu ihrer größten Überraschung Ruinen einer alten Eskimoniederlassung, und plötzlich standen sie vor einer kellerartigen Höhle, deren Dach, aus Walroßrippen gebaut und mit Steinen beschwert, eingefallen war. Sofort griffen alle drei zu, um dieses Loch wieder bewohnbar herzurichten, ehe die Kälte alles Graben unmöglich machte; mit bloßen Händen hoben sie die Grasnarbe und den Sand aus und stießen dabei auf Knochen — Menschenknochen! Ein Menschenschädel grinste sie an. Hier war vor vielen, vielen Jahren ein Eskimo gestorben und in seiner Hütte beigesetzt worden, wie das auch bei den Eingeborenen üblich ist; die Hütte wird dann von keinem mehr betreten und zerfällt. Steinkreise, die Unterbauten anderer Eskimowohnungen, zogen sich uferabwärts bis ins Wasser hinein, ein Beweis, daß im Lauf der Jahrzehnte das Land sich gesenkt und die Wellen die ganze Niederlassung unbewohnbar gemacht und zerstört hatten. Walroßknochen aber lagen noch genug umher; aus ihnen wurde ein neues Dach gebaut und mit Gras und Moos gedichtet, bis der Schnee seine warme Decke darüber breitete. Die Höhle war so tief, daß wenigstens an einer Stelle ein Mensch aufrecht darin stehen konnte; ringsum lief eine bankähnliche Plattform als Lagerstatt. Außen wurde noch eine Schutzmauer aus Steinen gezogen, die zugleich einen Vorratsraum umschloß, und die Burg war fertig.

Mit den Vorräten selbst aber sah es böse aus; sie mußten noch erst gesammelt werden, und wenn es hier auch Wild in Fülle gab, wie konnte man sich seiner bemächtigen? Schneehühner, Gänse, selbst Hasen erlegten die Eskimos mit Steinen, die sie bewundernswert sicher schleuderten, oder fingen sie in Schlingen, wenn Köder zur Hand waren. Mit diesen Mitteln aber war dem Großwild nicht beizukommen, das allein einen ausreichenden Wintervorrat an Fleisch liefern konnte. Die Not bewährte sich auch hier als die große Erfinderin. Aus den Walroßknochen wurden Harpunenspitzen hergestellt; ein Seehundsfell verwandelte sich in Harpunenleine und Wurfschlingen; aus dem harten Holz des Schlittens schnitzten die geschickten Eskimos Bogen und Pfeile; Taschenmesserklingen und die eisernen Schlittenkufen wurden zu Lanzenspitzen verarbeitet; die Kochkiste lieferte die Nägel, mit denen man sie an den Schaft nietete. Und mit diesen primitiven Waffen fast des Urmenschen wagten sie sich zum erstenmal an eine Walroßherde heran, die sich schläfrig auf einer Eisscholle sonnte. Der Feldzugsplan war bis ins einzelne genau verabredet und schien zu glücken — schon zückte der eine Eskimo die Harpune, um zuzustoßen — da erscholl der Schreckensruf: „Nannook!" (Bär). Sie mußten sich schleunigst zurückziehen und zusehen, wie der König der Arktis sich ein junges Walroß von der Seite der schlafenden Mutter

Robinson in der Arktis

holte und auf einer Eisscholle behaglich seine Mahlzeit hielt. — Das nächste Mal pirschten sie sich an eine Herde von etwa 100 Walrossen heran und harpunierten von ihrem winzigen Boot aus solch einen Koloß. Die ganze Herde wälzte sich ins Wasser und erfüllte die Luft mit zornigem Gebrüll. Die Harpune aber saß, und die Angreifer schwangen sich blitzschnell auf die verlassene Eisscholle hinauf, sicherten das Boot und machten die Harpune im Eise fest. Und nun begann eine wilde Jagd! Sechs Stunden lang wurde das Eisfloß von dem getroffenen Tier mit der Schnelligkeit eines Dampfbootes durch das aufrauschende Meer gezogen. Aber die Leine hielt, und sobald sie einen Augenblick schlaff hing, wurde sie verkürzt, um dem Tier keine Zeit zum Atmen zu lassen, bis es matter und matter wurde und schließlich mit den Lanzen erlegt werden konnte. Volle 15 Stunden dauerte dieser Verzweiflungskampf zwischen den hungrigen Menschen und ihrem Wild, bis sie es endlich ans Ufer ziehen und ausweiden konnten — drei Meilen von ihrem Lagerplatz entfernt. Was sie an Fleisch schleppen konnten, wurde mitgenommen, der Rest versteckt; aber als sie eine zweite Last holen wollten, wiesen ihnen Wolfs- und Bärenfährten den Weg: das Nest war leer, ohne daß sie an den Dieben Rache nehmen konnten.

Weit gefährlicher noch war die Jagd auf Moschusochsen. Das unebene felsige Gelände kam ihnen dabei zu Hilfe, es schützte sie vor dem Angriff der wütenden Stiere. Das erstemal gelang es, einen von der Herde zu trennen und durch einen Hagel von Steinwürfen auf einen Felsvorsprung zu drängen, bis er durch einen unvorsichtigen Tritt abstürzte und mit gebrochenem Vorderfuß liegenblieb. Ein Lanzenstoß machte dann seinem Leben ein Ende. Aber wieder mußten sie den Hauptteil der Beute, sogar das für ihr Winterquartier unentbehrliche warme Fell den Bären und Wölfen überlassen. Dann verfielen sie darauf, die Moschusochsen zu fangen; sie warfen ihnen Schlingen über die Hörner, und die Tiere verstrickten sich in den Leinen, bis sie sich nicht mehr rühren konnten; dann ging man ihnen mit Lanzen zu Leibe. Cook und seine beiden Eskimos gewannen in dieser Jagd solche Übung, daß sie bald aus aller Nahrungssorge heraus waren; sie hatten Fleisch und Fett in Fülle; die Pelze dienten als Bett und Decken oder wurden zu Kleidern, Strümpfen und Schuhen verarbeitet; aus den Knochen wurden neue Harpunen- und Pfeilspitzen hergestellt, Fuchsfallen gebaut und der Schlitten wieder in Stand gesetzt. Sieben Monate hindurch war das Fleisch dieser Tiere die Hauptnahrung der drei Einsiedler bei Kap Spargo. Ihre schlimmsten Feinde aber waren die Bären, gegen die sie ohne Munition völlig wehrlos waren. Hier gab es nur Flucht in die sichere Höhle und ohnmächtiges Zusehen, wenn die Bestien sich an den aufgehäuften Vorräten gütlich taten. Oft war die Hütte tagelang von ihnen belagert, so daß die drei Menschen keinen Schritt ins Freie tun konnten; erst die Winternacht befreite sie von dieser Plage. Willkommene Gäste dagegen waren fünf Raben, mit denen besonders die beiden Eskimos stundenlang eifrige Zwiesprache hielten; vielleicht waren es freundliche Boten aus ihrer Heimat, und wenn sie mit heiserm Krächzen davonflogen, gaben ihnen die beiden Grönländer Grüße an ihre Lieben mit. Tag für Tag wiederholte sich dies Schauspiel; dann kamen plötzlich nur noch drei, die beiden andern waren gewiß über den Smith-Sund nach Annoatok geflogen; und zuletzt kam keiner mehr, bis die Dämmerung des neuen Polartages wieder heraufzog — da waren die drei wieder da, um sich ihr langentbehrtes Futter zu holen. Die beiden andern fand Cook später in einer Felsspalte erfroren, verschwieg das aber seinen Freunden, um ihnen nicht ihre fröhliche Zuversicht zu verbittern. Und zwei andere Gäste quartierten sich während des Winters sogar in der Hütte selbst ein: ein Rattenpaar baute unmittelbar über Cooks Lager sein Nest, und die drei Männer wetteiferten in der Pflege dieser zutraulichen Tiere; in Sturm und Finsternis sammelten sie Wurzeln, Moos und Weidenzweige für sie und entbehrten diese Unterhaltung schmerzlich, als das Pärchen sich im warmen Nest zum Winterschlaf hingelegt hatte. Denn die Tage schlichen grauenhaft langsam dahin, und das stete Einerlei in diesem schmutzigen, finstern Verlies war besonders für den Kulturmenschen die schrecklichste Folter. Man schlief, soviel nur möglich war; alle sechs Stunden wurde die Wache abgelöst. Sie hatte vor allem für die beiden Lampen zu sorgen, die nicht ausgehen durften, denn die Streichhölzer waren knapp geworden. Ochsentalg und Moos als Docht mußte daher immer bei der Hand sein. Die übrige Tagesarbeit bestand in Eisschmelzen und Kochen der Mahlzeit, zweimal am Tage. Fleisch mit Fett, roh oder gekocht, ohne jede Zutat, sogar ohne Salz, war die einzige Nahrung. Der Mensch der Steinzeit war nicht schlimmer daran! Um wenigstens geistig nicht zu verstumpfen, brachte es Cook über sich, beim spärlichen Licht der beiden rußenden Lampen mit winzigen Buchstaben in zwei kleinen Notizbüchern und auf den letzten Seiten seiner Tagebücher eine Schilderung seiner bisherigen Erlebnisse auszuarbeiten, und als das Papier zu Ende ging, wurde die Erzählung zwischen den Zeilen der schon vollgeschriebenen Seiten in Kurzschrift fortgesetzt, unter sparsamstem Wortverbrauch, denn vier Bleistifte waren das einzige Schreibmaterial, dazu ein Radiergummi, der alles nicht unbedingt Nötige beseitigen mußte, um Raum auf dem Papier zu schaffen.

Zwei Wochen vor Aufgang der Sonne wurde es wieder lebendig um die Höhle; die Füchse bellten, die Raben krächzten nach Futter, die Ratten sprangen aus ihrem Nest und schüttelten ihren bläulich schimmernden Winterpelz. Auch die Bären stellten sich wieder ein, und einer von ihnen wurde regelmäßiger Gast bei den noch immer reichlichen Vorräten; Cook ließ ihm sogar sein Futter zurechtstellen, denn so war das Tier am ungefährlichsten, und mit mathematischer Pünktlichkeit pflegte es zu erscheinen: alle fünf Tage vormittags gegen 11 Uhr.

Am 11. Februar erglänzten die Schneefelder von Nord-Devon zum erstenmal in der jungen Sonne des Jahres 1909; schon am 18. waren Cook und seine beiden Getreuen marschfertig. Mit Vorräten für 30 Tage auf dem Schlitten zogen sie nach Osten, aber 35 schwere Tage vergingen, ehe sie Kap Faraday erreichten. Die letzten Tage hindurch kauten sie Seehundsriemen, um den Hunger zu betäuben. Am 20. März zeigte sich endlich wieder eine Wildfährte, die eines Bären. Jetzt war der Augenblick gekommen, für den Cook seine letzten Kugeln aufgespart hatte. Durch einen Köder wurde das Tier gelockt; in die gestellte Schlinge aber ging es nicht — da gab Cook dem erstaunten Ah-we-lah die geladene Flinte. Die Beute reichte bis Kap Sabine, und dort fanden die Eskimos einen Seehund, den der Vater des einen hier für seinen Sohn vergraben hatte. Das Fleisch roch zwar wie Limburger Käse; ein Beutel Salz, der dabei entdeckt wurde, machte es zu einer köstlichen Mahlzeit. Der Kampf ums Leben war aber immer noch nicht beendigt. Der Smith-Sund hatte offenes Wasser, hinüber konnten sie nicht, sie mußten noch zwei Wochen lang nach Norden wandern, bis sie es wagen konnten, sich dem Eis anzuvertrauen, und fast wären sie noch angesichts der nahen Küste Grönlands, fast in Rufweite von Annoatok, vor Hunger und Überanstrengung zusammengebrochen. Auf Händen und Füßen erkrochen sie mit letzter Kraft einen Eisberg und hatten das Glück, von Eingeborenen, die auf der Jagd waren, gesehen zu werden. Nun war Hilfe sogleich zur Stelle, und mit lautem Jubel wurden die Totgeglaubten eingeholt.

Ein Kampf um den Nordpol

Wenn Cook hoffte, die Zeit aller Drangsal sei mit seiner Ankunft in Annoatok beendet, so hatte er nicht mit seinem Rivalen und dessen überlegener Kriegführung gerechnet. Mit den Eskimos, die ihn und seine beiden Begleiter retteten, kam auch ein amerikanischer Sportsmann namens Harry Whitney, der mit Pearys Erlaubnis in Cooks Kistenhaus lebte und sich des heimkehrenden Forschers bereitwillig annahm. Von ihm erfuhr nun Cook, was sich unterdes begeben hatte. Da war sein Haus, sein Eigentum, sein kostbares Lager, mit dessen Hilfe er sich wieder in einen menschenwürdigen Zustand versetzen zu können hoffte, und das ihm zugleich die Mittel zu einer baldigen Heimkehr liefern mußte — ein fremder Verwalter trat ihm entgegen, der ihm im Auftrag Pearys jede Verfügung über sein Eigentum verweigerte. Die „Hilfsaktion für Dr. Cook" war so raffiniert angelegt, daß der, dessen Namen sie trug, bei den Eskimos hätte betteln oder verhungern müssen, wäre nicht jener Whitney gewesen, und auch dieser Freund vermochte nichts weiter, als den völlig Erschöpften zu pflegen und ihn über die ersten Tage hinwegzubringen. Nicht einmal neue Kleider wurden ihm verabfolgt — so wie er war, mußte Cook erst nach Etah wandern, um in dem dortigen Vorratslager einer dänischen Expedition endlich seine Lumpen gegen ein anständiges Gewand einzutauschen. Nach langer Verhandlung hatte sich der Verwalter der „Hilfsaktion für Dr. Cook" wenigstens bestimmen lassen, einigen dürftigen Proviant für den Weg nach Etah herauszurücken. Den Eskimos hatte Peary jede Unterstützung Cooks streng verboten, er hatte es sogar zu verhindern gewußt, daß von den Eskimos, wie Cook mit ihnen vereinbart hatte, Proviant an den Orten niedergelegt wurde, über die Cook zurückzukehren beabsichtigt hatte. Und da Cook kein Schiff zu erwarten hatte, das ihn in absehbarer Zeit nach Amerika zurückgebracht hätte, blieb ihm bei seiner völligen Mittellosigkeit nichts übrig, als sich zu Fuß auf den Weg zu machen, 700 Meilen bis Upernavik, um dort Schiffsgelegenheit zu finden. Am 20. Mai kam er hier an, mußte aber einen vollen Monat warten, bis ein Walfischfahrer ihn mit nach Süden nahm, und da er begreiflicherweise Eile hatte, sich so bald wie möglich mit der zivilisierten Welt in Verbindung zu setzen, fuhr er nicht nach Amerika, sondern zunächst nach Dänemark. In Lerwick auf den Shetlandsinseln erreichte er die erste Telegraphenstation und sandte von hier einen 2000 Worte umfassenden Bericht an Bennetts „New York Herald"; da er aber kein Geld hatte, mußte das Telegramm so lange beim dänischen Konsul liegenbleiben, bis Bennett auf telegraphische Meldung hin die 3000 Dollar Gebühren eingesandt hatte. Dann reiste Cook nach Kopenhagen, und da unterdes die Nachricht von der Erreichung des Nordpols die ganze Welt alarmiert hatte, wurde er mit all den Ehren empfangen, die ihm gebührten. Anderthalb Jahre hatte er nur unter Eskimos gelebt, wie ein Wilder, ein Tier der Arktis, nur auf Befriedigung der primitivsten Lebensbedürfnisse bedacht, und nun umgab ihn plötzlich ein Taumel von Begeisterung, von rauschenden Festlichkeiten, daß er kaum mehr zur Besinnung kam und am wenigsten daran dachte, den

Vorsprung, den er vor Peary hatte, so auszunutzen, wie dieser das gewiß nicht versäumt hätte.

Mitten in diese Feststimmung platzte nun das erste Telegramm Pearys, der unterdes von seiner Polwanderung nach Annoatok zurückgekehrt und auf seiner „Roosevelt" sofort Amerika zugesteuert war. Bis zu dem Augenblick, da Peary Cooks Bericht vor Augen sah, hatte er selbst seinen nächsten Freunden nichts von seiner Erreichung des Pols verraten. Das Telegramm lautete: „Sterne und Streifen am Pol gehißt." Die dänischen Gelehrten um Cook waren geneigt, das für ein Reporterkunststück zu halten, hatte doch schon am 14 April 1909, als Peary noch auf dem Rückmarsch vom Pol begriffen, also noch weit von jeder Verbindung mit der übrigen Welt war, die Brooklyner „Standard Union", deren Eigentümer Pearys Freund war, der staunenden Welt zu verkünden gewagt, daß Peary am 15. April, also am folgenden Tag, den Pol erreicht habe! Cook selbst nahm die Nachricht ernster auf und verteidigte seinen Rivalen gegen die Zweifler. „Wollte ich mein Gefühl bei dieser Mitteilung analysieren, so empfand ich weder Neid noch Ärger darüber", schreibt er. „Ich dachte an die langen Jahre harter Anstrengungen, die Peary gehabt hatte, und war erfreut; ich empfand nicht die geringste Rivalität um den Pol. Ich dachte daran, daß, abgesehen von der Zwecklosigkeit der Erreichung des Nordpols, Pearys Reise vielleicht von großem wissenschaftlichen Wert sein würde, daß er wahrscheinlich neues Land entdeckt und neue Eismeere kartographiert habe. ‚Dort ist Ruhmes genug für alle', äußerte ich zu den Berichterstattern." Daß Peary es wagen würde, Cook seinen Erfolg streitig zu machen, kam diesem gar nicht in den Sinn — bis ihm ein zweites Telegramm darüber die Augen öffnete. Peary erklärte kurzweg: Cooks Behauptung sei Schwindel, denn Cooks Begleiter, die beiden Eskimos, hätten ausgesagt, daß sie auf ihrer Polwanderung nie weit außer Sicht des Landes gewesen seien! Und kaum war Peary auch nur wieder in Hörweite der Reporterwelt, da begann ein Kampf um den Nordpol, ein Prioritätsstreit, wie ihn widerwärtiger die Welt wohl nie erlebt hat. Gefällige Preßorgane und Geschäftsjournalisten gossen einen solchen Platzregen von Schmutz auf Pearys Konkurrenten herab, daß dessen weniger robuste Natur darunter zusammenbrach und er nach kurzer Verteidigung freiwillig aus dem Kampfe ausschied. Und seine Verteidigung war obendrein wenig geschickt, während auf der andern Seite jede Blöße ausspioniert und rücksichtslos benutzt wurde, um den Gegner völlig zu vernichten. „Beweise! Beweise!" schrien die Stubengeographen, und was man Peary blindlings glaubte, dafür sollte der andere unwiderlegliche Beweise beibringen. Peary selbst hatte dafür gesorgt, daß diese Beweise, die Cook liefern sollte, fehlten! Als Cook von Etah nach Upernavik aufbrach, hatte er seine Instrumente nebst den zugehörigen Papieren, die Beobachtungstabellen usw., dem Freunde Whitney übergeben, der sie zu Schiff mit nach Amerika bringen sollte, da Cook diese Dokumente nicht den Gefahren einer so weiten Küstenwanderung über das Eis aussetzen wollte. Und nun kam, als der erbitterte Kampf auf dem Höhepunkt stand, die niederschmetternde Nachricht: Whitney ist zurück, er reiste mit Pearys „Roosevelt", aber der Eigentümer des Schiffes, Peary selbst, hatte Whitney nur unter der Bedingung mitreisen lassen, daß er nichts von Cooks Papieren an Bord bringe! Whitney hatte zwar Cooks Instrumente trotzdem eingeschmuggelt, nicht aber die Papiere, sondern diese in Etah vergraben lassen, damit sie für alle Fälle gesichert seien. Nun kannte der Triumph der Gegenpartei keine Grenzen! Diese Zurücklassung wichtiger Papiere, deren Nachprüfung durch Männer der Wissenschaft Cooks Erreichung des Pols außer allen Zweifel setzen mußte, war nach Pearys Behauptung nur ein abgekartetes Manöver, und alles was Cook dagegen anführen konnte, verhallte in dem Triumphgeheul der vermeintlichen Sieger. Wer glaubte jetzt noch, daß Cook seine Eskimos, um sie zum Weitergehen zu bewegen, in dem Glauben gelassen hatte, Nebelwolken am Horizont seien Küsten nahen Landes. Selbst Männer der Wissenschaft ließen sich von dieser beispiellosen Hetze fortreißen, und Cook schien als ein erbärmlicher Schwindler entlarvt.

Aber die Aufregung legte sich, und als Cook sich so weit wieder erholt hatte, um einen ausführlichen Bericht über seine Reise zu veröffentlichen — auch damit kam ihm Peary zwei Jahre zuvor —, hatte die leidenschaftliche Empörung des Augenblicks ruhiger Prüfung und Erwägung Raum gegeben. Jetzt zeigte sich, daß Cooks Angaben weit weniger die Kritik herausforderten als die Pearys, dessen Meilenzählungen völlig rätselhaft waren, und daß vielleicht keiner mit absoluter Sicherheit behaupten könne, genau auf dem mathematischen Punkt des Pols gestanden zu haben. Cook als der Bescheidenere hatte diese Möglichkeit für sich von vornherein zugegeben, während Peary mit grimmiger Verbissenheit die absolute Genauigkeit seiner Messungen und Beobachtungen bis auf den Punkt verteidigte, was selbst ein Mann von so unbedingter wissenschaftlicher Zuverlässigkeit wie Nansen sich niemals angemaßt hat. Die nunmehr rücksichtslose Abrechnung, die Cook in seinem Buche mit dem Forscher und Menschen Peary hielt, blieb auch nicht ohne Eindruck. Und heute dürfte es nur noch wenige Fachleute geben, die, ohne Peary sein ihm zukommendes Verdienst bestreiten zu wollen, nicht das ausführlich begründete Urteil des angesehenen amerikanischen Polarforschers Kapitän Baldwin unterschreiben: „Der Nordpol ist in allen Ehren von Dr. Cook 350 Tage früher erreicht worden, als irgend jemand einen Anspruch darauf erhob, dort gewesen zu sein."

Flieger zum Pol

Für wenige Stunden ist es Cook und Peary gelungen, den Schleier vom ewigen Geheimnis der Welt zu heben. Im Funkeln von Myriaden Eiskristallen — im Glanz des unaufhörlich um sie kreisenden Sonnenballs — im Wunder der rätselhaft wandernden Schatten offenbarte sich ihnen das bisher Unnahbare — sie sahen der Sphinx des Nordens ins Antlitz. Der Tod grinste ihnen aus diesem Medusenhaupt entgegen. Die Harpyien der Arktis, Schneesturm und Nebel, Kälte und Hunger peitschten die Verwegenen zurück nach Süden. Ihre Spuren verwehen. Die Sphinx des Pols hüllt sich wieder in ihren dichten Schleier von Eis und Schnee und lacht der ohnmächtigen Menschlein, die hinter ihr Geheimnis dringen wollten. — ihr

Flieger zum Pol

ewiges Geheimnis im hastigen Anlauf eines kurzen Menschenlebens. Aber der Herr der Welt da unten, der Mensch, ruht nicht. Es gibt kein Unmöglich! Als Nansens „Fram" am 13. August 1896 aus dem Packeis loskam und an der Westküste Spitzbergens der Heimat zusteuerte, stand am Ufer der Roten Bai auf der Däneninsel eine riesige Halle, in der ein bereits gefüllter Ballon ungeduldig an seinen Fesseln zerrte. Die neue Zeit begrüßte die alte. Ablösung vor! Wo Menschen- und Dampfkraft versagen, weist der Genius der Technik den Weg durch die Luft. Der Ballon in der Halle wartete nur auf günstigen Südwind; sein Führer, der schwedische Ingenieur Salomon André, hatte mit ihm mehrere erfolgreiche Flüge über die heimatliche Inselwelt ausgeführt; jetzt sollte der „Adler" geraden Wegs zum Nordpol fliegen. Es war ein runder, gasgefüllter Ballon, wie man ihn damals nicht anders kannte, aus indischer gefirnißter Seide, mit einem Netzwerk von Tauen umschnürt, die in einen Tragring endeten; daran eine kleine Gondel aus Weidengeflecht für die Luftschiffer und ihre bescheidene Ausrüstung. Segel zu beiden Seiten der Gondel ermöglichten eine primitive Steuerung. Durch lange Schlepptaue sollte Andrés Ballon gewissermaßen immer mit einem Fuß Halt auf der Erde haben. 130000 Kronen hatte die Vorbereitung der Expedition gekostet; die Hälfte der Summe zeichnete der Stifter des Nobelpreises, Alfred Nobel, ein Viertel König Oskar, das andere Viertel das schwedische Volk.

Die Mannschaft auf der Däneninsel wartete im Sommer 1896 vergeblich auf günstigen Wind und kehrte nach Stockholm zurück. Man lachte, spottete über den neuen Ikarus, bewunderte aber doch seinen Mut, und die Mittel zu einem zweiten Versuch fanden sich. Im Mai 1897 ist André schon wieder auf der Däneninsel. Am 10. Juli weht der Wind aus Südost, am 11. ist alles zum Aufstieg fertig. Drei Männer in der Gondel: André, der Ingenieur Fränkel und der Physiker Strindberg. Das letzte Kommando: „Los!" — der „Adler" hebt sich der Sonne entgegen, schwebt nach Norden, wird kleiner und kleiner und verschwindet im lichten Äther.

50 Brieftauben hatte André mitgenommen. Nach vier Tagen kehrte eine zurück: sie meldete, daß „der Adler" nach 46 Stunden noch geschwebt und sich an Bord alles wohl befunden habe. Das war die erste und einzige Nachricht. Niemand weiß, wo und wie André und seine Begleiter endeten. Schiffer wollen den Ballon im Weißen Meer treibend gesichtet haben, andere hörten Flintenschüsse von einer Eisscholle nahe der Küste Grönlands; Verbannte auf Sachalin glaubten, ihn als dunklen geheimnisvollen Punkt am Himmel hängen zu sehen; auf der andern Seite der Erdkugel erschien er den Indianern. Andrés Ballonfahrt wurde zur Mythe. Bis heute hat sich keine Spur der Verschollenen gefunden. Die Sphinx des Nordens hatte drei neue Opfer.

Andrés Schicksal schreckt Waghälse und Abenteurer nicht zurück. Zum Aufstieg kommt keiner. Aber Spitzbergen bleibt seitdem das Sprungbrett für die Flieger zum Pol. Graf Zeppelin versuchte, hier einen Flughafen einzurichten, und die Anhänger des „starren" Systems rechnen noch immer mit der Verwirklichung seiner kühnen Pläne.

Der Weltkrieg schafft das Flugzeug, wie es heute am Himmel surrt — dem Kinde schon eine alltäglich vertraute Erscheinung. Die Entfernungen schrumpfen immer mehr zusammen. Die drahtlose Telegraphie sendet ihre Wellen rund um die Erde — warum nicht auch hin und her zum Pol? Ein Flugzeug dort oben in jenen Breiten, gehalten gleichsam am Faden des Telegraphen, erscheint wie ein Spielzeug in Kinderhand. Sind alle Schrecken des Weges zum Pol überwunden? Der Sphinx des Nordens werden keine Menschenopfer mehr gebracht?

Im Mai 1925 ist Roald Amundsen, der Entdecker der Nordwestdurchfahrt und des Südpols, mit zwei kleinen Flugzeugen auf Spitzbergen. Jedes Flugzeug hat nur drei Mann Besatzung. Damit fährt man nicht gleich zum Pol. Das Flugzeug soll erst zeigen, wie ihm das arktische Klima bekommt, und wie es sich zwischen Eisklippen landen läßt. Am 21. Mai starten die beiden Dornier-Maschinen und sausen in zehn Stunden über acht Breitengrade hinweg. Auf dem 88. Grad — zwei Grad vom Pol entfernt! — müssen sie in einer Meeresrinne landen, ihr Benzin ist zur Hälfte verbraucht. Das eine Flugzeug erhält den Todesstoß und muß aufgegeben werden. Die sechs Mann kriechen in das andere, das kaum die doppelte Last tragen wird. Zurück jetzt, so schnell wie möglich! Aber wie aufsteigen? Wo ist die glatte Ablauffläche zum Start? Sie muß erst geschaffen werden, obgleich alle Werkzeuge dazu fehlen. Mit drei Dolchmessern, einer Pfadfinderaxt, einem Eisanker und zwei Holzschaufeln planieren die sechs eine Straße vom brüchigen Meereis auf eine feste und weite Fläche. Nach drei Tagen sind sie soweit, aber im losen Schnee ringsum kann die Maschine nicht ablaufen. Die Bahn muß gesäubert werden, mit unzureichendem Werkzeug, mit den Händen. Schon mißt man prüfend ihre Länge — da bringt plötzlicher Wetterumschlag neues Schneetreiben — ein Krachen erschüttert die Eisdecke — Rinnen öffnen sich, Preßeisrücken türmen sich auf. Die mühsame Arbeit beginnt von neuem; statt Schnee peitscht jetzt Regen herunter, die Ablaufbahn wird naß, schleimig, unbrauchbar. Tag auf Tag vergeht unter diesem fast aussichtslosen Kampf. Der Proviant geht zu Ende, auf solchen Aufenthalt ist man nicht eingerichtet. Die Maschine selbst droht rettungslos einzufrieren. Am 15. Juni endlich glättet ein gelinder Frost die 200 Meter lange Bahn. Zwei neue Spalten zwar tun sich auf — darüber kommt man hoffentlich hinweg — es muß gewagt werden, oder die sechs Mann bleiben samt ihrem Flugzeug so verschollen wie André! Alles, was irgend entbehrlich erscheint, fliegt über Bord, die Last kann nicht leicht genug sein; die vielen vergeblichen Versuche haben am Benzin bedenklich gezehrt; bei glatter Fahrt reicht es kaum noch bis Spitzbergen. Der Aufstieg gelingt um 10 Uhr vormittags. Südwärts! Wenn nur kein widriger Wind aufkommt und eine Notlandung erzwingt! Auf dem 84. Grad droht alles in Nebel zu ersticken. Er verzieht sich — der 82. Grad ist erreicht. Bald muß Spitzbergen auftauchen. Neuer Nebel raucht ihnen entgegen, tiefer darf das Flugzeug nicht mehr gehen, wenn es nicht an Klippen zerschellen soll. Da reißt plötzlich die Nebeldecke über weitem, offenem Meer. Die Notlandung auf dem Wasser gelingt. Nicht weit davon ist Land; eine Stunde später, um 8 Uhr abends, ist das Flugzeug glücklich am

Küsteneis festgemacht. Her mit dem letzten Proviant! Drei Kekse pro Mann und eine Tasse Schokolade. Was nun? Draußen auf See erscheint ein Fischkutter, aber der sieht und hört nicht. Noch einmal also den Motor angekurbelt! Die letzten Tropfen Benzin verknattern — sie reichen gerade bis zum Schiff, dessen Mannschaft ob dieses Überfalls nicht wenig verblüfft, aber ebenso stolz ist, die Flieger gerettet zu haben. Das Flugzeug im Schlepptau fährt der Kutter zur Kings-Bai, wo schon zwei Ersatzmaschinen bereitstehen und Kanonenboote die Küste absuchen. Der Flug ist geglückt — halb Sport, halb Probestück der Technik. Man weiß jetzt, was man mit dem Flugzeug auf dem Polareis erleben kann, erleben wird — man weiß vor allem, daß es noch lange keine Spazierfahrt ist bis zum Pol.

Aber die Sphinx des Nordens mag sich hüten! Im Mai 1926 rumort es bedenklich dort oben in der Luft. Der amerikanische Flieger, Commander Byrd, startet in der Kings-Bai, erreicht den Pol, umkreist ihn und kehrt nach 15 Stunden glänzenden Flugs glücklich wieder zur Kings-Bai zurück. Dort empfangen ihn Amundsen und dessen Begleiter Nobile, ein Italiener. Am 11. Mai steigt ihr neues Luftschiff „Norge" auf, erreicht nachts 1 Uhr den Pol bei hellstem Sonnenschein, senkt sich so tief wie möglich herab, kann aber nicht landen, fliegt weiter nach Alaska und geht in Teller bei Nome nieder bei Nebel, Sturm und Schneegestöber; die Propeller sind fast völlig vereist, die Hülle des Luftschiffs beschädigt, es wird keine zweite Fahrt mehr machen. Aber diese ist doch gelungen. Es war ein Wettrennen wie ehemals zwischen Cook und Peary.

Die Sphinx des Nordens schreckte auf aus ihrem stummen Brüten und blinzelte schlaftrunken in das Sonnenflimmern. Was flattert dort herab und legt sich als buntes Blatt auf ihren weißen Schleier? Das Sternenbanner Byrds. Und zwei Tage später ertönt das Knattern dieser fremden Vögel bedenklich nahe und nochmals leuchten Farben im Sonnenschein: Amundsens norwegische und Nobiles italienische Flagge! Dann wieder Schweigen, tönende Einsamkeit. Die Sonne schwindet, die Farben leuchten nicht mehr, wirbelnde Flocken lösen sich vom

Himmel, und der bunte Schmuck auf dem Schleier der Sphinx verblaßt. Die nächste Sonne glitzert wieder in Myriaden von Eiskristallen auf unermeßlicher Schneefläche, und das Nordlicht läßt seine in überirdischer Farbenpracht flammenden Vorhänge schützend nieder um das Reich der Sphinx des Nordens.

*

Das Heldenlied der Polaris ist aus. Neue Zeitalter werden neue Strophen hinzudichten.

Verzeichnis der Abbildungen

Barents-Hütte. Holzschnitt nach einer zeitgenössischen Zeichnung
Eskimos. Holzschnitt aus der Beschreibung des Hauptmanns
   Frobisher, Nürnberg 1580
Polarlandschaft. Nach einem alten Holzschnitt
Einschnitt der Schiffe in das Eis. Kupferstich von Kapt. Lyon
Julius von Payer. Zeichnung
Eskimofamilie auf Schneeschuhen. Kupferstich von F. Weber
Fridtjof Nansen. Photographie
Eskimos beim Bau von Schneehütten. Kupferstich von Kapt. Lyon
Robert Peary. Photographie
Frederick A. Cook. Photographie
Eskimo, in die Schneehütte kriechend. Kupferstich von Kapt. Lyon

Verzeichnis der Karten

Nordpol. Übersichtskarte
Nordamerikanisches Polargebiet
Nordamerikanisches Polargebiet (Alaska)
Grönländisches Polargebiet
Europäisches Polargebiet
Asiatisches Polargebiet

Inhaltsverzeichnis

Nordpoldämmerung	5
Das Ende der Welt	10
Die erste deutsche Polfahrt	15
Normannen auf Grönland	18
Am Nordpol vorbei nach Indien	21
Wilhelm Barents	24
Die erste Überwinterung im Polarcis	30
Das Goldland im Norden	37
Hudson und Baffin	44
Der Apostel Grönlands	50
Wie Mister Phipps zum Nordpol fuhr	57
Das neue Bild der Welt	61
W. E. Parry	66
John Franklin unter den nördlichsten Indianern	73
Im Kanu durch das Polarmeer	81
Die Schrecken eines Rückmarsches	86
John Ross bei den amerikanischen Eskimos	93
Der Entdecker des magnetischen Nordpols	99
Der Franklin-Tragödie erster Teil	105
Auf der Spur der Verschollenen	111
MacClure findet die Nordwestdurchfahrt	117
Verlassene Schiffe	122
Das Geheimnis um Franklin	129
Kane und Hayes suchen das offene Polarmeer	137
Die Schollenfahrt der deutschen „Hansa"-Männer	146
Ein Journalist auf dem Wege zum Nordpol	153
Hans und Joseph	160
Neues Land am Horizont	167
Gletschertouren auf Franz-Joseph-Land	173
Der Untergang der „Jeannette"	180
Ein Todesmarsch	184
Kapitän De Longs letztes Tagebuch	189
Das brennende Schiff	193
In der Polarstation Fort Conger	200

Inhaltsverzeichnis

Orgien des Hungers 206
Nansen und die „Fram" 213
Auf dem Marsch nach dem Pol 221
Zwei Monate über Treibeis 227
Walroß- und Bärenjagd 234
In Nacht und Eis 243
Ein Hund bellt 249
Und die „Fram"? 258
Robert Pearys erster Vorstoß 263
Cagni schlägt den Rekord 271
Dem Nordpol am nächsten 276
Erster am Ziel: Frederick A. Cook 285
Peary als zweiter Sieger 293
Robinson in der Arktis 302
Ein Kampf um den Nordpol 308
Flieger zum Pol 312

www.ingramcontent.com/pod-product-compliance
Lightning Source LLC
Chambersburg PA
CBHW031434230426
43668CB00007B/533